東方迷戀史

從物產、文化到靈性，
西方世界對亞洲的發現與探求

The Light of Asia

A HISTORY OF WESTERN FASCINATION WITH THE EAST

Christopher Harding

克里斯多福·哈定——著

韓翔中——譯

目次

CONTENTS

第二部　往下探究：領悟亞洲（一六〇〇年至一九一〇年代）

第三部　向內探求：臨界處的逗留者（一九一〇年代至二〇〇〇年）

導論

西元一八九三年九月十一日，時年三十歲的維韋卡南達尊者（Swami Vivekānanda）首次嘗試進行公開演講，他頭戴藏紅色頭巾、身穿深紅及橙色的長袍，站起身面對位在嶄新哥倫布廳（Hall of Columbus）地板和席位上的四千名聽眾。[1]

數年以前，位於芝加哥南邊的密西根湖岸只是一大片灌木林。接下來，一萬兩千名工人開始動工，進行疏濬、填土並鋪設鐵軌。當地人若想目睹這片令人讚嘆的建設現場，還得要支付費用，才能進場觀賞類似芝加哥摩天大樓所使用的鋼鐵科技被鉚接並吊放到位。這些高聳的鋼骨架加上了混合白色石膏、馬鬃和麻的材料，塑造成一棟棟巨大的建築物，與周圍的廣場、噴泉和雕像相互映襯，喚醒人們對古希臘和羅馬的回憶。[2]這裡簡直就是一座內含美國骨架的古典樂園。

進行這番建設的契機，是為了紀念哥倫布（Christopher Columbus）著名的西行之旅四百週年。世界哥倫布紀念博覽會（World's Columbian Exposition）雖然遲了一年才舉辦，然而在其他方面，這片哥倫布本人堅決不相信其存在——自始至終他都深信自己抵達的地方是亞洲——的大陸，正全力以赴想讓哥倫布感到驕傲。這裡有希臘羅馬式的列柱和門廊，有一尊鍍金的自由女神（Goddess of Liberty）*雕像，還有記錄從牛頓（Isaac Newton）到蒸汽船科技之間一切發展的紀念壁畫和碑文。此處且有美國星條旗樣式的簾幔、最尖端的電力燈光和一座刻有「你們將認識真理，真理將使你們自由」字句的雄偉拱廊。[3]這是一個進入全盛時期的國家，它是新羅馬和新耶路撒冷的結合，啟蒙運動價值、科學知識、經濟繁榮和樂觀精神是它的推動力，若無如斯動力，偌大規模的事業實在無可想像。

今日舉辦的活動是「世界宗教大會」（World's Parliament of Religions）開幕式，此會目的是將這個專注於物質性成就（從工程至金融等各領域）的博覽會，注入一絲超越塵俗的氣息。此開幕儀式首先是「自由之鐘」敲響十下，鐘聲迴響於密西根湖畔，十下鐘聲代表世界十大宗教：神道教、道教、儒教、佛教、印度教、耆那教、祆教、猶太教、基督教和伊斯蘭教。大約有六十位來自世界各地的演講者莊嚴進入大廳，五顏六色的禮服與長袍交錯之下沙沙作響，各國國旗則在眾人上方飄揚。此時管風琴奏起，演唱頌歌，稍後眾人紛紛就坐，聆聽開幕演講。[4]

有位虔誠的傳記作家日後寫到，這些活動進行期間，維韋卡南達始終保持在賢者境界的冥思狀態。但是，維韋卡南達本人對此事卻有不一樣的記憶：「我的心怦怦亂跳，舌頭乾得要命。」這導致當天早上會程本來輪到他演講，但他卻不得不推辭。現在，他準備好要面對雲集的聽眾，並且透過台下擠滿的媒體，將印度教介紹給西方世界，那個千百年來都極不了解印度教的西方世界。這真是歷史性的一刻呀，然而，維韋卡南達其實沒有準備任何講稿。[5]

維韋卡南達開口說道：「亞美利加的兄弟們、姊妹們。」才講到這裡，他就不得不暫停，因為如雷的掌聲響徹大廳。當聽眾終於靜下讓他繼續發言，他才能好好開始介紹印度教。「眾宗教之母」曾經「教導世人學會容忍與接納一切」。他續道：「我們不僅相信要接納一切，我們還接受所有的宗教皆是真理。」台下的聽眾主要是由美國基督徒組成，他們相當熟悉耶穌之言：「除非透過我，無人能到天父那裡去。」對此，維韋卡南達提供了《薄伽梵歌》（*Bhagavad Gita*）中可以對應的一句話：「無論誰來到我這裡，以何種形式來到我這裡，我都接納他；全人類都在努力循著不同道路前進，殊途終將同歸於我處。」[6]

世界宗教大會的議程在十七天後落幕，期間維韋卡南達深具魅力的表現，使他成為小有名氣的人物，此後陸續獲得來自美國與英國各處的邀請函。也許是出自記錄聖賢行誼的史筆吧，據說有一次，熱情的群眾甚至蜂擁上前，想要觸碰他的長袍，導致此後哥倫布廳只好增設額外的保全措施。[7]

西方人迄於當時對印度教的整體負面印象，卻是維韋卡南達受惠的肯定因素。這種負面印

＊ 譯注：是古羅馬傳統的自由女神，不是法國送給美國的「自由女士」（statue of Liberty）。

象很高程度肇因於基督教傳教士的報告，他們寫出來的內容，簡直像是絕望的戰爭前線紀錄。在此背景之下，維韋卡南達成為一個啟迪眾人的存在。不過，維韋卡南達之所以成功的最大原因，就是他有資格配得上「維韋卡南達」這個名字，意思是「精湛知識帶來的喜悅」；這其實是在他即將前往美國之前，他的弟子兼贊助者凱特里大君（Mahārāja of Khetri）贈給他的新名。維韋卡南達在美國以及廣大西方世界所察覺到的氣氛，是一股混雜著迷戀和需求的產物。

這股迷戀的年代十分古老。有關印度的傳說故事，至早從西元前五世紀便開始流傳於歐洲，後來又有關於中國、日本與亞洲各地的新消息傳入，七彩繽紛。在西方人眼中，這片世界上的區域稱之為「東方」（the East），相傳那裡有豐富的黃金、珠寶、香料與絲綢。此外，東方還有許多奇異巧怪之物，從印度平原上出沒的奇怪生物到日本食人族的傳說，都是例子。從現代早期以來，西方人眼中的亞洲便是充滿財富與驚奇的迷人之地，錦上添花的是，亞洲還是前景可期的基督教傳教對象，後來，它又是西方人汲取新智慧的泉源。

這段時期的亞洲智慧之光燦爛耀眼，在中國尤其奪目。伏爾泰（Voltaire）等歐洲人對於發現中國這般古老又成功的社會，竟是靠著學識與能力，而不是由神職人員的特權所建立與維繫，感到十分震撼。待到維韋卡南達抵達芝加哥之際，西方人對亞洲的注意重點，已經轉移到印度非凡的詩歌和哲學，如歌德（Goethe）、柯立芝（Samuel Taylor Coleridge）等眾多人物都深受其吸引，此外，那時西方人對亞洲的興趣，還有缺憾感與渴望的動機驅使。至此，基督教聖經已經被地理大發現、達爾文進化論、學術新發展動搖其根本。愈來愈多基督徒覺得，這個宗教的教義與真理主張獨斷，對信徒的要求太過，對於其需求能提供的卻太少。信徒渴望的是愛、和平、靈性體驗，並且能獲得保證，這宇宙絕不只是牛頓理論的機械，而且是靈與火。

美國有它自身的特殊問題。構成本屆世界哥倫布紀念博覽會的系列精美建築物，之所以被人譃稱為「白色城市」（White City），箇中原因不只是在於建築材料而已。在這場美國的慶典當中，基本上沒有美國黑人的身影，所以「白色城市」其實也是「白人城市」。這件事情遭到了艾達．威爾斯（Ida Wells）和腓特烈．道格拉斯（Frederick Douglass）的譴責。道格拉斯列舉出各種他想要和來自世界各地訪客分享，關於美國廢除奴隸制度以下近三十年的情況：

> 美國人的道德提升與美國人的企業和物質文明同步進展……兩百六十年來的進步與啟蒙，已經消除了野蠻和種族仇恨……美國人民是個名實相符的民族與國家。8

然道格拉斯說，他完全無法對人們分享這些話語，因為這些全是假話。這場世界博覽會「以道德來說……是一座外表漆上白色的墳墓／偽善之地（whited sepulcher）＊」。尤其令人

＊ 譯注：典故出自《新約聖經》，比喻金玉其外、敗絮其內的偽君子。此處為雙關語，呼應前述的白色城市。

反感的，是它根據西方人偏好的「野蠻、半文明、文明」分類方法來描繪世界各地的文化，並展現於廣場、走道和展覽場上。道格拉斯認為，以民族誌展覽的方式呈現西非達荷美王國（Dahomey，今日貝南南部）人民，乃是一種刻意規劃的侮辱，也就是讓這些人「來這邊展示黑人是令人厭惡的野蠻人」。[9]

維韋卡南達是從孟買出發，取道長崎和溫哥華來到美國，他雖然只在美國待了短短幾週，卻能充分理解西方世界的憂慮並由此裁度自己演講的內容。[10]他不吝惜稱讚美國的優點，而且在精神層面上，維韋卡南達針對當代西方的焦慮一一予以回應。他向聽眾們保證，宗教性真理是真實的，絕不是想像、比喻或相對的。然而，宗教的教義應當被視為通往真理之道路，不是真理真相的本身。至於科學，科學應是探求真理之路上的盟友、不是威脅，維韋卡南達聲稱他所處的傳統，早在幾千年前就已經預見自然科學最新與未來的發現，能量守恆、無生命的物質不可能出現心靈等發現都包含在內。[11]

那麼，女性在社會中應扮演更重要角色這件事情如何呢？受印度最古老經典「吠陀經」（the Vedas）啟示的聖賢，有些是女性。那麼，減少神職人員的角色這件事又如何呢？維韋卡南達幾乎沒有談到祭司或教士，而是將精神生活表述為人類與上帝的關係。那麼，惡的問題（problem of evil）又如何呢？這是「業力」（karma）造成的，業力是一種公平且理性的安排，處於業力運轉之中，人的肉體也許會受苦，但靈魂可以邁向與「全能而大悲者」復合的旅程。

「全能而大悲者」既是父親、是母親、也是朋友，並且是人類要用愛加以崇敬的存在。那麼，為什麼這個宇宙會是這個樣子，這樣複雜、這般令人痛苦呢？其實，印度教徒也不知道答案呢，維韋卡南達如是說。在那些對近代西方思想——無論是基督教抑或科學——的確定性和陳腔濫調感到厭倦的人們來說，這真的是非常令人減輕心理負擔的回答。[12]

維韋卡南達尊者在世界宗教大會的出場標誌了一個轉捩點。在西方世界兩千五百年的東方迷戀史中，他是第一位在西方世界廣泛演講的亞洲宗教領袖。此後有愈來愈多人追隨他的腳步，在維韋卡南達帶來千年悠久的吠檀多不二論（Advaita Vedānta）哲學之後，日本禪宗也成為最受歡迎的亞洲對外輸出思想。吠檀多不二論的智慧，激發艾略特（T. S. Eliot）評論印度哲學詩人讓歐洲同道相較之下「有如小學生」。從此以後，西方對亞洲的熱情此起彼落，有披頭四（the Beatles）、權歸花朵運動（Flower-power）和「新時代」（New Age）運動，進入二十一世紀之後，還出現了「正念」（mindfulness）與「身心健康」（wellness）運動。

花環與上師，薰香和頌經，箴言和默觀。假如維韋卡南達活到今日，看到亞洲文化如何被誤解並淪為套路時，他可能一時之間會質疑自己，當初為什麼要在孟買搭上那艘船。當年他在美國的時候，曾經向一小群崇拜者介紹過他深愛的瑜珈，但來到二十一世紀初年，卻常常有人批判瑜珈作為古老的精神活動，已經受到嚴重的簡化而淪為一種被美化的健身運動。瑜珈成為數十億美元的產業，然這些利益極少歸於印度，引發人們將此事批判為一種盜竊行為。具有亞洲文化素養的人們對此日益憤怒，覺得他們珍視的習俗和世界觀，受到粗糙且長期的操弄——有時人們進行這番操弄的目的，居然只是為了發布一條「標籤：精神昇華」（#uplifting）的Instagram 帖子。

維韋卡南達或許會感到失望，但可能不會感到驚訝。他在世界宗教大會的最後一場演講裡頭表示，他觀察到西方人對於印度教的興趣，似乎帶有一種「自身宗教才會是最後倖存者」的期望。他指的並不只是基督教，而是更廣義的現代西方文化。這次世界宗教大會召開的地點，竟是展現無比財富、創意與成就的建築群。沒錯，人們確實感覺到缺憾，否則維韋卡南達的演講應該乏人問津才是。但是，一般人面對這樣的缺憾感，願意冒險犯難以求突破嗎？當關鍵時刻降臨，人們究竟是在追尋智慧，還是在裝飾門面呢？

所有精神領袖或靈性引導者，都知道這樣一條道路有多少荊棘，而人們的動機是如何混雜。何謂真實？誰說了算？我該怎麼活？這三個大哉問便是西方迷戀「東方」的核心問題，西方古代學者認為傳說中的印度野獸與財富代表真實世界範圍之擴張，現代學人則驚嘆印度哲學與靈修的救贖吸引力，這都是一貫的脈絡。其結果是希望、交戰、震撼與冒險，混合上貪婪、種族主義、對激進與新穎觀念的恐懼、將「東方」七彩豐富沉悶生活的盼望。在此歷程中，流行文化發揮強大卻嫌於混淆的作用，透過音樂和電影等媒介傳達具有變革潛能的觀念，其動能之大可謂史所未見。然而，流行文化的快速變遷，也可能導致那些觀念的豐富性流失，或使其走向安全路線，甚為諷刺。在影迷心中，《星際大戰》（*Star Wars*）肯定富含受亞洲啟發的迷人之處。《帝國大反擊》（*The Empire Strikes Back*，一九八〇）中尤達大師告訴天行者路克：「我們是發光的存在，不是粗糙的物質。」然而，君不見後續滑稽或低劣的模仿顯然層出不窮。

《東方迷戀史》一書志在探索這部豐富交織的故事，主要聚焦於印度、中國與日本，以及西方「迷戀」東方的起伏興衰。目前全球化的政治與經濟，已經使人們逐漸離開「東方」與「西方」兩大文化區交會、乃至碰撞的概念。但是，若有任何評論者欲表示「何謂真實？誰說了算？我該怎麼活？」這三大問題已得到滿意的解決，這人恐怕是大膽有餘但見識不足吧。對比於此，隨著體制化的宗教在西方逐漸衰微，今日的西方人是在各式世界觀（包含宗教性與世俗性的世界觀）中篩選所需，東方使西方著迷之處依然青山常在。此等迷戀如何在個人人生與整體社會中發揮作用呢？今日吾人探討這個問題的迫切性與自古以來同樣強烈。

本書的第一部分「對外探索：發現亞洲」，追溯早期西方對亞洲的認識之演變，從希臘人傳說的神奇生物，到亞歷山大大帝東征，再到羅馬商人、馬可．波羅（Marco Polo）以及耶穌會傳教士的東方旅程，還有如綽號「行腳家」（Legge-stretcher）的英國人湯瑪斯．科里亞特（Thomas Coryate）這類旅行作家的東方之旅。本書第二部「往下探究：領悟亞洲」，則是西方人逐步得知印度、中國、日本人如何看待世界的歷程，選材範圍雖然有限卻更添深度，內容先從耶穌會士開始，一路探索到維多利亞時代晚期人們對佛教與神祕學的鍾情。

綜觀二十世紀，有愈來愈多西方人出於生命空洞與社會動盪的刺激，向亞洲尋求解決之方。本書第三部分「向內探求：臨界處的逗留者」聚焦於三位人物，他們投身於精神性的奧德賽返鄉冒險，由此與東方出現密切的關係，並在此過程中觸動許多人的生命。英國作家艾倫・華茲（Alan Watts，一九一五—一九七三），既是他那個時代宣揚且普及亞洲智慧的領銜者，也是美國反文化運動（counter-culture）的燈塔。與華茲同時代的英國人貝德・格里菲斯（Bede Griffiths，一九〇六—一九九三），到印度過了半輩子的「修行僧」（sannyasin）生活，並企圖融會基督教、印度教和現代科學，從而獲得「新時代運動之父」的稱號。瑞士精神科專家厄娜・霍荷（Erna Hoch，一九一九—二〇〇三），先是來到印度城市勒克瑙（Lucknow）經營全印度最早期的精神健康診所，之後又搬到喜馬拉雅山區居住。她將自已熱愛的斯多葛思想（Stoics）與日益淡薄的基督教信念，加入基督教信仰、印度思想，以及心理治療和跨文化精神病學（transcultural psychiatry）新世界觀之間的對話。

「後記：向前探進」回到促使並形塑西方迷戀「東方」的三大問題，回顧往昔之成敗，前瞻未來之發展。人物與科技雖不斷變化，但是人們觸及新鮮的思想、面對令人振奮的前景時，所遭遇的挑戰與喜悅似乎古今皆同，誠如維韋卡南達迴盪於偌大哥倫布廳的訊息——這個世界依然可以為人重新想像，延綿不斷，無窮盡矣。

第一部

古代至一六〇〇年

對外探索：發現亞洲

第一章 蠻人與野人

盛大的奧林匹克運動會即將舉辦，希羅多德覺得這正是他殷殷盼望的良機。希羅多德等待觀眾席滿座，來自全希臘的傑出人物聚集於此；他是作為一位奧林匹克榮譽的競爭者在神殿當中出場，而不僅是觀眾；接著，他朗誦自己寫作的《歷史》（*Histories*），觀眾聽得如痴如醉，將他的著作以九位繆思女神（Muse）命名，因為其書正好也是九卷。

——盧希恩（Lucian），《希羅多德》（*Herodotus*）[1]

假如古希臘史學家哈利卡納蘇斯的希羅多德（Herodotus of Halicarnassus，約前四八四－約前四二五），真的在奧林匹克運動會上朗誦他寫的整部《歷史》，那麼有資格獲得獎牌的人恐怕不只是他，還有那些觀眾們。更精確來說，那不是獎牌，四年一度的奧林匹克運動會上，所頒發的是橄欖葉冠。《歷史》書寫的內容是希臘人與東方「蠻人」（barbaroi）的關係，時間範圍從西元前六世紀延伸至希羅多德當代。《歷史》的篇幅幾乎是《伊里亞德》（*Iliad*）和

《奧德賽》（*Odyssey*）加起來的兩倍不止，要從頭到尾完整朗誦這部作品，大約需要五十個小時的時間。[2]前面提到的這則軼聞，是經過幾百年後愛惡作劇出名的諷刺作家盧希恩所寫，其可靠性其實不如另外一個故事版本：希羅多德等待奧林匹亞上方被雲層籠罩，方才開始朗讀作品，觀眾們漸漸地散去，到最後竟然無人可訴說。[3]

不過，這個故事的要素依然有其可信度。在那個時代，希臘城邦的成年公民當中，大概只有不到十分一的人能識字。希臘城邦主要是依靠口述口傳的社會，在這樣的社會裡，傑出的作家是以在慶典或有錢人家朗誦的方式來「發表」自己的作品。[4]考慮到這一點，這位古希臘的文學代言人也許會認為，奧林匹克運動會是個良機：這是一場全希臘的盛會，重要性差可比擬荷馬（Homer）史詩、希臘語文、赫西俄德（Hesiod）的希臘神話，以及後來的波希戰爭（Graeco-Persian Wars，約前四九九－前四四九），而這些全部都成為希臘人自豪的共同文化源頭與持續抒發的課題。

希羅多德著名的「歷史之父」稱號，是西塞羅（Cicero）封給他的。假如我們的歷史之父果真曾在奧林匹克運動會上朗誦自己的大作，那麼可以想見，他應該會精挑細選所要讀的段落。雖然希臘人在溫泉關（Thermopylae）經歷了史上知名的挫敗，後續雅典城又在匆忙之間被放棄並遭到燒毀，但希臘人卻能在短短一年之後，於普拉提亞（Plataea）擊敗強大的波斯帝國。這項事蹟對於願意暫時放下傳統城邦競爭或敵對關係，將大家都視為「希臘人」的奧林匹克觀眾們而言，是非常理想的材料。然而，吾人實在很難想像渴求希臘英雄氣概並笑談渴飲波斯血的觀眾們，在聽見希羅多德「人人向來認為自己的風俗才是最好的」這樣的觀察之後，要如何在微微的困惑情緒之中給予不僅是出於禮貌的掌聲。還有，那些能夠尊敬奧林匹克「不是為獎賞而賽，是為榮譽而賽」理念的人，竟然也包括了大壞蛋薛西斯（Xerxes）。希羅多德對於堅毅與樸實的讚美，肯定會獲得群眾喝采，但前提條件是他不要提到波斯人也具備這樣的素質。即便是《歷史》高潮迭起的那部分，都需要謹慎的剪裁：希羅多德提出的忠告是「軟弱土地容易養出軟弱的人」，但他竟然不是安排讓希臘人講出這句睿智的觀察，而是令波斯王居魯士二世（Cyrus II）開口說出。[5]

民主的西方人神勇地擊潰懶散專制的東方人，這番陳腔濫調經常號稱是出自希羅多德與其對波希戰爭的敘述，但實際上這很高程度是後代人的發明，殖民時代英國作家面對印度蒙兀兒帝國（Mughal India）特別喜歡運用這種論調。希羅多德確實將斯巴達人和波斯人予以對比，斯巴達人自由、勇敢而守法，波斯人生活在受專制者任意獨裁的恐懼當中。可是，希羅多德歷史學與民族誌著述的基礎，更關注的是他所知世界中的事實證據、細微差異與人類行為之良窳，而不是意識型態和好勝的民族主義（jingoism）。[6]當普魯塔克（Plutarch）評價希羅多德明明是「謊言之父」時，前者的不滿並不在於後者熱衷撒謊，而是指希羅多德堅持不願意將所知的歷史事實編排成道德故事的面貌。[7]

以上所談的是希羅多德已知的世界。那麼在他的時代，更遙遠、更加未知的世界又是什麼模樣呢？很多希臘人相信，地球是一個漂浮在太空中的圓柱體，被太陽、月亮等等天體環繞著。這個世界的大地位於圓柱體的頂部，區分為三大洲：歐洲、亞洲和利比亞（Libya）。這世界的中心大約就在希臘城邦，以同心圓狀態旋轉並向外擴散。外圍首先是非希臘人的區域（統稱為「蠻人」），那裡的人對於城邦「波利斯」（polis）的語言、風俗和制度所知甚少，且沒有以正確的方式敬拜神明、對待女性、養育子女。更外圍則是「野人」（agrioi）所在的荒涼之地，而超出這片荒蕪之外，世界的邊緣處只有一條永恆流轉的大洋河以及與該河同名之神明俄刻阿諾斯（Oceanus）。[8]《奧德賽》這部史詩所講述的，是奧德賽在特洛伊戰爭（Trojan War）結束後返回家鄉的旅程，像這類的史詩內容，更加強化了上述中心安全穩固而邊緣危險四伏的意識。

希羅多德以缺乏證據為由拒絕接受大洋河的存在，而他之所以接受大地分為三大洲，也只是無奈地遵循他所謂的「傳統」觀點。[9]在此傳統說法中，歐洲占據了這個世界的北半部，亞洲被想像為從小亞細亞和尼羅河開始往東延展而達於印度的範圍，利比亞則是被描繪成從尼羅河向西延伸出去的區域。根據希羅多德記載，「利比亞」之稱是得自於上古時期曾在那兒生活的一位女子之名，「亞洲」則是源自大洋河神俄刻阿諾斯之女、普羅米修斯（Prometheus）之妻亞細亞（Asia），而「歐洲」傳說是根據宙斯（Zeus）情人之一的女神歐羅巴（Europa）命名。對於希羅多德來說，這意味當希臘人在想像這片大地的時候，古代傳說的重要性超越了實際可靠的地理知識。

分布在三大陸上的族群情況又如何呢？對此，希羅多德對於故事和證據的分野較不考量，反之，那股奇異夢幻的力量（包含作者和讀者）於此可以如脫韁野馬般自由奔馳。希羅多德用希臘語跟從自世界各處的人們溝通，憑藉那些人給出的消息和證言，他試圖去描述希臘周圍的民族：有小亞細亞的里底亞人（Lyridan），有黑海東北岸地區的遊牧民族斯基泰人（Scythian），有被希臘人視為古老神祕智慧擁有者的埃及人，當然波斯人也包含在內。[10]

希羅多德表示，若冒險前往斯基泰人分布地區的更北方，你將會遇到狀似怪物般的民族。薩馬提亞人（Sauromatae）以其女子驍勇善戰而著名，她們除非能先在戰場上殺死一男子，否則便不願找丈夫。此外還有無法無天的食人族昂多羅帕伊人（Androphagi）以及其他的族群，有的是禿頂、有的腳似山羊蹄、有的一年有半年在睡覺（他本人不相信這個傳說）、有的能變成狼、有的吃蝨子、有的會在辦葬禮時將死者遺體切碎混上牛肉一同吃掉。希羅多德推測這些遙遠北方的恐怖情況，某種程度是因為惡劣的氣候造成：崎嶇又貧瘠的土地有礙人們定居與文明生活。傳說當地的野生動物也是同樣可怕，當中包含金色獅鷲（他也不大相信世上真有此生物）以及蛇髮女怪。[11]

希羅多德不是他那個時代唯一一位會思考氣候與文化之間關係的希臘學者。《空氣、水和地方》（*Airs, Waters, Places*）這部論著或許是希波克拉底（Hippocrates，約前四六〇－前三七〇）的作品，它在反省希臘何以戰勝波斯帝國的原因之後，斷定亞洲溫和氣候雖然最適宜栽種作物與豢養牲畜，但是十分不利於人類的發展。舒服宜人的氣候，會導致人們過於重視享樂。唯有變化劇烈的天氣，才能使人們保持警惕，如此方有可能好好培養「勇氣」、「勤奮」、「活力」等美德。許多亞洲民族還有另外的缺點，那就是生活在君主專制之下，《空氣、水和地方》的作者認定，這正是波斯近來戰敗以及亞洲民族性消極的一項額外原因。畢竟，誰會願意為了捍衛別人的統治權而自願上戰場呢？[12]

龐大的波斯帝國對希臘人之所以重要，不僅僅在於它是個強大的敵手，而且在於它是傳遞遙遠東方消息的管道。據希羅多德稱，那片東方大地上有一條大江奔流，名為印度河（Indus）；抵達印度河畔，受阻的旅人便無法更往東行，更東邊處僅有沙漠和日出之地。希羅多德記載，大流士一世（Darius I）將東方大地納入版圖之後，他派遣了愛奧尼亞人探險家卡里安達的西拉克斯（Scylax of Caryanda）向東遠行，順著印度河往下游航行，找出那條鱷魚出沒的川流，最終將會通向何處。這趟旅程總共花費三十個月的時光。假如這場古代勘查任務真的發生過

（確實有考古證據與古代多位學者的證言支持），歷史上第一位造訪印度的西方旅人，便是西拉克斯了。[13]

希羅多德對印度河周遭地區的精彩紀錄結合了幻想與傳聞，真實性無法確定。他所採納的傳聞，很有可能是匯集自東向路線上某些地方的某些人的實際觀察，其中有取材自口述的印度神話，有關諸神、諸王及奇幻生物的故事。希臘文學肯定也在其中扮演某種作用，希臘文學酷愛驚奇的取向，影響了希羅多德對其讀者與讀者期望看到什麼的設想。[14]

據希羅多德記載，印度「有極其多樣的民族」，「所操語言各不相同」。[15]有些印度族群是素食者；有些族群能以杖為船在海上航行捕魚生吃；還有族群是生吃動物，甚至會吃病人或老人的肉。在希臘人的思維裡，食生肉乃至吃老病者的肉，確實是那些生活在可居世界邊緣的民族，普遍會有的行為模式。希羅多德這麼寫道：「這個人可能口口聲聲說自己身體還好得很，但他們根本不加理會，逕自殺死對方然後享用其肉。」[16]生命的孕育也沒有比生命的結束來得莊重多少，據說印度的男女在公開場合做愛，乃是稀鬆平常的事情。[17]

希羅多德透過來自波斯的消息，聽聞印度是充滿黃金的寶地。傳說北印度某區域是有巨蟻出沒的沙漠地帶，巨大的螞蟻體形介於狐狸和狗之間。巨蟻會挖掘洞穴，將混有大量金沙的沙子挖到地表。印度人會趁著炙熱的白晝時分，巨蟻在地底下休息的時候，將這些珍寶裝袋，趕在巨蟻聞到他們的氣味而憤怒追捕之前，騎著速度快如希臘駿馬的駱駝衝出沙漠。[18]相對來講，希羅多德似乎頗相信這方面的印度故事，他是從一位波斯人那邊打聽到這個消息，而此人的上級就是曾接受巨蟻沙漠黃金作為貢品的對象。這個故事所描述的背景可能是今日拉賈斯坦邦（Rajasthan）的塔爾沙漠，關於掘金巨蟻傳說，有一種理論是，故事裡的巨蟻其實是某種喜馬拉雅土撥鼠，牠們確實會在含金的土壤上挖掘洞穴。[19]

除了地理和野生動物，希羅多德還向他的讀者或聽眾們介紹自然界的產物，一種會令將來歐洲後裔興趣滿滿的東西，那就是長在樹上的羊毛。這種長在樹上的羊毛，「比綿羊身上的羊毛更美麗、更優質」。[20]跟掘金巨蟻不同，希臘人確實親眼見過這種東西，那就是棉花。他們看見，與波斯軍隊一道作戰的印度戰士身上，就穿著用棉花紡織成的布料。據說普拉提亞戰役期間，就出現過裝備蘆葦弓以及蘆葦箭身和鐵箭鏃的印度步兵，其中有些人可能最終被俘為奴隸而來到雅典。[21]

希羅多德並不是希臘語世界得知印度資訊或軼聞的唯一管道。據傳西拉克斯曾經記錄自己在印度河地區的旅程，然這份記載已於日後亡佚，不過，其中有些令人難以忘懷的故事硬是流傳下來了，內容是關於印度諸多奇異的民族。有個名為「足蔭族」（Skyapods）的民族，族人只有一條腿，而他們的足底非常巨大，甚至在日正之中時可以用來遮陽。還有個叫做「簸箕耳」（Otoliknoi）的族群，他們的耳朵是龐然大物，可以包住自己的整個身體。西拉克斯的記述和希羅多德一樣，有部分是源於印度的口述傳說，也許還混合了希臘詩歌當中的奇幻元素。[22]

我們所知第一部專門講述印度的西方作品，出現在西元前五世紀，那便是由尼多斯的克特西亞斯（Ctesias of Cnidus）撰寫的《印度誌》（*Indika*）。今日倖存的《印度誌》僅剩下斷簡殘篇，但這種下場也許可以說是不亦宜乎，因為該書的批評者將它批評得體無完膚。克特西亞斯先是被抓為戰俘，後來於前五世紀末去到波斯波利斯（Persepolis）擔任波斯皇帝的宮廷御醫，服務十七年之久。在波斯帝國中心擔任這樣的職位，可能使克特西亞斯比較能接收到印度傳來的消息，他個人也許還親自接觸過來自印度的外交官與商賈。擁有這些優勢的克特西亞斯，大力指責希羅多德是個騙子，可是，他自己也寫下一系列令後代批評者疑惑而憤怒的紀錄。後世的批評者自詡為正經的新興評論家，把克特西亞斯講得像是個吹牛皮的江湖術士。據克特西亞斯敘述，印度這片大地有會流出液體黃金的湧泉，有四處遊蕩的單角野驢，而這單角野驢的傳說，非常有可能就是西方人相信獨角獸的緣起。嚎叫的狗頭人統御身高約僅兩英尺的「俾格米人」（Pygmy），俾格米人將頭髮與鬍鬚留得長長的，以遮掩自己矮小的身材。這裡最可怕的生物就是「瑪堤寇拉」（martichora），意思是食人獸，克特西亞斯說自己親眼見過一頭被運至波斯宮廷的食人獸，渾身通紅的獅身卻有一張人臉，眼珠湛藍，上下顎各有三排牙齒，還有條可以向敵人發射一英尺長毒針的蠍尾巴，故又稱為蠍獅。[23]

可憐的克特西亞斯，眾人對他的攻訐未必全都是公平的。克特西亞斯曾記載道，印度人會駕著某種巨獸獵捕蠍獅，這些巨獸能夠將樹木連根拔起，還能推倒城牆，經常用於戰爭坐騎。有種在印度天空中飛翔的鳥類，面部深紅，鳥啄黝黑，羽毛鈷藍，若你好好教牠們講希臘語，牠們就能和你說話。更厲害的是，有些印度人擁有具超自然力量的寶劍，寶劍可以度過季風季的極端天氣卻毫不受損。這些都是謊言、謊言、謊言！批評者如是說。直到後來，希臘人發現有大象、有鸚鵡，還有工匠鍛鐵時加入磷而形成防鏽合金的技術，人們才發現克特西亞斯的記載竟是真的。[24]

第一位對大象詳加介紹的希臘人是亞里斯多德（Aristotle，前三八四－前三二二），而第一位與大象軍團作戰的希臘人，是亞氏的弟子暨馬其頓腓力二世（Philip II of Macedon）之子亞歷山大（Alexander，前三五六－前三二三）。亞歷山大也許曾經從他博學多聞的老師那邊聽說過，從帕納薩斯山（Parnassus，即印度庫什山脈）山頂俯瞰，便可以望見雄偉的大洋河。[25]換句話說，只要能越過庫什山脈，你便幾乎征服了全世界的東半部。

在亞歷山大繼承父親登上王位並征服希臘語世界之後，亞里斯多德對他的影響肯定發揮了作用。亞歷山大沒有停下來歇息，反之，他率領了有地理學家、歷史學家、植物學家、動物學家隨行的四萬人大軍，並於西元前三三四年渡過赫勒斯滂（Hellespont，即達達尼爾海峽）進入亞洲，追尋榮耀、財富與大洋河。[26]

第二章　進入印度

你既然生命有限，為何發起這麼多戰爭？當你奪得一切之後，你要將這些帶到哪裡去呢？[1]

——傳說語出丹達米斯（Dandamis），「裸身哲學家」一員

越過赫勒斯滂海峽後，亞歷山大的軍隊在短短幾年之間，從波斯人手中奪得大片領土，小亞細亞、地中海沿岸、埃及和美索不達米亞因此易主，十足驚人。先是巴比倫城（Babylon）落入亞歷山大囊中，接著是波斯首都波斯波利斯，這座大流士一世以降歷代波斯王興建的大城。波斯波利斯遭到洗劫，城區部分遭受破壞。接著，亞歷山大大軍繼續東行，跨越庫什山脈，迅速突進斯瓦特（Swat）與犍陀羅（Gandhara）地區，稍後渡過印度河，於西元前三二六年進入塔克希拉城（Taxila）。

塔克希拉王火速與亞歷山大媾和，然傑赫勒姆河（River Jhelum）對岸的一位國王波魯斯

（Porus）則選擇抗戰。亞歷山大麾下機動力極強的剽悍騎兵與火攻弓箭手，擊潰了波魯斯笨重的大象軍團。[2] 然而，亞歷山大的東征之旅隨即戛然終結，不是終結於他原先計畫的目標大洋河，而是結束於印度次大陸西北部的比亞斯河（River Beas）——希臘人稱之希法西斯河（Hyphasis）。他有一部分軍隊沿印度河順流而下，然後沿著海岸航行返回美索不達米亞。亞歷山大自己則率領軍隊自陸路返回巴比倫，抵達巴比倫後患病過世，該年為西元前三二三年。

亞歷山大為何沒有繼續向東推進，答案無人知曉。最有可能的原因，就是軍隊士氣渙散，他們疲憊不堪，思念家人，盔甲和服裝破爛到有些人甚至換上印度裝束。他們覺得，越過比亞斯河進入一個規模與防禦都超乎自己原先預期的國家，實在沒有多大意義。[3] 根據希臘史學家亞里安（Arrian）寫於西元前二世紀的亞歷山大東征史記載，當年在比亞斯河畔，亞歷山大企圖說服已心生疑竇的士兵，恆河已在不遠處。亞歷山大告訴他們，當我們抵達恆河時，將會發現恆河便是「環繞世界陸地的海洋」（即大洋河）當中的一段。[4]

比亞斯河成為轉捩點——既是亞歷山大東征的轉捩點，也是歷史的轉捩點——之原因，籠罩在神祕與傳說之中。亞歷山大抵達印度一事，不但沒有消除此前人們對印度的幻想，反而增添以亞歷山大為主角的新傳說。圍繞著「亞歷山大大帝」的眾多神話傳說之中，有一則是他的軍隊真的繼續東行到達了恆河。至此，映入他們眼簾的是一條寬四英里、深百噚的大河，而遠方的另一側河畔，是嚴陣以待的印度大軍，共計二十萬步兵、八萬騎兵、八千輛戰車與六千頭戰象。戰象的嚎叫聲和強烈氣味，從河的對岸傳送過來。（這個傳說提到恆河的彼岸，顯示在亞歷山大的時代過後，印度位於東方世界最遠邊緣處的觀念漸漸消失了。）[5]

關於亞歷山大在印度的短暫時光，尚還有各式各樣的傳說，當中包括內容泰半為虛構的《亞歷山大傳奇》（*Alexander Romance*），講述亞歷山大在印度邊境的恬靜山野遇見「裸身哲學家」（gymnosophists）而受到教訓的遭遇：

> 〔亞歷山大〕看見廣袤的森林和高聳的樹木，美麗無比且結有各種果實。一條河流在這片大地上流淌，河水清澈，如牛奶般閃亮。此處棕櫚樹無數，果實纍纍，藤蔓上長滿誘人飽滿的葡萄……哲學家們赤身裸體，生活在茅屋與洞穴之中。在遠處，他看見哲學家的妻兒正在照料牲畜。[6]

傳說裸身哲學家的首領名為丹達米斯，某些文獻稱為曼達米斯（Mandamis）。丹達米斯詢問亞歷山大，為何要沒完沒了地發動戰爭？亞歷山大訴諸在他之上的「天意」，回答道：「我也想要停止戰爭，但是我靈魂的主人不允許。」接著亞歷山大提出自己的疑問，哲學家有沒有墳墓呢？生人多還是亡者多？生與死何者為本？陸與海何者較廣？世上哪種生物最邪惡呢？然亞歷山大的最後一個提問，似乎是在給自己設下圈套。丹達米斯回答他：「關於這個問題，你就從自己身上去找答案吧。你就是一頭野獸呀。」[7]

前述的記載，或許與後代歐洲人重新評估亞歷山大與其軍隊造成的破壞有關。儘管如此，亞歷山大確實有可能親身遇見印度的苦行者。從已知最早的印度宗教經典出現到西元前四世紀，中間相隔一千年（更早的印度河文明文獻已經亡佚）。印度聖典的基礎是四大吠陀經，也就是被認定為上天啟示聖賢而以口述傳承下來的梵文文獻。最古老的吠陀經《梨俱吠陀》（*Rig Veda*）可以追溯至西元前一五〇〇年左右，各部吠陀經都包含了頌歌、曼怛羅真言（mantra）、儀禮探討和詩歌。「法」（dharma，意為「正行」）、業力、輪迴的概念，以及眾多大神如阿耆尼（Agni）、因陀羅（Indra）、蘇利耶（Sūrya）、毗濕奴（Vishnu）的信仰，大約出現於吠陀時代初期。

自西元前六世紀以降，印度北部的政權日益都市化，其中有一小群人因此放棄正常生活，轉而透過「遁世」（sannyasa）之道追求宗教智慧，所謂遁世苦修，就是遠離世俗而簡樸生活，遵循各種禁慾苦行之法。此中最知名的兩位修行者，大約與希羅多德同時代，一位是釋迦牟尼，另一位是摩訶毗羅（Mahavira），稍後，前者的佛教與後者的耆那教修行團體日益興旺，此時正當亞歷山大的時代。據歷史學者推測，古希臘哲學家皮浪（Pyrrho，前三六〇－前二七〇）可能是亞歷山大東征的隨行人員，皮浪應曾到過印度並且與佛教徒接觸。皮浪遠離塵俗的生活之道、對於終極問題「不予判斷」的態度、「不動心」（apatheia）和「無煩惱」

（ataraxia）的教導，都與佛教理念有驚人的雷同。

印度西北部的遁世修行僧，主要出自婆羅門祭司的種姓階層，他們持續奉行吠陀傳統，此即後人所謂的「婆羅門教」。這些苦行者為吠陀經典傳統貢獻了印度最早且最深刻的哲學思想，此便為「奧義書」（Upanishads），奧義書一詞是梵文，意思是「近」（upa）、「下」（ni）、「坐」（shad），湊起來的意義是指靠近傳道導師並坐下受教。隨著時間推移，這些哲學性的篇章逐漸脫離各部吠陀經而獨立出來，合併為吠檀多論哲學。「吠檀多」意涵是吠陀經的「終點」或「精髓」（「終極吠陀」），在遙遠的未來，吠檀多哲學將會幫助西方人理解這些篇章如何代表著印度智慧的巔峰。

亞歷山大與裸身哲學家的對話往來出處不明，但其形式頗類似奧義書等梵文文獻中有時會出現的公開問答紀錄。身為與亞歷山大同行的歷史學家之一，歐奈西克萊特斯（Onesicritus）曾經遇上裸身哲學家並寫下親身經歷，地點似乎是在塔克希拉城附近。歐奈西克萊特斯記錄了他們簡樸自然的生活方式，他們接受施捨、素菜蔬食，且對自然世界非常了解。[8]至此，在西方人的想像中，印度從奇異夢幻之地（除精彩故事之外不大受人注意），轉變成為傳統深厚而思想高明的地方。也難怪西方後來出現了一些延續至現代的思想傳統，認為希臘人的智慧有源出古印度之處。有些人甚至宣稱這些影響是經由埃及而傳入；也有人主張畢達哥拉斯（Pythagoras，約前五七〇－前四九五）本人可能曾經造訪印度。

很快地，西方人便清楚認識到，除了智者賢人之外，印度還是富人與強者的家園。亞歷山大短暫建立的帝國，在將領們紛紛爭奪地盤之下崩解。塞流卡斯（Seleucus Nikator）便是其中一位將領，在鞏固自身領土（日後形成橫跨小亞細亞與兩河流域的塞流卡斯帝國）的過程中，他揮兵往印度河方向進攻。在那裡，塞流卡斯遭遇孔雀王朝建立者旃陀羅笈多（Chandragupta Maurya，前三五〇－前二九五）率領的軍隊。當時，旃陀羅笈多已經控制住繁榮的摩揭陀王國（Magadha），包含其位於恆河南岸的首都巴特利普特那城（Pataliputra），他正在將自己的地盤轉變為史上最早的泛印度大帝國。塞流卡斯是最早敢於和旃陀羅笈多作對的人，然西元前三〇三年戰鬥的結果是由孔雀王取得勝利。

就西方對印度的了解而言，比這場戰爭更重要的事情乃是締結和平的條件。塞流卡斯撤退至庫什山脈處，旃陀羅笈多則慷慨相贈五百頭戰象，兩人同意彼此派遣使節。麥加斯提尼（Megasthenes）被選為擔任塞流卡斯方使節，希臘語世界首次有了一位親身到過印度的業餘民族學家。麥加斯提尼著作的四卷《印度史》（*Indica*，約前三〇〇）雖然散佚，但其殘篇卻因為史特拉波（Strabo）、老普林尼（Pliny the Elder）、亞里安等後代學者的抄錄，而僥倖保存下來。《印度史》代表史上首次向西方讀者解釋印度文化和地理的嘗試，其影響力深遠，及於羅馬時代以降的西方世界。9

根據麥加斯提尼自己的理解，《印度史》最大的雄心壯志，就是找到印度在這個宇宙中的定位。他表示，印度曾經是遊牧民族的地盤，這些遊牧民族吃的是生肉和樹皮。有一天，宙斯之子戴奧尼修斯（Dionysus）將文明引入此地，帶來種子、定居農業、建築、法律、武器與美酒，並教導人們擊鈸打鼓以崇拜包括他在內的諸神。歷經十五個世代之後，宙斯的另一個兒子英雄海克力斯（Heracles）也來到此地，他來此娶妻多人，留下眾多子嗣。海克力斯的印度孩兒全是兒子，只有一個名喚潘黛亞（Pandaea）的女兒。潘黛亞日後成為女王，統治印度河以東的印度地區，這片地區也因而得名「潘黛亞」。

麥加斯提尼將印度的哲學家分為兩類，一類是住在山地的戴奧尼修斯信眾，一類是居於平原的海克力斯信徒。他還提及，印度的哲學家有一些是女性，或許他遇到的人是當地佛教僧伽（sangha）的成員。他對於歐奈西克萊特斯的描述尚加以補充，說哲學家們關懷的課題是靈魂、死亡與人生本質的虛幻。[10]

從表面上看，麥加斯提尼像是在用神話搶地盤，大膽地將兩位以冒險聞名的希臘神祇，塑造為印度的奠基始祖。其實，他的說法是有實際觀察作為基礎的。麥加斯提尼熟悉部分印度聖典，這些內容很有可能是得自以口傳經文為職責的婆羅門僧侶，因為印度聖典形諸文字的時間，已是麥加斯提尼身後好幾百年。也許是因為強大戰神兼定居農業之神因陀羅的傳說，導致他聯想起戴奧尼修斯，尤其他應當知道印度人會在因陀羅節日的慶典中飲用葡萄酒。[11]有些印度節慶會打鼓擊鈸，這一點也會使人聯想起希臘神話中戴奧尼修斯以及他快樂的舞者群、仙女及羊男。[12]同理，麥加斯提尼如此描述海克力斯在印度的故事，也許是因為他看見人們崇拜由毗濕奴化身的黑天克里希納（Krishna），從而獲得靈感。[13]

此外，麥加斯提尼也首次向西方讀者簡單介紹了印度的社會與職業分類。根據他的紀錄，印度社會分成七大階層。最高的是「哲學家」（應是指祭司、僧侶、修行者），其次為農人，再其次是牧人和獵人。工人與商人位於第四層，戰士居於第五層，政府督察位於第六層，政府顧問屬於最底層。

究竟麥加斯提尼認為此社會階級分化的嚴明程度有多高，還有他所記載者是否跟種姓制度有關，後人實在不清楚。他的七階層說也許是借用自希羅多德，後者認為印度擁有與埃及類似的社會分層。不過，麥加斯提尼對印度的整體印象不是充滿衝突，而是一個次序井然穩固的社會。讓他感到震撼的是，印度人誠懇且互信，連盜竊、法律訴訟、警衛都相當少見。印度人食用稻米與醃肉，衣著常為色彩繽紛的棉織品並搭配華麗的珠寶，而且普遍健康長壽。據他描述，印度是一片富饒的大地，有大河、大象，有老虎、猴子，作物一年二熟，且富藏黃金白銀。[14]

麥加斯提尼擁有前往印度並接觸印度人的親身經歷，作為他寫作的基礎材料，那在當時是前所未見的西方探索印度之舉。儘管如此，他還是步上克特西亞斯等前人之後塵，有如天方夜譚的紀錄令讀者倍感挫折。然這些荒誕不經的故事往往能追溯至記載神明、列王、遠人的印度傳說，而麥加斯提尼在其印度旅程期間加以採摘，固然因為語言隔閡的緣故，他的傳述多有缺失。因此，除了對巴特利普特那城的事實記錄以外，他還記下了以水果、花朵、烤肉香氣維生的無嘴族（同理，他們也會被惡氣殺死）。此外，那裡還有別種缺少重要身體器官的民族，諸如「無鼻族」和「獨眼族」。[15]

在那個時代，文化影響力也在以反面的方向前進。有些希臘語族群遺留在印度西北部至中亞一帶，那些是軍隊老兵的殖民地，當中某些士兵還娶當地人為妻；此外還有當年亞歷山大設立的軍營市鎮中的居民，亞歷山卓城（Alexandropolis）便是其中一座市鎮——亞歷山卓城因為「伊斯坎達」（Iskander）*之名，變成後世所稱的坎達哈（Kandahar）。印度文獻將這些人稱為「馬萊卡斯」（mlechhas），意思是蠻夷，說這些人不守規矩，普遍不受當地人歡迎。不過，這種評價並不完全公平。印度確實吸收了一些希臘醫學，我們還可以在梵文中發現源自希臘文的天文學詞彙。[16]

從西元前二世紀開始，東西方的藝術交流造就出融合的「犍陀羅」風格，在此風格的佛像中可以清楚看見希臘羅馬藝術元素，其佛像與阿波羅像頗為神似。[17]東西的史詩也有相似之處（雖然沒有直接證據可以證實），一邊是大約成書於前六世紀的《伊里亞德》和《奧德賽》，

＊譯注：「伊斯坎達」為當地方言發音的「亞歷山大」。

另一邊是前三〇〇年至三〇〇年間編纂的《摩訶婆羅多》（*Mahābhārata*）和《羅摩衍那》（*Rāmāyana*）。《伊里亞德》及《摩訶婆羅多》都是軍事性質的冒險故事，兩者內容都包含神明和人類，都涉及一場射箭比賽，以及一位致命傷在腳踝的英雄，前者的那位英雄是阿基里斯（Achilles）、後者則為克里希納。《奧德賽》及《羅摩衍那》都在描繪返家與至愛重逢的旅程，此外《羅摩衍那》還包含一場拯救所愛女子悉多（Sita）的戰爭，令人不禁聯想到《伊里亞德》中特洛伊城的海倫（Helen）。[18]

西元前二六二年，旃陀羅笈多所建立的帝國由其孫阿育王（Ashoka）繼承。阿育王是印度史上最著名的人物之一，他擴充了孔雀帝國的版圖，從西邊的庫什山脈橫跨至東邊的孟加拉灣，往南直達麥索爾（Mysore），印度次大陸只剩下最南端不在其帝國範圍之內。阿育王對於此等成就所付出的血腥代價深感懺悔，他知名的事蹟便是從此遵奉佛法，以誠實、同情、慈悲、寬容、仁慈、不訴諸暴力的佛法來統治帝國。阿育王下令將這些佛教教誨刻在全國各地的岩石和柱子上，並派遣特使在境內各處乃至境外如緬甸和錫蘭等地曉諭眾生，他甚至在皇家巡視期間親自教導佛法。阿育王教導的是對所有宗教加以尊重，然作為佛教強而有力的贊助人，佛教徒對他特別熱切感念。

阿育王必然注意到佛法能統合廣大帝國的潛力，無論阿育王的統治是如何結合他個人的虔誠信仰與實用主義路線，其造就出來的成果是一個幾乎不需仰賴外邦便可自足的大帝國。貿易路線遍布整個次大陸，陸路與水路皆有，所需的農產品、原物料與各種手工業成品皆可藉此取得。孔雀帝國衰微且於前一八五年滅亡之後，這些貿易路線還是繼續存在，連結著眾多王國與共和政權。以特產著稱的城市逐漸興起，印度北部的瓦拉納西（Varanasi）以檀香和棉織平紋細布著稱，南部的馬杜賴（Madurai）以棉製品聞名。[19]有貿易商會冒險越過印度邊境，有些商賈則前往東南亞地區尋找寶石和香料。

希臘羅馬世界與印度的海上貿易之所以開始發展，也許得歸功於一位遭遇船難的印度水手。傳說在西元前一一八年，有個印度水手因船難而在紅海被人救起，帶到了統治埃及的托勒密二世（Ptolemy II）面前。那裡的人教會這位水手講希臘文，而他因此透露了季風的祕密。不久之後，此事便促成托勒密二世派遣希臘航海家歐多克索斯（Eudoxus of Cyzicus）航向印度並成功返回。

無論關於這位印度水手的故事是否屬實，歐多克索斯旅程的真實性是有充分證據的，一般認為這是前一一六年左右的事蹟。[20]此後，埃及與印度之間的遠洋貿易路線迅速建立，雖然起初的貿易規模相當有限。隨著羅馬帝國興起，情況也發生了改變，屋大維（Octavian）於阿克提姆海戰（Battle of Actium，前三一）擊敗馬克．安東尼（Mark Antony）與克麗奧佩脫拉（Cleopatra），使該區域恢復和平後，數年之間，埃及與印度的貿易迅速蓬勃發展。根據史特拉波（約前六四－二四）的估計，每年從米尤斯霍爾默斯（Myos Hormos）這座紅海港口出發前往印度的船隻，數量高達一百二十艘。馬拉巴爾海岸（Malabar Coast）沿線的印度南部諸王國，是尤其重要的貿易對象，此事象徵印度次大陸南部進入了西方人的視野——在此之前，「印度」的範圍只是指印度河流域地區以及此處向東往恆河流域的土地。[21]

與此同時，西元二七年之後成為「奧古斯都」（Augustus）的屋大維，曾接待過四個不同印度君主派來的使團。[22]根據史特拉波和卡西烏斯（Dio Cassius）兩位當代學者記錄，這些使團帶來的贈禮有老虎、沒有手臂的男孩，有次奧古斯都在雅典時，使團還送來一個在皇帝面前自焚的「聖人」。對於奧古斯都來說，能接待從南印度遠道而來的使節，具有重大的意義。在談到東方世界時，希臘羅馬文化的參考點就是亞歷山大大帝不凡的成就，而就連亞歷山大也沒能接觸到距離如此遙遠的所在。數十年之後，羅馬皇帝克勞迪烏斯（Claudius，四一－五四在位），還曾經接待過塔普拉班（Taprobane，即斯里蘭卡）派來的使節團。[23]

希臘羅馬世界和印度的貿易關係，固然受益於雙方政治頂層的外交關係，但主要還是依靠貿易沿線遍布的商人網絡推動。這些商賈有印度人、埃及人、羅馬人和希臘人，也許此外尚有阿拉伯人和衣索比亞人。[24]根據老普林尼的說法，與印度的貿易每年都讓羅馬帝國耗費五千萬羅馬硬幣（sesterce），但我們實在不知道他是從何得出這樣的數字。[25]

這類貿易有其風險存在。據當代相當重要的航海手冊《愛利脫利亞海周航記》（*Periplus of the Erythraean Sea*）估計，到印度的航程約莫需要六個月時間。途中有兩個地位關鍵的港口，一是印度西南部馬拉巴爾海岸貝里亞爾河（River Periyar）出海口的穆齊里斯港（Muziris），另一個則是印度西部的巴里加扎港（Barygaza）。即便駕駛堅固的阿拉伯帆船（sambuq），憑藉強勁西南季風航行仍不免其固有的危險，除此之外，紅海東岸日益猖獗的海盜也是一大困擾，導致羅馬貨船可能組成小型艦隊集體出航以策安全，據老普林尼說，有些船上甚至部屬了弓箭兵。[26]

由於西南季風屬於季候風，前往印度西部的船隻通常是在九月抵達目的地，然後於十一月初離開，中間這段充裕的時間足以從事商業探索。西方人向印度商人提供的商品包括奴隸、葡萄酒、西班牙橄欖油、雙耳紅陶罐、青銅器（銅鏡與燈罩等）、未加工玻璃塊和玻璃工藝品，以及大量的金幣和銀幣。他們還會帶來禮物贈送給當地統治者，而羅馬雇傭兵有時會為印度王侯出售服務，充當他們的士兵或守衛。從印度輸往羅馬的商品則有香水、寶石、珍木、小荳蔻、薑黃、肉桂、喀什米爾羊毛、象牙、珍珠、印度及中國絲綢、鸚鵡，偶爾還有老虎和豹子。亦有證據顯示，印度奴隸也在貿易商品之列。[27]

當時最重要的商品貿易，透過一位泰米爾詩人的描繪可以清楚呈現。他描述了「耶槃那人」（Yavana，指希臘人或廣義的西方人）抵達穆齊里斯海港的情景：

這裡是穆齊里斯繁榮的市鎮，耶槃那人美麗的大船駛來此地，他們帶來黃金，使白色泡沫濺灑在里亞爾河的水面上。之後，他們又滿載胡椒返航。此處海濤的音樂從不休止，大王向來訪的客人展示海洋與山地的珍稀。[28]

大約從西元前兩千年以降，地中海世界的人便知道胡椒的存在。最初輸入胡椒的也許是腓尼基人，然而羅馬帝國初期幾十年間的胡椒供應規模是前所未見的，羅馬人對於胡椒極為熱愛，需求巨大。[29]胡椒是從喀拉拉（Kerala）的叢林運往海岸地區，而有些南印度人開始將胡椒稱為「耶槃那普莉亞」（Yavanapriya），意思是耶槃那人的狂愛。老普林尼（約二三－七九）在著作《博物志》（*Natural History*）中，運用希臘文獻相對廣泛地介紹了印度，而他認為羅馬人對胡椒的渴求，實在是種放縱之下的愚蠢。[30]老普林尼也對於羅馬婦女對絲綢的喜愛感到憂心，從印度進口的絲綢有時是在敘利亞和埃及加工成衣，最終成品近乎透明，薄如蟬衣，根據老普林尼的說法，「穿起來幾乎是裸體」。[31]塞內卡（Seneca，約前四－六五）也同樣在批評這種絲綢材質貼身而突顯身材，以及穿著絲綢衣物的婦女有失端莊。[32]

羅馬詩人馬夏爾（Martial，約四〇－一〇三）的觀點略有不同。在寫給福拉庫斯（Flaccus）

這位朋友的信中，他勸告對方不要跟「把自己的價值看得不如半打泡菜罈的女人」交往，馬夏爾的情人向他討的是「最珍貴的香水」和「翠綠寶石」，不是只有這樣而已：

〔她〕只願意穿托斯卡大街（Tuscan Street，位於羅馬城中央）賣的那種最高級的絲綢衣物。……你以為我想要送這種禮物給情人嗎？不，我並不想：我希望的是，我的情人可以配得上我送她這種等級的禮物。[33]

這便是千百年歷史中不斷重演的東方「奇幻」之處——東方的地域、民族與產物。有的時候，東方的調性是奢侈、懶散與罪惡，與堅毅且成就斐然的西方人形成強烈對比。除此之外，西方人還發現或構想東方蘊含諸美德，這是東方修練與精純的成就，東方絲綢等級之高便暗示了其精煉的境界，或可以追溯到東方心靈或行為的純粹性，這是一種西方人早已喪失或揮霍的純粹。最早開始選擇後者論調寫作的人有西塞羅（前一〇六－前四三），他讚美印度苦行者心恆志堅，並歌頌印度寡婦在丈夫火葬時自焚以顯忠貞的「娑提」（sati）習俗。[34]詩人普羅佩提烏斯（Propertius，約前五〇－約前一五）也抱持類似的觀點，他在一首詩作中對比了羅馬人愛戀絲綢的物質主義態度，以及在他想像中的印度情景：

當最後的火炬被扔入火葬的柴堆上，長髮披肩的寡婦們盡責地站在一旁，激烈地爭著誰能夠殉夫而去，繼續苟活乃是奇恥大辱。

羅佩提烏斯繼續寫道：「而我們呢，咱們的新娘們是不忠貞的一群。」[35]史特拉波也如此認為，他援引麥加斯提尼的記載，並強調印度人的「單純與節儉」，不過他也曾在別處脈絡不清地批評印度人單獨進食，而且沒有固定用餐時間。[36]

在當代其餘文獻之中，印度僅僅是大地盡頭的代名詞。自從柏拉圖（Plato）著作傳世以及亞里斯多德觀察月蝕的紀錄以來，人們愈來愈認定「地球」是個球體，不是圓柱體。埃拉托斯特尼（Eratosthenes，約前二七六－前一九四）提出他對地球周長的估計，並由此推測「若不是因為大西洋廣闊非常，我們應該可以從伊比利航行至印度。」[37]由於當年現實上不可能進行這樣的航海，此情更增添希臘羅馬人將文明中心對比於野蠻且神祕之邊陲地帶的思維。詩人卡圖盧斯（Catullus，約前八四－約前五四）曾寫道，「遙遠的印度」在一個方向，「最遙遠的民族、強大的不列顛人」則在另一個方向。[38]然而，希臘羅馬世界尚未意識到，材質貼身的絲綢背後的真實情景，可不是像批評者以為的是個精神沉淪的地域文明，而是個道德正在躍升的遙遠文明。

第三章　絲綢、香料與樂園

在極北之處，海洋終點的更外圍處，有一座非常宏偉的內陸城市，名叫「帝那」（Thina），絲線、絲紗、絲綢從那裡透過陸路……以及經過恆河運送而來……前往帝那絕非易事，從那裡來的人很少，也很少人能到達那裡。[1]

上面這些話出自西元第一世紀的航海手冊《愛利脫利亞海周航記》，關於那個地方的存在，此書為希臘羅馬世界提供了初步但頗為有限的暗示，一個梵文使用者已知曉而稱其為「支那」（Cīna）的所在。「支那」這個名字來自於「秦」，秦政權遠在印度的東方，這個位於渭河流域的封建國家成立於西元前二二一年，是一段漫長戰事的最後勝出者。秦的統治者自封為「皇帝」，建立中國史上的第一個帝國王朝。

希臘羅馬世界首先實際接觸的中國，已是承繼秦朝而起的漢王朝（前二〇六－二二〇）。中國與希臘羅馬文化都對於自身的定居生活方式（家庭、農耕、崇拜、官僚）擁有極高的評價，視之為幸福的標準。相對之下，遊牧民族則遭到根本性的質疑。對希羅多德來說，遊牧民族就是指斯基泰人這群居住於歐亞大草原西緣、黑海北岸的民族。中國人最介意的遊牧民族，則是位於歐亞大草原東緣，那些被統稱為「匈奴」的鬆散部落與族群。

根據《史記》（約前八五）記載，匈奴居於「北蠻」之地，飼養如駱駝等「奇畜」，沒有文字、不知禮儀與仁義。匈奴的「天性」好戰，戰情不利便逃，只為物質利益而活。[2]以下引述的《史記》描述，充分透露出人們對匈奴的恐懼：匈奴人是強悍的騎兵，他們對中國帝國北部的閃電出襲，令人防不勝防，迫使帝國在此修建了史上第一座萬里長城，長城沿線設立瞭望塔與烽火台。匈奴人也會從事貿易，匈奴人其實是個組成多樣的族群，從中國西向經過中亞的山脈與沙漠地帶，至於兩河流域和南亞地區，都有他們的蹤跡，匈奴所參與的是一片廣大的商品交易網。與「絲綢之路」的現代形象正好相反，實際上的絲路並不是一條亞洲版的阿庇亞大路（Appion Way）*，而是多條路線形成的網絡，走絲路的絕大多數人其實只是穿越某段路線而已。此外，絲路絕對不只有絲綢一項貿易品，化學物質、金屬、紙張都在商品之列。[3]

為了捍衛西北的安全，中國漢王朝大約在西元前一〇〇年左右，控制了絲路的第一段，也就是從河西走廊至敦煌。過了敦煌之後，漢朝人所知的中亞王國大約有五十個（多數王國規模只是城市），這些王國統治者會派遣使者向中國皇帝進貢送禮。[4]將絲綢向西輸出的中國商賈，究竟對於遠在五千英里之外的羅馬顧客群有多少了解，此事至今依然是個謎團。至少，在西元一世紀末，中國朝廷對於羅馬已有所耳聞。據《後漢書》記載，西元九七年，漢王朝派遣一位叫甘英的人去親眼看看羅馬。從史書觀來，甘英穿越了廣大的安息帝國（Parthian Empire）——幼發拉底河至庫什山脈一帶擺脫塞流卡斯王國而建立的政權——抵達波斯灣沿岸。甘英還得再花費四十天時間的旅程，方能進入羅馬帝國境內。可是，他卻在此掉頭了。當地水手或許是擔心出現海上貿易的競爭者，因而誇張了此後航行路程的長度與難度，並警告甘英航海引起的思鄉之苦與死亡危機。根據《後漢書》所記：「英聞之，乃止。」

甘英選擇返回中國，增進中國人對外的認識，而這些內容又與中國自身的「海西」（far West）傳說相互融合。傳說西遐之人身材高大，為人誠懇，住在岩石城牆環繞的城鎮中，剃頭短髮，身穿刺繡服飾，製作玻璃製品等新奇的玩意兒。據說這國家的政府所在，有五座宮殿，國王會輪流待在各宮，宮室皆以水晶為柱，食器餐具亦為水晶製品。該國國王不是常任，而是眾首領選出賢者擔任。以上所述，很可能是甘英旅程途中看見的景象，又摻和旅伴告知的羅馬帝國情況。這個位於已知世界極端處的神祕國度，生活方式被認為很類似中國人，因此被稱為「大秦」。[5]

短短幾十年之後，中國迎來了大秦人的到訪。根據《後漢書》對西元一六六年的記載：

＊譯注：阿庇亞大路為「條條大路通羅馬」諺語當中的一條大路。

「大秦王安敦派遣使節，自日南徼外來到，獻上象牙、犀角、玳瑁，至此，大漢與大秦始乃一通焉。」[6]「安敦王」最有可能是指羅馬皇帝安東尼烏斯（Antoninus Pius）或者他的養子兼繼承人馬可・奧理略・安東尼烏斯（Marcus Aurelius Antoninus）。而此處的「使者」可能只是急於提高自身地位的商人，於是在抵達中國南部軍事邊郡日南之後，便將自己的貿易商品說成了「貢品」，結果獲得的招待遠比他們預期的更冷淡。這也許可以說明，為何羅馬文獻中未曾有這類任務的紀錄。

這段時期的羅馬人對於「帝那」僅有朦朧的認知，以外還有活在世界極北處的「賽里斯人」（Seres，意為絲綢民族），此皆來自《愛利脫利亞海周航記》的紀錄。事實上，羅馬市場流通的絲綢有些根本不是中國製造，而是在印度和希臘科斯島（Cos）島上製作，此情導致羅馬人對那些產品與地域的認識，更加是模糊混淆的。

托勒密（Ptolemy）《地理學》（*Geography*，約一五〇）提升了羅馬人的地理意識。托勒密的一大成績是使用經緯度座標，標示出已知世界上的重要地點，藉此。他計算了已知世界和傳說中的賽里斯首都「賽拉」（Sera）距離有多遠。他宣稱自己所獲得的資訊來自一位可能是馬其頓人的商賈提香努斯（Maes Titianus），此人確實曾經派隊遠征穿越中亞，東行直到接近賽拉邊境的「大石塔」。這也許是羅馬曾與中國貿易的證據，但是目前為止，中國考古尚未有羅馬錢幣出土，但在印度卻發現過成堆的羅馬錢幣，此情顯示即便雙方曾經有過直接交易，買賣規模也是極為有限。同樣地，在外交層面上，中國漢朝和羅馬帝國似乎曾彼此眉來眼去，但是卻從來沒到密切交往的地步。

西元二二〇年，漢王朝土崩瓦解。又經過一百五十年，可能與匈奴有淵源的匈人（Huns），開始從其原先位於歐亞大草原西緣的居地向西遷徙。匈人的西遷過程，逼使哥德人（Goths）這支也被羅馬視為野蠻人的族群越過多瑙河，並且進入西羅馬帝國境內。接下來發生的事情，是希羅多德狂熱的夢境化為真實，數百年前他便在《歷史》中警告讀者那些地方有野蠻人存在，如今野蠻部落紛紛竄入，彼此鬥爭，且與衰弱的羅馬帝國鬥爭，而羅馬帝國的衰弱程度是它竟然得雇用野蠻人充當軍隊。羅馬的領導人賄賂哥德王阿拉里克（Alaric）四千件絲綢袍子與三千磅胡椒，企圖以此換取哥德人不進犯羅馬城。但此事並不奏效，羅馬城於四一〇年慘遭洗劫，阿拉里克盡得數量超乎他想像的長袍和胡椒，而在短短半個多世紀之後，西羅馬的末代皇帝便遭到廢黜。然而，數百年來，西方人對東方奢侈品的欲求絲毫不減，即便羅馬權勢衰亡，然其胃口依舊。

在中古時代，胡椒、生薑、肉桂、番紅花、丁香、肉豆蔻依然是非常受歡迎的產品，它們如此受人喜愛，其實未必是保存肉類或掩蓋腐敗味的功能，因為購買新鮮的肉通常還比較便宜呢。由此，它們受歡迎的重點，其實對於發明美味的食譜有所貢獻。視覺效果和美妙的氣味，都是值得付出高價之處，連挑嘴的美食家都會感到驚喜。足夠幸運的賓客，也許能夠獲得以下菜色的招待：培根油炒豌豆泥與雞肉、薑和番紅花；或者是糖和香料製成的西洋棋子形狀點心，立在用香料甜品塑成的棋盤上。7

受到希臘體液學說的影響，中古時代的醫生也在宣傳香料在健康方面的益處。醫生宣稱，香料有淨化腸道的功效，雖然此事稍嫌骯髒，卻是維持體內平衡的重要方法。面對患有憂鬱或性功能障礙的人，醫生給的配方也許是一杯綜合外國香料與當地草藥（如迷迭香和百里香）的興奮飲料。8

若是沒有使用一點乳香，有些宗教儀式的味道就是不大對勁。早期基督教中有某些團體，會將異國香氛連結上羅馬異教、縱慾、墮落和汙穢（當時香料偶會用於遮蓋城市垃圾、排泄物、動物糞便的臭味）。然而於聖經當中，香料往往代表神聖的場合。〈雅歌〉（Song of Solomon）裡寫道，新郎與新娘相遇時，香氣瀰漫，這是對人類之愛與神聖之愛的詩意詠讚。耶穌剛剛降生時，便有東方的智者為他獻上乳香和沒藥；當耶穌死去時，追隨者準備要用混有香料的油膏塗抹他的身體，結果卻發現耶穌的肉體不見了。使徒保羅（Paul the Apostle）在寫信給哥林多（Corinth）的人們時，謎樣而神祕地提到了「基督的芳香」。自羅馬皇帝君士坦丁

（Constantine，三〇六－三三七在位）以降，專門建造的教堂逐漸取代舉行敬拜的私人房舍，燒香也開始成為普遍的做法，通常使用的是乳香。在任命教會階層新成員的儀式當中——下至普通教士、上及教皇——同樣也會使用香料。9

關於這些香料的起源，除了希臘羅馬的地理學知識以外，此時還增添了一個新的地理學知識來源，也就是聖經，其中〈創世紀〉（Genesis）尤其重要。聖經記載的內容並不是明白直接而容易理解。基督教在耶穌離世的頭幾十年間往外傳播，後代身處亞洲的傳教士將這些事蹟視為指引，指導他們如何在新認識且有潛在敵意的文化之中傳播福音。傳教士最重要的參考對象，就是能講希臘語的使徒保羅（約五－六四），保羅在地中海地區的行旅，讓他有機會與各方聽眾接觸，其中包括了大流散之後的猶太人，他們曾受過希臘與希臘化時代哲學的薰陶。其中某些猶太人實在難以理解，他們一向將「上帝」認知為至高無上的超越性存在，這樣的「上帝」怎麼會降世於園中走動，近來還以人形肉身成為巴勒斯坦某木匠的兒子呢。＊

保羅的策略便是運用有好幾百年歷史的希臘哲學「邏各斯／道」（Logos）思想，後代的基督教傳教士和神學家也效法保羅而為。「邏各斯」是出於神聖理性的原則，人可將邏各斯理解為充塞宇宙且規範宇宙次序的原則，反過來，人的理性也可以透過邏各斯而理解宇宙。早期

＊ 譯注：「上帝在園中行走」典故來自〈創世紀〉，此處的園地是指伊甸園，伊甸園位於人間而不是天堂。

基督教辯護者宣稱，希臘和希臘化哲學家數百年的追尋，最終由基督教完成了。人不再需要經過教育學習的困而學之，以求聞道或得道：耶穌基督已經將道傳授讓愚民們知曉了。

這種嘗試運用希臘及希臘化思想體系來理解或教導基督教教義的做法，在未來數百年之後，成為了西方人企圖調和不同思想的基礎，一邊是基督教，另一邊則是自然科學乃至亞洲宗教與哲學等等潛在紛歧的觀念。不久之後，基督教神學家如亞歷山大城的奧利堅（Origen of Alexandria，一八五－二五四）等人，便著手解釋應該如何解讀聖經內容的意涵。奧利堅追隨先人的腳步，如研究荷馬的古思想家，以及研讀猶太教經典而能講希臘語的猶太哲學家費洛（Philo of Alexandria，二〇－五〇），奧利堅試圖解說以寓言方式詮釋神聖經文的重要性。有時他直言無諱：

現在，只要是有腦袋的人，誰還會相信上帝創世的第一天、第二天及第三天，還有那時候的夜晚與早晨，都是沒有太陽、月亮與星辰的呢……？還有，誰傻到會去相信，上帝會像是個農人那樣，在伊甸東部造出一座樂園，還在裡面種下一顆眼睛看得見、手摸得到、人吃了果實就能延年益壽的生命之樹呢？[10]

奧利堅認為《舊約》和《新約聖經》有大量部分確實可以用閱讀希羅多德作品的方式去

讀，也就是「歷史」。然而他又認為，這種閱讀方式只能提供頗為有限的「真相」，主要適合新皈依的信徒或（目前）精神較為簡樸的人採用。聖經有些篇章，比如包括〈創世紀〉中上帝創造世界與亞當（Adam）夏娃（Eves）的事蹟，包含了完全不能以閱讀字面去理解的要素在其中。[11]這些要素會指向經文更為重要的目的，那就是傳達「精神或靈性的」真相，對於尚未準備好的人，聖靈（Holy Spirit）會將這些精神真相藏起來，但那些已經準備好的人，便可以憑藉精神真相自我提升，更加接近上帝。這種理解經文的方式，絕對不是所謂批判性詮釋（exegesis），因為大多數基督徒都沒有接受過解經學方面的教育。這是一種更深層的投入，所憑藉的比較不是語言和理性，而是個人的整體道德和精神狀態——奧利堅本人正是以禁慾苦修著稱。

然而，知識只會向入門者揭櫫的觀念，使得一些基督徒心生警兆。這種觀念似乎跟影響某些猶太教與基督教社群的諾斯替派思想與做法太過接近，而有可能的危機存在。諾斯替主義（gnosticism）的源頭，融合了柏拉圖主義、近東地區的神祕宗教如艾希斯（Isis）和米士樂（Mithras）＊崇拜之要素，還有更東方地區傳來的二元論觀念。由此，諾斯替主義所持的世

＊ 譯注：艾希斯是尼羅河神奧賽里斯（Osiris）的妻子；米士樂本是祆教光明善神馬茲達（Mazda）下的小神，後來成為主神，也是代表光明。

界觀是，包含人類肉體在內的物質世界，層次遠遠低於精神世界且與其相分離。個人若要獲得救贖，必須仰賴透過苦行與對奧義的正確體會才能獲得的特殊知識（即「諾斯替」）。奧利堅殫精竭慮地對抗諾斯替主義，但是，當他逐漸成為受歡迎的知名傳教者，亞歷山大城的主教卻認定他是個曲解教義的詭詐知識販子。亞歷山大城主教逼使奧利堅出逃，他在外流亡多年，陸續與其他基督教社群相處，最終被羅馬人下獄折磨，不久後於西元二五四年過世。

信徒繼續認定聖經是具有多層次的，且對於特定段落的解讀依然存在紛歧。像是奧古斯丁（Augustine of Hippo，三五四－四三〇）這樣的大學者，常常以今日之我攻昨日之我。奧古斯丁傾向將「亞當與夏娃身處伊甸園」的紀錄，視為包含可靠歷史與地理知識的資訊。根據記載，伊甸園遠在亞洲東部，該處有條大河，河流離開伊甸園時分成四條河流的源頭。〈創世紀〉列舉了這些「樂園之河」的名字，分別是底格里斯河、幼發拉底河、比遜河（Pishon）和基訓河（Gihon）。後人將「比遜河」認定為恆河或印度河，而將「基訓河」認知為尼羅河。在奧古斯丁眼中，〈創世紀〉的地位極高，他要尋求調和當時地理學與聖經資訊（四河同源的說法實在不甚可信）的辦法，於是，他表示樂園之河必然有部分河段屬於地下河。12

歐洲的地圖製作者承繼了前述的世界觀，這就使得香料以及形象模糊的香料產地「印度」顯得更加特殊。香料強烈的味道與氣味證明，這是由於香料產地接近伊甸園的福蔭所致。或者，有些人尋思，香料真的是由伊甸園中樹木生長出來的，且透過樂園之河的運送，傳入了已知的世界。由於人們觀察到河流之中確實會夾帶寶石與珍貴金屬，前述想法的可信度因而提高。[13]但是，此情也顯示，千百年間，歐洲在全球香料貿易中的地位有多麼邊緣，當時生產香料的中心在印度、印尼和印度支那（Indochina，大約等同中南半島），而從西方歐洲小國至於廣袤的亞洲地區，都有香料的購買者。

位居邊緣地帶的一大後果，就是歐洲人為了獲得香料，得付出極為高昂的代價。[14]打破漫長的中間商轉手環節並從事直接貿易簡直不可能，第七世紀伊斯蘭教崛起之後尤其如此。至西元七五〇年時，伊斯蘭哈里發政權（Caliphate）所涵蓋的範圍，是從西班牙經北非、穿越波斯、東至印度河流域的地區。在伊斯蘭教的黃金時代，歐洲沒能力派出更多前往亞洲的船隻，誠如當時歐洲無能和伊斯蘭黃金時代的成就媲美，無論是繁榮輝煌方面，抑或知識學術方面（科學、醫學和哲學）。然而，穆斯林的勢力與學術，並沒有完全切斷歐洲和亞洲的聯繫，反而是擔任了中介者的角色：就貿易而言，阿拉伯商人透過亞歷山大港等港口，主宰了亞洲商品的銷售，思想界的情況亦與此雷同。舉例來說，在這段時期，印度數學便是透過阿拉伯的知識分子才傳入歐洲。波斯博學家伊本·西那（Ibn Sina，九八〇－一〇三七）——或稱阿維森納（Avicenna）——就是讓歐洲人得以觸及其過往成績、奠定其未來之基礎的功臣之一，因為他的作品幫助歐洲人獲悉古希臘的天文學、數學、哲學和醫學，其中尤其是醫學的部分，已經融混於阿拉伯學者自身的研究之中。

當然，伊斯蘭教同時還激發歐洲人興起了一股神聖的使命感，激情澎湃而常常暴戾之氣過濃，如此使命感開始影響歐洲人對於廣大世界的想像。這當中尤其珍貴的展望，首先出現在一一四〇年代中葉第二次十字軍東征的準備期，那便是傳說中居於遙遠「印度」某處（廣義而言便是伊斯蘭教勢力以東）的基督教君主「祭司王約翰」（Prester John）。[15]上天注定約翰這位亞洲的救主，將要協助歐洲復興，宅心仁厚的約翰甚至有御筆寫信寄到：

> 若你真的有心認識朕之威嚴與崇高以及朕的疆土。那麼請稍無猶豫，相信我，眾王之王的祭司王約翰，美德與力量超越廣大世界的所有國王，擁有天下的所有財富。
>
> 我是個虔誠的基督徒，以仁慈統治著基督徒的帝國，並無所不在地保護並救濟可憐的基督徒。我們誓言要率領大軍，造訪〔耶路撒冷〕基督的聖墓，此乃吾人壯盛之榮耀所應為，旨在屈服並擊敗與基督十字架為敵之人，並且弘揚基督之聖名……[16]

這封〈祭司王約翰致信〉，大約從一一六〇年代在歐洲流傳，距離約翰傳說首度出現大約二十年之久。除了宣布約翰的力量與其發動十字軍的意圖之外，這封信還講述了一個不可思議的王國。有一條從伊甸園直流而下的河，流過這個王國，河中富藏祖母綠和藍寶石等等珍寶。此國中有胡椒林，有可以使配戴者隱形的寶石，還有一口飲下能使人青春永駐於三十二歲的清泉。此王國中既無竊賊亦無騙子，該信稱：「我們全都追求真理，相親相愛。」最令人印象深刻之處，是此地有一面上天加持過的聖鏡，由一萬兩千名士兵晝夜看守，祭司王約翰可於鏡中目睹其偉大王國中發生的所有事情。17

這些紀錄生動地證明，從西羅馬帝國衰亡以下的漫長數百年間，中古歐洲人想像力之豐富，以及中古歐洲人對於亞洲實況的薄弱認知。西元一千年左右的世界地圖，會以國際貿易與財富的流動為重點，其中心為印度次大陸，起自印度西岸的古吉拉特（Gujarat）、康坎（Konkan）和馬拉巴爾的貿易路線，橫跨阿拉伯世界和東非地區。從印度東岸開始，尤其是北邊的孟加拉灣和南邊的科羅曼德（Coromandel），貿易路線則是延伸進入馬來半島、東南亞地區和中國南方。

當時數百年間的印度政權規模大多偏小，一大例外便是以科羅曼德海岸為心臟的朱羅王朝（Chola dynasty）——「科羅曼德」的字源便是「朱羅氏疆土」（Cholamandala）。當時印度其餘王室多有參與國際貿易，將稅收投入其中，偶爾也提供軍事協助。然西元十一世紀初的朱羅帝國，已經是坐擁斯里蘭卡、馬爾地夫與東南亞部分地區的海上大帝國。印度因巨大財富而享譽天下，其富之厚包括國際貿易的收入，此名聲於十二世紀開始吸引土耳其和阿富汗的穆斯林前來，首先來的是掠奪者，後來則開始有穆斯林定居於北印度。德里於一一九三年陷落於穆斯林之手，艾伊拜克（Qutb-ud-din Aybak）則於一二〇六年自封為德里蘇丹。艾伊拜克遂成為印度第一個伊斯蘭帝國的創建者，波斯化的伊斯蘭文化因而傳遍大半恆河平原北部。[18]

歐洲人對於前述這些發展所知甚微，但受祭司王約翰激發出的希望，似乎源自於亞洲傳入歐洲的破碎資訊。最古老的祭司王約翰傳說形成於第三世紀的《多馬行傳》（*Acts of Thomas*）。這部充滿浪漫與幻想的文獻，主要是在描述耶穌門徒多馬的晚年經歷：就是那位以尋找物質證據證明死後復活的耶穌是真身而著稱的「眼見為憑的多馬」（doubting Thomas）。《多馬行傳》聲稱，耶穌門徒們將這個世界分配成眾人各自要前往的幾個區域，多馬分配到的是前往印度做使徒。多馬抵達了印度西岸穆齊里斯港，那是當代羅馬人已經常常使用的港口。在那裡，多馬開始他為期二十年的傳教工作，最終於西元七二年在印度東南岸的麥拉波（Mylapore）殉道而亡。

儘管欠缺實質證據，但多馬傳奇應當某種程度屬實。在印度西南部發現的石造十字架，顯示基督教在印度的蹤跡至少可以追溯至西元二世紀初，幾個世紀之後則與東方教會（Church of the East）——或稱聶斯托留教派（Nestorian Church）——有所關聯。[19] 其成果是，印度的馬拉巴爾海岸地區形成一系列的基督教社群，他們以敘利亞語執行聖餐禮，並且受自波斯派出的一位主教管理，當中有不少社群也從事胡椒貿易。歐洲人對這些基督教社群的模糊認識，以及東方教會在中亞地區的活動（此為最早派遣傳教士至中國的教會），成為了促進祭司王約翰傳說成形的素材。成書於九世紀後期的《盎格魯－撒克遜編年史》（*Anglo-Saxon Chronicle*），其編纂者已經曉得聖多馬在印度的故事。據此編年史記載，西元八八三年，阿佛烈大帝（King Alfred）曾派遣兩位英格蘭人前往多馬墓獻祭，他們的名字分別是希格姆（Sighelm）和愛德斯坦（Aethelstan），目的也許是期望獲得神助以對抗丹人（Danes）。祭司王約翰的信函裡頭，描述這位偉大國王的疆土「從印度的極地，也就是使徒聖多馬遺體所在處，涵蓋至太陽升起的地方，再反向延伸至接近巴別塔（tower of Babel）所在的巴比倫沙漠」。[20]

構成歐洲人對祭司王約翰寄予厚望並期待受其救贖的最後一項元素，是十三世紀初蒙古人在中亞擊潰穆斯林敵人的消息：有一股有利於基督徒的強大的勢力正在興起。當然，成吉思汗不是這麼看的；但是，成吉思汗固然缺乏信仰方面的動機，蒙古的軍隊卻在短短幾十年之間，打出一片廣闊浩瀚的大帝國，使得從克里米亞至中國的陸路得以暢通。至十三世紀晚期，正是因為知曉有這樣的路線存在，歐洲史上最著名的旅行家才會收拾行囊，準備上路。

第四章 探索者：馬可・波羅和哥倫布

敬愛的皇帝、國王、公爵、侯爵、伯爵、騎士與市民們，以及所有想要知道眾多人類種族與世界各地珍奇的人們呀，請好好聽聽這本書吧！在這裡，你將會發現大亞美尼亞、波斯、韃靼（Tartar）及印度等地的一切奇觀和名勝。這本書將會根據尊貴的威尼斯公民馬可・波羅先生親身經歷，以恰當的順序向您呈現。[1]

「快來看哪！快來看哪！」用宏亮聲音朗讀出來者，正是《世界紀實》（*The Description of the World*）開頭文字的用意所在，予人一種商販兜售叫賣的感覺。這本書有一個更加鼎鼎大名的稱呼，那就是《馬可・波羅遊記》（*The Travels of Marco Polo*）。給人這種叫賣的感受，不亦宜乎：本書確實是在賣貨，供貨者的人生包含三個歐洲商業革命的繁榮重鎮。馬可・波羅出生於西元一二五四年，當時，他的家鄉威尼斯這座城市，已經從拜占庭帝國的附庸國搖身變成強大的海上貿易強權，主宰亞得里亞海至愛琴海的水域，善於利用拜占庭的衰弱與十字軍造成的動盪局勢。

與馬可．波羅合作著書的魯斯蒂切洛（Rustichello），來自第二大海權共和國比薩，而兩人相遇的地點，居然便是第三大海權共和國熱那亞（Genoa）。在義大利為數不多的海權共和國當中，前述三者便是三巨頭。這些海權共和國與馬賽、巴塞隆納等城市，會派遣商人前往包含亞歷山大城在內的香料市場貿易。海權共和國靠著與這些地方交易香料、奴隸等眾多商品致富，而馬可．波羅和魯斯蒂切洛所提供的商品是故事——客官請注意，是「真正」的故事：是歷來歐洲人對東方大地與民族的見聞中，最詳盡且（他們堅稱）最可信的紀錄。[2]

相對於艱苦緩慢地沿東歐地區前進，有另外一條便利的捷徑，可以通向蒙古西征開闢出橫跨亞洲的路線出發點。時人可以航行地中海，通過君士坦丁堡，渡過黑海，然後再轉陸路，往北或者往南繞過裏海。根據《馬可．波羅遊記》記載，馬可的父親尼科洛．波羅（Niccolò）與叔叔馬費奧（Maffeo）在一二六〇年左右的旅程，就是通過這條黑海路線。他們從君士坦丁堡乘船前往克里米亞半島的蘇達克港（Sudak），然後從這裡轉為陸路，一路直達忽必烈大汗的王廷——也許那是指忽必烈新建的首都「大都」（今日北京）。在仔細訊問兩人之後，忽必烈派遣他們返回歐洲，作為他派去教廷的使節，並要求他們帶回一百位基督教學者，以及一小瓶取自耶路撒冷聖墓教堂的聖油。尼科洛與馬費奧盡力而為，終於在一二七三或七四年時再度回到忽必烈在中國北方地區的夏宮，他們沒能帶來一百位學者，但倒是帶來了兩位教皇派遣的修士，再加上尼科洛十七歲的兒子馬可。[3]

據說這三位波羅家的人一直在亞洲待到一二九〇年代初。忽必烈任命馬可擔任官員與使節達十七年之久，成為第一位廣泛遊歷全中國的歐洲人，也是第一位親身到過印度支那的歐洲人。之後，三人同行返鄉，在漫長的歸途當中，他們又成為第一批到達蘇門答臘的歐洲人，以及好幾百年來第一批到過（往後好幾百年都沒有歐洲人到過那裡）印度和斯里蘭卡的歐洲人，也是讓歐洲首度得知大量香料島嶼存在的人。返鄉後不滿一年，馬可．波羅就在威尼斯與熱那亞之間的一場海戰中被俘虜，他利用身處牢獄的時光，向獄友魯斯蒂切洛細細口述自己過去二十五年間的經歷與所見所聞。[4]

在《馬可．波羅遊記》的手抄本開始流傳之後，很多歐洲人不相信那是真實的經歷。馬可．波羅臨終榻前，有些朋友居然勸他好好即時懺悔，承認自己說謊或誇大其詞。[5]且在《遊記》問世後的一段漫長時間裡，人們居然認定這是一本浪漫故事，而不是旅遊記事。[6]關於遙遠文明擁有郵政、紙幣、繁華大城市的報導，似乎讓人們感到很不安。[7]馬可還駁斥了一些深受喜愛的觀念，這也令人聽了不高興。他說，獨角獸不是只願意讓處女捉住自己的神奇生物，實際上的獨角獸「非常醜陋」，毛髮如同野牛，喜歡在泥巴中打滾（他所描述的似乎是犀牛）。[8]人們喜歡幻想印度有俾格米人，其實俾格米人根本不存在，印度只有「面容與人類非常相似的小猴子」。馬可甚至貶抑了祭司王約翰，聲稱祭司王約翰只是一個詆毀大汗的蒙古軍闕，最終為此付出代價，在戰鬥中被殺。[9]

直到現代，依然有人懷疑馬可．波羅的話。你怎麼可能真的去過中國卻沒提到萬里長城、筷子和茶呢？為什麼中國史書從來沒提過一個叫馬可．波羅的人呢？不用懷疑，他確實在魯斯蒂切洛的渲染或慫恿下，把事情講得漂亮了。馬可．波羅應當沒有像是《遊記》裡面寫的那樣擔任過中國的城市長官，也沒有提供外國工程師建造攻城而破城的投石機，《遊記》裡頭所談的那場圍城戰，早在他抵達忽必烈王廷之前就結束了。[10]不過，馬可．波羅那個時代的長城，倒不是什麼值得大書特書的宏偉建築。而且，當時馬可的主子忽必烈汗才剛剛收拾南宋，忙於創立新興蒙古王朝（大元）取而代之，因此，認為馬可．波羅理當記錄許多中國風俗習慣，也是有欠合宜的設想。[11]

如今絕大多數人都同意，馬可．波羅真的到過中國，並且在中國有廣泛的遊歷，所以他才能向讀者們提供有關中國河川、運河、自然資源、建築、產業等整體上可信（雖然往往誇大）的訊息。[12]馬可．波羅詳細地描述了「行在」*（今日杭州）的壯觀：這是一座巨大的貿易城市，擁有寬廣的街道、廣場、運河。市場上，人們帶來魚、鹿、兔、鷓鴣、鴨與鵝，還有各式各樣的蔬菜瓜果。此地的貴族與官員在「清澈見底的淡水湖」岸邊興建宅邸。湖中央有兩座

＊譯注：「行在」是指皇帝所在之處，南宋首都為臨安（杭州），故稱行在。

島，各有「華貴精巧的宮室矗立其上，其中廳堂房間的數量多到不可勝數」。人們在島上宴飲聚會，一次可同時舉辦上百場宴會，周圍的湖面上有大大小小舟楫畫舫，遊客在船上其樂融融。

同理，我們沒有理由不相信馬可・波羅的印度遊歷是真實的。他的印度之旅所以能成行，似乎是結合阿拉伯與波斯語能力，加上蒙古人與穆斯林海上力量而達成：馬可在《遊記》中大量使用阿拉伯語地名，同時，他雖然不會講南印度的語文，但他似乎可以憑藉波斯語，透過和穆斯林對談而搜集與印度有關的故事和解釋。[13]

馬可・波羅離開歐洲時年紀尚輕，相對來講缺乏正規教育，但就某種層面而論，這件事反而對他有利。馬可的《遊記》沒有塞滿古典文獻（他雖有提及亞歷山大大帝，但沒提到麥加斯提尼或老普林尼），而是提供原始的觀察材料。也許馬可是在擔任大汗使者的過程中，培養出眼見為憑的第一手觀察習慣，以免闕漏不實的資訊觸怒大汗。[14]即便是在宗教方面，馬可・波羅都很少有評判或比較的做法。他樂於讓讀者知道，忽必烈對於基督教與基督徒頗不以為然：「那是沒有功業、沒有力量的無知之人。」還有，馬可在旅途中知道了佛陀生平的大概，他暗示道：「假若佛陀是基督徒，他絕對會是一位偉大的聖徒，與我們的主耶穌同在。」[15]

馬可・波羅沿著印度東南科羅曼德海岸而行，途中看見潛水找尋「圓潤閃亮」珍珠的民族，那裡的婆羅門會向魚施法降咒，以免魚群攻擊潛水者。他還對於當地王家的財富印象深刻，《遊記》中寫到一位國王，全身穿戴起黃金鍊環與珍珠寶石配飾，據馬可宣稱，國王身上珍寶的數量之多，可能超過一座大城市擁有的財富。[16]馬可知道許多印度人因為將牛視為神聖之獸而不食牛肉，但他不清楚原因為何，告知他這些消息的人只說：「牛是非常好的生物。」此外，為什麼印度的國王與朝臣會直接席地而坐呢？馬可．波羅得到的答覆更加有趣了：

他們回答，坐在地面上也是十足尊貴，因為人是泥土造成，死後也將歸於塵土，因此再如何崇敬大地也不為過，而沒有人應當藐視土地。[17]

撇開馬可自己、提供消息的人、文筆浪漫的魯斯蒂切洛，三者結合起來的誇大或美化之處，馬可．波羅的敘述大多忠於事實。透過他提到的姓名、描繪與故事，我們可以辨識出那是哪些真實歷史上的南印度國王。[18]他所描述的當地風俗習慣，也是後代旅行家所得知的內容：印度人會咀嚼摻有香料的檳榔葉，只使用右手進食（左手用來處理「不愉快或不乾淨的需求」）；他們喝飲料時嘴唇不碰到容器；他們會使用出生占星命盤表。和古代的麥加斯提尼一樣，馬可讚揚了印度的司法，並特別提到當地罕見盜竊的情況：你可以身懷一袋珍珠，用這個袋子當枕頭在街頭夜宿，早晨起床時一切安然無恙。馬可還敘述了印度西南部的胡椒樹種植、靛藍製作、椰子水與棕櫚酒，以及馬拉巴爾和古吉拉沿岸海盜的危險。據他說，有些海盜在俘虜商賈之後，因為商人可能在危急時吞下珍珠寶石以防被搶，海盜會逼商人喝下加有酸豆的海水，讓他們把東西吐出來。馬可表示，還有一種難以藏匿但也是海盜愛搶的物品，那就是馬匹；在那個時代，馬匹已經是中東運至印度沿岸的貿易品項之一。[19]

馬可．波羅還描述了如何從蛇類肆虐的山中取得鑽石之法，這項記載雖然較不可信，但對於家鄉的歐洲讀者來說無疑是非常有趣的。採集者會在安全距離之外對著鑽石所在處投擲肉塊，然後等待老鷹將黏有鑽石的肉抓起，飛到安全的地點降落之後，人們再去奪肉取鑽石，或者有些人是等著老鷹吃完肉，再去鷹巢從排泄物中收集鑽石。

馬可另外還有一段聽來簡直不可思議的敘述，歐洲讀者應當也是用同樣開放的娛樂精神看待：

「日本國」（Cipangu）*是〔中國〕以東海上的一座島嶼，距離大陸一千五百里遠。它是一座非常廣袤的大島，人民皮膚白皙、臉俊貌美、謙謙有禮。他們是偶像崇拜者，政治上完全獨立，統治者都是與自己同種。此外，我可以告訴你，那裡的黃金多到難以想像，因為當地金礦極其豐富。

我能夠向你保證，我說的全是真的。〔這座島的統治者〕有座巨大的宮殿，鋪滿上好的黃金。就像我們會用鉛覆蓋房舍與教堂屋頂，這座宮殿則是用上好黃金鋪設頂部。……宮殿中的所有廳堂軒室，也同樣用上好黃金鋪設，厚度達到兩根手指寬。宮殿的其他部分，如大廳和窗戶等，也同樣用黃金裝飾。我向你保證，這座宮殿的富有程度，會讓任何企圖估計其價值的人嚇到說不出話來。[20]

馬可・波羅繼續說道，這群民族還坐擁黑胡椒、白胡椒，以及「盛產的珍珠」：「又紅、又美、又大、又圓。」但可惜的是，他們「的行為古怪又邪門……基督徒可能聽不下去他們的邪魔歪道」。當他們抓到付不出贖金的俘虜，他們會「通知親戚朋友說『我邀請你們來我家一同用餐』」。結果那餐的主菜就是那位俘虜的肉，烹煮方式不明，但據他們說，人肉是「人間最美味的肉」。[21]

這又是被魯斯蒂切洛想像誇大出來的佳餚嗎？或者不是呢？細心的《遊記》讀者或聽眾可能會發現，雖然馬可・波羅總是盡可能彰顯「大汗」的偉大，但是在談到「日本國」的時候，他覺得自己必須提起一起尷尬的事件。大汗得知日本國的巨大財富之後，決定要派兵征服它。他派出兩位將領指揮「載有騎兵和步兵的龐大艦隊」出海，但海上忽然吹起了狂風，摧毀並打散了船艦，導致最終任務失敗，將領也被處決。要說這是大自然出手拯救這座神奇之島，似乎

＊譯注：據考證，Cipangu 可能是中國方言「日本國」的發音，與今日 Japan 一稱的緣起有關聯。

有些牽強，但日本國人深信這個故事，把這場風稱為「神風」（kamikaze）。[22] 懷疑者再次將這項記載斥為無稽之談，但其實馬可．波羅是為他們拓展了眼界，呈現更廣大的世界，將「日本」（Japan）首度放進了地圖。

隨著蒙古人勢力從十四世紀後半葉開始走下坡，歐洲商賈發現自身與東亞直接接觸的途徑再度斷絕。地中海航路與陸路都受到有敵意的鄂圖曼人阻礙，威尼斯和熱那亞等地的人們只能退而求其次，回到從前貿易的老方法，尋找最近的亞洲商品輸入點，也就是亞歷山大城的市場。但是，消費者對於高昂的價格相當反感，便在此時，有個想法激起了一股熱情。對於相信地球是個以耶路撒冷為中心的盤子的人（這種人確實有一些）來說，那個想法簡直是瘋狂：若你往西邊前進，走得更遠的話，你將會到達東方。[23]

世界可以環遊的想法，最早可以追溯至西元前三世紀的埃拉托斯特尼，後來，隨著亡佚的托勒密著作《地理學》從伊斯蘭世界重新傳回歐洲，這個觀念的可信度再次獲得強化。此時的歐洲人已經學會或說重新學會使用經緯度，同時也因重新獲知托勒密（嚴重低估）地球周長的估算值而欣喜。[24] 此外，伊斯蘭世界也是促成此事迫切性的一項原因，那便是征服者穆罕默德二世（Mehmet the Conqueror）在一四五三年攻陷君士坦丁堡。向西航行尋找亞洲的概念，終於在一四九二年由熱那亞航海家哥倫布付諸實行。贊助哥倫布的王室，是卡斯提爾的伊莎貝拉（Isabella I of Castile）和亞拉岡的斐迪南（Ferdinand II of Aragon），至於哥倫布啟航的資金，則是由滿懷希望的熱那亞及佛羅倫斯銀行家提供。哥倫布本人非常看重本次航行對於基督教歐洲命運的影響。他在一四九二年年初的日記中寫道，伊比利半島的殘餘穆斯林勢力已經被驅逐，「猶太人」也被「趕走」。基督教世界開始動起來了！

西元一四九二年八月，哥倫布揚帆啟程，並於十月底發現大寶藏，抵達馬可·波羅記載的「日本國」——或至少他自己深信是如此。實際上，哥倫布一行人到達的是古巴，那兒是一塊新大陸，是自古希臘以來從未出現在西方地圖上的半球。這麼一來，就算不是立刻，西方人也得開始重新繪製新地圖了。到一四九四年西班牙與葡萄牙簽下《托德西利亞斯條約》（Treaty of Tordesillas）時，人們都還不清楚哥倫布到底發現了什麼。《托德西利亞斯條約》在新大陸與西非外海維德角群島（Cape Verde islands）二者中央的大西洋上，劃出一條子午線（經線）作為界線。西班牙宣告自己擁有界線以西的一切（意外地將當時尚未發現的巴西東部劃給葡萄牙），之後，哥倫布繼續進行他的探險。

在哥倫布第二次航行途中，他要求手下發誓，誓言內容等於將古巴島視為中國，只是當時對中國的稱呼是「契丹」（Cathay）。第三次航行結束後，哥倫布在寫給斐迪南和伊莎貝拉的信中宣告，他終於快要達成自己的目標，此外，他對大洋上一處特殊的地方做出耐人尋味的觀察：這裡風和日麗，有大量淡水注入海中，羅盤讀數顯示此處的海洋是傾斜並往高處流。哥倫布滿肯定自己已經找到伊甸園的外緣了。[25]

直到一五〇六年哥倫布逝世為止，他都堅信自己已登上「日本國」和「契丹」大陸的土地。[26]直到一五一三年西班牙征服者拔爾波亞（Vasco Nuñez de Balboa）穿越狹窄的巴拿馬地峽，遇見一片從來不認識的新海洋，真相方才顯露。拔爾波亞手持寶劍，另一手拿著聖母瑪利亞聖像，涉入海水之中，宣稱這片大洋屬於西班牙。數年之後，探險家麥哲倫（Ferdinand Magellan）於一五二〇年也來到這片大洋，只不過他選擇的路徑，是艱苦地穿越如今被稱為「亞美利加」（Americas）大陸南端的海峽，而麥哲倫後來也成為這條海峽的名字。這片大洋波瀾不興，看來異常寧靜，於是他為它取名「太平洋」。

西元一五二一年三月，麥哲倫成為史上第一位到達關島的歐洲人，並且繼續為西班牙宣示占有關島以西的島鏈。麥哲倫在這些地方尋找基督教皈依者的過程中被殺害，他的船隊共有五艘船隻，最終只有一艘維多利亞號（Vittoria）成功於一五二二年返回西班牙。維多利亞號於是被譽為世界上第一艘環遊全球的船舶，由此還導致西班牙和葡萄牙協商逆子午線（一八〇度經線）的位置。《薩拉戈薩條約》（The Treaty of Zaragoza，一五二九）將東南亞給了葡萄牙，其中包括利潤豐富的摩鹿加群島（Moluccas）。西班牙則設法掌握住麥哲倫殞命處的群島，後來根據西班牙國王菲利普二世（Philip II）將此地命名為「菲律賓」（Philippines）。西班牙人也在新大陸發現巨量的黃金和白銀，算一算，其價值甚至還高於其所損失的香料貿易。

接收托德西利亞斯子午線以東的一切之後，葡萄牙便於一四九八年派遣達伽馬（Vasco de Gama）出航，並成為首位向南繞過非洲駛向印度洋並成功抵達印度的歐洲人。達伽馬到了馬拉巴爾海岸的繁榮港口卡利卡特（Calicut），隨即意識到香料貿易利潤之巨大，真是門一本萬利的生意。胡椒在威尼斯的零售價，曾於一四九九年的稀缺時期一度達到每百磅（hundredweight）*要價八十杜卡特幣（ducat）。同樣重量的胡椒，在卡利卡特的交易價格只要三杜卡特。[27]

憑藉可觀的利潤，葡萄牙大力增進自身在軍事和商業的表現。以卡利卡特的案例來說，這就釀成了十六世紀初期的武裝衝突，期間歐洲船艦的火炮顯然相當具有優勢。[28]「葡屬印度」（Estado da Índia）便是自此立足而開始擴展，葡萄牙人透過與當地統治者交易，在印度沿岸到處建立點狀的小據點，據點數量穩定累積之下遂構成葡屬印度的區域。葡萄牙人從一五一〇年開始殖民臥亞（Goa），臥亞於是成為葡屬印度總督的駐地（此職位頭銜一直存在到一九六一年為止），後又於一五三四年派駐臥亞大主教負責省級教區事宜（與總督職權有所重疊）。

* 譯注：古代的重量單位各有不同，hundredweight 就是指一百個常用重量單位，故譯為「百磅」。

葡萄牙不大有意圖將沿岸貿易據點化為大片的領土擴張，因為葡萄牙人力不足，領土擴張的潛在利益也不明顯。反之，他們建立起一個財源滾滾的貿易帝國，主要營運的基地包含馬六甲（一五一一年）、霍爾木茲（Ormuz，一五一四）、孟買（一五三四）和澳門（一五五七）等。葡萄牙人對香料貿易已經達成起點到終點的控制，威尼斯和亞歷山大城的中間商只能失業，同時葡萄牙進口的廉價香料，則繞過好望角，湧入里斯本和安特衛普的新興市場。在此過程中，葡萄牙人創立「海上計程車」服務，而有群人則利用這項措施航往亞洲傳播福音，並由此歷程開始徹底改變歐洲人的眼界。

第五章　上帝的水兵：耶穌會

十六世紀從伊比利半島往西以及往東前進的歐洲人，對於他們的貿易權、征服權、基督教傳教權少有懷疑。至早從五世紀開始，天主教會便宣稱自己有權利且有責任追求普世的基督教國度。十字軍東征時期，這樣的信念又更加強化，教皇依諾增爵四世（Innocent IV）宣告，若不信基督教者違反了「自然法」（natural law）——但那是基督教世界中定義的「自然法」——十字軍便有權剝奪這些人的土地。葡萄牙國王於一四三〇年代又更進一步，聲稱自己對加納利群島（Canary Islands）有推進文明與「拯救人們靈魂」的權利。葡萄牙王的宣稱獲得背書，此後教皇發布了一系列敕書，愈來愈積極支持葡萄牙的權力。

時至一五〇〇年，受到哥倫布航行的刺激，一套「發現理論」（doctrine of discovery）已儼然成形，此種理論會將土地和商業權利賦予最早「發現」新地方的歐洲基督教勢力。葡萄牙和西班牙締結的《托德西利亞斯條約》（一四九四年），其依據源於前一年發布的教皇敕書，其中首次提及潛在的全球戰利品之瓜分。條件寫得很清楚，也就是呼籲伊比利強權「擴張基督徒的統治範圍」，以執行「神聖而可敬的任務」。[1]

法律主義（legalism）*和激情熱忱於是合作無間。當拔爾波亞涉水走進「太平洋」，手中拿著寶劍與聖母聖像，他不只是在做做樣子，而是一種正式的宣告。印度、中國、日本的人們很快就會開始發現，那些西班牙和葡萄牙商人並不總是其所信奉宗教當中的模範生。然而，在早期的伊比利帝國主義（Iberian imperialism）裡頭，確實存在真正純粹的宗教熱情，有些人真心期望能找到神祕的祭司王約翰。由於近來伊比利人將伊斯蘭教和猶太教逐出半島，在此激勵之下，還有些人認為早期基督教徒到亞洲與新世界的傳教使命，便是要拓展基督教世界的邊界。教會與國家攜手合作，歐洲的宗教體制終能在新天地複製重現。

三件事情改變了上述這一切。第一，新抵達異域的商人、教士和征服者殘酷對待當地族群。西班牙道明會修士拉斯卡薩斯（Bartolomé de Las Casas）對同胞的行徑痛心疾首，譴責他們為了爭奪黃金而「摧毀了無數靈魂」，此呼聲也受到某些神職人員同情。[2]至此，「基督教世界」（Christendom）變成了一個更加複雜的概念，傳教士一方面依賴同胞提供的交通與安全保障，另一方面（至少有些案例如此）又自詡是受歐洲人暴力與剝削侵害之族群的保護者兼扶持者。

第二項變化，則是歐洲宗教改革期間基督教世界的分裂：有馬丁・路德（Martin Luther）和約翰・喀爾文（John Calvin）的改革，有天主教的革新，還有一直延續至十七世紀中葉往往訴諸暴力的政治紛爭。這段時期的重大戰役，無論是宗教性或政治性的鬥爭，全部都發生在歐洲。但是，隨著更廣大的世界逐漸在十六世紀中葉和十七世紀進入歐洲人的眼簾，天主教會逐漸認識到，到那裡去讓異族皈依，既有現實的價值，也有宣傳聲勢的價值。外面世界的盟友，既可以幫助天主教會對抗新教徒，並且是教會自命其普世性放諸四海皆準的鮮活例證——那是人們愈來愈可以在地圖上指認出來的地方。

最後一點，事實很快明朗，亞洲擁有數個至少與歐洲水準不相上下的社會：深奧的哲學、高超的工藝、自然知識、社會風俗、經濟與社會組織等等。在那個時代，很少有人會認為亞洲人的宗教領悟能跟基督教的啟示放在一起比較。然而，將心力主要放在當地社會菁英的傳教士們卻發現，他們若是不能理解這些族群的自我認知，傳教事業便難以推展。這就意味傳教士得去學習亞洲的語言、了解亞洲的文化，且其成就遠超過有史以來歐洲人所達到的成果，而這也與美洲地區侵略者的殲滅態度形成強烈對比。到十六世紀下半葉，除了香料等商品貿易之外，還多出了對亞洲知識的大舉探索和搜集，統統向著歐洲輸送：雖然此時對亞洲的認識仍嫌片面且多有缺陷，但這並不影響其革命性的意義。在企圖擴展基督教世界邊陲的過程中，基督教世

＊譯注：法律主義是指訂定法律並嚴守法律的態度。此處是指歐洲人自己訂下法律或條約，賦予自身征服、貿易、剝削等權利，然後自稱其行為是在遵循法律。

界的樣貌也永遠改變了。

在這場變遷當中，最有影響力的媒介與推動者當屬耶穌會（Society of Jesus）。依納爵・羅耀拉（Ignatius of Loyola）期望他創辦的耶穌會，能夠成為一個新型態的修會，該會且在西元一五四〇年受到天主教廷正式認可。耶穌會的主要重心不是在修道院中修行，而是長期在海外與域外活動，出於耶穌會士對教皇的忠誠，他們遂被暱稱為「上帝的水兵」（God's Marines）。

耶穌會士在與亞洲接觸的過程中，深受羅耀拉《神操》（*Spiritual Exercises*）的影響。在羅耀拉成長的環境中，由於神職人員時常失職、醉酒或無聊透頂，人們只好憑藉閱讀虔誠的宗教文學來彌補所失，也就是宗教類傳記以及「告解指南」（confessor's manual）。告解指南會鼓勵人們反省良心與感受，揪出罪惡背後的動機，使人湧出發自衷心的懺悔。羅耀拉之所以撰寫《神操》是源自於他自己深深困於這個世界、源自於他的交戰與掙扎。在為期一個月的隱居清修期間，從事精神鍛鍊的靈修者要用盡自己的感性與想像力，讓自己深入探索人生的兩大奧祕，也就是上帝與自我。[3] 然而，在歐洲故鄉，這種靈修的傾向卻可能成為人們猜疑的對象。既然那麼強調感性、想像和靈性經驗，那麼教會的權威又有何角色可言呢？不過，如果是在亞洲，對感性、想像和靈性經驗的強調，便有潛力能讓傳教士所接觸的人們出現接納的意願。

耶穌會受到的第二種影響，是那個時代歐洲人對於人類生活普世性的整體認識：世界上所有人類都是諾亞（Noah）的後裔，全是大洪水過後才來到世上的生命。對此，耶穌會士再添上多瑪斯．阿奎納（Thomas Aquinas）的神學：全人類都擁有同樣的理性推理能力、接受上天啟示的能力，以及認知並實踐道德生活的能力。尤其對受過教育的菁英分子來說，傳教的使命便是要幫助人們發揚這些能力，而在這些能力的綜合基礎之上，基督教啟示的真理終將昭然若揭。

傳教士對上述這件事的信心，有一股重要的推動力量，就是讓文藝復興後期人們折服不已的古典羅馬之證據。古羅馬的藝術、道德觀、理性能力，使它成為非常適合基督教傳播的對象，並且在君士坦丁大帝的時代大功告成。傳教士已經準備好會在亞洲面對「假宗教」（false religion），也就是扭曲心靈神聖認知的妖邪處境，某些案例甚至有魔鬼作祟。歐洲本身就已經充斥著「假宗教」，瀰漫於新教徒和那些沒受教育的天主教徒之間。但是傳教士抱持樂觀，認為他們將要面對的是純樸純真的人類。那些亞洲社會的菁英，最近似古典羅馬俊秀，假如傳教士能夠接觸並吸引這些菁英皈依，那麼基督教之亞洲大業不日便可奠基。

十六世紀初年，歐洲人對印度的認識仍侷限在印度部分沿岸的王國與城鎮，或者是葡萄牙控制的區域，抑或是葡萄牙打交道的對象。葡萄牙人極力要讓利潤豐厚的香料貿易內容保密，這是歐洲人對於印度次大陸的印象既零散又紛歧的原因之一。有位早期的記錄者宣稱卡利卡特是個令人眼界大開的地方，它的規模比里斯本還大，既有豐富的自然資源又有誘人的產品，例如上等的布料和錦緞，還有黃銅製品和錫製品。但另外一位古早的記錄者，卻抱持完全相反的意見，且表示此地的統治者「崇拜魔鬼」。[4]大多數的評論者同意印度人是「偶像崇拜者」（idolater），他們多妻多妾，焚燒死者遺體，所建神廟充滿動物形象（大象、猴子、公牛等等）造成的偶像。不過，對於深入探究印度宗教一事，他們總是興趣缺缺。不如說這種有意探索印度宗教的人反而是異類，為什麼要花心思研究這種墮落、有被魔鬼支配可能，而且很快就會被清除殆盡的東西呢？

歐洲人倒是對於印度人的飲食、服裝和習慣等興致盎然，他們尤其好奇馬拉巴爾海岸的富庶王國以及南印度大城毗奢耶那伽羅（Vijayanagar）。毗奢耶那伽羅城被描述為一個鬆散帝國的中心，易守難攻，征戰四方，富有寶石寶玉。歐洲學者也討論了印度的司法和種姓階級，還有醫學、植物學以及婆羅門的生活與儀禮。整體而言，由於雙方的接觸，歐洲人對印度印象的異國風情不但沒有減少，反而是增加了，尤其是羅馬教皇收到第一批來自印度的「禮物」之後。那批「禮物」有一隻黑豹、兩頭花豹，有鸚鵡與波斯馬，還有一頭向教皇行三鞠躬禮的大象。鞠躬之後，大象舉起長鼻，對著在場所有人噴起水來。[5]從十六世紀中葉開始，歐洲興起一波出版的熱潮，將從前的書信與旅行報告搜集綜合成冊出版，屢屢頌揚冒險精神。葡萄牙和西班牙籍的作者大有可著墨與頌揚之處，反觀歐洲北部的作家與編輯，是想要在告知同胞資訊的同時，鼓勵他們出去闖蕩挑戰葡萄牙與西班牙的優勢。

傳回歐洲的印度及其餘亞洲地區的相關訊息，主要來源便是耶穌會士。耶穌會士自一五四〇年代開始寄信回鄉，到一五五〇年代末期，出版的東方耶穌會士書信合集，已經有葡萄牙文、西班牙文、義大利文、法文、德文和拉丁文等多種版本。這些出版品的意圖本是鼓勵天主教信徒慷慨解囊、踴躍捐獻，並向新教徒宣示天主教的全球性勢力，此外，它們也引起廣大的關注且滿足廣泛的興趣。耶穌會士關心的是如何成功對付印度宗教，因此比起俗人觀察家，他們重視印度宗教的程度比較高一些。由此印度神話大概的輪廓逐漸清晰，耶穌會士還提及三種階級的印度「神職人員」：婆羅門、古魯上師（guru）與苦行者。耶穌會士對於苦行者這種群體的描述頗類似於歐奈西克萊特和麥加斯提尼，描述苦行者高度自律，願意與人進行哲學性的談話。[6]

早期到東方並記錄見聞的耶穌會士當中，有一人被譽為「東方人的使徒」（Apostle of the East），他便是方濟各．沙勿略（Francis Xavier）。沙勿略在一五四二年時抵達臥亞，此時，臥亞已經因其奇岩峭壁、堅強防禦、棕櫚樹林、蔥蔥鬱鬱、天然富產而在歐洲頗具盛名。葡萄牙統治臥亞的前幾十年間，便曾企圖創建基督教世界的前哨站，此舉被人戲稱為「慈悲的嚴厲」（rigour of mercy）。其措施包括搗毀神廟、禁止「娑提」（寡婦自焚殉夫的習俗）、阻撓朝聖。葡人發布命令，要將婆羅門驅逐出境，使用公帑建造新教堂與新學校，並規定優先雇用改信基督教的人。然這些命令前前後後多次頒布，顯示實際上實行不易。在如此強力的鎮壓行動中，有些年代最早的印度宗教文獻遭到沒收，後來送往歐洲。西元一五五八年，臥亞被定為主教區，其所轄範圍涵蓋從東非到日本的廣大地區。兩年之後，宗教裁判所（Inquisition）便建立了。

與此同時，臥亞成為了歐洲傳教事業的樞紐。臥亞聖保羅學院（St Paul's College）成為好幾個世代來自亞洲各地的男孩與青年，學習拉丁文、音樂、數學、神學與當地語文的所在，其教育宗旨是讓學生最終能向其國人同胞教導基督教。這些學生待在臥亞時，成為了非正式的翻譯團，幫助耶穌會士了解葡萄牙人蒐羅或沒收得來的宗教文獻。至於以取代這些亞洲宗教文獻為最終目標的基督教論著，臥亞聖保羅學院利用活字手動印刷機，印出多種語文版本的這類印刷品。一代又一代的基督會士來到臥亞與聖保羅學院，並由此前往葡萄牙帝國的各處傳教點。

沙勿略的早期傳教工作，讓他來到了印度南端的珍珠漁業海岸（Pearl Fishery Coast），從一五四二年到一五四四年，他在此地向從事珍珠業和漁業的低種姓階級帕拉瓦族（Paravas），開展傳教事業。帕拉瓦族的社群有好幾萬人，幾年之前決定集體皈依基督教，同時尋求葡萄牙人庇護，以求與阿拉伯競爭者抗衡。有三位講泰米爾語的助手，再加上一本泰米爾語的教義問答小書協助（不會講泰米爾語的沙勿略會硬記內容以便傳教），沙勿略在此替兒童施洗、教導〈主禱文〉、建造祈禱所並打造教區的基礎架構。[7]

後來，接替沙勿略到珍珠漁業海岸的繼任者們，學會了泰米爾語，而帕拉瓦人作為基督教社群，竟能一直維持其信仰到現代。不過，並不是所有歐洲人都認為大規模的傳教皈依活動富有意義。那些改信基督教的人們，似乎還是根深蒂固地執行過往的風俗習慣，尤其是有關婚姻、家庭的習俗以及參與「異教」節慶。[8]他們真的可以被稱為基督徒嗎？

場景來到馬拉巴爾海岸，上述這個問題變得尤其迫切。起初，葡萄牙人欣喜地發現，那邊的基督教社群大約分布於六十個城鎮，約有三萬人口，葡人宣稱那些人的祖先正是使徒多馬傳教的對象。這狀況雖然跟祭司王約翰承諾的美景有些落差，但這些族群確實既虔誠又富有，且積極從事胡椒貿易，願意和西方的教友們結為商業夥伴。

可是，麻煩很快就浮現了。這些「多馬派基督徒」（Thomas Christian）所實踐的基督教信仰非常詭異且腐化。他們的神職人員是世襲的，而且沒有禁慾獨身。他們的物質主義氣息非常強，贈禮餽贐極為奢侈，齋戒和節慶也過於極端，節慶時不時就連續舉辦多日，伴有奇異的音樂與無盡的舞蹈。經歷宗教改革之後，特倫特宗教會議（Council of Trent）再次重申天主教七項聖禮的重要性，但是多馬派基督徒完全沒有堅振禮、懺悔禮、傅油禮。其餘的四項聖禮固然存在，但執行的形式都很奇怪，包括在新婚夫婦周圍地上用白米灑成圓圈狀。歐洲人懷疑這些行為是受印度傳統影響，此外還有東方教會（聶斯托留教派）的不良作用。在派遣主教前往印度照料多馬派基督徒社群的葡萄牙人眼中，這是異端，是宗教上的威脅，也有潛在的政治威脅。[9]

可是，馬拉巴爾海岸並不是葡萄牙控制住的地盤，為說服多馬派基督徒，他們遂向耶穌會尋求幫助。耶穌會最初的反應是，既要探索聖多馬傳統，同時接受無傷大雅或根深蒂固而難以改變的習俗，並將剩餘的部分予以改革。耶穌會還探勘了麥拉波傳說中的聖多馬安葬處，據信其墓中有一件會滲出血液的「流血十字架」。耶穌會士搜集當地傳說的聖多馬言行，其中多馬居然曾經預言未來會有「白人」來接續他的教務，此預言對傳教士極有助益。他們投入大量心力教育下一代，並訓練當地學生可以成為自身社群的教義問答師。[10]

耶穌會士對多馬派的聖餐禮進行改革，例如使用歐洲聖餐的無酵薄餅，取代從前的糕點類食物。他們容許種姓制度的存在：低種姓階級的基督徒不可進入多馬派的教會。要做這些事情，有時需要創意和實驗精神。耶穌會士發明了一套新的節日慶祝方式，結合了敘利亞式彌撒、耶穌會的拉丁式彌撒以及其他音樂，再加上連串的禮炮。耶穌會士還會舉行驅魔儀式，滿足感覺到邪惡勢力存在的多馬派基督徒和葡萄牙人之需求。在南印度文化中，這些惡靈的力量可能源自於蛇虺、樹木或死於暴力者的鬼魂，在耶穌會眼中，馬丁．路德身上也有魔鬼在作用。[11]

在這裡，耶穌會士又被迫面對一個茲事體大的問題：社會習俗和基督教福音的界線何在？哪些部分是福音鞭長莫及，改而開始執行社會習俗之處呢？還有，福音能「適應」當地社會習俗的正當程度為何，才不會使得傳福音其實變成在孕育混種的異教信仰呢？自十七世紀以降，探索這些問題的先驅，是在印度其他地區和中國試圖探索做法，雖然其給出的答案仍備受爭議。耶穌會士在馬拉巴爾海岸付出的努力，最終大半付諸流水。葡萄牙權威當局繼續將多馬派基督徒視為異端，後來在一五九九年時，熱情的新任臥亞大主教直接旅行到馬拉巴爾，逼得教會對此問題提出解決之道。戴拜主教會議（Synod of Diamper）決議，正式將多馬派基督徒置於教皇和葡萄牙人的「保護」（auspices）*之下。會議且頒布了一份清單，列出聶斯托留教派和印度異教綜合造就的「惡劣」或「錯誤」風俗習慣。這份清單將種姓制度列為禁忌，而臥亞大主教只得接受。光是這份清單，就足以釀成多馬派基督徒社群的分裂，以及葡萄牙人和多馬派基督徒之間數十年的血腥惡鬥。[12]

耶穌會士在印度最有發展希望的地方是在北方。葡萄牙人在印度沿岸建立地盤的同時，恆河平原的霸權正在易主。西元一五二六年，喀布爾（Kabul）統治者巴布爾（Zahiruddin Babur）發兵印度，與蘇丹伊布拉欣（Sultan Ibrahim Lodi）決戰於帕提帕特之役（Battle of Panipat）。最後，巴布爾的騎兵與火炮，打垮了蘇丹的戰象和步兵，後來又經歷一系列戰事，在巴布爾臨終之際，北印度大半地區已經在他掌握之中。此政權後來被稱為蒙兀兒王朝（Mughal

---

＊ 譯注：此處的「保護」內含管轄的意思。

dynasty），得名自「蒙古」，因為據說巴布爾的母親一系是成吉思汗的後裔。

巴布爾之孫阿克巴（Akbar）繼續拓展蒙兀兒帝國的疆域，在他統治期間，帝國範圍已西至古吉拉特、東及孟加拉。阿克巴迎娶印度公主茱妲拜（Jodhabai），公主的父親與其他印度菁英從而進入了伊斯蘭統治體系，這些被稱為「曼沙布達爾」（mansabdar）的印度菁英們獲得了精心安排的地位頭銜且待遇優渥。為求奠定多文化的大帝國，阿克巴的措施更進一步，廢除了「吉茲亞」（Jizya），也就是伊斯蘭統治者向境內非穆斯林徵收的稅金，此外，他還放棄強逼敵人改信伊斯蘭教的做法。

阿克巴小心翼翼地與葡萄牙人達成外交協議。但是雙方都很清楚，他們在古吉拉特與孟加拉沿岸的海上利益，導致衝突的危機始終潛伏著。於是，在一五七九年時，出於宗教以及政治上的興趣，阿克巴向臥亞發出邀請，請臥亞方面派出「兩位學識豐富的教士」前往他的宮廷並參與哲學論辯。阿克巴希望好好估量，葡萄牙人是否構成潛在的威脅。此外，平常便會研究穆斯林、印度教徒、猶太人、耆那教徒、祆教徒的阿克巴還認為，基督徒可以成為很有趣的補充討論。[13]

臥亞那邊對於收到阿克巴邀請一事感到非常雀躍。耶穌會士並不是把全副心力都放在當地菁英身上。不過，他們之所以有興趣了解當地文化，並在可能情況下接納當地文化，是因為這種興趣之中內含一種期望，期望能夠讓當地社會頂層大人物皈依基督教，如此便能上行下效。

因此，恐怕不會有比對阿克巴傳福音更重大的傳教機會了。阿克巴有沒有可能成為印度的君士坦丁大帝而成就基督教大業呢？阿克巴有沒有可能介入歐洲的宗教戰爭，幫忙打擊境內的新教徒呢？於是，滿懷希望的傳言四起，據說阿克巴已經虔信聖母瑪利亞，距離受洗成為基督徒只差臨門一腳。[14]

於是在一五八〇年時，由義大利貴族阿奎維瓦（Rodolfo Aquaviva）領銜的三位耶穌會士，來到了阿克巴的勝利宮（Fatehpur Sikri）。雙方最初的會面結果令人振奮。根據傳教士們的報告，阿克巴正在盡力體會三位一體（Trinity）的概念，以及上帝為什麼能夠有個降生為人的兒子。阿克巴似乎希望他的國土上擁有基督徒和教堂，作為能與競爭對手鄂圖曼人的世界主義（cosmopolitanism）平分秋色之手段。從阿克巴朝廷上的辯論可清楚得知，皇帝與他身邊的正統遜尼派（Sunni）穆拉（mullah）關係有些緊張。但隨著時間推移，阿克巴想要全然以邏輯推理來探討這些問題的取徑，導致情況陷入了僵局。他想要親眼目睹奇蹟的發生，甚至曾經提議，讓耶穌會士拿著聖經走入烈火中，同時讓自己宮廷的某位穆拉（顯然是他不怎麼喜歡的一位）帶著《古蘭經》步入烈焰中。此外，阿克巴對於基督教的一夫一妻制理想也感到牴觸。[15]

阿克巴宮廷中人講的是波斯語，耶穌會士在那裡被稱為「西亞波什」（siyahposh），意思是「黑袍士」。即便有前述困境，耶穌會士仍然堅守任務，他們教導阿克巴的兒子學葡萄牙文，自己也同時學習波斯文。他們和遜尼派、什葉派（Shiite）、婆羅門、耆那教徒熱烈辯論，常常通宵達旦。[16]他們贈送阿克巴豐厚的異國禮物，包括歐洲的繪畫與版畫，這些作品以最高程度善用了基督教和伊斯蘭教共通的符號與象徵主義。阿克巴不識字，在他的要求之下，耶穌會士會為他朗讀解說書籍。此外，耶穌會士還曾經參與阿克巴的某次軍事征伐，就算沒有擔任什麼實際角色，至少也是在搜集關於這個世界強權的有用情報。[17]

即便如此，傳教工作依然在一五八三年逐漸萎靡，此後，於一五九一年及一五九五年派遣的傳教士所得出的結論是，雖然阿克巴對伊斯蘭教的信仰確實在消退當中，但受惠者卻不是基督教。阿克巴孜孜不倦地編織出一套廣泛的綜合信仰，主要是圍繞著他自己再加上各種傳統肯定的神祕思想與倫理觀念而形成。這場宗教運動被稱為「聖信」（Divine Faith or Din-e-Ilahi），揀選出來的成員不滿二十人。這確實是相當巧妙的神話編造，強化了阿克巴在其臣民心中的地位。可是就耶穌會士看來，這簡直就是個人崇拜。當中某位耶穌會士表示，阿克巴宣揚自己是新先知並被奉作聖人，有時在公共場合甚至被稱為「上帝」。於此，阿克巴大膽地使用了伊斯蘭教標語「阿拉乎阿克巴」（Allahu Akbar），意思是「上帝真偉大」，也可以是「上帝即阿克巴」。

耶穌會士的世紀大皈依願望因此粉碎，反之，阿克巴卻找上他們從事某種文化交流，使其帝國能夠為世人銘記在心。勝利宮的建築，結合了古典伊斯蘭與拉傑普特（Rajput）傳統；蒙兀兒宮廷畫師向來以精巧圖繪及配有插圖的波斯手稿聞名，且他們很快便學會歐洲文藝復興晚期的藝術創作風格。這些成績最終化作蒙兀兒文化遺產的一部分，展現於宮殿、陵墓和林園。

許多耶穌會傳教士具備強烈的靈視感受力。他們以「想像性沉思」（imaginative contemplation）的靈性修練而著稱，執行者會想像自己置身於聖經場景當中並讓情節在心中漸漸開展。羅耀拉每日都會在圖像前冥想，而沙勿略遊歷亞洲時總隨身帶著一個裝有聖像與插畫書的手提箱。有一位耶穌會士與蒙兀兒宮廷史家合作，造就第一部以蒙兀兒語文寫成的天主教文學，內含的關鍵概念是汲取自蘇菲主義（Sufism）有關鏡子與心靈的寓言意象。連同先前已經收入的阿奎納《神學大全》（*Summa Theologiae*）和羅耀拉《神操》，它們也成為了蒙兀兒帝國大圖書館的館藏。18

藝術、建築、服飾、音樂、薰香等事物所能提供的即時交流，是早期以異國語文嘗試溝通的做法所不能企及的。阿奎納本人曾說，奇觀也能是通往上帝的一途。隨著十六世紀逐漸走入尾聲，沙勿略與其同仁期望的印度傳教大業，依然遙遙無期。不過，此處跡象確實顯示有些新事物值得嘗試，足以實現印度提示的希望。將場景換到更東方的中國和日本，某些新事物其實已正在實驗當中。

第六章　中國的挑戰與日本的前途

迄於十六世紀初，歐洲人對中國和日本的了解依然很少，而其中大半資訊都是來自馬可・波羅的遊記。方濟會修士盧布魯克的威廉（William of Rubruck）曾於十三世紀中葉到過位於哈拉和林（Karakorum）的忽必烈宮廷，從而得知中國的情況，他的紀錄也是歐洲人獲悉有關消息的來源。[1]中國是個廣袤的大國，都市繁榮、統治有方、科技先進、商業進步；中國物產豐隆，貴重金屬、寶石、絲綢、瓷器無所不有，已有紙幣作為貨幣流通，而且這裡的女性既秀氣又端莊。當葡萄牙的航海家和商人在印度西南部看見來自中國的商品後，大致確認了上述的中國印象屬實。瓷器是中國商品中的一項，而瓷器運回歐洲能有怎樣的銷售潛力，當時的人尚不清楚。[2]

葡萄牙船長荷西・阿爾瓦雷斯（Jorge Alvarez）於西元一五一四年抵達中國南方後，葡人便在中國沿岸從事非官方的貿易活動，他們首先搜集到的新消息，就是歐洲人在中國不大受歡迎。希羅多德曾經想像希臘城邦是這個世界的文明中心，文明中心周圍是希臘人較為熟悉的民族，但是這個同心圓愈往外圍去，那些民族的奇異、陌生、野蠻程度也隨之增加。同樣地，數千年來中國自視為「中央之國」（Middle Kingdom），就是位居物質世界兼道德宇宙的中心。與中國鄰近的朝鮮（韓國）、日本、越南和琉球群島，全都深受中國文化的影響，與中國之間有著緊密的宗藩或朝貢關係。再往外圍就是內亞地帶（Inner Asia），此處的族群被中國稱為「外夷」，也就是外面的蠻夷，歐洲人也包含在外夷的行列當中。抱持古典觀念的歐洲人，很快就發現自己竟然處在一套希羅多德式世界觀的邊緣。[3]

在中國人眼中，葡萄牙人根本不懂得朝貢關係的規矩。進貢的使節每隔一陣子才被允許進入中國，向明王朝（一三六八－一六四四）的皇帝朝拜並呈上貢禮，在此旅程期間，他們可以從事一些私下的貿易。不然的話，外國人的旅行與貿易都會受到嚴密控制。在一四〇五至三三年間，明朝曾派出寶船艦隊航行至印度洋，進行一系列呼籲外國來朝進貢的宣威任務，期間到過三十多國，行跡遠至東非。[4]然而在那個時代，官方同意中國人出境的情事卻非常有限，朝廷禁止老百姓和未受官方認可的外國人進行私下貿易。中國人不可未經官府許可而離境出海，箇中原因在於歷史經驗造成的擔憂，擔心外患侵略（中國史上外患主要來自北方）以及擔心本國文化受外來影響而墮落。

然而在當時，沿海走私和海盜猖獗已經對上述做法構成嚴重的威脅。中國方面有關葡萄牙人的早期訊息，使得葡人被歸類成走私販與海盜：葡人占領了長期向中國朝貢的馬六甲，葡萄牙船長安德拉德（Simão de Andrade）侮辱並襲擊管理中國沿海的官員。[5]由此，葡萄牙人對中國最早的紀錄，有些居然是在廣東的某座牢獄裡頭寫下來的，作者是一五一七年葡萄牙首次派往北京的使團成員，使團不但沒能覲見皇帝，反而被關押到這裡。[6]

在這些以及後續的紀錄裡頭，覲見中國皇帝的困難自然成為一大主題，其內容包含在皇帝面前所需的戲劇化跪拜禮儀，也就是一系列的屈膝下跪與磕頭觸地，被稱之為「叩頭」（kowtow）。中國帝國以省劃分區域，各省都有河流經過而灌溉充裕，並由階層高度分化的「士大夫」官僚體系所治理，官僚人選則取材自士人階級。早期葡萄牙評論者對於中國官員的評價褒貶不一，有些人稱讚中國的司法細膩又公平，創作自一個照料老幼鰥寡孤獨廢疾者的社會。但也有人說中國官員懶散、不廉潔且刑罰嚴酷，記錄者自稱親眼看過關押犯人的木籠乃至於鞭撻犯人的竹鞭，此外中國老百姓普遍厭惡官員吏胥。負面的評價再加上中國火炮發展顯然不如歐洲，導致一位曾經被中國人關過的葡人記錄者不禁宣稱，只要讓他們「嚐嚐葡萄牙寶劍的威力」，就足以激起人民造反，到時候他和同伴不只能重獲自由，還能成為廣東的統治者。[7]

此時的葡萄牙寶劍猶未出鞘。反之，在中國官方的默許之下，葡萄牙人從一五五五年開始，便在中國南方珠江出海口附近人口稀少的澳門半島發展港口據點。[8] 到了一五八〇年代初，歐洲得到的中國相關資訊已然不少，歐洲人對中國的興致也足夠濃厚，於是教皇派奧古斯丁修會修士胡安・岡薩雷斯・門多薩（Juan Gonzalez de Mendoza）將這些資料全數集結整理出版，成為《中華大帝國史：要事、禮儀及風俗》（*Historia de las cosas más notables, ritos y costumbres del gran reyno de la China*，一五八五），該書曾被譯為另外六種歐洲語文，並且多次重印再版。[9]

歐洲人普遍對中國抱持正面觀點和印象，便是以《中華大帝國史》為起點。令歐人訝異的是，在「這個強大的帝國內……沒有諸侯、公爵、侯爵、伯爵、子爵等勛爵」。[10]掌握權力者為士大夫，文人得通過競爭激烈的科舉考試之後才能任官。官員的薪水與花費都是皇帝支付，全中國有十五個省份，任一省份都比歐洲最大的王國更廣大，而各省都是士大夫在治理，故其擁有非凡的權力。中國的家族被以分群方式組織，若有「違法犯禁」之處，成員必須向地方官員舉報，否則自己就會受到懲罰。懲罰可能很嚴厲，小則監禁，大則鞭笞乃至於處決。據門多薩宣稱，中國各省每年遭受這類處罰的人數便有六千人，不過這可能只是為了強化中國刑罰嚴苛的印象而虛構出來的數字。[11]

中國是知識學問之淵藪，從醫學至於天文學樣樣精通。中國和平安定且豐衣足食，除南方主食稻米之外，尚有豬雞鴨魚蛋蔬菜水果等物產富饒。中國的建築令人大開眼界，有寺廟、官府、宮室、道路、橋梁，當然還有北方的萬里長城。中國的藝術和工藝以精細巧妙著稱，中文恰恰也是如此，此外還有喝茶（cia）的禮儀與纏足的習慣，作者將纏足的原因歸諸中國人對小腳美感的愛好。據說中國人民溫文有禮，但是在宗教方面他們卻是無可救藥的偶像崇拜者：中國人敬拜天空與天體，會在路旁的神龕擲筊抽籤、求神問卜，他們偶爾甚至邊笑邊拜神，這是其宗教腐化的明證。[12]

根據門多薩報告，使徒多馬曾經到過中國，最後卻放棄那裡而返回印度。[13]早期的耶穌會士必定對此感同身受。中國當局對於傳教士對中國人傳教一事頗為抵抗，並限制他們只能待在澳門，服務生活在當地的葡萄牙人。從一五七九年開始，亞歷山德羅．瓦里尼亞諾（Alessandro Valignano，漢名范禮安）將學習南京話作為傳教使命的優先任務，因為南京話是廣東省士人菁英所講的話。即便是數百年之後，有了字典、文法書與教師，這仍是件令人生畏的事情。耶穌會士義大利神父羅明堅（Michele Ruggieri）在澳門要學習這種中文時，他得自個兒待在與其他耶穌會士隔離的房間內，才能夠平心靜氣地刻苦學習。[14]

三年之後，羅明堅的中文已學得不錯，他隨著葡萄牙商船沿著珠江來到廣州，成功說服當地一位士人將廣州城內某間房子讓給他使用，其餘同行的商人只能按慣例睡在船上。[15]後續幾年之間，羅明堅和耶穌會同仁利瑪竇（Matteo Ricci），發現中國知識分子竟然是志趣相投的好同伴。這兩位文藝復興晚期的義大利人，跨越半個地球來到世界的另一端，居然發現了志同道合的心靈。雙方都非常重視教育，都在持續向古聖先賢——古希臘羅馬人和孔子（約前五五一—前四七九）——與其後學們效法學習，並且重視數學和科技的實用價值。

這兩位傳教士閱讀儒家經典，進入古代中國歷史的脈絡，期間他們對於「天」（tian）和「上帝」（Shang Di）的用詞感到無比震撼。中文的「天」可以翻為「天」（Heaven）或上帝

（God），這就看當事者認定「天」是法則，抑或是具有意志的存在；至於中文「上帝」的意思，則是指「高高在上之主」。此情顯示孔子其實是將高尚的道德教育，與某種形式的一神信仰結合起來。[16]羅明堅於一五八八年離開中國前往羅馬，此後再也沒有回到中國，可是利瑪竇留了下來。利瑪竇發現，儒家思想竟含有他熟悉的斯多葛主義思想成分，對友誼忠信的重視便是一例。於是，利瑪竇寫出《交友論》（*Essay on Friendship*，一五九五），其中收錄了「西方聖賢」如塞內卡等人的智慧箴言，此書出版後在中國廣為流傳。[17]

此時，中國官方對於傳教活動的敵意依舊未改，耶穌會士不禁擔憂自己在中國到底能不能有所成就。不過，利瑪竇已經有了重要的出發點，他與中國士人交友親善，並且穩健地朝著北京的方向北上。在十六、十七世紀之交，利瑪竇的偉大目標終於達成了：明朝萬曆皇帝邀請並准許他進入紫禁城。

西元一四九二年的哥倫布雖然未能到達日本，但在五十年之後，一小群葡萄牙商人卻意外地來到日本。他們是在一五四二或一五四三年時遇上一場風暴，被迫偏離原本的航路，最終在「日本國」登陸，精確來說，他們所到達的是——日本四大島嶼當中最南邊的——九州島南端外海的種子島。最早登陸中國的葡萄牙船長阿爾瓦雷斯，後來又很快成為最先在日本沿岸地區逗留的歐洲人一員。根據阿爾瓦雷斯等人的報告，這片土地蘊含的黃金顯然遠少於馬可．波羅給的承諾，但依然是個值得前往的好地方。這裡有蒼翠森林覆蓋的山丘地，偶爾會受到颱風和颶風侵襲。歐洲人眼中適合牧羊牧牛的地帶，在這邊卻是被開闢為稻田。這裡的房舍低矮，以黏土與木石造成，前廳及房間寬敞通風，而且全都彼此相通。此處人民身高中等，膚色白皙。窮人穿羊毛衣，富人則綾羅綢緞，而人人都是輕聲細語，講話簡直像是在講悄悄話。日本人對社會地位非常講究且引以為榮，但又對陌生人非常友善親切。日本人全都是坐在地上吃飯，他們使用外黑內紅的碗，並使用筷子從碗中挑出米飯、魚肉和蔬菜來吃。[18]

沙勿略於一五四九年八月，乘坐一艘中國海盜船從澳門前往日本的鹿兒島港。他的證詞是：「這是目前所發現的地區之中，最好的一個地方。」與沙勿略同行的還有另外兩位耶穌會士，以及日本年輕人池端彌次郎（Anjirō）。彌次郎在幾年前因為被控告謀殺，跟著阿爾瓦雷斯逃出日本。[19]彌次郎後來到了臥亞，在聖保羅學院中學習葡萄牙文和神學，成為我們所知史上第一位皈依基督教的日本人，並且成為早期耶穌會士得知亞洲生活資訊的來源之一。

有彌次郎對於日本政治結構的了解，再加上先前幾十年的傳教經驗，耶穌會士覺得在日本發展的前途一片光明。印度次大陸遍布各方勢力，但日本只有一位神聖的天皇，而作為天皇代表的幕府將軍——耶穌會士稱之為「御座」（Goxo）——負責維護次序，駕馭國中有武裝的地方藩主大名。耶穌會士很快便會得知，幕府將軍的處境頗為艱難。當時，在日本掌握實權者乃是藩主大名，這便是後人所謂的日本「戰國時代」（一四六七－一六一五）。

耶穌會士也透過彌次郎聽聞在日本特別流行的異教信仰：佛教。他們深受佛教某些內容所吸引，因為那與他們相信使徒多馬曾在此地區傳播古代基督教福音事蹟相契合。[20]據彌次郎說明，日本人在祭祀膜拜時會使用祭壇、鐘鈴、念珠、薰香、雕像和繪畫。佛教的主要神祇擁有三大層面，令滿懷希望的耶穌會士聯想到三位一體。日本人知曉天堂地獄的存在，並認定投身於追求宗教之道者為「佛」（hotoke），一旦遇到新宗教便熱切辨識其中救贖思想的耶穌會士，認為佛其實頗為類似基督教的聖徒。[21]

不只這樣而已。耶穌會士發現，佛教有其清修的元素，以共同生活、敬拜、誦經與齋戒為特徵。[22]而且，創建佛教的那位聖人，早在一千五百多年前就在宣揚唯一宇宙造物主的信仰。這位聖人設下了誡命，諸如戒殺或戒偷，而且他傳道的地點是在中國的西方，一個叫做「天竺」（Tenjiku）的地方。當時尚不知道天竺其實就是印度的耶穌會士，覺得這些內容聽起來就像是對耶穌基督的扭曲記憶。彌次郎還表明，日本人必然要問非常多問題考驗沙勿略的知識，並且至少觀察半年看看對方是否知行合一，屆時才有可能相信基督教。[23]

日本文化似乎非常重視自然理性與個人行為，若能了解這兩點綜合起來所能造成的作用，就能引導人們走向宗教的真理真相。沙勿略對此印象極為深刻，乃至於在他使用彌次郎準備的文稿，剛開始用日文傳教時，他採用日本佛教主神，也就是天上佛「大日如來」（Dainichi）

的稱呼來指稱基督教的上帝。但事情並不順利，有一次，當沙勿略在鹿兒島某間佛寺階梯上傳教時，他得到的卻是人們的「嘲弄與笑罵」。[24]另外，某位耶穌會同伴曾經在日本大名大內義隆面前，進行約一小時的講道，但在他講完之後，卻突然被命令立即退下。[25]

此時耶穌會士尚未意識到，清貧在日本能造成的宗教性共鳴不如歐洲。在耶穌會雛形階段，羅耀拉、沙勿略與同道們總是穿著粗麻布製的衣服，這種做法在歐洲能夠引起人們的共鳴。[26]但是在日本就不一樣了，穿著襤褸面見領主，這不但不是鼓舞，反而是一種侮辱。火上加油的是，耶穌會士最早寫成的《基督教要義》（*Summary of Christian Doctrine*）日文非常破爛，再加上早期傳教的一個重點是譴責同性雞姦之惡（此為日本僧侶和武士之間的常見行為，且日本人對此不大驚小怪），這也難怪沙勿略會被人嘲笑，而他的同伴則是被斥退。當沙勿略企圖覲見身在京都的天皇而遭拒絕之後，情況雪上加霜，既沒有官方文件，也沒有體面禮物的沙勿略，根本就沒被人認真當一回事。在日本冬季辛辛苦苦跋涉兩個月，最終卻徒勞無功。[27]

然而，耶穌會士學習速度極快。西元一五五一年春天，沙勿略身穿正式服飾，帶著葡萄牙從印度發出的官方文書和禮物，出現在大內義隆面前。由此，沙勿略獲得一間空置的寺廟供他使用，吸引了不少好奇的訪客，最終成功使人皈依基督教。與此同時，沙勿略發現，他早先訴諸大日如來向佛教僧人傳教，加上他有提到自己是從印度出發前來日本，反而導致對方誤以為沙勿略是從印度帶來新興的佛教詮釋。意識到造成誤解之後，沙勿略等傳教士立即使用拉丁文的「上帝」（Deus），並譴責大日如來是魔鬼的發明。為其行徑得罪的佛教徒，於是將拉丁文的「上帝」發音為「大噓」（dai-uso），意思是大謊言。結果，更深入的彼此認識，未必總能帶來更好的關係。[28]

沙勿略於一五五一年下半葉離開日本，此時他已成功招募八百人皈依基督教，甚至實際人數可能遠高於八百。[29]此外，他也與不少具有影響力的領主，建立起良好的關係。在此過程中，葡萄牙貿易的力量發揮了很大的作用。中國沿海海盜倭寇猖獗的問題，導致中國皇帝在幾十年前決定禁止對日貿易，這也導致利潤豐厚的中日貿易因而受阻。此時被日本人稱為「南蠻」（nanban）——顧名思義就是從南方來的蠻夷——的葡萄牙人恰好介入，建立起澳門通往日本南部諸多港口的貿易路線。

購買中國生絲運至日本九州出售，價差可以高達十倍，同時，日本白銀與各種產品（如刀劍和漆器）則以相反方向往南輸出。來自歐洲和印度的新奇事物和思想，也透過貿易路線進入了日本，諸如菸草、椅子、醫藥、外科手術、天文學與藝術等，傳入的藝術技巧則包含油畫、明暗對比法（chiaroscuro）及透視法。同一時期，為出口市場生產的日本商品產量日益提高，並且逐漸傳入歐洲。耐熱的漆器便是其中非常受歡迎的商品，此外還有用異國木材鑲嵌銀飾、珍珠母和玳瑁所製成的箱子與書桌。據估算，至一五八〇年時，光是中日貿易這條路線，每年就能賺進五十萬杜卡特銀幣的利潤。[30]

如此蓬勃繁榮的商業關係，被日本狩野派繪畫捕捉起來，成為「南蠻屏風」（nanban byōbu）的畫面。狩野派畫匠以強烈的用色和金箔、漆與絲等材料，在南蠻屏風上繪製出歐洲人與其風尚和活動。葡萄牙的黑色大帆船卸下中國生絲和進口的波斯馬匹，水手們在高處的船帆索具上擺盪，人群的組成則顯示這個時代葡萄牙的全球性勢力：除歐洲船員之外，還有印度人、馬來人及非洲奴隸。葡萄牙人的裝束和飾品尤其引起觀眾注意：斗篷、鈕扣緊身上衣、上寬下緊的褲子，還有身上的各種飾品如念珠、聖物盒、金鍊子、十字架和匕首。「南蠻」風尚很快就在日本上層階級之間流行開來。31

耶穌會士親身參與了葡萄牙的貿易活動，從中獲得的收益使他們得以在歐洲興建新教堂與新學院。然而更重要的是，葡萄牙貿易使得耶穌會士受到日本西南部沿岸諸藩主的熱烈歡迎，藩主大名都樂見「黑船」（kurofune）駛入他們的港埠。由此，九州島的傳教前景可期，且此地有少數大名選擇皈依基督教。大村純忠便是其中一位大名，他受洗後獲得教名唐・巴托羅繆（Dom Bartolomé），並將一座天然港灣贈與葡萄牙人，此後，在日本人與歐洲人穩健規劃之下，那裡逐漸被打造為專門從事國際貿易的市鎮，這個地方便是長崎。長崎於是成為耶穌會士各項活動的中樞，包括他們運用貿易收益所資助的教育以及出版事業。

耶穌會士身處中國和日本的一項共通任務，就是向歐洲回報他們碰上的文化情況。如同利瑪竇等人讚揚中國儒家士大夫的美德，耶穌會士則對日本禪宗特別印象深刻。日本禪宗是印度佛教與中國思想（尤其是道家）的融合體，在日本的貴族武士階級中特為流行。然而，禪宗的某些層面卻使耶穌會士深感憂慮，禪宗認為真相的最高原則是「空」，而不是「有」，沒有上帝需要加以崇拜，沒有救贖需要盡力爭取。反之，那些大禪師們會待在遺世獨立的大寺院中，每日花好幾個小時靜坐冥思與誦讀經文。犬儒派（Cynic）的歐洲批評者，覺得這種做法非常適合冥頑不靈的罪人：以靜坐冥想來減緩錯誤行為帶來的憂慮，而不需要擔憂終極的審判和處罰。不過，由於耶穌會士身處日本期間，親眼目睹與聽聞的禪宗內涵頗多，諸如禪宗與書法、詩歌、藝術和茶道的關係等，因此他們認定禪宗已是日本宗教的最高境界表現。[32]

同時，比起印度及中國民間偶像崇拜獲得的崇敬，日本民間宗教受到的敬仰也不遑多讓。耶穌會士發現，日本民間信仰很重視向特定的佛或「神明」（kami，專指日本本土神道教的神祇）禱告。信奉阿彌陀佛的信徒認為只要呼喊祂的名號，便可以獲得拯救，這和歐洲的路德追隨者觀念出奇類似：這些人都陷入迷障之中，誤以為存在與神復合的輕鬆捷徑，個人行為的善惡則無關緊要。對於這個時代的歐洲天主教徒來說，亞洲的徵兆是令他們欣慰的異國證明，證明魔鬼確實會在所有人類心中撒下類似的邪惡種子。[33]即便如此，日本各教派的佛教僧侶似乎都很富有，且具有社會與教育影響力以及廣播的文化美譽。佛教僧人因此成為耶穌會士心目中的頭號大敵。

與文明民族打交道的困難之一，就是他們會丟出一大堆問題。為什麼上帝此前一直對日本民族隱匿自己的存在？一輩子都沒聽說過福音的祖先，真的會遭受上帝譴責嗎？耶穌會士除了好好培養語言能力，企圖回答這些問題之外，他們還發現可以透過美感和儀式來傳達上帝的奧祕與偉大。耶穌會士向臥亞的基地申請寄來金線織布、錦緞絲絨製成的華美祭衣，讓他們能夠舉辦壯觀的遊行和喪禮儀式，將佛教徒比下去。除此之外，他們舉辦儀式還會用上抬轎、絲綢錦旗、典禮用的火炬蠟燭、聖水、十字架，並且用拉丁文吟唱肅穆的禱文。此外連日本的元素比如紙燈籠，也能輕鬆融入其中。耶穌會士非常急於得知這些努力是否收到成效，他們有時甚至會記錄哪些信徒在禮拜過程中潸然淚下。34

另外一項挑戰，則是日本人的自尊與教養。范禮安於一五七九年抵達日本評估傳教進度，有位藩主告訴他，日本人覺得那些期望皈依者仿效葡萄牙人「野蠻粗俗行為」的傳教士，實在非常愚蠢。35范禮安對此有所回應，要求傳教士們必須學習日本的禮儀和飲食禮節，要使用筷子、小口咀嚼、避免葷腥，不要將牲畜養在戶內以免製造汙穢。得知日本人非常看重乾淨的范禮安，要求耶穌會士不再穿著傳統的黑長袍與斗篷，而是改穿根據日本風格改良的版本，並且必須時時保持整潔。日本人普遍要求得體的態度，讓他將日本人媲美於古羅馬時代的異教徒，這番評價出於一位文藝復興晚期人文學者，乃屬極高的讚美。還有，此後耶穌會士的居所和建築物，都得根據日本風格建造，其中必須包含一間能以茶道招待來者的客廳。36

最後，范禮安要求讓更多日本人能夠進入耶穌會。他記道：「日本不是一個外國人可以控制的地方，因為日本人既不弱小，也不愚蠢，他們不會容許這種事情發生。」[37]於是在短短幾年內，在日本的耶穌會士總數便達到八十五人，其中二十九位是日本人。這些當上耶穌會士的日本人，既是非常寶貴的資訊來源，也是比外國人遠具說服力的傳教者。出於相同的理由，他們還培訓日本信徒擔任教義問答師，這類人被稱為「同宿」（dōjuku），其稱呼借用自佛教僧伽體系底層的類似助手角色。同宿從事流動傳教、翻譯與解釋的工作，若是沒有神父在場，他們也能主持禮拜、洗禮、喪禮、聆聽病危臨死者告解等儀式。[38]

只有男性可以成為正式的同宿，但是有些日本女性也會擔任非正規的教義問答師。貴族女性清原伊藤（一五六五－？）便是其中一位，她是細川玉夫人的首席女侍。細川玉曾經參加大阪耶穌會教堂的禮拜活動，並在中途打斷講道，就她對禪宗的理解對講道內容提出質疑。後來，她對基督教產生興趣，由於自己的地位崇高而不得隨便離開家族住所，她就派清原伊藤代表自己去參加教義問答培訓班與望彌撒。清原會去對耶穌會士詢問女主人吩咐的問題，然後再轉告他們的答覆。

清原最終受洗為基督徒，取了個「瑪麗亞」的教名。後來，細川玉因為無法接受神職人員洗禮，清原於是在指示下執行了這項儀式，她為夫人洗禮，教名取為「伽羅奢」（Gracia）。*

---

* 譯注：細川伽羅奢（一五六三－一六〇〇），本名明智玉，明智光秀三女，嫁入細川氏，日後皈依基督教，取教名伽羅奢。

此事生動地呈現，耶穌會士在接納當地文化方面做出多少調整，歐洲神職人員一概都是男性，但他們卻培訓了一位女性為另一位女士施行洗禮。[39]

時至一五八〇年代初，耶穌會在日本的傳教事業達到高峰，已有十五萬信徒、兩百座教堂，並且穩穩控制著長崎，這些耀眼的成績四處傳誦，在澳門困境中苦撐的耶穌會同仁都聽煩了。[40]多虧葡萄牙耶穌會士路易斯．佛洛伊斯（Luis Fróis）精湛的語文造詣，他們遂與當代最強的大名織田信長建立起友好關係。此時織田信長的領地已經包含京都周圍地區，信長允許傳教士自由活動傳播福音，並常常接見佛洛伊斯，有次他還細細向佛洛伊斯詢問印度的情況，一問就是三個小時。由於日本有些寺院不只建成堡壘，甚至有僧兵守禦，信長也和耶穌會一樣，對於日本佛教勢力抱持敵意。不過，耶穌會士能做的大約就是跟佛教對手辯論，以及模仿佛教的儀式。織田信長卻能用刀劍、槍矛、弓矢、斷糧和火攻，再加上根據進口葡萄牙火繩槍設計所製造的鐵炮（鳥銃），對佛教勢力發起攻勢。（當代日本武士盔甲上面的彈痕，顯示此等盔甲的珍貴，因為那是防彈的證明。）[41]

至此時，日本已經成為亞洲前景最光明的地區。范禮安覺得時機終於成熟，可以讓歐洲第一代的「哈日族」（Japanophile）嘗嘗甜頭了。透過傳教士書信想像日本固然有趣，不如親自見見一些日本人如何？

於是，范禮安選出四位十多歲的神學院日本學生，組成一支歐洲使團。伊東祐益（Mancio Itō，教名「滿所」）代表豐州大名，千次羽紀（Miguel Chijiwa，教名「彌格爾」）代表有馬氏和大村氏的大名，另外兩人則是中浦「儒略」（Julião Nakura）和原「瑪爾定」（Martinho Hara）。[42]除了要向歐洲貴族展示耶穌會在日本的成就之外，范禮安還希望這些男孩子能夠親眼目睹「吾人王國與城市的宏偉與富饒……以及我們宗教在其中享有的威望和榮譽」。[43]讓他們見證這件事情有其必要性，因為日本佛教徒會表示西方傳教士前來的真正動機，是為了躲避家鄉的貧困慘況。[44]此外，旅途期間絕對不能讓這些少年遇見任何新教徒，或者讓他們感覺任何顯示基督教世界紛紛擾擾的跡象，以免這些消息傳回日本去。這就意味著耶穌會監護師必然要時時陪伴，並且盡量以耶穌會據點作為住處。[45]

這支使團於一五八二年二月從長崎出發，途經澳門和臥亞。范禮安不得不在臥亞與他們分手，繼續執行自己在亞洲的職務。使團在一五八四年夏季抵達里斯本，之後又前往托雷多（Toledo）和馬德里。由於不時有歐洲軍隊護衛，再加上他們穿著的異國裝束，使團一路上吸引不少目光。使團成員身著純白絲綢製成的多層和服，上頭繡有鳥類的圖案；腳上穿的白色分趾足袋（tabi，類似襪子）和涼鞋；腰間配有日本刀（katana）與匕首，二者刀鞘華麗，有金箔、珍珠母等材料裝飾而成。到馬德里之後，使團面見了西班牙國王菲利普二世，菲利普和使者們相談一個小時，詢問他們的服裝和飲食，並且驚訝地得知日本人不只是冬天喝熱茶，而是一年四季都喝。國王還查看了這些少年們呈上來的禮物，其中包含一張本是織田信長送給范禮安的竹製桌案。之後使團前往義大利，途經佛羅倫斯和錫耶納（Siena）時，有拉斐爾·麥第奇（Raffaelo de' Medici）麾下的士兵保護他們免於乞丐騷擾，終於，他們在一五八五年三月抵達教皇國。在前往羅馬的最後一段路上，有上千名群眾沿途圍觀，部分原因是要去看迎接使團的大陣仗：有鑼鼓喇叭奏樂，有教皇騎兵隊與瑞士衛隊，還有當地有頭有臉的達官貴人。[46]

教皇額我略十三世（Gregory XIII）在眾多樞機主教、大主教及主教們簇擁下，接見了這支青年使團。少年們下跪行五體投地大禮，並親吻教皇的腳，目睹此幕的教皇感動落淚。接下來，由葡萄牙耶穌會士貢薩爾維斯（Gaspare Gonsalves）代表致歡迎辭，他宣稱日本人「是善戰又有文化的民族」（兩項都是優點），他們唯一欠缺的就是「基督教信仰的光明照耀」。如今，他們得到這道光了。貢薩爾維斯指出，好幾百年前，印度曾經派出一支使團前來與羅馬皇帝奧古斯都締結友誼，此時此刻，又有一支來自亞洲的使團前來致敬。[47]

結果，就在這支日本青年使團逗留羅馬期間，額我略十三世過世了，他們因此有機會參加教皇西斯篤五世（Sixtus V）的加冕大典。伊東滿所被選作為新教皇獻上聖水的一員，日後記錄這場盛大典禮的紀念壁畫，因為上面出現日本人的臉孔而特別出名。[48]羅馬行程結束，使團踏入漫長的歸途，一路上，他們又受到不少義大利城市的接待。其中，威尼斯當地人一開始不大願意表達歡迎之意，因為他們對於這群少年所具有的外交資格不以為然，且對於自身插足東亞貿易的機會渺茫感到很鬱悶。[49]法國、薩伏依（Savoy）和神聖羅馬帝國的宮廷都曾發出邀請，但限於行程時間，使團只好禮貌婉拒，啟程航向臥亞，然後再到澳門。[50]

親眼目睹這次日本使團之旅的歐洲人，有些什麼感想呢？有些人對使節的服飾愛不釋手，布拉干薩的凱薩琳（Catherine of Braganza）特地為兒子杜阿爾特（Duarte）也訂做一套，並在眾人歡笑當中，要那些日本少年們來瞧瞧自己的「同胞」。為了娛樂東道主，男孩們於是為杜阿爾特整理儀容，並向他示範如何持握日本刀。[51]某些羅馬民眾也對這群日本少年投以笑聲，但那是比較不厚道的笑聲，他們非常無禮地嘲笑那種奇裝異服，弄得額我略只好讓使團換上歐式的絲絨黑袍與金色飾帶。[52]

整體而言，日本少年的禮節與拿筷子的靈活、活潑而天真的虔誠（尤其是在佛羅倫斯大教堂敬拜聖徒遺物時）、舞蹈和打獵的技巧、掌握歐洲語文的能力，還有駕馭樂器如豎琴和吉他的能力，著實令歐洲菁英階層中人大開眼界。[53]在日本使團返鄉之後，歐洲出現與此事件相關的出版物近八十種，其中包含教皇接待使團過程的官方紀錄翻譯。[54]其中一項出版品，竟是某位日耳曼評論作家，他希望日本使團能夠造訪他的國家，認識一下「上帝忠僕馬丁・路德先生」。[55]

日本四少年在返鄉路上，途經葡萄牙帝國的重要據點莫三比克、臥亞、馬六甲與澳門，終於在一五九〇年七月返回長崎。但踏上鄉土的他們，卻發現日本基督教的處境丕變。西元一五八二年使團出發前往歐洲的短短幾個月之後，織田信長在京都死於大火。承繼信長地位的豐臣秀吉，是個南蠻風格的愛好者，並且渴望與葡萄牙進行貿易。但豐臣秀吉卻驚訝地發現，耶穌會在九州的權勢頗大，耶穌會士控制長崎，並與皈依基督教的大名友好，而且根據秀吉聽聞的消息，他們還四處搗毀神社與寺院。豐臣秀吉在一五八六年將九州納入自己的勢力範圍，然後在次年頒布諭令，要求耶穌會士在二十天內滾出他的國家。這項命令雖然沒有立即付諸實行，但山雨欲來風滿樓，傳教士在日本的地位已出現劇變。

為了挽救耶穌會的前途，范禮安領著使團四位成員，於一五九一年前往豐臣秀吉的新宮殿拜謁，用近似於在羅馬覲見教皇額我略的禮儀向秀吉致敬。少年們在此進行了一場音樂表演，其中包含西方風格的和聲合唱，整體上，觀眾似乎頗為友善。[56]結果，一五八七年頒布的諭令依然沒有撤銷，而且在十年過後，豐臣秀吉對傳教士和歐洲人的怒火終於爆發。他素來不相信基督教不構成政治威脅的說法，西元一五九六年，有艘西班牙大帆船在日本海岸擱淺，船長為了盡快讓秀吉發還被扣押的貨物，宣稱在日本傳播基督教乃是殖民活動的先導，先入為主的秀吉對此深信不疑。於是，豐臣秀吉下令處決京都和大阪地區的所有基督徒。[57]在當時京都所司代的干預之下，處死的人數減少到二十六人，其中有三位日本籍的耶穌會士。於是在一五九七年二月，受害者被押解至一座能俯瞰長崎的山丘上，釘上十字架而死。

至此，葡萄牙的全球網絡開始運作抵制日本，日本在歐洲的聲譽也受到影響。澳門方面於一五九七年十二月舉辦了一場悼念死難者的遊行，此外葡人還製作出描繪相關駭人事件的系列繪畫，相傳迫害者將雜草塞入受難者口中並用石頭砸死的情況也被刻畫出來。類似的圖像後來流傳到西班牙、羅馬以及新世界。被釘上十字架的殉教者當中，有一位是在墨西哥城出生，此人日後遂成為墨西哥的第一位聖徒。日本事件的文字紀錄也同樣在流傳，此外，當一六一四年日本史上第二批使團抵達歐洲時——這次的路線是橫跨太平洋、穿越墨西哥再渡過大西洋——某些地區的迎接態度顯然不如第一次熱情。

西元一五九七年豐臣秀吉過世，日本的基督徒因此獲得短暫的喘息空間。繼秀吉得勢的德川家康成功一統日本，而且家康渴望繼續和歐洲及新世界維持聯繫。不過，早期德川幕府的實力尚嫌薄弱，家康的後人最終認為葡萄牙人、耶穌會士和日本基督徒帶來的弊大於利。於是在一六三〇年代，德川幕府頒布一連串法令，將葡人與耶穌會士驅逐出境，並且禁止信奉基督教。對耶穌會士來說，火上澆油的就是看到舊敵竟然春風得意。德川幕府徵召佛教寺院和僧侶掃除基督教的殘餘勢力，而長崎的國際貿易最終竟然成為信仰新教的荷蘭人囊中物。

基督教以隱密的型態倖存於日本，尤其是在九州島。但無論如何，「基督教世紀」的盛況已成為昨日黃花，那時全日本人口約為兩千萬，而日本基督徒總數在三十萬至五十萬人之間。[58]不過，耶穌會士在歐洲成功塑造積極正面的日本形象，促成的因素除了那二十六位殉教者以外，最重要者當屬耶穌會士佛洛伊斯的《論文》（*Treatise*，一五八五）。佛洛伊斯將日本人設想為歐洲人的鏡像（左右顛倒的映像），開創出「我們做甲，他們做乙」這種影響深遠的文化比較模式。他寫道：「在歐洲，就連赤腳靠近火堆取暖，都會被認為是奇怪的行徑；在日本，靠近火堆取暖的人，卻能毫不羞赧露出整個背部。」還有，「歐洲人對家中女兒和少女們的活動限制非常嚴格；日本家庭的女兒可以無須他人陪同，整天愛去哪就去哪，甚至許多女孩子這麼做還不需要告知父母親」。此外，「在歐洲，男女配偶對彼此的愛意非常強烈；在日本，夫妻的愛情感受淡薄，彼此對待宛如陌生人」。再來，「對我們來說，打小孩或體罰孩子很正常；在日本，這種事情非常罕見，日本的父母親最多只是口頭訓斥」。而且，「我們的孩子禮節欠佳又欠缺自制力；日本的孩子的禮貌非常周到，真是令人驚訝」。[59]

往後數百年間，西方人經常用這樣的方式，表達日本的前景可期。此外，那些令耶穌會士印象深刻的事物如日本的禪宗、飲食和茶道，後來也出現新的西方愛好者。反過來，據說近代早期日本茶道的發展，也某種程度上受到天主教彌撒儀式的影響。[60]耶穌會在日本的演出已經謝幕，或至少是暫時落幕。從十七世紀至十八世紀初，當耶穌會將注意力轉移到其他地區時，向歐洲人介紹解說日本情況這件事出現新人接手。十六世紀大半時期，在日本或全亞洲最具優勢的西方勢力，是信奉天主教的南歐地區；然而大約在世紀之交，局勢開始出現變化。荷蘭人來了，而英國人正蓄勢待發。

第七章　英國的徒步家：科里亞特

在上帝之前，你的禱告散發惡臭，毫無力量，就像是卸貨時駱駝發出的嘶吼聲。[1]

以上幾句話，來自湯瑪斯·科里亞特即興演講的高潮段落。據他宣稱，這番演講的地點在木爾坦（Multan），眼前觀眾約莫一百人，而他講述的主題居然是信仰伊斯蘭教實在沒有意義。科里亞特認為，假如穆斯林得知其信仰的醜陋真相，他們必會踐踏、唾棄《古蘭經》並將其棄諸糞坑。[2]他補充道：「感謝上帝，本人已經寫出兩本〔比《古蘭經》更好〕的書了。」

當時是英國早期在印度進行外交、貿易與宗教接觸的時代。幸好，科里亞特的職業不屬於上述任何一種領域。科里亞特是個另類的旅行家，他到海外旅行，是為了樂趣、探險以及在家鄉樹立名聲。科里亞特剛起程時情況不大樂觀，他在橫渡英吉利海峽時「胃中翻騰，只好用嘔吐物為船體上漆」。[3]雖然如此，科里亞特日後仍以「行腳家」的外號而揚名四方。

直到當時，英國民族的航海能力一直不大出色。據《盎格魯–撒克遜編年史》（*Anglo-Saxon*

Chronicle）記載，阿佛烈大帝曾派出兩位使者前往使徒多馬的墓址。或許，他們最終真的有到達印度，或許，真的有文獻曾經記錄過希格姆和愛德斯坦的冒險故事。假如這些是真的，理察·哈克盧伊特（Richard Hakluyt）一定會欣喜若狂。哈克盧伊特是伊莉莎白一世（Elizabethan I）時代的旅行紀錄收藏家暨出版家，他編纂的《英國民族的航海、旅行、交通與發現》（*Principal Navigations, Voyages, Traffics, and Discoveries of the English Nation*，一五八九），宗旨在於要讓國人同胞以及心存質疑的歐陸人，知道英國人也是有能力探索世界的。迄於當時，絕大多數的英文旅行文學，都是那些歐洲冒險家故事的翻譯，好比馬可·波羅的遊歷。這樣可不行呀，哈克盧伊特堅稱，英國人乃是「充滿活力的民族，是活躍於海外的民族，是探索世界遙遠地區的民族」。[4]

英國人當時不是一直閒著沒事幹。伊莉莎白女王的祖父亨利七世（Henry VII），便曾於一四九七年贊助「布里斯托的養子」（adopted son of Bristol）威尼斯人約翰·卡伯特（John Cabot）的亞洲之行。鑑於教皇權威與伊比利海權勢力，卡伯特希望能夠發現一條通往亞洲的西北航道。[5]他乘著規模不大的馬修號（Matthew）向西北方向出發，跨越大西洋，最終在他確信為中國東北岸的地帶登陸。卡伯特和船員們發現令人振奮的人類生活跡象，有通往內陸的小徑、有生火後的餘燼殘灰、有織網所用的針（此處海域有豐富的鱈魚），還有捕捉獵物的陷阱。[6]卡伯特一行人在此插上英國和威尼斯的旗幟，直到返鄉以前，他們就和同時代的哥倫布一樣，深信下一次航行必然能找到日本國與傳說中的黃金。卡伯特在一四九八年啟程他的第二次航行，卻從此下落不明，音訊全無。[7]

約翰．卡伯特與亨利七世老一輩的志向，由兒子們予以繼承。賽巴斯汀．卡伯特（Sebastian Cabot）在十六世紀初年進行了一次航行（也許是兩次），並且得知父親所謂的「新發現之地」（newfoundelande），並不是在中國，而是在北美洲。[8]西元一五二〇年時，亨利八世（Henry VIII）與紅衣主教沃爾西（Cardinal Wolsey）有意策劃一次前往北美洲的航行，並希望小卡伯特可以擔任指揮。但是，倫敦商界的潛在贊助者，並不相信自己從這次行動所得到的貿易優勢超過其風險。很快地，亨利八世的注意力又回到歐洲大陸上的競爭與衝突。[9]

三十多年後，小卡伯特參與了英國一場嶄新行動的規劃工作，那就是開發出能通往亞洲的東北航線。參與任務的三艘船在一五五三年三月從英格蘭出發，船員被賦予的任務是探索與記錄，他們將來新遇到的族群有什麼商業方面的需求。他們收到的命令是以和平的姿態進行任務，用啤酒和葡萄酒來籠絡當地人倒是沒有問題。這支小型船隊繞過斯堪地那維亞半島，卻在科拉半島（Kola Peninsula）附近遇上風暴。其中兩艘船決定在柯拉半島北岸過冬，他們擁有充足的糧食和禦寒衣物，結果卻發現這樣其實遠遠不夠。刺骨寒風、壞血病、甲板下封閉空間的火爐煙霧，其中光是一項危險就足以致命。隔年年初，當地漁民發現這些人，但那已經是一群死人了。[10]

剩下那艘船的運氣比較好些。在李察．錢塞勒（Richard Chancellor）的領導下，第三艘船繼續前行，然後往南進入白海（White Sea），至此，當中有些船員改乘艦載中型艇順著河流而上。在當地俄羅斯人的幫助下，他們後續又乘坐雪橇和馬匹，最終來到莫斯科。於是，這次任務的第一次外交接觸，對象是個當時英國罕有人知曉的國家，錢塞勒在克里姆林宮晉見當時還沒變成「恐怖伊凡」的年輕沙皇伊凡四世（Ivan IV），時為一五五三年十二月。[11] 雙方透過口譯員溝通，英方呈上的禮物是英格蘭布料，也就是英國人想要在亞洲開闢市場的商品種類，沙皇舉辦盛大的晚宴，規模令英國人印象深刻。原本快要淪為惡夢一場的亞洲航路，如今變成了一條充滿希望的貿易路線，建立起西歐和俄羅斯的交流。[12]

善用這條航線的新穎商業模式非常重要。從那時直到今天，從事海洋貿易的商人們，常會視情況將資源整併，但同時保持利潤私有。西元一五五一年，隨著英國莫斯科公司（Muscovy Company）獲得特許，英國史上第一間合股公司於焉誕生。小卡伯特對於義大利城邦贊助企業的理解，也許是英國開創此種新模式的助力之一。小卡伯特後來被任命為某間貿易公司的終身總裁，該公司歡迎任何投資者加入，共同分擔風險與共享報酬。[13]

儘管莫斯科公司的股東繼續保持希望，但東北航道始終沒有結果，後來，英國最後抵達亞洲的做法，其實是冒著與葡萄牙和西班牙爆發衝突的風險，甚至是刻意以釀成衝突的方式達成。隨著探險家、奴隸商人暨環球旅行者法蘭西斯．德瑞克（Sir Francis Drake）在一五七〇和一五八〇年代聲名大噪，倫敦商界則是組成英國首次派往亞洲的商業使團。得益於哈克盧伊特所謂「我國傑出公民的……成功事業」，商業使團遂於一五八三年二月出發，成員有約翰·紐伯里（John Newbery）、約翰·艾爾德里德（John Eldred）和拉爾夫·菲奇（Ralph Fitch）三位商人，珠寶商威廉·里茨（William Leeds）和畫家詹姆斯·史托瑞（James Story）。

在紐伯里率領之下，商業使團一行人帶著伊莉莎白女王要分別遞予蒙兀兒帝國阿克巴以及中國皇帝的國書，搭乘老虎號（Tiger）來到黎凡特地區（Levant）沿岸。[14]上岸之後，他們改採陸路經過阿勒坡（Aleppo），朝著霍爾木茲前進。途中艾爾德里德為了處理一些生意而逗留，其他四人則於九月成功抵達霍爾木茲。此時有個威尼斯商人將他們視為潛在競爭對手，遂密告這行人是來從事間諜活動，結果，他們才剛到霍爾木茲，馬上就淪為葡萄牙人的階下囚。紐伯里認為，他們之所以被逮捕，可能還牽涉葡人的憤怒情緒，因為近來英國的德瑞克屢屢襲擊葡萄牙船隻。[15]

使團成員之後被送往臥亞監禁，直到有兩位耶穌會士願意為他們擔保並繳交兩千杜卡特幣作為保證金。他們獲釋之後，史托瑞決定成為耶穌會的俗人成員，據說這是因為耶穌會士希望史托瑞能為教堂作畫。剩餘的人收到風聲，接下來葡人很快又會逮捕他們並送到葡萄牙本國，他們於是違背假釋條款，於一五八四年四月逃出臥亞，往北前進穿過德干高原，來到阿克巴的勝利宮。一路上，他們銳利的商賈眼光，瞧見珠寶市場、上好的白銀貨幣、大規模棉布生產，還有盛產的胡椒、香料、玉米、稻米和水果。[16]

在抵達勝利宮之前，他們經過了阿格拉城（Agra）。阿克巴的祖父巴布爾在阿格拉興建宮殿與花園，蒙兀兒貴族紛紛在河畔蓋起豪宅享受。[17]日後菲奇報告道：「這是一座石頭造起的城市，宏偉非凡，人民富庶，有漂亮寬敞的街道，還有美麗的河流與城堡。」據菲奇所述，阿格拉和勝利宮兩者都比倫敦大得多。連接阿格拉和勝利宮之間的整整二十英里的道路上，那是人潮湧動，車水馬龍，川流不息，有「貼金雕飾的車輿」，有交易絲綢和寶石的印度商人與外地商賈。他感覺在這兩座城市之間交通往返，簡直從頭到尾都是在同一座城中。[18]

到達勝利宮之後，紐伯里終於能向阿克巴呈上女王國書。在他的回憶中，阿克巴當時身穿樸素的淨白束袍。蒙兀兒皇帝當時忙於內政，除了收信之外別無時間接待，所以英國使團逗留蒙兀兒宮廷的時間相當短暫。不過，菲奇在返鄉之前，還是四處遊歷進行充分考察，搜集了大量關於貿易前景和蒙兀兒財富的訊息，據他估量，當時全世界的製造業有四分之一都在這裡。[19]菲奇敘述，尊貴的蒙兀兒皇帝本人，便擁有一千頭大象、三萬匹馬、一千四百頭鹿和八百妻妾。[20]

紐伯里和珠寶商里茨繼續待在印度，里茨留下來受阿克巴雇用，紐伯里則啟程前往拉合爾（Lahore），此後這兩人便從歷史紀錄上消失了蹤影。與此同時，菲奇則取道瓦拉納西前往孟加拉，他在瓦拉納西停留期間，落筆繪製了一幅人們在恆河畔施行沐浴淨化儀式的動人畫作，但對於眾人對某個印度宗教聖人的崇敬感到困惑。在菲奇眼裡，這個所謂的聖人只不過是騎在馬上假裝睡著而已：「他們認為這是個偉人，但他根本只是隻懶惰蟲。」[21]

菲奇最終返回英國的路線，是經過了緬甸、馬六甲、斯里蘭卡和印度馬巴巴爾海岸，再來有驚無險地通過臥亞與霍爾木茲，終於在一五九一年四月踏上英格蘭故土。隨著其遊歷奇遇的消息四處傳播，菲奇成為了名人。他將自己的旅行紀錄與回憶告訴哈克盧伊特，同時借用了不少義大利旅行家費德里奇（Cesare Fedrici）描述的細節。[22]這支英國使團最初啟航所搭乘的船隻，因為莎士比亞（William Shakespeare）《馬克白》（*Macbeth*）的文字而永垂不朽：「她的丈夫去了阿勒坡，那位老虎號的船長呵。」

菲奇歸國時沒有運回任何亞洲商品，但是他卻滿載信心而歸，使同胞對於英國人所能達成者躊躇滿志，再加上前所未有的資訊，令人得知亞洲的財富、香料和貿易路線。這些訊息吸引了一群以湯瑪斯・史麥斯（Thomas Smythe）為首的倫敦商人，而史麥斯終於在一六〇〇年時取得和「東印度」（East Indies）地區貿易的皇家特許權。所謂「東印度」範圍極為廣大，涵蓋從好望角以東至於麥哲倫海峽的地區。特許權的條件包含非常珍貴的壟斷權，效期為十五年，此外尚有廣泛的各種權利（因其措辭模糊而非常實用）可以控制自身經營的地盤。對於這間成立於一六〇二年且資金相對貧乏——對比於對手荷蘭東印度公司（VOC）——的企業來說，東印度可真是一頭龐然大物。當時英國貴族比較有興趣的是維吉尼亞（Virginia）的潛力。[23]但隨著時間荏苒，英國東印度公司（ＥＩＣ）將會漸入佳境。

鄙意以為，天下樂事五花八門，其中最甜蜜又最喜悅者莫過於旅行。人生在世最大的願望，豈不是親眼見到形形色色多彩多姿的美麗城市、王侯宮闕、華美宮殿、金湯城堡、森嚴壁壘、直上雲霄的樓塔，以及物產豐隆的沃土嗎？[24]

以上所言，是科里亞特肯定旅行價值的詞藻，收錄在他第一本著作《科里亞特旅行紀實：五個月的遊歷速記》（*Coryats crudities: Hastily gobled up in Five moneths travels*，一六一一）當中。那次旅行，他是從家鄉薩默塞特郡（Somerset）奧德康（Odcombe）出發，從事環遊歐洲之旅，途經巴黎、杜林（Turin）、威尼斯、蘇黎世、史特拉斯堡（Strasbourg）、法蘭克福和奈梅亨（Nijmegen）等地的重要景點，旅程路線總距離大約有兩千英里，而科里亞特竟然絕大部分是採取步行，從頭到尾都穿同一雙鞋。顯然，那是雙非常耐穿、耐磨的鞋子，回家之後，科里亞特慎重其事地將這雙鞋懸掛在家鄉的教堂裡。[25]

在英王詹姆士一世（James I）長子亨利親王（Prince Henry）宮廷的科里亞特交遊圈中，

《科里亞特旅行紀實》為作者博取到一定的名聲，雖然未必是尊敬。[26]科里亞特曾就讀溫徹斯特公學（Winchester School）和牛津大學，由於他的出身背景不高加上沒能真正取得學位，他無所不用其極地要攫住自己所能獲得的名聲地位。而要這麼做，往往就是得做出一些愚不可及的事情，雖然他做的是飽學多聞性質的傻事，好比一邊倒立身子、一邊背誦希臘文。誠如他人的觀察：「宮廷所有娛樂的壓軸好菜，就是甜點菓子和科里亞特。」此外還曾經有人描述，科里亞特是「鍛鍊朝臣機智的鐵砧」。[27]

科里亞特因為旅行途中大多徒步而出名，遂博得「行腳家」的綽號。若能哄抬自己的身價，他非常樂於徒步而行。《科里亞特旅行紀實》的出版申請與印刷工作，都是他本人一手籌辦。此外，他還四處邀請朋友和相識為此書歌詠獻詞，然結果卻是慘不忍睹，受邀者的回覆輕慢無禮，但亨利親王卻要求科里亞特將這些回應照樣收錄書中。[28]約翰・多恩（John Donne）薦詞的大意是，科里亞特是個「大瘋子」，應該速速再次離開我國：

去吧，該害臊的傢伙，免得你待在這兒也臉紅
看見您的著作如此光芒萬丈，
為此大作，兩個印度都送上祭品，
西方獻上了黃金，而你慷慨地花費，

用在印刷機上，曾不吝惜錢財去留。
東方目前送來它的珍寶，
而你的書頁也必須得涵蓋來自東方的物事，
沒藥，胡椒及乳香。29

越明年，也就是西元一六一二年，科里亞特居然接受了多恩的「建議」。他先是乘船到達鄂圖曼帝國首都君士坦丁堡，再由此出發，途經耶路撒冷、阿勒坡、伊斯法罕（Isfahan）而進入蒙兀兒帝國。路上，穿著「東方」服飾的科里亞特常常必須停下腳步，等待可以隨行的商隊，在相對安全的情況下繼續上路。他曾在寄給母親的信中提到這件事，這些商隊是由大群商人與駱駝、馬匹、驢子等馱獸組成。從伊斯法罕到印度的這段路程，科里亞特跟隨的那支商隊成員竟有約六千人之眾。30

科里亞特穿越興都庫什山脈（Hindu Kush），渡過「比咱們倫敦泰晤士河還要寬上一倍的」印度河，抵達木爾坦。前面那段批評伊斯蘭教的煽動演說，就是在這個地方發表的。據他回憶，那是因為有個印度穆斯林罵他是異教徒，他決定要還以顏色。旁邊大約有一百個人在圍觀，這下科里亞特恐怕小命不保，他的印度之旅也許就要在這個距離印度河僅有四十英里的地方畫下終點。幸好，那個罵他的穆斯林曾經被佛羅倫斯人俘虜為奴，講的是義大利語，而科里亞特也是講義大利語回擊。[31]最後，這起事件導致科里亞特對蒙兀兒帝國的最初觀察心得是：「假如我是在土耳其或波斯講這番話，他們會把我抓去烤；但在蒙兀兒的土地上，基督徒可以更自由自在地發言。」[32]

科里亞特繼續前行，先到拉合爾，再到阿格拉，他宣稱自己途中經過畢生見過最佳的農耕沃土。西元一六一五年七月，他抵達蒙兀兒新首都阿吉米爾（Ajmer）。阿克巴早在十年前過世，此時在位的皇帝是他的兒子賈漢吉爾（Jahangir，意為「世界的征服者」）。賈漢吉爾的生日恰好在八月，科里亞特於是親眼目睹了相關的儀式，足以頌揚「至尊之人」與「帝國的豐足」：

> 那天，他會讓自己站在一架黃金大天平的秤盤上秤重……（這是他幾乎年年堅持的習慣）在另一邊放上與自己體重相等的黃金，事後將這些黃金分發給窮苦人家。[33]

科里亞特似乎立即就對賈漢吉爾產生好感，據他描述，賈漢吉爾一身橄欖色的皮膚，身形勻稱，會尊敬地稱呼耶穌為「偉大的先知耶穌」，並且相當善待基督徒。此外，賈漢吉爾還從廣袤帝國的各個角落，收集到一套「世界珍禽異獸」大觀。科里亞特在《旅行紀實》中積極指出，希羅多德的記載主要是以傳聞為來源，但行腳家本人可是親眼看過其中一些奇獸呢。科里亞特堅稱其中有一種奇獸是「獨角獸」，然而其實他看見的應該是犀牛。[34]宮廷中人每週會觀賞兩次鬥象，這些大象有時能超過十三英尺高：

牠們看起來像是兩座小山衝撞在一塊兒……假如沒靠點燃煙火來讓打鬥暫停，牠們必定會用致命的巨牙頂傷對方。[35]

對一位涉遠勞頓的旅行家來說，還有什麼比他鄉遇故知更高興的事情呢？就這點來說，科里亞特也是個幸運的人。他來到此地時，正好有個叫威廉・愛德華茲（William Edwards）的英國人待在蒙兀兒宮廷中，這位先生是代表英國東印度公司前來，試圖說服賈漢吉爾准許他們的貿易請求，只不過為此奔走忙碌的愛德華茲目前尚徒勞無功。於是，科里亞特得以在愛德華茲的居所免費寄宿。[36]稍後，秋天到了，科里亞特又收到消息，「我的好朋友」湯瑪斯・羅武先生（Sir Thomas Roe）搭乘的船已經停靠在古吉拉特的蘇拉特（Surat）港口。

英國東印度公司在與葡萄牙爆發海戰之後，在蘇拉特建立了一座工廠。但是，東印度公司和蒙兀兒帝國的關係尚不穩固，而公司已經不想再靠投機分子或自由職業者來辦事。約翰・梅登霍爾（John Mildenhall）就是個典型的例子，他曾經用假造的外交證書到阿格拉與阿克巴交涉，成功打開與印度的貿易之後，再向東印度公司和英王詹姆士一世申請等同於磋商費的錢財。梅登霍爾最後沒能發這筆橫財，但他倒是為自己立下了名頭。全印度最早的英國人紀念碑，大約在一六一四年左右出現在阿格拉的羅馬天主教徒墓園，上頭銘刻的名字是葡萄牙文「Joa de Mendenal」：「下面躺著的是英國人約翰．梅登霍爾……安息吧。」[37]

英國東印度公司後來派遣了自家代表，能說一口流暢土耳其語（蒙兀兒帝國通用語文之一）的威廉．霍金斯（William Hawkins）船長。葡萄牙人對霍金斯非常感冒，想要找機會把他給宰了，前前後後的暗殺行動在三次以上，至少霍金斯日後是這樣宣稱的。某次在蘇拉特的一場宴會中，葡人帶著長劍和手槍來尋釁，稍晚又有三、四十人到他住宿的地方發動攻擊。不久之後，他在前往阿格拉的過程中，識破了下毒的詭計。[38]九死一生的霍金斯雇用了保鑣，五十位馬術高超的帕坦族（Pathan）戰士，最後安然無恙地於一六〇九年抵達阿格拉。[39]賈漢吉爾喜歡霍金斯作陪客，皇帝封了他帝國官銜，還從「後宮」（haram）挑選出一位亞美尼亞基督徒瑪麗安汗（Mariam Khan）賞賜給他做妻子。但是，賈漢吉爾卻不願批准貿易協議。霍金斯後來犯了大錯，在賈漢吉爾企圖戒酒與戒除鴉片，並告誡群臣不得飲酒之後，霍金斯有次居然醉醺醺地現身於宮廷之中。他因此受到賈漢吉爾公開斥責，在一六一一年帶著那位妻子一起離開印度。[40]

湯瑪斯．羅武則是與霍金斯完全不同的人物。羅武是貴族、國會議員與經驗豐富的外交官，如今他擔任的職務，是英王詹姆士派往賈漢吉爾宮廷的皇家特使，目標是獲得蒙兀兒皇家准許英人在印度各處貿易的「許可書」（firman）。[41]經歷長途旅行的羅武非常高興能見到科里亞特，覺得「是命運安排他在這裡紓解我的壓力」。[42]科里亞特很快就搬入羅武的宅邸，延續他免費僑居住宿的好運。

當初憑藉幽默感與機智口才打入亨利親王宮廷的科里亞特，希望憑藉同樣的能力，可以使自己在賈漢吉爾的宮廷大展身手。他開始努力提升自己的波斯語水準，直到某天自認準備就緒，他穿上印度服裝，趁著皇帝從宮廷窗戶向下俯瞰時，吸引到皇帝的目光。科里亞特首先向賈漢吉爾歌功頌德，稱他為「世界的至尊保護者」，並將英格蘭讚為「世界上所有島嶼之后」。他宣稱自己來到印度，就是為了能夠覲見賈漢吉爾，親眼目睹大象與恆河，並且期望獲得皇帝的通行保護令，讓他可以探訪撒馬爾罕（Samarkand）和帖木兒之墓。在這短短的發言中，科里亞特提到自己徒步走了三千英里來到此地，「此等跋涉勞苦，世上從未有生人能夠辦到」。賈漢吉爾欣賞著科里亞特的演出，經過一陣子，皇帝開口解釋道，自己無法提供通行保護，因為撒馬爾罕的統治者並不是他的朋友，接著，皇帝便從窗戶上拋下一些錢。[43]

科里亞特對這個結果不甚滿意，他在前來印度的途中被騙又被搶，如今差不多已身無分文了。能和世界上的傳奇人物交談，還獲得一百枚銀幣，以花費一個下午的時間來說，這算是很不錯的成績了。羅武對此事頗感不齒，他責備科里亞特去找賈漢吉爾的作為就是乞丐行徑，有辱自己國家的聲譽。也許，那是因為羅武也有受辱的感覺，他感覺自己就是個卑微的小人物，在乞伏蒙兀兒皇帝的首肯，而賈漢吉爾卻在拖延時間進行外交權衡，挑撥英國人和葡萄牙人之間的嫌隙。

西元一六一六年九月，科里亞特離開了蒙兀兒宮廷，他前往阿格拉，再朝著哈德瓦爾（Hardwar）前進，想要目睹人們在恆河中沐浴的景象。到一六一七年十一月時，科里亞特病倒了，囊空如洗，心情可能也很低落。他於是來到蘇拉特的港口準備返鄉，結果他在這裡遇上一些英國同胞，也喝上不少烈酒。歡樂時光再度降臨，但這卻是他人生最後一段快樂。就在一六一七年十一月，科里亞特客死異鄉，葬在蘇拉特，死因也許是痢疾。[44]

兩年之後，羅武終於回到英格蘭，但在歸途的航程中，他碰上幾位令他頗為反感的旅伴。把時間拉回一六一一或一六一二年，當時霍金斯船長帶著賈漢吉爾賜給他的妻子瑪麗安汗，一起離開印度。結果霍金斯卻在返鄉途中過世，瑪麗安汗則一路來到了倫敦，成為第一批來到倫敦的蒙兀兒印度女性。[45]她於倫敦再婚，所嫁對象是駕駛返回英國那艘船隻的船長加布里歐．陶爾森（Gabriel Towerson），後來兩人又於一六一七年前往印度。陶爾森夫婦抵達蘇拉特時，與他們同船前往的有理查和法蘭希絲．史迪爾夫婦（Richard and Frances Steele），法蘭希絲當時已是個快要臨盆的孕婦。此外還有一位寡婦哈德森夫人（Mrs Hudson），她帶著一百英鎊來做買賣碰碰運氣。[46]

羅武覺得這些人簡直是在胡鬧。他和東印度公司都認為，印度不是一個適合婦女或嬰兒前往的地方。東印度公司明令禁止雇員將妻子帶在身邊，理由是女性的體質不適合航海，會讓水手們分心，還可能會帶來厄運。不久之後，東印度公司更多出了額外的擔憂，那就是假如夫婦同往，結果丈夫死去，那公司可能還得承擔喪偶寡婦的後續情況。羅武從賈漢吉爾的宮廷寫信寄到蘇拉特，要求至少要將史迪爾夫人送回家。[47]然而，那整團人最後卻都到了阿格拉，瑪麗安作為蒙兀兒貴族女性及從前賈漢吉爾宮妾的身分，令羅武難有置喙的餘地。根據科里亞特的觀察，賈漢吉爾在後宮「為自己一人豢養一千個女人」，後宮妻妾並不矜持自己的貴族身分：她們擁有自己的私產，會透過仲介進行貿易，有時還私下和葡萄牙人及英國人進行買賣。[48]

隨著瑪麗安和加布里歐這對陶爾森夫婦帶著一小群僕人抵達宮廷，羅武的怒氣愈來愈高漲。根據羅武紀錄，他們的陣仗比自己作為皇家特使還要豪華。史迪爾夫婦也開始過起奢侈的上流生活。理查·史迪爾希望能說服賈漢吉爾雇用自己，為阿格拉設計一套水利系統。而且史迪爾在宮廷中的表現舉止，有意搶走羅武的地位和鋒頭。至於快要產下第二個孩子的史迪爾夫人，則獲贈自己專用的車輿、馬匹與僕人，並結交上一位上流社會的新好友，那是某位朝中重臣的女兒。史迪爾夫人會在太監陪同之下，搭乘白牛拉的車轎，去到這位好友家中談天說地、享用美食、交換禮物。[49]

怒火中燒且倍感受辱的羅武，對於自己終於能在一六一九年離開印度高興不已，雖然得和史迪爾一家及決定返鄉的陶爾森先生同行。陶爾森夫人瑪麗安決定待在印度的娘家，而哈德森夫人則已先行運送大量商品返回倫敦。哈德森夫人在印度創業的詳情是個謎團，但她靠著短程旅行與現金儲蓄致富的做法，引起日後英國東印度公司年輕雇員群起仿效，並因此迅速在印度與歐洲聲名大噪（或聲名狼藉）。賈漢吉爾幫忙掃除了障礙，讓羅武獲得前人離開印度時從未得到的貿易許可。此項貿易許可的範圍有限，但英格蘭的一句古老諺語正在流行：「給他一英吋，他會取走一厄爾（ell）。」「厄爾」這個單位有六個手掌寬或四十五英吋長。賈漢吉爾給了一英吋，東印度公司未來將會取走好幾厄爾，得寸進尺之謂也。

第二部

一六〇〇年至一九一〇年代

往下探究：領悟亞洲

第八章　靈魂的求索

也許是為了讓母親相信自己在旅途中的身心狀態俱佳，科里亞特在信中大聲譴責那些「遠離耶穌基督與以色列福蔭的……野蠻民族」信奉「最可恨的迷信邪說」。真是義正詞嚴呀！但這並不是科里亞特真心的感受，他其實是深受吸引。科里亞特盼望能在哈德瓦爾著名的沐浴節慶，目睹數十萬人在恆河沐浴的壯觀景象。他聽聞，有些人甚至「會將大把黃金」擲入恆河中，有金幣，有「金塊和金楔」。那裡肯定「還有更多奇特的儀式」，「絕對值得觀賞」。[1]

關於異教信仰的本質與異教信徒靈魂的終極命運，科里亞特並不在乎，十七世紀大量拓展印度據點的東印度公司也不在意。關心這個領域的，是那個如今規模更大的跨國組織，也就是耶穌會。自一六三〇年代以降，耶穌會士已經無法前往日本，雖然仍有些人企圖潛入並祕密向信徒傳教講道。在印度和中國，耶穌會士承擔起不同型態的風險與任務。羅伯托・德・諾比利（Roberto De Nobili，一五七七－一六五六）和利瑪竇（一五五二－一六一〇）不止於學習必需的語文，他們還深入婆羅門教與士大夫菁英的世界尋求機會。這兩人與其後繼者不僅和傳教對象生活在一起，甚至讓自己變成了對方的一分子。

印度和中國的批評者把這種行為斥為不誠懇，甚至是作假演出。抱持懷疑態度的歐洲人，預測這麼做的結果只會造就新的「基督徒」社群，屆時那些人不只是過著不道德的生活，還會像馬拉巴爾的多馬派基督徒一樣，執行詭異的儀式。這些質疑和爭議在歐洲迴盪數十年，甚至傳到教皇本人的耳中。

與此同時，歐洲人對於旅行文學的需求高漲，對猶太教與伊斯蘭教思想的興趣提高，且對古希臘、古羅馬、古埃及神明與宗教的興致增加，他們好奇的範疇甚至擴展到亞洲與新世界的信仰及風俗習慣。在十七世紀初年，鮮有讀者會拿基督教與上述信仰並列比較。將耶穌基督與那些結合人類錯誤和魔鬼惡兆的信仰，一概視為上帝啟示，這種行徑實在極其不敬而且不智。基督教當時人們的思維，尚未達到可以將「宗教」從廣大文化中抽離出來並加以比較的地步。基督教就是歐洲人的日常生活內容：自然、本質、生死、是非、善惡都是上帝的設定。基督教便是人們生活的景象，不是一幅掛在藝廊牆上供訪客品頭論足的畫作。

基督教世界觀的一大重點，便是將歷史視為上帝旨意之開展並予以理解。歐洲人新發現的世界其他地區，也必然合乎神意的安排，這項任務必須包含解釋那些地方的人們如何形成他們涉及神聖之觀念。此事早期的一位重要人物，是英國國教教士山謬爾·珀切斯（Samuel

Purchas），他根據菲奇等人的旅行記述，寫成《珀切斯的朝聖之旅》（*Purchas His Pilgrimage*，約一六一四），書中介紹了「異教徒、猶太人、撒拉森人（Saracenicall）*」的宗教。

珀切斯的著述有其護教論辯的成分，他企圖證明「教皇的儀式」含有異教的源頭。此後又歷十年，有位叫愛德華．賀爾伯特（Edward Herbert）的學者，為自己設下探索「所有宗教」皆有之「共通概念」的任務，寫成《論真理》（*De Veritate or On Truth*，一六二四）一書。賀爾伯特提出的共通概念共有五項：相信唯一的至高存在（Supreme Being）、人有信仰至高存有之義務、虔誠及道德生活之重要性、懺悔之必要、死後來世有終極的賞罰。賀爾伯特記錄道，世界各地多宣稱存在某種宗教性啟示，但有諸多理由可加以質疑：諸如極度荒謬、幻覺妄想、惡靈作祟、自私的神職人員自稱受到神啟之不可信等等。虛假謬誤的啟示，反而可能蒙蔽人類蒙上帝恩賜以理解神聖性的純粹能力。[2]

諾比利與利瑪竇都不是要從事前述宗教比較的那種人。不過，他們對兩大亞洲先進文明進行了前無古人的深入探索，反而為這類比較研究提供諸多材料。孔子學說與中國士大夫生活，居然能被歐洲人視為賀爾伯特所謂「人類美德的普世典範」，此事必須歸功於利瑪竇與其後繼者。諾比利對婆羅門教的批評固然嚴厲，但他卻向讀者揭櫫婆羅門教的深刻與深奧。以基督教「修行僧」——古代「裸體哲學家」一系——之姿過活的諾比利，強化了歐洲人對於基督教世界的質疑。服裝、儀式、信條、神職人員，什麼才是宗教必要的元素，哪些東西只是表面裝飾呢？未來的宗教若能擺脫裝飾表象，那又會是什麼樣貌呢？

諾比利於西元一六〇五年抵達臥亞，在印度的最初幾個月，他待在沙勿略建立的基督教村落中學說泰米爾語。後來，上級派他去到馬杜賴這座古老的印度城市，西元前四世紀與前三世紀初的麥加斯提尼，便已知曉甚至親身到過這裡。諾比利很快就發現，為何神父同仁費南德斯（Gonsalvo Fernandes）在這裡耕耘十年，卻沒有任何人皈依基督教。當地人將歐洲人稱為「法蘭基」（farangi），這是衍生自波斯語中「法蘭克人」一詞而來，「法蘭基」含有極深的貶義，意思是異國與野蠻。這些歐洲人既吃牛肉又喝酒，對維繫宗教儀式純粹性毫無概念，或者根本是滿不在乎。[3]

諾比利起初透過和婆羅門教徒的談話，辨別出南印度社會中的三種群體。諾比利提到，這裡有「無神論者」，此處無神論者似乎是指佛教徒，顯示婆羅門教徒對於背離印度傳統者仍懷有敵意。另外有大量的「偶像崇拜者」，這種人信奉一位以上的小神，但諾比利對這些人的好

＊譯注：撒拉森人本為古羅馬人對阿拉伯人的稱呼，十七世紀歐洲人用此稱泛指伊斯蘭教徒。

奇尚不及科里亞特。最後一種人是婆羅門，諾比利逐漸認識到，婆羅門繼承的是一套古代思想與行動體系，具有非常深奧的哲學性，而婆羅門教學者追尋的智慧，其層次堪比使徒保羅在地中海希臘羅馬世界旅行時所遇到的思想。鑑於婆羅門在社會上受到的敬重，若能使婆羅門皈依基督教，便可能使大量社會階層較低的人群起效法。

諾比利相信自己接受的哲學教育，使他擁有比婆羅門更高深的見解，而他深信，若能向婆羅門展示如何更嚴謹地探究婆羅門教世界觀，他們遲早就會發現其中缺陷。[4]但是，要讓婆羅門願意跟一個「法蘭基」進行這種高層次的交流，恐怕是希望渺茫。於是，諾比利將他在馬杜賴的耶穌會住所，拿去交換城中婆羅門區域一間普通的土造屋。他將自己的黑色修道服，換成修行僧的紅褐色袈裟。諾比利開始依循當地風俗沐浴，一天只吃一餐，進食時雙腿盤坐在地面，用蕉葉盛裝食物。為準備專門的素食及洗滌衣物，他還雇用了婆羅門作為助手，由此達成純淨的宗教性。諾比利甚至剃頭髮、穿耳洞、持僧杖，並點上提拉卡（tilaka）——以檀香粉在眉心點綴的符畫。[5]

在青年婆羅門希瓦達摩（Śivadharma）的協助和細心建議下，諾比利完成了自己成為「塔圖瓦–波達查里亞導師」（Tatuwa-Bhodacharia Swami，意為吠陀真知與正義大法的靈性導師）的轉型。[6]後來，這位希瓦達摩也皈依了基督教。諾比利的轉型，可不是為求傳福音的暫時偽裝。他就算是離開當地去見歐洲同胞，都繼續堅守這個新身分，而且從此拒絕與帕拉瓦族的低種姓基督徒來往。[7]若有婆羅門前來造訪，諾比利會以真正的修行僧之道相待，拒絕在客人首度來訪便會面。當他終於和來訪者見面之際，他會堅稱自己不是個「法蘭基」——若以這個詞的狹義（指葡萄牙人）而論，他確實不是。此外，他還表示自己是個「剎帝利」（kshatriya，即戰士暨貴族階級），剎帝利在印度的四大種姓階層中，只比婆羅門祭司階級低一等。

諾比利大約於半年內吸收了五十名信眾，並在這些早期皈依者的幫助下學習梵文，他也許是史上第一位學會梵文的歐洲人。[8]學習梵文讓諾比利有能力接觸吠陀經，他甚至熟記了其中一部分，使自己能以印度風格來強化論辯時的主張。諾比利還將基督教教誨視條件允許加以改編，以適應當地的條件。將濕婆神（Śiva）奉為宇宙最高主宰的信徒，相信上帝有時會化作肉身成為古魯上師，若遇到這種人，諾比利就會自居為「神聖古魯」耶穌基督派來的使者。他說，耶穌降世的目的，既是要來傳達智慧，也是要以自己為身教典範，與修行僧之道並無二致，皆是否定世俗財富，做好準備接受「不光彩的死亡」（ignominious death）＊。[9]

在耶穌會同仁的要求下，諾比利說明了自己的傳福音之法，也解釋自己為何允許皈依基督教的婆羅門，繼續保持如配戴聖線等等傳統習俗。諾比利將信仰的基本元素和單純的「社會風俗」（mores civiles）區分開來。他指出，交換婚戒、婦女蒙面紗、征服者戴上桂冠等做法，

＊譯注：此處不光彩的死亡是以社會標準而言，比如耶穌被釘十字架。

最初都是形成於異教環境中，迷信充斥。即使如此，歐洲基督徒如今依然在執行這些習俗。諾比利持論，同樣的道理也可以適用於印度。假如某項風俗本質上並非罪孽，那就未必要加以拋棄。配戴聖線、點提拉卡和在頭頂留一綹髮辮，皆屬於此類無害的風俗。[10]

在希瓦達摩的協助下，諾比利寫成了《印度風俗調查報告》（*Report on Certain Customs of the Indian Nation*，一六一三），其中宣稱印度經典如《摩奴法典》（*Manusmriti*）主要關注的是規則和行為。諾比利又進一步寫道，馬杜賴的婆羅門根本就不是如沙勿略所設想的祭司或神職人員，他們是哲學家，是其社會的菁英「博學之士」（doctore），一如當年麥加斯提尼所見。在報告當中，諾比利還引用了一百多位婆羅門的證言，來支持自己的論點。[11]

無論是出於自身信仰，還是為了避免被宗教裁判所盯上，諾比利對於婆羅門生活的宗教元素並沒表現出什麼同情。他反對「同歸殊途」或「百川赴海」這類在印度十分普遍的觀念。此外，他大力反對將上帝化身為人（耶穌）與印度的「神明降世」（divine descent）相提並論。舉例來說，克里希納作為毗濕奴人間化身的思想，就是偶像崇拜的謬論。諾比利表示，這些事情的源起，就是人類的脆弱和缺陷。好比一個要求人民效忠事奉的強大統治者，後來也許會被視為神明而受人回憶和崇拜；因為小孩夭折而心碎的父母親，可能為日後所謂宗教的第一批信徒。

諾比利覺得，傳教士固然應當抵制這類的迷信，但同時要記住，上帝決定透過耶穌基督展現自身的方式，能夠讓一千六百年之前的猶太人理解。因此，基督教的核心觀念是上天使自身融入地域環境之中。傳教士的角色是要促進神意的開展，而其做法正是去辨識出文化調和與錯誤危害之間的差異。[12]

諾比利的認知並不能說服所有的耶穌會士，他們得出的結論是，居住在亞洲且具有出眾語文能力的諾比利，所握有的權力已超出常態。對諾比利來說，當地人過新年的「豐收節」（*ponkal*）儀式，本來是在宗教偶像前面烹煮米飯，而將此法變化成在十字架前煮飯，這點讓步確實無傷大雅。但是，假如這種事情多了起來，好比使用古典印度格律來寫泰米爾語的聖歌等等，那你遲早會弄出一整套不同的新聖禮。即便只是單純語文上的讓步，都可能造成嚴重的潛在問題。其中有些問題尤其顯著，例如在南印度不能使用葡萄牙文衍生來的「彌撒」（Mīsai），因為這個發音聽起來像泰米爾語的「八字鬍」。但其他辦法的危險也可能更隱微，比如諾比利採用印度人表達供奉犧牲的「普祭」（pūjā）一詞指稱彌撒，但這可能使得新皈依的教徒繼續困在從前的古老宗教羅網當中。[13]

有些批評諾比利的人士主張，應當效法早期在印度傳教的做法，鼓勵皈依的信徒改穿歐洲服飾，因為其中內含智慧之啟發。這麼做的目標不是要將當地教徒變成歐洲人，而是要表達真正的皈依是一種純粹且徹底的行為，昔日的舊風俗必須拋開。[14]對諸多歐洲傳教士來說，必須拋下的包括種姓制度，因為種姓制度違背了福音的要義，也就是上帝之前人人平等，而且導致傳教士必須對不同種姓的信徒分開施教。設想一下，要是高種姓的印度人得知基督教是向所有人開放，他們還願不願意信教呢？

耶穌會將天主教信仰與印度文化調和的企圖——尤其是諾比利的工作——引發了不少爭議，爭議愈演愈烈，最終傳到教皇額我略十五世（Gregory XV）那邊。這位接受過耶穌會教育的教皇，在一六二三年以發布「使徒公函」（Apostolic Letter）的方式，對諾比利的做法予以有條件之支持。[15]不過，事情遠遠還沒畫上句點。文化及宗教性真理二者的關係是什麼呢？諾比利於一六五六年在麥拉波過世之後，在「西方」與「東方」相遇的數百年時光中，這個問題依然是人們辯論的焦點，也是迷戀力量的強大來源。

西元一六〇一年，利瑪竇成為第一位踏入中國紫禁城的耶穌會士。利瑪竇所以能獲得此等殊榮，主要歸功於他用中文撰寫的《交友論》（一五九五）所博得之聲譽，此書收錄了希羅多德、亞里斯多德、西塞羅、塞內卡等「西方聖賢」論友誼的格言選摘。[16]諾比利在南印度對婆羅門的傳教工作，是要將尚可接受的習俗與高級的哲學，和迷信及偶像崇拜區分開來。相較於此，利瑪竇在中國的任務倒是單純許多。就利瑪竇自己對中國的認識而言，中國的迷信只限於信奉人口眾多的佛教和道教，然而，他主要的傳教對象乃是士人。

在利瑪竇那個時代，中國的主要儒家經典為「四書」，即《論語》、《孟子》、《大學》和《中庸》。《論語》是關於孔子一生與思想的格言集錦，其中包含孔子的「仁」、「恕」學說：「己所不欲，勿施於人。」[17]《孟子》則是儒家傳統中「亞聖」孟子（前三七二－前二八九）學說的彙編。「Mencius」（孟子）和「Confucius」（孔夫子）一樣，都是耶穌會士創造的拉丁拼音。

孔子逝世之後的數百年間，儒家學說的要旨繼續發展，其內容包含人際關係中的正當行為，好比孝敬父母親。在利瑪竇看來，儒家道德學說最令人印象深刻的地方，在於道德本身就是道德的目的，道德的目標不是永恆的獎賞或避免終極的處罰。[18]利瑪竇後來將孔子視為「異教哲學家中的佼佼者」，孔子高尚的道德觀念，是基於普世的、自然的理性基礎而成。[19]雖然此時中國人的喪禮也納入佛教儀式，或有些士人有意融會儒釋二教，但中國士大夫當中深思佛教與道教者，往往是藐視佛老、攘斥釋道。[20]

早在利瑪竇抵達北京朝廷之前，他就已經換穿中國士大夫的裝束。利瑪竇穿上有深藍飾邊的深紫絲綢長袍，頭髮與鬍鬚都剃成合體統的樣式。[21]此外，利瑪竇的傳教工作，還因為中國士人對實用物事的興趣而更加順利。此時的明王朝正走在衰亡的路子上，鑑於時弊，士人對於「實學」的興致大增。[22]利瑪竇擁有當時歐洲製造工藝（如機械鐘）的知識，還有藝術透視法、明暗對比法乃至歐幾里得幾何學（Euclidean geometry）的造詣，如此學識為他贏得士大夫的重視。比如中國人雖然在數百年前便有機械鐘，但那是以水或沙為動力，不是歐洲式的重錘和擺錘。利瑪竇到北京時，帶上一對機械自鳴鐘和一架鋼琴，而這顯然是明朝皇帝特准他在北京城內居住並建立教堂的一大原因。[23]

對於耶穌會士在中國的活動，批評者指出，中國朝廷感興趣的是耶穌會士的技術性知識，而不是他們的上帝。但在利瑪竇看來，將這兩者嚴格區別是種錯誤的指控。利瑪竇將自己所有的學問，包含宗教與自然哲學在內，全部弄成一整套「天學」。他為中國士大夫製作出一幅世界地圖，在地理與精神雙方面衝擊了當時中國為宇宙中心的觀念。根據當時中國普遍的認知，大地是方正平坦的，而中國位居中央，中國周圍邊陲地帶則是「四海」與眾小國。此外，中國人想像天是圓的，懸空在上。利瑪竇依然將中國放在他製作的世界地圖中央，但加上海洋和其他國家的位置，呈現出比例更真實的地球表面位置分布。他還在揭櫫地理真相的同時，悄悄地隱藏了幾個小謊言，好比在羅馬城的注釋上寫著，「所有歐洲國家都尊敬教皇」——這個說法在當時歐洲恐會引起無情的譏笑。[24]

認知地球是圓的且位於宇宙中心，並由此增進天文認識，對於中國朝廷而言意義非凡。在中國人的理解當中，天文事件與皇帝是否治國得道，有著非常緊密的關聯。能否精確預測日食至關重要：一場朝廷沒能預測到的日食，可能被解釋為不祥之兆，與皇帝敵對的勢力尤其會這麼解讀。

直到一六一〇年利瑪竇去世為止，他從未親身覲見過萬曆皇帝。但是，利瑪竇的策略卻為他贏得了上層高官的皈依，其中包括了天主教在中國的「聖教三柱石」，也就是徐光啟（一六〇一年受洗）、李之藻（一六一〇年受洗）、楊廷筠（一六一一年受洗）。除了傳福音之外，利瑪竇在傳教事業方面擁有更廣泛的重要地位，他既教授數學、地圖學、天文學和記憶術（記憶術尤其引起中國讀書人的興趣，因為他們必須背誦儒家經典），同時，他也使天主教信仰的「喜樂氛圍」得以瀰漫於紫禁城。利瑪竇成功取悅中國朝廷，使耶穌會士被社會最高層級所接納的消息傳布中國，他讓身處中國其他區域的耶穌會士，在傳教與面對佛教及道教對手時，能擁有所需的安全保障。

不過，這層安全保障並非安全無虞。利瑪竇過世六年之後，也就是西元一六一六年，有位身在明朝陪都（第二首都）南京的高官，告發耶穌會士偽裝為本國人並非法居住於中國。耶穌會士教導的某些學術有違中國正統，此外，他們還用收買的方式吸收信徒（耶穌會士會認為這叫「贈禮」），比如贈送繪畫、稜鏡、時鐘給喜歡異國物事的本地菁英。還有，據說他們是在替葡萄牙人從事間諜活動。[25]

隨後，南京和北京都出現了逮捕行動，一時之間風聲鶴唳，全中國的耶穌會士看來都得撤退到澳門。稍後於一六一八年，滿洲人再度入侵華北的消息傳來。有些傳教士將此事解讀為，這些北方蠻人（謠傳蠻人馬匹吃的是中國人血肉）乃是上帝派來拯救耶穌會的工具。滿洲人侵略之外，又有雪上加霜的流寇與農民叛亂，令一六二〇與一六三〇年代的中國陷入混亂，然如此混沌時局卻給予耶穌會士重整旗鼓的機會。待到一六三一年，已有二十六名耶穌會士在中國八省活動，歷經數年之後，每年大約能有四千人受洗為基督徒。[26]

耶穌會的傳教成績主要在中國農村地區，他們需要競爭的對象是道士或法師。傳教士非常著重宣揚聖徒的奇蹟故事，強調焚香和聖水，並執行醫療與驅邪。傳教士與皈依的信徒合作，發展出參考佛教和道教而組織的信眾團，由俗人信徒擔任領導。其中，男性教義問答師和以非正規編制雇用的女性，扮演著重要角色，主事者鼓勵這些女性以背誦或唱頌祈禱文的方式來促進傳教事業。由此，他們趁著審查闕如的多事之秋，善用中國廉價且多產的印刷術，刊印出數百種中文的基督教文獻。[27]

想讓中國士大夫信仰基督教，依然是件困難重重的任務，因為此事牽涉巨大的社會屏障和心理障礙。姬妾可能為男子生下繼承人，基督教卻要求不能娶妾，這在中國男子看來是種奇怪的自我打擊。家中不設祖先牌位，等同失去行孝、盡孝的憑藉。[28]上帝創世的概念，對於相信陰陽五行為宇宙周行運轉之力的中國人來說，有如天方夜譚。[29]儒家思想認為自然是統一的，肉體會消滅但靈魂不朽的觀念，在中國人眼中是不可信的二元論。諾比利在印度宣揚耶穌「不光彩的死亡」是「神聖古魯」的人間命運，此法頗見成效，但反觀中國，士大夫並不認為釘在十字架上受難有什麼感人之處，說嚇人還差不多。體罰肉刑這種事情，是社會底層之民才會受到的懲罰。[30]

在中國，耶穌會士不得不有所讓步，最重要的就是允許信眾保留祖先牌位，並堅稱祭祖屬於非宗教性的儀禮。[31]對於也前來中國傳福音的西班牙方濟會士和道明會士來說，此舉非常不恰當。方濟會和道明會先前的傳教活動，主要是在菲律賓和新大陸等地進行，在這些地區，訴諸武力大概可以消除適應當地習俗或情感的需求，在最惡劣的那段時期當中，所謂的文化交流就是搗毀與放火。[32]方濟會和道明會宣稱，皈依基督教的中國人居然繼續相信家人靈魂寄居在祖宗牌位上，更糟糕的是，他們還祭拜祖先的鬼魂，期望獲得庇護和善報。耶穌會士聽說，甚至有方濟會修士大刺刺地在街上宣教稱「孔子下地獄」。[33]

後來，中國的禮儀爭議也逐漸變成，類似於當年諾比利在馬拉巴爾地區引發的爭端。此事同樣傳回羅馬，對中國士人傳播基督教的前途因此備受打擊。與此同時，耶穌會士設法把握住利瑪竇為同仁在北京立下的地位。西元一六四四年，滿洲人軍隊占領明朝首都，此後，耶穌會士成功向清朝頭兩位皇帝——也就是順治（一六四四－一六六一在位）和康熙（一六六一－一七二二在位）——證明自己的價值。耶穌會士與士大夫同僚合作，協助打造大炮、製作鐘錶、提出農業和建築方面的建議，還有繪製地圖、設定曆法及創作藝術。歐洲藝術品在清朝宮廷受歡迎的程度，差可比擬其於蒙兀兒宮廷受喜愛的情況。[34]

事態至此已頗明白，要讓中國人相信基督教，肯定是一條漫漫長路。幾代的耶穌會士已有此覺悟，那就是他們雖然決心要替上帝拿下亞洲，但他們的日常生活會在修理鐘錶之中度過。康熙皇帝甚至成立了一間作坊，用來製作西式藝術鐘，稱為「自鳴鐘處」。[35]耶穌會士至少可以自我安慰，雖然過程中起起伏伏，但傳教事業終於有所進展。到了十七世紀末，第一批中國的耶穌會神父已被授予聖職，據估計，此時全國大約有二十萬基督徒，同時，有賴康熙頒布的「容教上諭」（Edict of Toleration），信教與傳教的活動都能和平進行。[36]

利瑪竇之後的幾十年間，傳教士對於他們將自己的學問用來支持異教信仰與活動，也就是幫助朝廷斷定帝國執行儀式的時辰吉凶，產生了道德上的疑慮。[37]傳教士於一六六四年發現，除上述疑慮之外，他們還可能會遇到政治風險。日耳曼耶穌會士暨天文學家湯若望（Johann Adam Schall）於當年遭敵人指控，三年前他犯下天文觀測的失誤，讓順治死去的孩子在凶日不祥下葬，因而導致順治皇帝與一位妃子最終死去。順治和湯若望的關係非常親近，前者甚至稱呼後者為「瑪法」（ma-fa），也就是爺爺的意思。雖然如此，湯若望依然被判有罪。湯若望險些就被五馬分屍，而他的五位中國助手都被砍頭。在中國的耶穌會士除四人之外，全部都被限制待在廣州，起初還遭到軟禁。幾年之後，湯若望獲得平反，康熙重新審視此案，為他洗刷罪名，但此時湯若望已經逝世。他的耶穌會同事們，還得再靜待七年的時間，才被允許恢復傳教工作。[38]

暫不論風險問題，中國宮廷對於地圖學和自然哲學的實用價值極為重視、卻不重視其神學意涵，至少有助於防止歐洲那邊又爆發爭議，耶穌會在中國建立起的地位不致受到破壞。[39]此時，天主教廷的權威不只是受到新教對手的挑戰，而且（至少是在原理上）遭受數學家和天文學家的挑戰。自從使徒保羅企圖向受希臘羅馬思想薰陶的人們傳播福音以來，基督教學者便一直在主張，上帝自身的彰顯可以在兩本「書」中找到：一本是聖經，另一本便是自然之書（Book of Nature）。〈詩篇〉（Psalm 19）有段話受到廣泛引用：

> 天體宣告上帝的榮光；
> 天空宣揚上帝的創作。
> 它們日復一日訴說道理；
> 夜復一夜啟示真知。

克卜勒（Johannes Kepler）和伽利略（Galileo Galilei）等人對這番話也是同意的。數學和天文學是有效而成功的學問，因為自然與人類理性之間是和諧一致的，自然和理性都是上帝的贈禮。哥白尼（Copernicus）的太陽中心論在十七世紀前幾十年間引發了巨大的爭議，但這場著名的爭議並沒有改變上述自然與理性彼此和諧且皆為上帝贈禮的觀念。當時，這場爭議並不大像是後代人解釋的「科學對決宗教」，反而像是伽利略的狂妄自大對決伽利略自己的最佳利益。出身耶穌會的樞機主教貝拉敏（Cardinal Bellarmine）與諾比利是叔姪關係，貝拉敏自信，若太陽中心論能夠證實，天主教會便會接納之。但目前為止，親自用過伽利略望遠鏡的貝拉敏認為證據尚不足。其實，伽利略本人也不認為證據夠充分。天主教會終於在一六一六年譴責太陽中心論，但此後伽利略依然在其著作中擁護該理論，甚至出現嚴重的逾矩行為，也就是涉入聖經詮釋的領域並且冒犯了教皇伍朋八世（Urban VIII）。最後，伽利略遭到審判、定罪且被迫收回自己的主張。

服從羅馬教廷的耶穌會，也因此在一六一六年後不再教導太陽中心論。從一六三〇年代開始，耶穌會改教丹麥天文學家第谷（Tycho Brahe）提出的體系，那是一套妥協於日心說和地心說之間的折衷理論，就數學而言有效，就神學來說周全。其中，行星確實繞著太陽轉，不過，太陽則是繞著地球轉。與此同時，耶穌會竟也教導獲益自哥白尼理論的先進計算，並將此進步歸功於哥白尼——不過沒去探究他在其中實際採取的假說。

至十八世紀初，包括黃百家在內的中國學者依然聽聞到太陽中心論，也許是耶穌會士走漏了相關資訊。但是，中國天文學者的關注依然是如何用代數精準計算天體運行，制定精確的曆法是他們的目的所在。他們對於此事之於人類宇宙觀的重要性，似乎不大介意或操心。所以，耶穌會要捍衛的基督教教義，也沒有因此受到波及，雖然中國最高層的人還是不怎麼在乎基督教就是了。與此同時，耶穌會也得以防止中國人的耳目，接觸到來自歐洲本地嘲笑天主教會反對日心說的言論。更大的問題，反而是耶穌會無法控制反方向傳播的訊息，亦即從中國傳回歐洲的資訊，也無法保證這些資訊會被用於哪種用途。[40]

第九章　中國在歐洲

中國人在春天採茶，將茶葉放在陰涼處風乾，待茶葉乾燥後，他們會在用餐期間泡茶飲用，或者在朋友來訪時泡茶招待。[1]

利瑪竇對於中國人製作茶葉及泡茶喝茶的描述，助長早期歐洲人對這種熱飲的迷戀，雖然在疑慮者看來，這種飲料就是顏色稍嫌詭異的熱水而已。身在日本的范禮安固然對茶道具有的文化意義有所認識，但依然對日本領主大名為何對那些外表質樸的茶具如此著迷且願意付出高價，深感不解：

豐後國大名曾經向我展示一個小小的陶製茶壺，老實講，若是讓我們拿來用，我們就只能把它放到鳥籠內當飲水槽……但大名為了這個茶壺，總共付出白銀九千兩（約一萬四千杜卡特幣），要是換作我，我的出價肯定不會高於兩枚法尋硬幣（farthing）。[2]

自然主義的日本「侘寂」（wabi-sabi）美學，要到許多年以後，才在西方世界開始盛行。然而早在一六五〇年代，從中國南部駛往歐洲的貿易船隻，便已滿載「茶葉」。尤其是在英國與荷蘭上層人家裡頭，茶、阿拉伯咖啡、墨西哥巧克力已經成為提神的金三角。來自加勒比海地區的蔗糖，又更增添三者的美味。[3]

市場需求擴大，尤其是飲茶習慣在英國等社會自上而下流行開來，促使歐洲商人比從前更加用心要接觸中國的市場。不過，清朝皇帝對於外國人和貿易的興致，並沒有比明朝皇帝更高。歷經改朝換代，清朝剛剛建立時，葡萄牙人和荷蘭人都曾派遣使節前往北京，結果只被視為尋常的朝貢使節，且只被允許限制極嚴的貿易機會。中國沿岸貿易在一六八〇年代稍有鬆綁，但是與華貿易依然比歐洲人期望的情況繁瑣許多。[4]

至此，關於中國的消息更加流通，雖然主要還是偏袒耶穌會自身利益的資訊。歐洲人得知的消息是，中國是個治理有道的國家，「天子」居於頂點，此外有宮廷的嬪妃與太監，以下則是層層的文官體系，由讀書人出身的士大夫組成。為了避免群臣百官之間出現毒瘤或禍殃，中國另有都察院（或御史台）這樣的機構，負責監察百官並且向皇帝匯報。有位耶穌會士將都察院描述為「天良的守護者」，它甚至可以對皇帝的行為提出諫議。[5]然在歐洲人眼中，偉大的康熙帝似乎不需要群臣如此糾繩或進諫。康熙是耶穌會的重要盟友，耶穌會士對他們筆下的康熙，特別給予熱烈的好評。他們還說中國是個和平的地方，據說在明代晚期，用於煙火表演的火藥量要比軍事活動高出五倍有餘。中國人民特為謙遜、貞潔、勤奮、節儉與孝順，且非常著重禮節、地位和儀禮。[6]

中國這個高等文明與茶的關係，打一開始便有助於茶葉在歐洲受歡迎的程度。英國教士兼作家約翰·奧文頓（John Ovington）表示，茶這種飲料只是中國「民族天賦」的一個方面而已，這項中國民族飲料，西方人起初是基於「好奇」、「新穎」、「愉悅」以及可能的「藥效」而嘗嘗看。[7]奧文頓這類人，就是他那個時代的社會影響力人士（「網紅」），乃是心懷商業酬勞而寫作（「業配」）：奧文頓因為在一六九九年寫下一本論茶的小冊子帶來正面效益，收到東印度公司給的一份酬金。這份推廣喝茶的事業，後來由詩人、諷刺作家、醫生和畫家們接手，他們漸漸地讓喝茶變成日常生活的一環，雖然愈來愈不去聯想茶葉和亞洲的關係。你會發現，詩人們在歌詠飲茶時，是將茶放到了希臘眾神的宴會桌上，而不是歐洲人懵懵懂懂的中國神明或聖賢掌中。同樣地，主張喝茶可能帶來健康方面的益處，其實是歐洲醫藥的觀念、而不是中醫的想法。此外，與日本靜默的茶道非常不同，十八世紀開風氣之先的那些人，鼓勵英國人圍在桌前喝茶，同時文雅禮貌地聊天，或者用塞繆爾·詹森大博士（Samuel Johnson）的話來說是「嘮叨」。[8]

隨著喝茶習慣逐漸普及，那些依然鍾情於異國情調的人，可以轉而向瓷器（早先稱為

「China-ware」；後來直接簡稱「china」）尋找靈感。中國瓷器擁有特異的柳樹圖案，以及藍白相間造成安神效果的青花色調。或者，人們可以訂購「中國紙畫」（China paper）——或被稱為「印度掛簾」——這些藝品上面的樣式多為顏色鮮豔的圖案，包括穿著中國服飾的人物以及花鳥竹子。這些產品大多數在廣州製作，是專門生產來供給外國市場，因為中國人自己比較喜歡素白的牆面。這些藝品上頭的圖案，多是用雕版印上，而不是手繪，但是歐洲消費者很少發現這件事。在歐洲人眼中，中國紙畫非常特殊、罕見且極為昂貴，相較於他們可能原本掛在旁邊的老舊掛毯，中國紙畫顯然來自一個不同的世界。[9]那些「中國風」（chinoiserie）的愛好者若是有幸擁有足夠的財力和室外空間，還可以考慮修蓋寶塔和拱橋。若有特殊場合，還可以穿著繡有花朵蛟龍的絲製中式長袍。更有甚者，多塞特公爵夫人（Duchess of Dorset）居然收養了一位名叫黃亞東的中國男孩，她安排這個男孩接受古典學教育，男孩作為侍童陪伴公爵夫人一段時間之後，方才返回中國。[10]

對於十八世紀大多數的歐洲人來講，茶葉的風味、瓷器的叮噹聲、絲綢的滑順觸感，大概就是他們與中國接觸的所有內容。然而，對某些人來說，知曉世界彼端存在著一個古老且先進的文明，卻能激發心靈的思索。針對歐洲迫切面臨的困境，這個高級的古文明能否有所啟示呢？

貝拉敏樞機主教曾於一六一五年向某位同事掛保證，倘若太陽中心說真的可以被證實，天主教會便會採納之。然而在同一封信中，他也承認，假如日心說證明為真，接下來就得嚴肅地去追究，為什麼長期以來聖經會解讀有誤，直到現在才糾正呢？[11]雖然貝拉敏沒有直接表達，但這個問題會引發的麻煩，遠遠不止於單一議題。此時，一套如何獲取關於這個世界知識的求知方法正在成形當中，此方法包含對世界可測量的方面予以系統性的觀察，乃至單槍匹馬的天文學家可能起而挑戰如天主教會如此強大的組織。新教徒宣稱，聖經的權威來自聖經本身，而自然哲學家也宣稱，自然之書的權威源於自然之書本身：如此，神職人員的解經和詮釋，就會變得無關緊要。除此之外，自然的奧祕一旦被揭開，便證明它比宗教性知識更加客觀、更能理解，比較起來，耶穌會士在亞洲宣揚的那些宗教認知，顯得過於主觀而難以捉摸。面對前來蒙兀兒宮廷的傳教士，阿克巴曾說：「證明給我看。」傳教士這下可被難住了。然而，假使你是對著十七世紀後半葉為現代化學奠下基礎的波以耳（Robert Boyle）說「證明給我看」，波以耳很可能邀請你一同參加公開演示活動。[12]

這種公開的證明演示一部分是實驗、一部分是表演，而此類活動的舉辦地點，很可能是在倫敦的英國皇家科學院（Royal Society）。皇家科學院的宗旨是增進自然知識，並在波以耳的協助之下於一六六〇年正式創立。基督教世界的舊機構中心並沒有消失，國家與教會依然攜手合作，一邊是政治的庇護，另一邊有教會的正當化。歐洲的大學依然和當地固有教會的關係緊密，由教會決定大學裡面可以教些什麼東西以及哪些人可以就學，比如天主教徒與非英國國教徒無法就讀牛津大學和劍橋大學。不過，這些大學似乎也不大擔心它們對知識教學的壟斷權遭到推翻，例如在一六六九年牛津大學謝爾登禮堂（Sheldonian Theatre）的開幕儀式上，主講者羅伯特．索斯（Robert South）便出口批評新成立的皇家科學院成員，是一群「只會欣賞跳蚤、蝨子和自己的傢伙」。然而，有愈來愈多的歐洲學術圈活動，正在遠離那些古老又高高在上的機構，遠離皇家科學院的正式活動，而變成咖啡館中的對話暢談。人們開始將咖啡館暱稱為「銅板價大學」，因為要進入咖啡館裡閱讀店裡提供的書籍報紙，接觸學識淵博或至少是好為人師的顧客，只需要花上幾便士。這是一個紳士兼為業餘愛好人士的時代，他們將自己的發現印成讀物推廣，且在翻譯事業蓬勃發展的裨益之下，他們合理地期待這些刊物能夠受到廣泛閱讀。[13]

在歐洲，知識形成與知識分享的可能性正在不斷增加當中。但是，外來的思想觀點應該如何去篩選呢？普世主義者大力推崇「自然宗教」（natural religion），其主張人類擁有上帝賦予的內在天性感受，只要能超越文化積累的負擔，此天性必然能夠發揚並彰顯。「自然神學」（natural theology）的主張與此雷同，自然神學這項傳統是以純哲學的角度思考上帝，無須訴諸啟示或仰賴奇蹟。自然宗教和自然神學其實可以與基督教兼容，但是傾向質疑基督教天啟和奇蹟的歐洲人——有些人出於歐洲宗教戰爭而對基督教的機構人員失去信任——漸漸發現自然宗教和自然神學的理論基礎比較穩固。前往亞洲的傳教士們所傳回歐洲的報告，提供了大量的文化例證，顯示人類的內在天性，是如何受扭曲的信仰、錯誤的認知、無德的祭司所蒙蔽或敗壞，無意間竟促成了上述的轉變。其實，閱讀這些批判的時候，讀者並不難在歐洲近代歷史發現類似的情況。

對於世界之大，各式思想與風俗之廣泛，歐洲人的意識愈來愈深刻，普世主義（universalism）便是應勢而生的兩種普遍反應之一。另外一種反應，強調的是差異，深刻而基本的差異。法國文人蒙田（Michel de Montaigne，一五三三－一五九二）閱讀過門多薩記載中國的著作之後，在某本書的邊角處寫下一段關於中國的筆記：

> 在沒有與我們交往、對我們沒有了解的情況下，這個王國與其政治和藝術，竟在諸多領域卓然有成，且超越了我們的最高成就，它的歷史讓我見識大開，得知這個世界的豐富精彩，是古人和我們自己皆不可思議者。[14]

蒙田對於食人族的著名評論是：「人們總將不是自身習俗的習俗稱為野蠻。」由此可知，蒙田表現的是略帶戲弄的懷疑主義，但不是我們今日所謂的文化相對主義（cultural relativism）。[15]即使如此，那段話的意涵依然非常鮮明：中國的思想根基和社會風俗與歐洲如此迥異，若這樣的文明也能興旺繁榮，人類是否普遍擁有什麼共同的基本元素呢？如果答案是肯定的，再以積極正面的態度去想，歐洲人在生活與思想需要振興之處，是否能從中國那邊取得靈感呢？

十七世紀歐洲有愈來愈多人認為，可信的宗教應該要憑藉個人自身的信念與理性，並脫離奇蹟啟示和教會權威。此一趨向出現的原因有四：奸詐的教士、血腥的戰爭、離奇的奇蹟，再加上人們對於東方先進文明的認識日益增加。至此，大哉問依然存在著，尤其是道德以及人類各種觀念的源頭問題。

數學家兼哲學家笛卡兒（René Descartes，一五九六－一六五〇）成為了這些大哉問的同義詞。笛卡兒參考蒙田的論述，用食人族和中國作為證明同一論點的兩個例子：不同時代與地區的文化與風俗紛紜歧異，因而不可作為可靠的知識來源。[16]笛卡兒率先發明一種嚴格的知識消去法，將任何可能有疑慮的事物加以剔除。他得到的結論是，只有自己的精神世界，也就是所謂「思維物」（res cogitans），才是無可否定的真實，其自由與一致性是透過上帝存在而獲得終極的保證。物質性的真相，也就是所謂「延展物」（res extensa），則與前者有質的不同。延展物具有機械性，人只能有缺陷地透過感官來認知它。由於他人都屬於物質性真相的一部分，因此每個人其實都是孤獨的。

這種明確的心物二分法具有一大優點，那就是能幫助自然哲學家（即後世稱呼的「科學家」）擺脫外界對其信仰不虔誠的質疑。透過測量和觀察，自然哲學家探索的是物質世界，他們無意將上帝或靈魂納為研究對象。與此同時，笛卡兒的心物「二元論」（dualism）也引發一系列問題，為了回應這些問題，歐洲人首度召喚中國提供哲學方面的援助。

天主教神父兼哲學家尼可拉斯・馬勒伯朗士（Nicolas Malebranche，一六三八－一七一五）企圖解答，精神和物質既是性質全然不同的實體，那麼二分的心物為何又能夠互相影響呢？心靈為什麼可以控制肉體呢？外在世界為何能夠在心靈中形成印象和觀念呢？馬勒伯朗士以上帝作為其論述的樞紐：當一個人決定舉起手，而他的手果真舉了起來，此人出現舉手意志的原因是上帝，他的手在物質世界中真正舉起來的原因也是上帝，二者的原因都是上帝。於是，心物如何交流互動的難題，就這麼解決了。答案是，心物彼此並沒有溝通，是上帝同時在驅動心物。

然而，這種世界觀卻暗藏著嚴重的威脅，並透過斯賓諾莎（Baruch Spinoza，一六三二－一六七七）彰顯出來——「不虔誠的斯賓諾莎」，這是馬勒伯朗士對他的蔑稱。[17] 斯賓諾莎對笛卡兒思想的回應是，精神與物質必須是同一種無限實體的兩個層面，而此無限實體等同上帝。由此，斯賓諾莎否認特殊的宗教神蹟啟示（猶太教和基督教皆然），也因此被斥為無神論者與宿命論者。[18]馬勒伯朗士決定對這種觀念加以反擊，寫出非常特別的《基督教哲學家和中國哲學家的對話錄：論上帝的存在與性質》（*Dialogue between a Christian Philosopher and a Chinese Philosopher on the Existence and Nature of God*，一七〇七）。

馬勒伯朗士這項寫作計畫實在有些膽大妄為。他從來沒去過中國，從來沒碰過中國的哲學家，還有，他似乎從來沒讀過任何中國哲學文獻。不過，馬勒伯朗士倒是透過一些傳教士朋友而略知中國哲學的梗概，這些傳教士希望他能夠提出一些哲學性的論辯資本，協助他們贏得中國士人的青睞。馬勒伯朗士因此得知的中國哲學大要，包含了「理」這個核心概念。「理」由十一、十二世紀復興的儒學思想家提出（耶穌會稱之為「新儒家」），「理」的意涵是次序、典範，是一以貫之的原理，貫穿萬事萬物。就道德領域而言，人可以去人欲而存天理，然後就道而正，順理而行，造次必於是，顛沛必於是。[19]

「理」最早引起西方人的注意，是在利瑪竇禮儀衣著適應中國做法引發爭議期間。說到底，「理」最終若可簡化稱為物質，那麼即便「理」具有極為高尚的道德意義，中國士大夫終究是無神論者、物質主義者。若然，適應中國文化就是糟糕的點子。若不然，「理」其實類似於神聖的理性（天理）或上帝，那麼適應中國文化就情有可原。[20]

馬勒伯朗士的思想進路，與諾比利和利瑪竇類似。理性是普世的，人皆有理性，所以，想要在亞洲傳福音，就要去將那些和歐洲概念及語彙意義相近的亞洲同類找出來，然後運用理性證明在關鍵的課題上，歐洲思想較為高明。馬勒伯朗士《基督教及中國哲學家對話錄》的內容，正是講述一位基督教哲學家在進行上述的任務。這位基督教哲學家，逐步並成功地說服中國哲學家改變對「理」的理解。其步驟將「理」從貫通物質的次序原則，推論至自然內涵的智慧原理，然後再將「理」推論為全知睿智的存有，最終用「上帝」（God）一詞替代「理」。[21]

馬勒伯朗士的評論者認為，他書中的那位「中國哲學家」似乎有點像個身穿中國服飾的斯賓諾莎；這其實是一場歐洲的辯論，與中國思想的關係甚淺。[22]同樣的批評，其實也可以套用到洛克（John Locke，一六三二－一七〇四）在其名著《人類理解論》（*Essay Concerning Human Understanding*，一六九〇）引述中國的做法。洛克認為「天賦觀念」（innate ideas）的說法有誤，對於笛卡兒宣稱自己對上帝擁有「清晰而明白的觀念」，洛克也同樣予以否定。洛克主張，人類心靈中的任何事物，最終都可以追溯到透過感官接受的印象，由此，「簡單」的觀點會匯聚組成「複雜」的觀念。洛克同意那些懷疑中國士人是無神論者的歐洲人，並且將中國知識分子當作高等文明的證據，以此證明上帝的觀念不是人天生便有。

在那個時代，唯一一位真正深入探索中國思想的歐洲哲學家，就是萊布尼茲（Gottfried Wilhelm Leibniz，一六四六－一七一六）。笛卡兒等思想家認為自然是機械式的、是道德中立的，但萊布尼斯卻從中國的「理」概念中體會到，自然法則與道德法則二者之融合。格局更大之處在於，萊布尼茲勸告歐洲人對中國思想要更多耐心且更有敬意。中國的倫理觀念（尤其是孝道）擁有諸多優點，萊布尼茲對其評價之高，甚至讓他想試探中國有沒有可能派遣傳道者到歐洲來。[23]

在萊布尼茲宏大的真理觀當中，他認為普世主義和相對主義並不是只能二者擇一。萊布尼茲認定這個世界是由無數單純的實體構成，他將此實體稱為「單子」（monad），單字和原子類似，不過單子不是物質，而且各個單子都具備某種意識。各個單子都是某方面的真相，這就意味著「一個真理，多重表達」將是必然的情況，而此事也包含文化的層面在內。萊布尼茲認為，哲學的目標就是盡可能匯集真理的各種方面，多多益善。

關於真理真相的大哉問，對人們應當會有廣泛的吸引力，但並非人人都有能力追隨萊布尼茲思考或學習牛頓運算。於是，我們便需要一類人物，能夠將當代重大思潮向眾人推廣普及、詮釋解說並使其與人們產生連結。這類人物中最傑出的那位便是伏爾泰（一六九四－一七七八），機智又有批判力的伏爾泰博覽群書、著作等身，而且可能是那個世代最重要的「中國迷」（Sinophile）。

伏爾泰最初愛上的是英國，他曾經短暫在英國流亡，並在期間寫出史上最具煽動性的遊記之一，也就是《哲學通信》（*Lettres philosophiques*，一七三四）。《哲學通信》將理想化的英國「自由」、「智勇」、節制君權、宗教寬容，對照法國的「奴役」和「愚昧迷信」，形成鮮明強烈的對比。24伏爾泰宣稱，如英國這般開放的社會，才有可能誕生出洛克與牛頓這樣的人物。洛克「否定天賦觀念」的主張，而牛頓「是我們這個時代的哥倫布……引領我們來到新世界」。25洛克和牛頓思想的涵義其實可能帶來不安與騷動，但英國人不但沒有對他們刀劍相向，反而放任他們堅持己見，甚至認為應該將牛頓風光大葬於西敏寺中。

隨著伏爾泰開始涉入法國人對此課題的爭議，他意識到，牛頓之所以會令人感到不安，是因為牛頓似乎將「宇宙」（cosmos）給消滅了。對阿奎納和但丁（Dante）來說，宇宙是一個錯綜複雜且環環相扣的整體，其動力與生命力乃是由神力灌注。然而，牛頓的《自然哲學的數學原理》（*Mathematical Principles of Natural Philosophy*）卻證明，行星運動和地球物體下落全是同一股力量在支配。於是，上帝的角色被簡化為「鐘錶匠」，這也是牛頓、伏爾泰與眾多後人會使用的比喻。這個世界是一部時鐘，上帝是這部時鐘的創造者，造好之後，上帝就變成有點像是身在北京的耶穌會士，只能看著鐘錶滴滴答答運轉，如果出問題便繞著巡視檢查，感覺無聊又沉悶。在伏爾泰以及當代其他「自然神論者」（Deist）看來，上帝雖然失去浪漫感性方面的號召力，但也擺脫了聖經中令人生厭的上帝形象，亦即那個情緒多變、暴躁易怒且不斷中途介入世界的上帝。相較之下，自然神論中的上帝，則是冷靜、縝密又仁慈大度。上帝若是一個生人，他將是你在學術社團會見到的那類學人。26

伏爾泰認為，英國人未來將要創造出的社會，會以他熱愛的那些價值為基礎：教育、論理、實驗精神、寬容、自由，以及反對「教士權術」的迷信扭曲。但是，目前英國尚未達成這個理想目標，伏爾泰非常清楚英吉利海峽彼岸的現實生活有時頗具暴戾之氣。如此，放眼這個世界，有哪個地方的社會已經擁有上述那些價值呢？有哪個地方的君主不是以神職人員為耳目，而是以讀書人為股肱呢？有哪個地方保留了對上帝的理智觀念與道德認識，從而倖免偶像崇拜與迷信的荼毒呢？有哪個地方已歷經千秋萬代，足以戳破憤世嫉俗者號稱此等烏托邦無法長久的謊言呢？

這世界上確實存在著這樣一個地方。法國耶穌會士路易・勒孔德（Louis Daniel Le Comte，漢名李明）在一六九六年表示：「兩千年來，中國人保留了對真神的真知，他們榮耀上帝的做法，甚至可以成為基督徒的模範和榜樣。」[27] 李明當然希望這番話，能作為肯定中國士人準備好接受基督教的一項證明。不過，在自然神論流行的時代，「真神」已不再是猶太教及基督教傳統的專利。對伏爾泰而言，意義同樣重大的是，李明還表示中國的政府體制至今已維繫四千年之久，而且依然完好如初——「好像上帝本尊便是為其立法創制者一般」，李明如是寫道。[28]

伏爾泰於是振筆直書，在他的《世界風俗論》（*Essai sur les moeurs et l'esprit des nations*，一七五六）稱美中國：

> 中國智慧的組成要素有重視秩序與節制的精神、對求知的愛好、陶冶有益人生的藝術，

以及便利技藝的眾多發明。……若說人類史上真的存在過一個以法律保護人民生命、榮譽與財產的國家，中華帝國必然當仁不讓。[29]

伏爾泰續道，孔子「既非神人中保，亦非先知……而是睿智的君子」。[30]德侔天地、道貫古今的孔夫子，正是法國啟蒙哲士（philosophe）尋找的亞洲答案，孔子的儒家後人也成為中國的治國棟梁。

不只如此呢。可以追溯至四千年前的中國政治體制，其驚人之處不僅僅是歷史悠久而已。它之所以令歐洲人訝異萬分，是因為它根本不該存在才對，至少根據伏爾泰那時代仍普遍接受的聖經世界史年譜來看是如此。溺死全人類而唯有諾亞（Noah）一家獲救的那場大洪水，被訂為發生在西元前二三四八年。巴別塔（Tower of Babel）的建造是大洪水過後幾百年的事，而據聖經所言，在此之前，全人類都是單一民族，說著同樣的語言。可是，根據耶穌會士的研究，在大洪水發生之前，中國就已經出現過七任皇帝。於是他們趕緊重新計算，提出諾亞可能也是中國文明創建者之一的理論。[31]

除了幫助歐洲人擺脫聖經的牽制和累贅之外，中國古代歷史記載尚令伏爾泰大感震撼之處，是它居然有能追溯至西元前二五一三年的天文觀測紀錄。如此看來，中國人似乎自伊始便是自然哲學家。伏爾泰論道，其他古文明仍在虛構「神話」之時，中國人「業已發明星象盤，且已經動筆在記錄他們的歷史」。[32]伏爾泰的劇作《中國孤兒》（*L'Orphelin de la Chine*）*，是改編自耶穌會士對一齣中國戲劇的譯本，該劇演出時，布景與戲服都是華麗的「中國風」，其中，伏爾泰將蒙古人描繪為侵略的野蠻人，與中國接觸之後方才獲得文明教化。[33]歐洲終於有希望了！也許吧。

作為追求革新的潛在動力，伏爾泰對中國的熱愛之所以具有力量，在於它實為針對法國全面願景的一部分，將當時關切的宗教、政治、科學問題匯聚到一起。與此類似，法蘭索瓦·魁奈（François Quesnay，一六九四－一七七四）也是從各方面向中國尋求靈感，只是他得到的結論，卻與伏爾泰相距甚遠。被追隨者暱稱為「歐洲孔夫子」的魁奈，將中國視為一個基於自然法建構起的國家，君王的角色只是在維繫內含於自然的和諧與平衡，也就是「道」。中國便是這樣一個開明專制（enlightened despotism）政權，輔佐的士大夫官員皆是由受過適當訓練的

＊ 譯注：原作為中國元代雜劇《趙氏孤兒》，故事背景為春秋時代的晉國，伏爾泰《中國孤兒》則將時代設定換到宋末元初。

菁英擔任，這恰恰是法國需要的呀！[34]

不過，伏爾泰與魁奈這類美化中國的觀點，很快就退了流行。反觀一直都存在的諷刺風氣，頗愛拿中國來作為襯托歐洲人自嘲的手法。宮廷人士兼小說家尚・巴蒂斯特・德柏耶（Jean-Baptiste du Boyer）創作的《中國書信》（*Lettres choinoises*，一七三八－四二），虛構中國在全世界派駐官員，並向國內報告他們所遇到的民族。「楚曉」（Sioeu-Tcheou音譯）認定巴黎無甚可觀之處：巴黎人被時尚與新奇事物給支配，這裡的女人濃妝豔抹，施用太多脂粉，上流社會容忍通姦，竟稱之為「風流」，重要的官職待價而沽，而不是根據科舉考試來選才。[35]與此類似，英國的愛爾蘭作家奧利佛・戈德史密斯（Oliver Goldsmith），虛構了一位「李安濟」（Lien Chi Altangi音譯）寄信回中國報告歐洲與倫敦的情況。在李安濟的描述中，歐洲的歷史向來混亂不堪，近來又變遷過快，至於倫敦，此地之人心儀異國事物的程度，達到令人有些不好意思的地步。有個倫敦女子甚至向李安濟表白，自己「瘋狂熱愛」觀賞對方吃東西。女子說道：「拜託了，先生。您有隨身帶著筷子嗎？」[36]

待到一七七八年伏爾泰過世之際，歐洲的情勢已經轉為排斥耶穌會，也排斥耶穌會樂觀想像出來的「中國」。中國的康熙皇帝曾是耶穌會的摯友，一六九二年的「容教上諭」可見一斑，然而，康熙皇帝的耐性也被歐洲人對中國禮儀之爭議消磨殆盡，尤其是批評中國人敬拜祖先一事，弄得康熙特別惱火。西元一七一五年，教皇發下諭令譴責這些禮儀，於是在一七二一年，昔日支持傳教士融入中國文化的康熙發表了他的回應：

覽此條約，只可說得西洋等小人如何言得中國之大理。況西洋等人無一通漢書者，說言議論，令人可笑者多。今見來臣條約，竟與和尚道士異端小教相同。彼此亂言者，莫過如此。以後不必西洋人在中國行教，禁止可也，免得多事。欽此。[37]

康熙的兒子兼繼任者雍正皇帝，在一七二四年決定徹底禁止基督教。後續短短幾十年間，歐洲人對耶穌會的抵制又變得更加劇烈。耶穌會作為一個觸手廣布的跨國組織，其缺陷就是遲早會激起民族國家的反感。歐洲的反教會情緒，結合對耶穌會干預政治的厭惡，遂導致耶穌會在一七五九年至六七年間一步步被逐出葡萄牙、法國與西班牙領土，最終於一七七三年遭教皇解散。

非耶穌會來源的中國消息其實一向都有，只是先前不像耶穌會著作那樣受到好評而已，現在這些作品終於受到矚目，甚至導致狄德羅（Diderot）高喊：歐洲人以前都上當了。[38]歐洲的旅行家和商人大多不會跟中國上流士人打交道，他們接觸到的是中國的商賈以及在官僚底層打滾的官吏（有些官吏確實活該待在底層）。基於這個理由，歐洲旅行家和商人對中國人的看法也就不怎麼好，在他們眼中，中國人是騙子、是小偷、是出入監獄的暴力分子、是打牌擲骰的賭徒、是浪費美食作供品崇拜假神偶像的迷信之人。[39]

當時受過教育的歐洲人，也不會希望別人拿下層人民的行徑當作評判自身國家優劣的標準吧。雖然如此，就連激賞中國的利瑪竇，也相當厭惡中國有殺害女嬰、男童去勢以準備做宮中太監（利瑪竇的用詞是「閹人」〔semi-men〕）、奴婢僕役制、酷吏濫權等陋習。[40]孟德斯鳩（Montesquieu）曾表示質疑，如中國這般高尚的社會，為何同時需要普遍執行體罰肉刑呢？盧梭（Rousseau）則指出，中國那些被人大肆吹噓的優點，並沒有賦予明朝抵禦滿洲人入侵的力量。[41]

甚至連歐洲對中國古老悠久而安定的讚美，都成為昨日黃花。某種程度源於歐洲近代史的混亂與暴力，歐洲人崇尚的目標逐漸轉變成日新月異的進步理想，那麼中國顯然不是恰當的代言人。長久從政的中國士大夫階級，在歐洲人的想像裡頭，其形象很快就變成食古不化的傳統主義者。日耳曼浪漫主義代表人物暨哲學家約翰・戈特弗里德・赫德（Johann Gottfried Herder），便曾於一七八七年將中國描述為「以絲綢包裹並畫滿象形文字的不腐木乃伊」。[42]兩年之後，魁奈建議的中國式強大君主制，看來能在法國實現的希望已十分渺茫。＊

歐洲對異國風情的興趣以及對大哉問解答的渴求，即將找到新的著力點。

在過世前幾年，伏爾泰曾經暗示這個新目標的所在。抱持他人生一貫的反教會態度，伏爾泰表示：

自律嚴明的婆羅門，看見我們的僧侶喫肉飲酒又喜歡讓女孩子跪著告解，必定感到莫名的驚恐。若說他們的風俗在我們眼中是荒謬的偶像崇拜，那我們的習慣在他們眼中根本就是犯罪。43

若說這個文明的修行節制之風在未來必然要衰退，那將會有另一個文明取代它的地位。印度固然可能有它的黑暗面，當然不是每個婆羅門都是聖人。但是印度有生命，古老、純粹、原始的生命力。此時，英國人——伏爾泰了不起的朋友們——正要開始探索這股泉源。

＊ 譯注：西元一七八九年法國大革命爆發，象徵法國專制主義時代的結束。

第十章 加爾各答

西元一七六〇年代的加爾各答，肯定不是歐洲人外派出國的首選目的地。潔麥瑪·金德斯利（Jemima Kindersley）陪伴著軍官丈夫以及兩個孩子，在加爾各答度過一七六〇年代後半的時光，而她發現這個地方實在令人沮喪。加爾各答位於從孟加拉灣往胡格利河（Hughli River）上游約八十英里處，擁有令人印象深刻的景觀。英國東印度公司的倉庫散布在加爾各答延綿三英里的河岸區域上，倉庫裡頭堆放有棉織細布、絲製品、硝石和靛藍。聳立河岸的舊威廉堡呈現保衛的態勢，有貨船在附近停泊。威廉堡周圍的地區是片迷人的小歐洲，發展蓬勃，白色的住宅順著河岸興建，有些還設有顯眼的騎樓與寬闊的花園。[1]

但耀眼的魔法只限於此。在金德斯利眼中，當時已有約二十萬的加爾各答人口「似乎天天都在增長」。[2]其結果就是不斷的建設與雜亂的房舍，人們隨心所欲，想怎麼造就怎麼造，想在哪蓋就在哪蓋，幾乎不考量「城市的美感或整齊」。對金德斯利來說，部分的困擾在於，約有一千人口的「白鎮」（white town，暗示白人所在地）和印度「黑市」（black town）沒有保持好適當距離。後果是「最棒的房屋」景觀，被那些「僕人就寢的小茅屋」給破壞了。[3]

同時，種姓制度帶來的一大「不便之處」，就是各個工人都嚴格限定自己只能做某些形式的勞務，這導致歐洲人得雇用的人數跟歐洲本地相比要多出三倍。此情導致原本就不低的生活成本又添上一筆，金德斯利居住的市鎮本就房租高昂，再加上此地竟有那些只在聖經上看過的特殊天氣，比如颶風、熱浪、暴雷和「大得嚇人的冰雹」，她與家人只得又花錢添購轎子、馬車與馬匹以利交通。加爾各答這裡的家具不只昂貴，還很稀有，人們大多只能東拼西湊，否則就只能雇用那些「粗心笨拙的」當地木匠。有些人會向孟買那邊訂製家具，但製作時間居然要花上三年，所以，「當那些運氣極佳的人，好不容易將房子的設施和家具弄到勉強可用的時候，差不多就要離開印度回英國去了」。[4]

金德斯利歸心似箭，恨不得能早日回國。出於禮貌，她寫信時並沒提到加爾各答的酒館和妓院，常常有年輕的歐洲人涉足風月場所，那些店家大剌剌地將圖片和價格牌掛在門口，透過私下交易賺一些快錢。[5]不過，金德斯利倒是提到「皺褶熱」（pucker fever）等疾病，死亡率高得驚人（待在加爾各答的東印度公司人員，大約有三分之二再也回不了家）。[6]而且，金德斯利似有察覺到環境中瀰漫著緊張的氣氛，雖然盡量不深談這個問題，但她仍頗為陰沉地指出，英國人固然通常會彼此幫忙，但英國人的聚會有時會變得「很暴戾」。[7]

此時距離當年科里亞特前往印度以及賈漢吉爾首次給予英國東印度公司貿易許可，已經過一百五十年光景，歐洲人、尤其是英國人對印度的態度也出現很大的變化。這個時候，英國和印度的新關係正在形成當中，此事能夠體現在金德斯利的字裡行間，表現為一種權勢與責任揉雜的特殊心思。金德斯利那個世代的英國人，由於英國在北美洲成功殖民，且於一六八八年後成為君主立憲制，又能和歐陸天主教國家力戰，還出現海外探索與貿易的新動力等因素，產生一股世界大勢有利英國人的意識，相信此為天助英國的自然歷程。

金德斯利對於十八世紀印度蒙兀兒帝國衰落與英國勢力大增的解釋，明顯呈現出上述的觀點。後世歷史學家對此變局的解釋，著重於分析經濟與政治問題，阿克巴建立的超級大帝國，在這些問題的沉重負擔之下，於他的曾孫奧朗則布（Aurangzeb）在位期間（一六五八－一七〇七）開始崩解，導致印度部分地區又再度變成小王國林立又繁榮的情況。後代歷史學者指出，英國和法國東印度公司漸漸擅長控制這些小王國。英國人的基地在馬德拉斯（Madras，今日的清奈）、孟買和加爾各答，法國人的基地則在朋迪榭里（Pondicherry），他們以這些設有防禦的貿易據點作為活動基地，向印度各邦供應傭兵、武器與當時的歐式軍事訓練，換取現金或稅收的權利。王國和土邦的統治者經常和他們結盟，後來卻負債累累或者淪為附庸，其中某些邦國還被捲入英國與法國的齟齬，英法的衝突最後演變為範圍遍及全世界的戰事，也就是西班牙王位繼承戰（War of the Austrian Succession，一七四〇－一七四八）以及七年戰爭（Seven Years' War，一七五六－一七六三）。[8]

金德斯利抵達加爾各答的時間，正值上述衝突的白熱化階段。在英國東印度公司的三大貿易據點中，加爾各答是最晚成形的，緣起為英國在一六九〇年代在這裡取得涵蓋了三個村莊的地區，分別為加爾加答（Kalikata）、蘇坦那堤（Sutanati）和戈文浦爾（Govindpur）。[9]加爾各答的繁榮成長加上其防禦日益強固，導致英國人在一七五六至五七年與孟加拉納瓦卜（Nawab of Bengal，蒙兀兒帝國下的半自治統治者）爆發衝突，又於一七六四年和更大的印度土邦聯盟（包含蒙兀兒人在內）開打。英國人連番大勝的結果，讓大半印度東部都落入東印度公司掌握。從前，英國人是運著銀條沿著胡格利河來到加爾各答，用以購買大受歡迎的當地紡織品與其他商品，後來，東印度公司靠土地的稅收就足以作為購買物資的成本。至此，這間貿易公司實際上成為一個政府，加爾各答則是它的首都。

金德斯利對這數十年印度情況重大變化的描述，借用了——其實是大量引述——孟德斯鳩的論述。在她筆下，蒙兀兒帝國受到印度炎熱氣候的影響，從「堅毅善戰的」侵略者腐化為疲憊不堪的專制統治者，印度人民則是遭受氣候與暴政的雙重折磨，金德斯利這麼寫道：「專制政府中的第二號人物，其實只是第一號奴隸而已。」[10]其結果是印度人（至少是她所待的印度北部）不但欠缺公正的司法和財產權，同時也無精打采，一副萎靡不振的景象。金德斯利認為，印度人缺乏活力實為英國東印度公司一大利多，畢竟孟加拉地區的紡織品（棉織細布和絲綢）需要耐心才能慢工出細活。[11]但對於印度作為國家而言，這卻是個可悲的弱點。

雪上加霜的是，「東方的智者」至此時已「杳無仙蹤」。[12] 歐洲知識界「在科學上持續有進步和新發現」，但印度的婆羅門仍繩其祖武，固守先人的傳承，不許人們自尋新說。這樣的後果，便是造就出一個「充斥荒謬儀式」的宗教，使天生良善溫和的印度民族陷溺於迷信、貪婪和欺瞞當中。[13] 金德斯利此等評價，反映出新教徒對祭司階級的鄙夷。她寫道，只待有朝一日，印度能出現一個馬丁．路德來讓「印度教徒」（Hindoo）好好「睜開雙眼」。[14] 在那天到來之前，印度寡婦在丈夫火葬時自焚的「娑提」儀式，如此「野蠻的習俗」依然會繼續存在。金德斯利雖然承認自己對這項儀式的淵源所知甚微，但她卻「很肯定」此事跟婆羅門的貪欲攸關。在她的描述中，那些婆羅門會在火葬堆旁徘徊，準備趁婦女自焚燒完之後去取下她們的首飾。[15]

英國真是個自由的、勇武的、求知的、立憲的國家，英國人對自己國家的高度肯定，也會反映在他們對印度的評論之中，並且是以強烈對比的方式呈現。例如英國勢力在孟加拉扎根的奠基功臣羅柏．克萊夫（Robert Clive），在他這類人眼中，英國武力擁有如此壓倒性的優勢，因此他個人所以能在印度積攢下巨大財富，才不是什麼竊盜行徑，而是出於完全自然而正當的事業。克萊夫自詡，他已經非常自我克制了，否則在那樣的條件下，他能獲得的財富還遠遠不只這些呢。但是，在一些國會議員及英國人看來，克萊夫堆積如山的財富，是靠英國東印度公司的殘暴和腐化達成，而那是徹頭徹尾的非英國式政權才會有的行徑。無論如何，克萊夫因此成為英國最早的「納巴卜」（Nabob，「納瓦卜」的變體）之一——「納巴卜」的詞意是指海外暴富的新貴——並將他的鉅富投入房地產、政治界和中國藝術。老庇特（William Pitt）某次在英國上議院的演講，可以代表那個時代英國人普遍的擔心，他表示「亞洲式的政府原則」可能會從印度傳回英國，並且帶來汙染。老庇特所謂「亞洲式的政府原則」，是指以財富與私利為準，而非以國民福祉為念的權力心態。

由此，英國當局對東印度公司在印度的營運予以適當的重組和改革，於一七七三年設立印度總督一職，印度總督坐鎮加爾各答，加爾各答的行政位階也因此升到孟買和馬德拉斯之上。此外，當局還在加爾各答成立最高法院，由四位法官主事。接下來則是一七四八年，倫敦成立了一個主持委員會（Board of Control），負責監督東印度公司在政治方面的事務。

有志管理司法問題，就意味著得去試著弄清楚印度人是生活在如何不同的法律之下。欲承擔這項任務，便需要擁有當地語文的造詣以及對當地思想的理解，兩百年前的耶穌會士便是先驅。相對於當年的耶穌會謀士范禮安，英國擔任類似角色的人物便是第一任印度總督華倫・黑斯廷斯（Warren Hastings）。黑斯廷斯能講流利的孟加拉語、烏都語（Urdu）和波斯語，他還鼓勵東印度公司人員學習當地語文，因為這既是有效的統治的工具，也能減少公司人員惹麻煩的可能，因為以往東印度公司雇員總因閒來酗酒、賭博、吸鴉片、抽菸草、找情婦、召妓女、賺黑錢、犯暴行等陋習而臭名昭彰。最高法院最早處理的案件之中，便有不少這類的例子。[16]

此時，已有兩位東印度公司的雇員出版了關於印度宗教的著作，且影響力不小。其中一位是短暫擔任過孟加拉總督的約翰・豪威爾（John Holwell），另一位則是亞歷山大・道爾（Alexander Dow），道爾放棄了自己在東印度公司的職位，成為激烈譴責公司腐敗的批評者以及傳回印度新知的通信員，讀者群廣大。[17] 然而，黑斯廷斯最強大的盟友當屬威廉・瓊斯（Sir William Jones），瓊斯得到最高法院法官的職位，於是和他的夫人安娜・瑪麗亞（Anna Maria）在一七八三年來到加爾各答。

瓊斯是位才華洋溢的語言學家。瓊斯在就讀哈羅公學（Harrow）時便修習拉丁文、希臘文、希伯來文和阿拉伯文，後來就讀牛津大學大學學院（University College），在學時期又研讀波斯文，其著作《波斯文文法》（*A Grammar of the Persian Language*，一七七一）的出版為瓊斯帶來了名氣。靠著耶穌會士寫出的《中國哲學家孔子》（*Confucius Sinarum Philosophus*，一六八七），瓊斯也透過翻譯而對中國的經典文獻頗有認識。在瓊斯看來，相比於這些豐富的瑰寶，歐洲的新古典主義文化與近代文學實在是陷於窠臼而令人生厭。[18] 瓊斯在其《東方諸國詩歌論》（*Essay on the Poetry of Eastern Nations*，一七七七）當中，呼籲歐洲人放下對阿拉伯文和波斯文的疑心病（歐洲人認為此二者比希臘文及拉丁文劣等），他認為浸淫於這些「亞細亞」（Asiatick）語文的詩歌幽美與情愫之中，對歐洲有百益而無一害。[19]

可是，光憑文學的愛好無法養家餬口，若想為自己和妻子在英國建立還算體面的生活，權衡之下，瓊斯覺得最不糟糕的賺錢途徑，就是從事法律方面的工作。瓊斯希望來日能在不需他人資助的條件下進入政界，他的思想屬於激進主義民主派，他既支持成年男子普選權，又在美洲革命戰爭期間創作詩歌與小冊支持英國殖民地實質獨立。但是對於印度，瓊斯的激進主義思想就沒這麼強烈了。友人富蘭克林（Benjamin Franklin）曾寫信恭喜他獲得在印度的職位，也許那封信的內容足以讓他省思一下自己的原則吧，信中寫道：「願您正正當當存到足夠的錢，早日從那個劣等國家歸來，同時帶回您帶出國去的高尚品德。」[20]然而，瓊斯於一七八四年寫給埃德蒙·柏克（Edmund Burke）的信中，卻宣稱印度人實在太不習慣自由，因此強將自由加諸其身其實等同某種暴虐。所以，唯一之道便是建立擁有「絕對權力」的政府，但在做事時盡量配合當地的律法。[21]

瓊斯一家抵達加爾各答時，發現當地嘈雜吵鬧、異味瀰漫、氣候惡劣，情況和金德斯利離開的時候並無二致。不過瓊斯家倒是很快就找到合宜的住所，也在河畔找到不少安靜的去處。這裡不只有蒙兀兒佳餚、孟加拉音樂，還有加爾各答知識分子的清談高論。最重要的是，這裡有一群和瓊斯志同道合的人，在他們的幫助下，瓊斯終得實現自己建辦「亞洲學會」（Asiatic Society）的夢想。西元一七八四年一月時，瓊斯借用辦公地的場地設施，在加爾各答法院的大陪審團會議室中，召集了約三十位創始成員。瓊斯遂向成員們揭櫫自己的遠大志向，也就是集眾人之力一同研究亞洲藍天之下的萬事萬物，範圍從印度延伸至日本，領域涵蓋語言、文化、地理、自然歷史、數學、物理學、植物學、醫學、繪畫、詩詞、音樂和建築。[22]

黑斯廷斯表示自己工作繁忙，無暇擔任學會主席，故此職乃由瓊斯擔任，但黑斯廷斯倒是同意瓊斯的想法，搜集與分享有關印度的知識有其益處。如此，東印度公司的人員便能在閒暇時間，從事一些比較有正面意義的活動。如此，英國在印度統治的效率和正當性更能提升，有助緩和昔日克萊夫在母國激起的嚴厲批判聲浪。這麼一來，歐洲人未來遲早會修正自己藐視印度文化的看法，印度人也能對自身的文化遺產有更清楚的認識。[23]

在此前的一百年間，探索印度的事業從耶穌會主導的局面，逐漸擴展為新教徒也開始有所貢獻。西元一六五一年，受雇於荷蘭東印度公司的喀爾文派牧師亞伯拉罕・羅傑里斯（Abraham Rogerius），將他十年來對南印度婆羅門的觀察與接觸，寫成一部影響卓著（雖然書名有貶低之意）的印度宗教指南：《通往祕密異教之門》（*The Open Door to Hidden Heathenism*）。此書探討的內容涵蓋種姓制度、婆羅門的通過儀禮（rite of passage）與日常儀式，包含寡婦自焚在內的習俗，還有其宗教信仰內涵，根據羅傑里斯的理解，印度教是基本一神信仰加上泛神論神話的綜合體。[24]《通往祕密異教之門》的荷蘭文原版，很快就被翻譯成德文和法文。

十八世紀初，路德宗虔敬派（Pietist Lutheran）傳教士來到了南印度的特蘭奎巴（Tranquebar），丹麥東印度公司在此有著規模不大的勢力。[25]其中，日耳曼神學家齊根巴爾格（Bartholomäus Ziegenbalg）的著作，肯定了上述荷蘭人對婆羅門宗教的樂觀看法。＊一位皈依基督教的印度人告訴齊根巴爾格，歐洲人之所以認為印度人是多神論者，那是因為對婆羅門來說，一神信仰是高級超然的真理真相，而不是眾人共有的信念。[26]與此同時，關於認識印度一事，法國人最早做出貢獻者，乃是印度學先驅安克特・杜佩隆（A. H. Anquetil-Duperron）。杜佩隆將波斯文版五十篇奧義書彙編翻譯成拉丁文，出版於一八〇二年的《歐普內克哈特》（*Oupnek'hat*，波斯文的「奧義書」）獲得極高評價，他期待這套書可以成為歐洲哲學家嚴肅思考印度思想的憑藉。[27]

就接觸婆羅門、認識婆羅門教經典、研究領域之廣泛、西方讀者群之廣大等諸項目而言，亞洲學會都比前人更加向前邁出一大步。不只歐洲學者，印度學者也對該會的出版物《亞細亞研究》（*Asiatic Researches*）有所貢獻，雖然印度學者要到一八二九年以後才被接納為學會成員。[28]第一期《亞細亞研究》在一七八八年出刊後，有七百本運到歐洲，其中一份致贈給英王喬治三世（George III），據說國王本人對學會的進展相當滿意。[29]

瓊斯本人的貢獻首先在語言領域，然後再由此往外擴展。瓊斯在最高法院時，對於協助他處置當地法律事務的婆羅門梵學家「班智達」（pandit）不敢全面信任，他於是從一七八五年開始學習梵文。極少有婆羅門願意教導「老外」這門「神明的語文」，瓊斯費了好一番功夫，

＊ 譯注：此處的樂觀看法是指，歐洲人若能肯定印度宗教具備一神信仰素質，便更有傳播基督教之可能。

才終於找到一位非婆羅門種姓階級的梵文老師。這位老師名喚羅摩羅卡納（Rāmalocana），根據後人對瓊斯與羅摩羅卡納的師生關係描繪——這些敘述當然是已被高度浪漫化的故事——這位急性子的老師堅持在大理石地板的房間內教導瓊斯，以便瓊斯帶來的穢氣可以在課後用恆河河水迅速清潔，另外，老師還禁止瓊斯在課堂結束之前用早餐，據說瓊斯得苦苦請求才能喝上一杯茶。[30]

兩人這段關係維繫良久，而無論這段關係的性質究竟如何，其成果所造成的影響十分深遠。瓊斯愈深入探索梵文，他就對於梵文和歐洲古典語文的相似性（不只是詞彙方面），越發感到震撼。不久之後，瓊斯便宣告，梵文其實是拉丁文和希臘文失散已久的美麗姊妹，甚至聲稱梵文和蓋爾語（Gaelic）及阿爾巴尼亞語是親戚。瓊斯理論的意涵非常驚人，這表示印度並不是西方人現在才開始認識的遙遠絕域，印度其實是「家人」。[31]

瓊斯其實不是最早注意到希臘文、拉丁文和梵文有關係的歐洲人，耶穌會士早在一百五十年前就發現了這個現象。瓊斯也不是發現語族存在的第一人，亦非留意語文隨時間演化的第一人，當時的拉丁文與歐洲方言比較研究已經卓有成效，有位荷蘭學者便提出，拉丁語、希臘語、梵語等語言擁有共通的源頭。[32]不過，瓊斯研究和找證據的方法是新穎的，他不只是點出相似性，而是尋找語文之間真正的同源處，使他的研究成果因此更有公信力。瓊斯有善於宣傳自身發現的能力，他先前獲贈的「東方學家瓊斯」美譽更有推波助瀾之效，其中包含了日後被稱為「印歐」（Indo-European）語系的著名理論。[33]

確定這些語言有共同的祖先之後，瓊斯提出一套普遍的歷史解釋，將歐洲古典時代的經典、聖經及新發現的婆羅門教文獻加以融會，企圖將印度納入當中。這些新發現的婆羅門教典籍，呈現出極高的天文學與占星學造詣，導致瓊斯推想古代的婆羅門和希臘人可能都是從某個「更古老的民族」那邊，學到關於日月星辰的知識。無論是出於個人抑或政治性的理由，瓊斯在公開時始終支持歐洲普遍的觀念，也就是人類所有民族都是諾亞兒子閃（Shem）、含（Ham）、雅弗（Japheth）的後裔。[34]

處理古印度文獻時，瓊斯將梵天「婆羅賀摩」（Brahma）與猶太教和基督教中的上帝等同，將摩奴視同亞當，也就是第一個被創造的人類，又將第二位摩奴視同諾亞。瓊斯宣稱，在經歷大洪水之後，諾亞的家族非常可能是定居在波斯北部。諾亞的子孫從這裡開始繁衍並且向世界各地擴散，他們所講的語言便是拉丁語、希臘語、梵語的共同祖先，只是後來失傳了。瓊斯從婆羅門的談話中得知並借用了一項觀點，指稱中國民族原先是印度種姓的剎帝利階級，後來放棄在印度的生活並向東方出走。[35]綜合而論，瓊斯帶著自信判斷印度歷史可以追溯至西元前兩千年以前，恰恰落在一般認定聖經大洪水事件發生時間（約西元前二三四八年）之後。於是瓊斯總結道，比這個時間點更古老的印度歷史，應該都是神話傳說。[36]

瓊斯企圖將印度納入與歐洲相同的歷史脈絡中，由此初步嘗試比較神話學的研究。從前麥加斯提尼便曾提到，有些希臘神明與印度神祇其實是相同的神，只是稱呼有別而已；不過，瓊斯的做法只限於指出希臘羅馬神祇和印度眾神的相似處，例如雅努斯（Janus）和象頭神甘尼許（Ganesha）都是智慧之神，朱庇特（Jupiter）和因陀羅都是天空及雷霆之神。[37]論及哲學領域，瓊斯已做好更加深入探究的準備。令他驚心動魄的是，吠檀多論與畢達哥拉斯及柏拉圖的哲學居然如此神似，這種天衣無縫的相似性，怎麼可能只是巧合呢！相傳畢達哥拉斯生前曾經旅行到印度，此說讓瓊斯產生濃厚興趣。[38]他的結論是，古希臘人和印度智者的智慧，必定得自相同的終極源頭。[39]

無所不知的神靈，支配一切的力量
自全知各處四射光芒；
在彩虹中閃爍，在溪流中閃耀，
在花蕾中微笑，在花朵中發亮，
籠罩每座春天的涼亭；

在微風中嘆息，在眾鳥喉中鳴囀，
歌頌那綻放的春季，
或在婉轉的音符中訴說祂的大愛，
羨慕的藝者也紛紛響應奏樂，
在峰巖和叢林中迴盪。

——威廉・瓊斯，〈納拉耶納頌〉（A Hymn to Náráyena）[40]

到了十八世紀末，亞洲學會眾成員所從事的活動可謂五花八門，他們與婆羅門交流、收藏藝術品、參訪各大神廟、翻譯故事和戲劇、搜集植物標本、學習高級代數、研究阿育吠陀（Ayurveda）醫學。[41]由於基督教作為一個以典籍為本的宗教，亞洲學會成員自然期待高級的宗教是以經典為中心，他們因此認識到四大吠陀經，並且和法國印度學家杜佩隆一樣，對於奧義書有極高評價。

除了吠陀經之外，印度最古老的文獻還有「法論」（Dharma-shastras）。法論是談論言行正道的系列典籍，瓊斯翻譯了其中一部《摩奴法典》以供最高法院使用。此外尚有諸神的故事，雖然神話版本在印度次大陸各地多有不同，但皆是以「三神一體」（trimurti）的三神為中心：創造神婆羅賀摩（梵天），保護神毗濕奴，以及常以宇宙舞者之姿現身的破壞神濕婆。此外受歡迎的神明還包含毗濕奴的妻子、幸福與財富女神拉克希米（Lakshimi），以及濕婆的兒子、常被描繪為象頭神的甘尼許。

在西元前三〇〇年到西元三〇〇年之間，兩部偉大的梵文史詩相繼問世並且相互輝映。《羅摩衍那》的書名意思是「羅摩（Rama）的旅程」，講述毗濕奴之化身神明羅摩的故事，其中包含羅摩妻子悉多被抓走及獲得拯救的情節。《摩訶婆羅多》的書名含義為婆羅多王朝的偉大史詩，內容圍繞著般度族（the Pandavas）的五位兄弟，以及他們向大家族其餘成員開戰的故事。從瓊斯那個世代以下，《摩訶婆羅多》最為人所知的篇章就是《薄伽梵歌》，其中，般度族五兄弟之一阿周那（Arjuna），遇上毗濕奴的另一化身克里希納，內容先是阿周那對於即將降臨的戰爭將致血流漂杵而深憂，之後則轉變為涉及人該怎麼活的哲學性對談。

大多數印度人其實不大介意婆羅門的儀式或瑣碎的律法，他們是從《羅摩衍那》、《摩訶婆羅多》以及卷帙浩繁的「往世書」（the Puranas）汲取靈感和啟示。往世書的早期內容，可以追溯到麥加斯提尼的時代。大部分的往世書不是梵文書寫，而是使用方言文字編撰，內容除眾神諸王的故事之外尚有大量其他內容，包含一套以須彌山（Mount Meru）為世界中心的宇宙觀，有三千大千世界環繞此山，而生命能夠在這些世界中重生。正是在普世書的經典中，大神獲得了一神信仰式的地位，有大量印度人是濕婆教信徒或毗濕奴教信徒，亦即各自將濕婆和毗濕奴視為至上神。此外還有第三種，也就是屬於沙克提女神的教派（Shaktism），其信徒將大神母摩訶提毗（Mahadevi）視為至上神。

早期前往印度的歐洲人曾經聽聞這些神話，也親眼目睹了相關的宗教崇拜。可是，他們對於自己眼中的異教，缺乏深入探討箇中奧妙的興致。但瓊斯與他那個世代的人，不是採取這種態度。瓊斯運用普世書來確定自己的世界史編年，他以自己的文學造詣寫出詩篇讚美印度神明，比如納拉耶納（Nárāyena）的頌歌，納拉耶納為毗濕奴的形象之一，常以漂浮於原水或天水之上或之下的姿態現身。瓊斯先是向加爾各答的亞洲學會成員朗讀詩作，作品付梓之後又流傳至歐洲和美國，拜倫勛爵（Lord Byron）和拉爾夫・愛默生（Ralph Waldo Emerson）都曾從中獲得啟發。[42]瓊斯還翻譯了第五世紀印度偉大詩人兼劇作家迦梨陀娑（Kālidāsa）的戲劇作品《沙恭達羅》（*Abhijnanashakuntala or Sacontalā*），並稱迦梨陀娑乃是「印度的莎士比亞」，透過英文譯本與隨即而來的法文、德文、義大利文版，《沙恭達羅》造成的轟動，更勝於瓊斯的詩作。[43]

印度、日本、中國思想對西方人的吸引力，主要取決於——包含亞洲和西方——當代文人作家的（文學）表達能力，而這樣的模式將會繼續存在，及於十九和二十世紀。這些文人寫作的最初動機，也會對事情造成很大的影響。科里亞特在木爾坦那場衝突中所以對伊斯蘭教大力批駁，與當代英國新教徒對於敵對宗教傳統的不屑態度顯然有密切關係，他旅行至歐陸時，對羅馬天主教的指責也沒有比較留情面。科里亞特的評論也反映出，大多數旅行至亞洲的歐洲人，對伊斯蘭教沒什麼興趣。出於純粹的實用態度，十六世紀身處印度的葡萄牙人曾試圖了解遜尼派和什葉派（Shia）的區別。然除此之外，葡人對於次大陸的伊斯蘭教信仰實情沒興致了解。[44]雖然瓊斯本人對於波斯詩文以及蘇菲派（Sufi）神祕主義有濃厚的愛好，但即便到瓊斯那個時代，身處印度的英國人態度依然與前述類似。

歐洲人選擇性觀點所造成的扭曲，又因為歐洲人對專門用語的調弄而更加惡化。就講最基本的吧，在瓊斯的時代，印度根本沒有所謂「印度教徒」（Hindoo）和「印度教」（Hinduism）的宗教傳統，因為「Hindu」一詞其實是梵文「Indus」（印度河）的波斯文變體，原本是用來指稱生活在印度河界線「以外」的民族，當然這是希羅多德以下的後人觀點，或者是出自波斯人或阿拉伯人的視角。[45]歐洲人後來開始使用「Hindoo」以及「異教徒」（heathen 和 Gentoo）等詞，稱呼世界遠方那些不屬於基督教、猶太教與伊斯蘭教傳統的民族。「Hindoo」的意思基本上就是指宗教信仰「以上皆非」的人們，是到後來才被連結上「婆羅門」——西方人追溯至亞歷山大時代所知曉的最高宗教人士——的典籍和教儀、吠檀多不二論等哲學學派，以及次大陸上流行的無數宗教儀式（當時歐洲人對此近乎無知）。[46]在歐洲人的一般理解中，耆那教和錫克教是印度教當中的改革教派，這項認知幾乎是整個殖民時期的常態。

這種對「印度教」的認知，緊密結合上一整套印度廣大宗教歷史的論述，後者造成的影響相當深遠。據此史論宣稱，好久好久以前，這裡曾出現偉大的文明，創造出吠陀經、奧義書、《摩訶婆羅多》、《羅摩衍那》，還有豐富性可與古希臘哲學媲美的百家諸派。這些成就有幸能夠倖存，惜乎如今大多數印度人都沉溺於迷信之中，然後面這項推測乃是得自對印度宗教行為的貧乏觀察。十九世紀初年的孟加拉文人兼改革分子拉姆・莫漢・羅伊（Ram Mohan Roy），便是來日挑戰這套論述的人物之一。雖然如此，羅伊還是採用了「印度教」一稱來描述他自身的傳統，此後這個詞彙的使用只有愈來愈普及。

早期的傳教士鮮少會向印度取經，探尋其中智慧，相對於此，並非神職人員的現代印度學學者生長於比較自由的宗教氣氛之中，他們可以自己是虔誠基督徒，但同時對印度抱持開放的態度，至少願意接受探索天道神意的文學和哲學。瓊斯自己的信仰，便受惠於他在自然世界和詩歌中尋得之美的滋養及薰陶。[47]瓊斯為文介紹〈納拉耶納頌〉時，便宣稱「眾多古代智者與某些現代啟蒙之士」相信「創世與其說是造化之『工』（work），不如說是造化之『力』（energy）」。這個世界的終極真相，不能透過某些「探討物質的庸俗思想」來加以表達，終極真相「更像是一件臻至完美的畫作或音樂」，由上天灌注到生靈的心中。[48]

於此，歐洲讀者應該會發現一些熟悉的題材。瓊斯在談及納拉耶納這位神明的時候，讀者便能認出他使用了基督教式的用語（好比「上帝之靈……行動於水面上」）。與此同時，瓊斯廣泛引用畫作與音樂的做法，會令人想起柏拉圖以及唯心主義哲學家喬治・巴克利（George Berkeley，一六八五－一七五三）。巴克利因為反對洛克的感官知識論而名重當世，他批判洛克這種將兩類「性質」加以區別的理論根本無法成立。洛克認為，這個世界上的物體皆擁有「本性」（primary qualities），比如硬度和運動。「次性」（secondary qualities）則是相對的，因為次性起源於物體對人類心靈造成的作用，如顏色、味道等。巴克利認為本性和次性其實皆為相對，是我們推論出物體有硬度和運動，物體本身並不真的「擁有」這些性質。巴克利論道，假如你能循著這條思路達到正確的結論，就會發現連物體本身都是一套思想，因為「物」是依賴「心」去加以感知。說到底，「唯物主義」（Materialism）和「物質」（matter）實為無法連貫的概念。

唯心主義（idealism）主張這世界是由思想構成，而非獨立於心靈之外的「物」所組成。而唯心主義的擁護者，將會在瓊斯之後的幾個世代間，從印度與其他亞洲哲學中找到能佐證的材料。不過，瓊斯本人不曾變成哲學家，他始終是位詩人。〈納拉耶納頌〉寫出神靈的造化，詩人先是感知直觀奇蹟而領悟天工，詩末神靈之力則以更直接而無窮的形態震懾詩人：

景色虛幻！表象不實！
我那被吸納的靈魂，惟知太一，
萬縷感知，唯一無窮之源，
此源流入萬物，不舍晝夜，

太陽得其義和之力，
星辰知其正軌，
然此際我已不見丹曦與凋謝的世界：
吾感知者唯上帝！吾崇敬者唯上帝！[49]

瓊斯不大介意基督教容不容許想像上帝與人的靈魂某種程度相同，他更在乎自己能不能說服歐洲同胞接受亞洲地區關於魂靈昇華的觀點。瓊斯曾在亞洲學會發表一場演講，題為〈論波斯與印度的神祕詩歌〉（On the Mystical Poetry of the Persians and Hindus，一七九一），稱讚這些玄學詩的誕生乃是源於「受造生靈對仁慈造物主的熱愛」。[50]他說，在這些詩作中，你可以發現「人類的靈魂」與「神靈」不是不同類，只是等級不同爾，人的靈魂「是神靈的分子，最終又會被吸納回去」。相較而言，這個物質世界，以及我們對物質世界的依戀，都是幻覺。我們也許會和物質世界糾纏牽連太深，因而忘卻自己深層的、原初的身分。但是，「悅耳的音樂、溫馨的微風和芬芳的花不斷喚醒初始的念頭，恢復褪色的記憶，並用柔情感化我們」，直到我們與「至美」來到「終極復合」的那一天。[51]

在瓊斯心目中，這類思想的極致範例，在波斯文學中是十四世紀詩人哈菲茲（Hafez）的作品，而在印度文學中，其最深刻的典範存在十二世紀虔誠詩人賈雅狄瓦（Jayadeva）筆下、存在於奧義書及《薄伽梵歌》當中。《薄伽梵歌》是史上第一部被翻譯為歐洲語文的梵文經典，譯著成書於一七八五年。[52]譯者查理．威爾金斯（Charles Wilkins）是東印度公司的一位職員，他在瓦拉納西療養度假期間學習了梵文，並在黑斯廷斯鼓勵之下從事這項翻譯。[53]黑斯廷斯在寫給東印度公司主管的信中提到，《薄伽梵歌》最高的價值之一，在於它對實踐宗教生活給予的指引，此信內容最終也被收錄至該譯作之中。他還將《薄伽梵歌》包含的「精神修練原則」與天主教信仰的元素相比擬，且認為這些原則可以用克里希納最終對阿周那說的那番話一言蔽之：「我先前所說的，阿周那呀，你是否專心致志聽進去了呢？那些出於無知而導致分心的雜念，是否已經一掃而空呢？」[54]黑斯廷斯論道：「在我們這個半球上，即便是最用功的人，都會發現自己難以控制專注力，人的心思總會游移不定，或進入當前的事物，或沉入回憶之中，就連昆蟲嗡嗡也能干擾我們的注意力。」[55]未來世代的西方冥想者，在豐富亞洲傳統的啟發下，終能深刻領悟黑斯廷斯所指為何。

〈納拉耶納頌〉被公認為最早的浪漫主義詩歌之一。貝多芬（Ludwig van Beethoven）曾經將其中詩句及他摘錄的《薄伽梵歌》內容，抄寫到自己的日記中。[56]叔本華（Arthur

Schopenhauer）透過奧義書的杜佩隆譯本，既獲得靈感，也得到安慰。歌德對《沙恭達羅》的戲劇讚賞不已，柯立芝亦稱美毗濕奴漂浮於無盡海洋上此一形象所富含的深意。現代西方對於印度哲學和詩歌的情竇，已經顯現了初步的輪廓。

然而，這段情緣本是在爭議中誕生，日後也注定命運多舛。黑斯廷斯在他那封被收錄為《薄伽梵歌》譯本序言的書信中，褒讚印度文學的深度值得鑽研，並稱《摩訶婆羅多》的等級，勘可比擬《伊里亞德》和約翰・米爾頓（John Milton）之作。然後，研究印度文學其實還有一個目的，誠如他寫道：「本公司根據征服權而建立的統治若欲長久，不應仰賴這些被統治者的能力，但必須仰仗被統治者的美德和優點。」浸淫於印度經典之中，有助於培養此等優點，並由此強化吾人之統治。黑斯廷斯尚補充道：「用更廣大的格局去看，任何知識的積累，都對國家有所助益。」[57]

將黑斯廷斯設想成一個心態輕蔑且玩世不恭的人，是種偏差的判斷。殖民統治和對印度文學的喜愛，並不會相互排擠。不過，西方人向印度汲取智慧的過程，顯然不是沒有汙點藏於其中，但也絕不能說那是全然心術不正。自從威廉・瓊斯的時代以降，西方翻譯傳統便有一種特殊的傾向，也就是在編輯、注解或評論印度文獻時，有意偏重其冥想、內觀、自我犧牲的層面。這些確實是印度思想中的瑰寶，但我們不難了解十八世紀後期至十九世紀，對於宗教爭辯不斷感到厭倦的西方人，為什麼會深受這些思想所吸引。潔麥瑪・金德斯利等評論家喜歡表示，「印度教徒」數百年來苦受蒙兀兒專制者的虐待摧殘，如今，恢復並保護他們的天真，已經成為英國人的特殊責任。[58] 溫和而重視靈性的印度人與神復合，堅強而有道德的英國人則負責守護印度人。印度的詩歌和哲學不僅擁有提升西方人之潛力，甚至有貶抑印度人的可能。

第十一章　德意志的東方文藝復興

西元一七九四年，威廉・瓊斯積勞成疾，年僅四十七歲便溘然長逝。原本瓊斯只是規劃來加爾各答待幾年，讓自己變得更有智慧且更富有。沒想到，加爾各答的南公園路墓園，竟成為他人生的最後一站。另一方面，透過瓊斯與其東方學同仁們的著作，印度的形象得以遠播且長存。去到印度的訪客與基督教傳教士寫下最新的印度筆記，與前者一同在西方世界流傳，而此時西方世界盛行者則是成敗起伏的革命、大帝國之打造，以及貫穿詩詞、哲學和宗教領域的革新運動。

對瓊斯的國人同胞來說，他們對印度的興致，與多變的政治觀點以及英國在印度之勢力和活力有密切關係。對比之下，尋找印度潛在豐富性的日耳曼或德意志探索者，則是受到了法國大革命帶來的影響，其影響包括支持革命的那些理想、革命後接踵而來的「恐怖渾沌」——此為日耳曼哲學家弗列德里希・施勒格爾（Friedrich Schlegel）——的用詞，還有具目的性的民族團結觀念（尚未在當時日耳曼地區正式成形）。[1]

在此課題上，哲學同時位於前線與核心的位置。在決定論的宇宙之中將感官訊息組合再重組，不是真相的全部，康德（Immanuel Kant，一七二四—一八〇四）企圖證明人類理性是真實的存在，並以此支持啟蒙運動的事業。康德稱自己的這場「哥白尼革命」將強大的人類心靈置於萬事萬物的核心處。康德持論，空間、時間與因果關係，並不是真相的客觀性特質；時空與因果只是被心靈使用的範疇，在心靈為感官訊息塑形的時候扮演極為重要的角色。有賴於此心靈，我們得以辨別是非對錯，而且人因此擁有行為之自由。我們可以從自然當中發現規律性，甚至目的性。在極罕見的幸運時刻，我們也許可以體驗到崇高感以及無窮感，遠遠高於人們平時欲以其思想界定世界的層次。康德宣稱，以上所述綜合起來，能夠賦予人理性去探查至善至美的神聖次序是否存在。可是，我們並不能全然「知曉」真相的樣貌。人類的心靈固然強大，但也是一所監獄；我們無法打破桎梏，無法直接對超越世界的真相擁有直接的認識。

從十八世紀後期至十九世紀初期，日耳曼地區乃至英國的浪漫主義者，對於印度詩歌和哲學的興趣，很高程度得歸因於康德對真相的探求。有些人接受康德真理觀當中比較有希望的部分，包含「崇高美」（the sublime）觀念在內。其他人，尤其是日耳曼地區的浪漫主義者，則企圖擺脫康德對人類認知能力立下的嚴格限制。他們企圖從印度智者、哲學家、劇作家那邊，或者尋求靈感，或者想要為自己的觀念或直覺找尋古文明的印證，這些人當中赫然有日耳曼文學與思想的巨人：歌德、謝林（Friedrich Schelling）、黑格爾（Georg Wilhelm Friedrich

Hegel）和叔本華。

以上這幾位都不是純粹的印度愛好人士。雖然他們在印度發現崇高宏大的形上學與細膩含情的故事，但印度似乎缺少了其他類型的戲碼。極力呼喚人們服從道德的先知何在呢？猶太教基督教傳統歷史觀中的那股動能與目的感何在呢？或許印度的聖賢已經找到永恆的泉源，人類始終應當努力汲取。但是對於那些深信人類歷史進步觀的人們來說，印度智者提供的只是偉大全球故事序章，故事後續的開展早已轉移到其他地方。

「以絲綢包裹並畫滿象形文字的不腐木乃伊」，這句話乃是赫德在一七八七年時對中國的刻薄評論，那時的歐洲正處在對中國看法轉變的分水嶺上。旅行者們對中國不敢恭維的記錄產生了作用，而耶穌會對士大夫的恭維讚美則被揭露只是片面的中國。貿易方面的持續挫折，還有外交方面的失望沮喪——尤其是馬戛爾尼爵士（Lord Macartney）一七九二至九三年出使中國的挫敗——都是火上澆油的重要因素。

英國派遣馬戛爾尼的任務目標，是去和中國建立外交關係及有利的商業關係，結果，馬戛爾尼與乾隆皇帝的那次見面，卻是史上著名的一次失敗。馬戛爾尼拒絕叩頭跪拜，而乾隆差遣他帶回去給英王的敕諭，可說是極盡輕蔑之能事。中國既不需要喬治三世那無足輕重的小玩意兒貿易，也不需要英國派遣駐北京代表。英王雖對天朝事務「無知」且其要求「有辱朕聽」，但乾隆已經預先找好原諒喬治的理由，說這是「貴島僻居重洋之外，不悉世界之事」。然而乾隆表示，本次雖情有可原，惟未來不可造次，爾國王最好「益勵款誠，永矢恭順」！[2]

約翰·巴羅（John Barrow）在這次乖舛的外交任務中，擔任馬戛爾尼的私人祕書，日後巴羅出版了《中國之旅》（*Travels in China*）一書，其中描寫的是一個極不公義的社會，頂層之人行暴政，底層之人困於貧窮怨憤。對此情形，巴羅歸咎於糟糕的統治與管理，當然，他歸咎的是中國人，而不是容許東印度公司運送鴉片至中國的英國人。數十年來，東印度公司將印度鴉片運至中國南部，期望能由此減少巨大的貿易逆差。[3]到一八二〇年代時，進口中國的鴉片量，已足以供一百萬癮君子吸食。這個曾經被歐洲人想像成烏托邦的國家，其形象卻逐漸變成全民吸毒的國度。[4]

然而，赫德的「不腐木乃伊」評論，不僅是一種排華情緒而已。在赫德眼中，一個社會停止「成長」後變成什麼樣子，中國就是前車之鑑。赫德是位路德派牧師，曾經在哥尼斯堡大學向康德求教，他的追求是為上帝與神意在世界中的作用，找到意義與知識皆能周全的解釋。古老信仰中那種會隨時干預世界的神，並不能說服赫德。[5]後來啟蒙運動時代相信的神，也不能讓他服氣。啟蒙運動者認定的上帝有如鐘錶匠，或者是個抽象的上帝，人類只能透過推想「完美的」或「全能的」等等形容詞去體會其存在。

受到近期發現的物理力量（包括磁力和電力）所啟發，赫德主張上帝可以被視為貫穿自然的原初「力量」（Kraft）。這股力量造就且驅動了物質世界，隨後又貫注於這世界中的其餘力量，包含人類的內心乃至於所有民族的生命。[6] 對赫德來說，「民族」（nation）屬於「民族精神」（Volksgeist）的問題，「民族精神」便是指某民族所特有的精神，且會隨著時間演變不斷演化，這個概念對於歐洲浪漫運動以及德國認同的形成皆有深遠影響。中國的「力量」已經自然耗盡，反觀印度則是人類的泉源。赫德發現印度有一股永久的天真，體現在「溫柔的」印度教徒身上，他們「不樂意傷害任何有生命的事物」：

> 他們敬仰那賦予生命與滋養自身的力量，將祖地最純淨的食物、奶水、稻米、果實、草藥相贈……節制與寧靜，柔和的情感與靈魂深處的靜默，乃是他們工作、休閒、道德觀與神話的特徵。[7]

赫德在他對一首吠陀詩歌的詮釋中，將「力量」視同毗濕奴：

> 毗濕奴存在於你、我與所有存在之中；

感到冒犯是愚蠢的，
在你自己之中看見一切靈魂，
並消除物我差異的幻覺。[8]

赫德在人生走到終點之際，在迦梨陀娑以梵文原著、由威廉・瓊斯翻譯成英文的《沙恭達羅》——另一譯名為《宿命之環》（*the Fatal Ring*）——的德文版本中，找到了類似的複合大同思想。這齣劇本是受到《摩訶婆羅多》當中一段情節的啟發，講述年輕的孔雀女沙恭達羅（Shakuntalā），受到一位國王的熱烈追求，兩人墜入愛河並結成婚姻。有一天，沙恭達羅怠慢了某位賢者，沒有對他頂禮，賢者遂於盛怒之下消除國王對沙恭達羅的記憶，不過賢者最終還是在孔雀女懇求下，心軟改變詛咒。賢者說，假如孔雀女能將當初國王送她的指環拿給國王看，國王的記憶便能恢復。但令沙恭達羅驚駭的是，她發現自己居然弄丟了這只珍貴的戒指，冒險故事便由此處開展。

赫德迷戀上《沙恭達羅》這部作品，其中神明與凡人的德行，豐滿的美學和幽默，自然、虔誠、感官、情慾要素形成的絕妙平衡，都令他深深震撼。而對於赫德的朋友歌德來說，《沙恭達羅》的角色塑造令歐洲文學相形失色，因為後者太過依賴「誇張的模仿和愚笨的教士」。[9]後來，歌德竟然以《沙恭達羅》的開場，作為自己寫作《浮士德》（*Faust*）序幕的模範。[10]

和赫德一樣，歌德也對吠檀多論以及八世紀哲學家商羯羅（Shankara）產生濃厚的興趣。商羯羅藉由他對印度主要經典（包含奧義書與《薄伽梵歌》）的評注，發展出吠檀多不二論。吠檀多不二論區分出兩個可以認識真相的立場。從無知的立場看去，真相就是個體自我，被外在的人與物所包圍。從真知的立場去看，真相便是單一意識，也就是自由無束的「梵」（Brahman），與人之「真我／阿特曼」（ātman）等同。從第二個立場去觀看這個由分別的自我與物所組成之世界，就能看出它們真正的面貌，也就是「摩耶」（māyā），意為幻影。正如歌德所言：「表象與感官是虛幻的，支持它們存在的那股神聖能量就算僅有片刻暫停，它們便會立即歸於虛空。」[11]

將印度靈思帶進早期日耳曼浪漫運動者，除了赫德和歌德之外，還有弗列德里希和奧古斯特・威廉（August Wilhelm Schlegel）這對施勒格爾兄弟。施勒格爾兄弟二人都是詩人兼評論家，他們企圖甩脫當代人狹隘的功利主義思維，讓自己沉浸到古往今來豐富的文學世界之中，追尋一套屬於當代的「新神話」。[12]赫德為了越過康德設下的人類知識界線而訴諸「力量」，弗列德里希則是將寓言當作日常生活與無垠宇宙之間的橋梁。弗列德里希寫道：「每一個寓言都意指上帝……除非以寓言方式進行，否則無人能談論上帝。」[13]施勒格爾兄弟希望從印度文學中找到證據，證明確實有一個不像當代歐洲那樣破碎化、物質化的社會存在。兩兄弟都有學習梵文，奧古斯特・威廉（哥哥）後來成為日耳曼地區最早的專業印度學家，弗列德里希（弟弟）對印度的評價涉及更多個人關懷的因素，因此其想法有較大的起伏。[14]

小施勒格爾是到巴黎去學習梵文，在前往法國首都的旅程當中，他確認了自己選擇的志業是正確的。他首先穿過日耳曼農業區，那裡的風景和城堡呈現出一片尚未完全消失的中古世紀和諧景象，當他抵達巴黎之後，他看見的卻是一座充滿財富、工業和裝模作樣的城市。弗列德里希認為法國人「如同機械一般」（Maschinen-Menschen），他的女友多蘿西婭（Dorothea）則評價法國人重形式愛賣弄，將時尚的價值置於美感之上。[15]在小施勒格爾看來，目前的大趨勢顯示，歐洲重新發現古典世界的文藝復興運動至今已日薄西山，如今歐洲需要的是一場「東方文藝復興」（Oriental Renaissance）。[16]

對小施勒格爾等等日耳曼浪漫運動者來說，古代印度的成就與未來德意志的希望二者關係密不可分。據他推測，被古羅馬人稱為「野蠻人」的「日耳曼尼亞」（Germania）民族，可能源頭就是已有高度文明的古印度。[17]威廉·瓊斯認定，梵語、拉丁語、希臘語背後有一共同的古老語言（後人證實此說方為正確），但小施勒格爾則認為梵語才是這些語文的共同祖先，（古）德語是直接從梵語演變而來，而其競爭對手的母語（亦即法語）則是經由拉丁語間接演化而來。小施勒格爾甚至對種姓制度有正面的肯定，許多親身接觸過印度的人都對種姓制度給予負面評價，但他卻認為種姓制度會令人想起中古歐洲次序井然的社團主義（corporatism）精神。[18]

然而，當小施勒格爾終於在一八〇八年將上述觀點成書出版時，他對印度的愛戀也走到了終點。恰恰在《論印度的語言與智慧》（*On the Language and Wisdom of the Indians*）出版的那一週，弗列德里希和多蘿西婭雙雙皈依了天主教。[19]小施勒格爾後來覺得，印度思想的缺陷之一，就是它跟斯賓諾莎邪門的泛神論太相似，直到施勒格爾那個時代，斯賓諾莎依然被認定為無神論與宿命論的代言人。赫德曾試圖替斯賓諾莎緩頰，說後者活在「自然科學的萌芽期」，當時描述上帝如何顯現於自然之中的方法尚嫌膚淺。然而小施勒格爾卻評論，令赫德和歌德褒讚的吠檀多哲學，「是套包含一切卻全面虛無的意見（opinion）*」，最終只淪為宿命論，否定或忽略「對」與「錯」的問題。[20]

小施勒格爾的思想轉向令人訝異，對於他個人幻滅與學術智慧二者落差所造成的影響，批評家無法達成一致的見解。小施勒格爾皈依天主教後不久，就被選上外交官的職位。有些人斷定，也許他不願意承擔採取激進的政治或哲學立場，在人生上所需付出的代價。多年之後，甚至有人稱他後來是變成一個「臃腫的庸俗之輩」。[21]但其他人更願意相信的是，小施勒格爾的世界觀必然發生了翻天覆地的變化，其影響深入他的個人生活、政治及職業生涯。

＊ 譯注：在哲學中，能證明為真者稱為「事實」（fact），不能者稱為「意見」（opinion）。

十九世紀前期，有人企圖理解康德那令人讚嘆卻又困惑的世界觀，並將印度納入這項解惑的事業之中。能夠自由推理的人類心靈，如何能與決定論的真相——假設真相確實存在於人類心靈之外——彼此相容呢？「時間」和「空間」必然是此真相的特徵嗎？時空會不會是心靈力量塑造出來的產物呢？數十年之間，這些問題無疑為學生們的深夜論談增添了不少能源。但是，這些談話鮮少能夠像兩位圖賓根大學學生的聊天那般，發展出重大的哲學遠見，這兩位昔日的大學室友，一位是謝林（一七七五－一八五四），另一位是黑格爾（一七七〇－一八三一）。

謝林因為其影響深遠的唯心主義思想而聞名於世，他主張有一無限、至高且不可分的「絕對存有者」（the Absolute），是「萬事萬物源起與回歸的神聖淵源」。[22]此等運作對人而言十分晦澀難懂，人類的意識仰賴於自然擁有的無數「無意識」（unconscious）歷程——此一主張在日後的心理學和精神病學領域擁有宏大前程。受限於人類思維本身的自然科學，為我們提供了關於「自然」的學理解釋，但自然科學把握住的只是流體運動，而不是川流的本身。[23]謝林從印度吠檀多不二論哲學中，找到能大力支持自身觀念的思想，在他看來，吠檀多不二論「不啻為最崇高的唯心主義」。[24]「梵」是為終極真相或「絕對至高者」所冠上的名稱，由此可以化生出多樣多彩世界（然此為有限的世界）之中的日常經驗。

然而，謝林對印度的感受和評價是混雜的。他的哲學與基督教信仰具有緊密的關聯，可是他在印度經典中追尋的天人合一甚至與神復合，卻像是遠離基督教啟示中的真神。謝林極為關心世界各地神話，如何揭櫫人類自我意識在時間演進中逐漸彰顯，於是他將多神信仰視為通往成熟一神信仰的一個階段：在此歷程中，人類會漸漸發現「上帝」不是宇宙某處的某人或某些人，而是無所不包、涵蓋一切真實。25

黑格爾對印度的看法，就沒有像謝林那樣含混了。雖然兩人學生時期可能做過室友，但思想成熟後的黑格爾其實對謝林或德國浪漫主義者沒有什麼興趣，他對這些人在著作中呈現的思古懷舊之情並無好感。黑格爾式的唯心主義，將歷史和意義呈現為「精神」（Spirit）穩定開展的過程，「精神」會在此歷程中變得愈來愈具有自我意識。「過去」永遠會被納入與包含在「未來」之中。因此在黑格爾看來，倒著去追溯過往是荒謬的，認為原初純粹之物在時間流逝中褪色衰敗則是愚蠢的。

黑格爾曾認真研究過印度和中國的思想，他大力讚賞印度學的專業素養與時俱進。當時印度學領域的成果，大多是科爾布魯克（Henry Thomas Colebrooke）的著作，科爾布魯克可以說是瓊斯一輩的後繼者，對應後者在加爾各答的亞洲學會，前者在一八二三年創辦了皇家亞洲學會（Royal Asiatic Society）。不過，黑格爾對印度乃至更廣大亞洲的理解，是將其看作「精神」開展早期階段的一部分，然此後「精神」自我開展的方向便逐漸向西移動。黑格爾從印度的宗教實踐中找到證據，他從《薄伽梵歌》等文獻中認知到，信仰實踐的目標是壓抑個人自我意識之執念，然後與梵復合。從更宏觀的角度來看，印度思想重視「一體性」（oneness）的程度高於特殊性與動能。然在黑格爾眼中，這就是印度文化何以無法繼續前進的理由了。[26]
在那個時代，最熱切擁抱印度思想的人物莫過於叔本華（一七八八－一八六〇）。他認為基督教其實已經走到盡頭，至少在歐洲是如此。叔本華主張基督新教已經墮落了，新教先是退化為膚淺的「樂觀主義」，再變成理性主義，最終變成徹底的唯物主義。與此同時，天主教信仰也不過是一套「不光彩的愚民政策」。[27]反觀印度卻呈現嶄新的希望，印度乃是一片「聖土」，是「孕育人類的搖籃」，是「全人類的神聖原初信仰」之故鄉。[28]

叔本華的母親喬安娜（Johanna）是位小說家，在喬安娜位於威瑪的家裡，經常可以看到當代傑出學者的身影，如歌德、施勒格爾兄弟與格林兄弟（brothers Grimm）的作品。在好一段時間裡，小叔本華只是被稱為「喬安娜·叔本華的兒子」而已。歌德曾經說過，小叔本華是個「怪異有趣的人」，也許他曾親身見過叔本華對於與他人接觸的巨大恐懼，就連別人摸過的杯子、菸斗、雪茄，叔本華都不願觸碰。那只是叔本華人格全面緊張的一面而已，每當有郵差上門，他就會往最壞的方向著想，每天晚上他都要將裝彈的手槍放在床邊。[29]

在赫德學生暨東方學家與浪漫主義者弗德里希・馬耶爾（Friedrich Majer）的影響下，或許也有受歌德的影響吧，叔本華從一八一三下半年開始閱讀《亞洲期刊》（*Das Asiatische Magazin*）。《亞洲期刊》是日耳曼地區對加爾各答亞洲學會《亞細亞研究》期刊的響應，而馬耶爾是領銜的撰文者之一。叔本華閱讀的某一期《亞洲期刊》，裡面收錄了馬耶爾對威爾金斯英譯《薄伽梵歌》的德文翻譯。[30] 幾個月後，叔本華從圖書館借閱了一本書，他後來說那本書是「我人生的慰藉……也是死亡的慰藉」，也就是杜佩隆翻譯的奧義書版本：《歐普內克哈特》（一八〇二）。[31]

與日耳曼地區早先幾個世代的印度文化愛好者一樣，叔本華是保持著詩樣的距離去接觸印度思想。《歐普內克哈特》有三分之二的內容，根本不見於奧義書原本。杜佩隆研究的波斯文譯本，本是由一群印度梵學家及神祕主義者在蒙兀兒皇太子達拉希科（Dara Shikoh，一六一五－一六五九）監督下編撰而成。達拉希科皇太子是沙賈漢（Shah Jahan）與慕塔芝・瑪哈（Mumtaz Mahal）的兒子，泰姬瑪哈陵（Taj Mahal）便是他的父親為母親過世所興造。達拉希科似乎與祖父阿克巴有著相似的精神，對於統合思想和伊斯蘭神祕主義擁有濃厚的興趣，在他的監製之下，《歐普內克哈特》波斯文原本中的大量評注，都傾向蘇菲主義與商羯羅的立場，此外，有些段落甚至不區分哪些是奧義書的譯文、哪些是商羯羅自身的評論。杜佩隆也有達拉希科那樣的思想融合傾向，他為譯文加上解釋性的說明，呈現其根本信念是奧義書、柏拉圖、康德和天主教的觀念皆為殊途同歸。[32]

因此，叔本華透過《歐普內克哈特》所讀到的，是被呈現為永恆智慧的印度哲學。對於一個已經發展出日後使其成名的基本觀念，卻在人生中發現處處碰壁或遭忽視的人來說，如斯智慧的吸引力十分巨大。叔本華在其巨著《作為意志與表象的世界》（*The World as Will and Representation*，一八一八）當中，全面闡述了這些觀念。書中他首先肯定康德「偉大心靈」的諸多發現，但是談到超越心靈存在的世界是否全然不可知的問題上，他不再同意康德。叔本華論道，每個人都以兩種方式認識自我。我們會認識自我作為表象世界的一部分，在這片大地上移動的個人。但我們也對於自己心中的「意志」擁有直接的經驗。可是不知為何，康德居然忽略了第二種知識類型，然這卻是「通往真相的小路」。叔本華宣稱，這股「意志」（will or Will）就是那股造就自然萬事萬物的力量。星球形成、植物生長、花朵綻放、動物繁衍，這一切都是這股盲目「意志」持續開展的作用——亦即「對生命的普遍渴望」。[33]

叔本華的哲學著作自始至終都是西方式的。但是，他卻發現「摩耶」（幻影）的觀念，非常類似於作為表象的世界。同理，他也將「意志」與「梵」（真實一統的真相）連結起來。叔本華如是說：「我的自我就是至上之梵放射後的顯現。」[34]不過，「意志」與「梵」並不能完全等同，商羯羅認知「梵」為終極真相，而叔本華認知的「意志」，只是人對於終極真相的極致想像。[35]

叔本華作為天生的悲觀主義者，人們一想到他便經常想到陰暗人生觀。在他的哲學思想中，這個世界充滿了鬥爭、衝突與受苦。在他的時代之前，大多數歐洲哲學家都高度肯定智能或理性，然叔本華卻說智能和理性的根源是大腦，而大腦是自然的一部分，然後再由此追溯至「意志」。他對人類心靈的描述有其真實性且令人不安：人心容易犯錯、反覆無常且偏執。同時，叔本華也將愛從那崇高的地位扯下來，脫去它浪漫華麗的外表之後，你會發現裡頭其實是「意志」，以提供繁衍下一代的方式在推動人類這個物種向前進。歷史的目的也是一場虛構，叔本華認為黑格爾就是個「粗俗噁心的江湖騙子」。[36]

即便這麼說，叔本華的悲觀主義也許是被誇大了。他本人喜愛美食、戲劇和妙語趣話。[37]他對藝術懷抱信仰，認為藝術是可以使人暫時逃離「意志」驅使的喘息空間。[38]他認為同情心真實不妄且彌足珍貴，同情源出於正確的直覺，亦即人與人的分別只是表象世界的部分幻覺。其實人與人本為一體，我們都屬於同一個存在。叔本華覺得，這個道理可以靠長篇說教或哲學理論來說明，但也能僅用梵文三個字領略，那便是「彼即汝」（tat tvam asi）——奧義書中的「彼者即是你／你即是彼者」。[39]

除了奧義書以外，叔本華還有許多和佛教思想有共鳴的地方，尤其是西元二世紀的印度哲學家龍樹（Nagarjuna）。有關佛陀與其生平的零碎資訊，已經在歐洲流傳了千百年。奧利堅之師亞歷山大的克雷芒（Clement of Alexandria，約一五〇－約二一五），便曾在其著作中簡短提到印度有哲學家在「遵循佛陀（Boutta）之道，因其無上聖智而將其奉為神明」。後來馬可・波羅也提供了相關的敘述，評價同樣是正面的。不過一直要到十九世紀初年，透過翻譯梵文、巴利文、中文、蒙古文、藏文的佛經，佛教典籍才開始出現在西方。

叔本華首次接觸到佛教是西元一八一三年的事情，當時他閱讀了《亞洲期刊》一篇關於中國禪宗經文的論文。[40]此後他持續閱讀佛學作品至一八二〇年代以降，從而理解佛教是個重經文、無神論、高道德的宗教，該教以創始偉人的一生行誼為基礎，教導輪迴轉世的道理與涅槃的終極理想。[41]這些思想與叔本華自己的觀念，有著驚人的相似性。人類不是在接收既定的現實，是我們的心為我們塑造出現實，但是我們不容易領略此情之真相，因而陷入佛教所謂的「執著」（attachment），如此概念令叔本華印象深刻，他認為這簡直就是在描述「意志」對人的作用及掌控。人想要追問終極真相的問題，但就原理來說，人無法回答這個問題：釋迦牟尼如是說，康德亦如是說，叔本華認為自己亦如是想。此等狀態將會給人帶來巨大的痛苦，唯有透過徹底的自我轉化（self-transformation），我們方可獲得自由。

叔本華深受佛教的涅槃觀念吸引，因為它說明了自我轉化達成時的真實情況。同時，對於基督教與吠檀多傳統中的神祕主義者如何達成自我轉化，叔本華也非常熱衷，他曾寫道，此境界「被描述為狂喜、超脫、啟明、與神復合等等」，而自己非常渴望能達致那個狀態。叔本華認為，哲學家沒有辦法描述這個「一切認知的彼端（yonder）」[42]。哲學家只能說明，該境界乃是「否定意志」的結果。另一方面，西方宗教明明可以談談這件事，但大半沒有這麼做。叔本華說西方基督徒「就像是怕黑的孩子」，他們害怕面對過「否定意志」的道德人生之最終去處問題，故以傳述故事以及對聖徒祈求作為逃避手段。印度人使用「涅槃」或「重歸原靈」等描述，以積極態度去理解此終極目的，反觀「我們歐洲人卻將其稱為『無物』（nothing），而我們的本性本就反對『無物』」。[43]

面臨生命走向終點的過程中，叔本華最珍視的財產是一尊來自緬甸的佛像。他從巴黎購得這尊佛像並為它貼上金箔，將其置於自己的窗台上。叔本華偶爾會說自己是佛教徒，並認為基督教「體內流淌著印度的血液」——耶穌的教誨與佛教及吠檀多的智慧，在他眼中便是如此神似。

叔本華認為基督教發揮了寓言的作用。亞當的墮落與救世主的降臨，暗示世間生命短暫不永，而我們可以追尋的真相是「人難以理解且更高等的存在」。[44]耶穌所教導的是同情、犧牲、謙遜、寬恕與自我克制，也就是「放棄自身意志……並擺脫人生與其虛幻的宴樂」。[45]雖然基督教後來每況愈下，但它曾為歐洲介紹如此無價的觀念與價值，而叔本華認為這些無價之寶的根源位在亞洲。

叔本華始終堅稱自己的哲學完全是西方哲學。奧義書、吠檀多不二論、佛教對他似乎帶來極大的慰藉，因為在同代人眼中，叔本華的思想激進又令人不安，但明明千百年前的印度哲學家，便已經與他英雄所見略同。在古老的過去與不斷變化的現在之間，去對這些共鳴處予以鑽研，正是「東方文藝復興」的本義。小施勒格爾曾號召一場東方文藝復興卻半途而廢，到叔本華時，事情終於開始動了起來。

第十二章 領悟印度：從卑賤到浩瀚

「二十九年，一事無成！二十九年，一事無成！」小施勒格爾領頭高喊，眾人也隨之加入。他們聚在柏林的一間小公寓中，桌上準備了巧克力和蛋糕。生日壽星弗里德里希．施萊爾馬赫（Friedrich Schleiermacher），是個寒微的醫院牧師，他在一年之前（一七九六年）搬到了柏林。施萊爾馬赫的才智與機靈，讓他逐漸在柏林的沙龍嶄露頭角。小施勒格爾想要知道的是，都到今天這種時代了，他怎麼還是個基督徒呢？眾人高呼的生日頌詞，就是要求施萊爾馬赫我手寫我口，以文字表明己志。[1]

《論宗教：致輕蔑宗教的高雅之士》（*On Religion: Speeches to Its Cultured Despisers*，一七九九）於是問世，其書頗刻意以小施勒格爾等輩為對象。施萊爾馬赫的主要論點是，宗教的核心乃是透過個人直覺與感受對無限境界之體驗，此見解也令他名揚四海。結果證明，此一觀念非常契合十九世紀這個時代，人們對基督教教義的疑慮逐漸增長，而自然科學日益插足宗教性真理的領域，同時西方人發現亞洲典籍不只是漂亮的風景，而是提出嚴肅的歷史與哲學難題。將直覺置於教條之上，既有裨於西方人從東方汲取實際的教訓，又有助於挺住基督教即將面臨的巨大風暴。

對亞洲宗教採取直觀之道的先驅之一，有孟加拉知識分子暨改革家拉姆・莫漢・羅伊。羅伊可以說是他那個時代的全球名人，英國與美國的一位神論信徒（Unitarian）尤其推崇他，羅伊的名氣從孟加拉遠播布里斯托和波士頓，此現象標誌著西方人向東方探求意義的新階段：典籍文字的主導地位逐漸被東西方的結交與合作所取代。

不過，從十八世紀末到十九世紀初，西方人對印度的印象依舊褒貶不一。當時，英國東印度公司的軍隊規模比英國常備軍還要多出一倍，並且逐漸蠶食鯨吞這片次大陸，將其納入日益成形的大英帝國，有些評論者批評英國的貪婪，但其他人從中看到上帝的旨意：將這世界上陰暗落後的一個角落，納入文明社會的教導之下。[2] 承繼印度多樣形象的英國浪漫詩人羅伯特・騷塞（Robert Southey）、柯立芝和美國文學家愛默生，以非常不同的方式去感應「印度」與其前途，其感受從卑賤至「浩瀚」（the Vast）之神聖感皆有。

施萊爾馬赫宣稱，「輕蔑宗教的高雅之士」的錯誤在於，他們將宗教想像成只是教條與道德，但宗教的真相其實是「對無限境界（the infinite）的感受與體悟」。缺乏此條件的話，所謂追求意義終究只是「一場空洞的遊戲」：那只會是無窮無盡的推論與玄思，將一套概念用另一套詞語表達，不斷重演，但真正的意義始終遠在天邊。施萊爾馬赫認為，即便人能透過直覺或情感而對無限有所體會，但人們欲將此體會化為故事與命題的傾向依舊很頑固。因為這樣，自古希臘人以來，從「包含於所有宗教中的烈火」那裡「湧出的熾熱」，至今已經冷卻並凝固為「死硬的渣滓」。[3]

批評者認為施萊爾馬赫此說是在貶低宗教真理的層次。在施萊爾馬赫眼中，奇蹟是一個具有宗教情懷的心靈所感受到的事件，任何事件在其體驗中都是奇蹟。此外，上天啟示「則是宇宙原始而新出的直覺」。[4]耶穌基督的神聖性，只是源於耶穌擁有「對上帝的無比強大之意識」。[5]至於死後世界，那不過是宗教性的幻想而已：當人們不曾領悟無限，出於對自己平庸人生有限但不知還要過多久的感受，便會想像出「永生不朽」（immortality）。[6]簡言之，施萊爾馬赫正在從事神學上的掃雷工作，將沙龍文化人士擔心會爆炸的東西給清除了。

儘管施萊爾馬赫的宗教觀在哲學上很難站得住腳，但事實卻證明它在文化上頗能屹立不搖。它能夠抵禦路德維希·費爾巴哈（Ludwig Feuerbach）所謂基督教的「上帝」不過是人性投射的觀點。它還能夠抵禦日益蓬勃的聖經批評領域，聖經批評者將耶穌說成只是一個偉人，而其門徒是利用《舊約聖經》的神話題材記錄耶穌做人的事蹟。[7]與此同時，科學家判定地球的壽命有千百萬年之久，並將人類與道德的起源歸因於自然界的競爭。然而，以上所述即便都是真的，依舊不能撼動無限境界。[8]

羅伊根據自身的宗教傳統，得出與施萊爾馬赫高度相近的觀念，而那些會同情後者思想的西方人，從羅伊身上發現印度知識分子的典範。西元一七七二年，羅伊出生在正統的婆羅門家族，其家族素來為孟加拉納瓦卜效勞，羅伊在阿拉伯文、波斯文與梵文方面的造詣，讓他得以暢然探索北印度數百年來的印度伊斯蘭文化。當時盛行的文化潮流，有伊斯蘭理性主義、吠檀多思想，以及造就經典詩歌、音樂與哲學的公開論辯暨唱誦傳統。[9]

時間來到十九世紀初，羅伊逐漸相信，所有人都擁有對唯一上帝的覺知，只是被人心慣習與宗教崇拜掩蓋住而已，宗教蒙蔽此覺知意識的因素包含多神信仰、飲食規範，以及對儀式和宗教純粹性的執著。[10]羅伊警告道，文化的力量根深蒂固，任何想要讓宗教掙脫這些障礙的人，都會碰上家族成員和宗教領袖的反對。透過親身經驗，羅伊對此非常清楚，他正是因為自己不正統的宗教觀念，而與家族決裂。

羅伊從一八〇三年開始在東印度公司供職，一直做到一八一四年左右，這段經歷讓他獲得足夠的儲蓄、流暢的英語能力以及對當代西方思想的認識，足以在加爾各答安定下來，全心投入宗教改革暨社會改革。[11]在羅伊看來，宗教改革與社會改革的關係極為密切。他持論道，直接用字面去解釋印度典籍，而不予以寓言式的詮釋，會釀成偶像崇拜、犯罪、道德沉淪等問題（印度神話某些部分嫌於淫穢），還導致燒死寡婦的「娑提」習俗出現。[12] 羅伊承認，在宗教信仰初期階段，本性無法靠直覺體會神聖的人們向眾神祈禱，確實有所裨益。羅伊心目中的英雄是大哲學家商羯羅，商羯羅的教誨是宗教真理必須因材施教，傳道須因應人們的能力高下而調整。然而，羅伊仍認為，不只是宗教菁英人士而已，所有人都有能力體悟「上帝的統一性……以及以精神崇敬祂的純粹之道」。[13] 改革宗教的要義就是要找出培養這種能力的辦法。

實踐此事的做法之一，就是羅伊發表並出版了奧義書的孟加拉文與英文譯本，並附上商羯羅的評注。羅伊認為，奧義書中關於上帝與靈魂的教導，就是印度智慧的極致。他在英文譯本中，使用了西方人熟悉的自然神論詞彙，有助於西方讀者對「剃髮奧義書」（Mundaka Upanishad）等經典產生興趣且能讀得懂：

> 噢，親愛的學生呀。熊熊烈火冒出成千上萬的火花，火花的本質相同，同理，眾生靈魂源出於永恆的至高存在，最終也要返回。至高存在不朽無形、無所不在、充斥上下內外、無生無始、沒有個體心靈、沒有呼吸、純粹並且高於崇高的自然……
>
> 對上帝的認知……不是靠研讀吠陀經獲得、不是透過記憶積累得知、不是靠聽從精神指引而達致；追求認知上帝〔高於萬事萬物〕的人是被賦予此等知識，是上帝自身向他顯現。[14]

就在幾十年前，潔麥瑪．金德斯利便寫道，印度教正在等待它的馬丁．路德。羅伊的支持者將他封為「宗教改革者」（the Reformer），羅伊便是他們心目中的路德。[15]與路德類似，羅伊追求自身傳統最原初的純粹、厭惡祭司的勢力、製作方言版本的經文，並且由此樹敵無數。敵視羅伊的人包含某些正統派的婆羅門，他們不能認可羅伊對多神信仰的譴責，或者是因為理念不同，或者是因這樣威脅到婆羅門執禮賺錢的生意。[16]羅伊的敵人還有一些是基督教傳教士，他們本樂於見到異教遭受打擊，何況還是被一位婆羅門打擊呢，但是當羅伊將目光放到基督教時，他們就不樂意啦。羅伊的《耶穌之教》（*Precepts of Jesus*，一八二〇）涉入了危險的領域，書中的耶穌形象類似於一位賢者，然他的教導後來卻受到希臘與羅馬多神信仰的「敗壞」。[17]羅伊認為三位一體論便是證據，聖父、聖子、聖靈的說法顯然含有多神論的氣息。

在加爾各答，羅伊因創辦報紙、提倡英語教育以及提倡反娑提運動而名聲大噪。印度總督曾就此事諮詢過他的意見，並且正式在一八二九年發布禁令。[18]羅伊還創建了「梵社」（Brahmo Samaj），該組織致力根據羅伊的理念整頓印度教，成員每週聚會研讀印度教經文與唱頌詩歌，而且恰如路德昔日事蹟，某些詩歌甚至是羅伊本人所譜。[19]不久之後，梵社便成為所謂「孟加拉文藝復興」（Bengal Renaissance）的核心，這場運動要復興印度豐盛的文化資產，將其塑造成一套民族主義之敘事，並將這些東方智慧輸出至海外。[20]

羅伊雖將印度稱為一個「國家」（nation），但他並不是十九世紀初提倡印度革命的英國或孟加拉激進主義者之一。[21]此情使得英國與美國的一位神論信徒更容易接納羅伊，一位神論者欣賞他將耶穌視為偉大導師的尊重、讚賞他的普世一神論，還期望羅伊的同情能夠轉而為己所用，協助一位神論派的基督教在印度傳播。於是，一位神論派將羅伊的著作重新出版並四處分發，在他們的書信與報紙中刻意彰顯這號人物，從而使羅伊獲得柯立芝與愛默生等讀者的注意。[22]

這番宣傳知名度的努力以及反娑提運動的成功，讓一八三一年春天乘船來到利物浦的羅伊受到熱烈歡迎。羅伊此番前來，是擔任蒙兀兒皇帝阿克巴二世（Akbar II）的特使。由於現在德里實際上是在東印度公司控制之下，阿克巴二世遂封羅伊為「拉賈」（Raja）並派遣他前來懇請英國提高蒙兀兒皇帝的俸廩。[23]羅伊在往南前往倫敦的旅程中，發現自己竟被眾多支持者圍繞。他到倫敦之後，見到英王威廉四世（William IV），還見過班傑明．迪斯雷利（Benjamin Disraeli）和威廉．威伯福斯（William Wilberforce）＊。當國會在辯論「改革法案」（Reform Bill）時，他曾經坐在下議院席位上聆聽。據說羅伯．歐文（Robert Owen）曾極力向羅伊宣揚烏托邦社會主義，可惜沒有下文。[24]邊沁（Jeremy Bentham）甚至曾經有意鼓

＊譯注：迪斯雷利（一八〇四－一八八一）是英國保守黨政治人物兼文學家，後曾兩度擔任英國首相（一八六八；一八七四－一八八〇）。威伯福斯（一七五九－一八三三）是英國國會議員，也是著名的廢奴運動者。

吹羅伊競選國會議員呢。[25]

拉姆．莫漢．羅伊的尊貴之氣、異國風情、才智英華，這正是英國改革者殷切盼望的人物，就連他的過世也是如此受到矚目。羅伊在一八三三年拜訪布里斯托時，出現腦膜炎的症狀，水蛭療法顯然無法奏效，他最終在九月二十七日撒手塵寰。由於謠言盛傳他臨終之際曾向三百六十四位神明祈禱，他的養子拉姆．羅伊（Ram Roy）被迫出來闢謠。[26]拉姆澄清，拉姆．莫漢．羅伊只有向「唯一上帝」禱告，於是傷心的英國人遂將他葬在布里斯托的阿諾斯維爾墓園（Arnos Vale），舉辦講道、創作詩歌與十四行詩以誌不忘。[27]一位神論改革者瑪莉．卡芃特（Mary Carpenter）為紀念羅伊，寫下一首十四行詩表達敬意，以及瑪莉等人對於遙遠的印度竟有人證實其信念所感到的安慰：

你的國家坐落於黑暗裡；
異教的陰影籠罩著它；
你降生於迷信無知之間：
但你的胸臆當中卻有來自天上的光輝
源自最純潔的真理與愛……
你的生命充滿赤誠，

引領你墮落的同胞
從罪孽中走向正道；
引導他們的目光
望向那神聖而正義的太陽。

卡芃特還在詩中讚美了羅伊長眠之處，也就是那片「汪洋環繞的土地」。「在諸國當中」，它派遣「諸多聖潔的團體」去對抗暴政與迷信。因此接著這麼寫豈不合適：

懷著欣喜，你來到我們被祝福的島嶼
在此找到你最終的、安寧的家園。[28]

瑪莉·卡芃特詩中「被祝福的島嶼」究竟代表什麼意思呢？這件事竟然能在十八世紀末至十九世紀初引起激烈的爭辯，尤其是羅伊臨終所在的那座國際大城市，對這起爭議尤其重視。大約在三百年前，航海家約翰·卡伯特從布里斯托出航，意欲尋找通往亞洲的西北航道，惜乎命途乖舛。從那時開始，高利潤商品與非洲奴隸的全球性貿易，便為布里斯托帶來可觀的財富、美麗的建築還有言詞激進的名聲。[29]西元一七九五年時，各家咖啡廳與穀物市場有位演講常客，他是位年輕的一位神論者，名喚塞謬爾·柯立芝：

英國民族是實際上的無神論者，他們號稱信仰上帝，但行事卻如同根本沒有上帝……在非洲，可恨的奴隸貿易造就無數受害者，在亞洲印度斯坦（Indostan），簽下稻米合約的總督造成平原荒蕪，數百萬生靈因此死去。[30]

柯立芝譴責像羅柏·克萊夫這種帝國主義者──「簽下稻米合約的總督」──對印度造成貧困，還對母國帶來嚴重的社會與精神傷害。犯下「骯髒而奴役心靈的罪孽」，在亞洲各地造成大量死亡，英國人得到的回報是「黃金、鑽石、絲綢、平紋細布和印花布……獲得製作有害飲料的茶葉、用來飲茶的瓷器，並取得硝酸鉀製造火藥殺害原住民以取得上述物品」。[31]柯立芝的批評類似老普林尼對胡椒與絲綢的評論，也類似中古教士對於歐洲人迷戀香料的斥責，他將亞洲以及廣大的世界，和英國消費者「人造需求」的刺激講到了一起。[32]柯立芝以「獲得天啟的加利利（Galilee）善人」＊為名，呼籲布里斯托人不要再購買蔗糖與蘭姆酒，並舉出人所獲若超出其所需的可怕後果，將會是「忌妒、掠奪、政府與祭司」。[33]

這是段激情洋溢的時代，美國與法國大革命的氣息依然濃厚，柯立芝在校時期還曾寫過一首讚揚攻陷巴士底（Bastille）的頌歌。[34]加勒比海地區的奴隸起義此起彼落。英國充斥著改革者的呼聲，稍後還會歡迎拉姆．莫漢．羅伊等海外盟友加入這番事業。[35]柯立芝與朋友騷塞曾短暫夢想用他們的理智社會觀來面對這個瘋狂的世界。他們都選擇放棄大學教育，騷塞於是離開牛津大學，柯立芝棄讀劍橋大學，兩人前往騷塞的家鄉布里斯托，期望由此取道前往美國。他們想要到美國建立一個烏托邦殖民地，名為「大同平等政治」（Pantisocracy），也就是眾人共有且共治的平等政府。騷塞預言道：「在我和柯立芝一同砍樹的同時，我們會一邊討論形上學；一道獵野牛時，我們會一邊批評詩歌；一起耕地時，我們會一邊寫十四行詩。」[36]

人生變化總不如原先計畫，到一七九五年底時，騷塞和柯立芝兩人都還在英國，而且都已經結婚成家。與此同時，法國的革命夢想也漸漸褪色，稍後，拿破崙（Napoleon Bonaparte）便試圖取道愛爾蘭侵略英國。要喜歡法國政治勝於英國政治的態度於是難以為繼，尤其是一八〇七年的奴隸貿易法案在大英帝國境內廢除了奴隸貿易（雖然奴隸制本身仍然合法），此事乃被視為一大進步。

不久之後，騷塞便自詡為志士，認定作為印度「家長國」（parent country）的英國可以造

＊譯注：耶穌在加利利傳道，其門徒多為此地人。

福全世界。[37]騷塞企圖透過自己的詩歌，來提升國內海外人們的道德情操，他因此成為了基督教傳教士報告書的熱切讀者，然那些傳教報告的作者總是過分渲染印度生活的落後以吸引人們捐獻。[38]童年便熱衷於世界神話傳說的騷塞想像力勃發，他尤其喜歡關於賈格納神廟每年舉辦神車節的精彩描述。傳教士作家克勞迪斯・布坎南（Claudius Buchanan）便心有餘悸地回憶道，他曾經看見「一輛高約六十英尺……的龐大巨輿」行進之景象，上頭立有神像，祭司坐在旁邊，那尊偶像「是木造的，臉孔畫成恐怖的黑色，有張鮮紅的血盆大口。神像的手臂是金色，穿著華麗的服裝」。布坎南說他親眼看到一個朝聖者將自己奉獻為犧牲品，在巨車行進路線前趴下，臉朝地面，讓神車車輪將自己壓過去。[39]

拉姆・莫漢・羅伊譴責人們因為上述情景而誤解印度經典，而這類事蹟的記載也使得「賈格納」（Jagannath）一詞進入英文而成為「大卡車」（juggernaut）的意思，並讓西方人對印度人的自我犧牲意識產生誇大印象，認為印度人經常會做這類讓神車壓過自己的事情。然在騷塞看來，這是令人無法抗拒的詩歌題材。經過近十年的功夫，騷塞終於在一八一〇年完成了史詩作品《克哈瑪的詛咒》（*The Curse of Kehama*）。克哈瑪是位婆羅門祭司，他為了超越生死，將自己獻祭給濕婆神。詩歌開篇場景就是一場著魔似的葬禮，如痴如夢的群眾加入這波浪般的隊伍：

正是午夜，然而卻無一雙眼睛
在這帝國大城中閉上入眠！
看這城的街道通明
燈火似乎點燃了天空一片朱紅，
城中無數群眾在擁擠的路上蜂擁向前
主人和奴隸，黃髮與垂髫，
眾人，所有人都在戶外盯著；
屋頂上和陽台邊
叢聚著揭開面紗的婦女
不受阻擋的視線能一覽無遺
看見經過的送葬隊伍盛況……

聽著！這是葬禮的號角聲響！
此乃死亡的輓歌！
萬張鼙鼓同時響起，
一聲雷震般的長鳴襲向耳膜；

萬人嗓聲接著加入，
一股深沉而瀰漫空氣的嚎叫
灌注著淒厲的哀意。
讚歌竟淹沒在
那震耳欲聾的聲海中……

稍後神車節到來：

在二十個車輪上聳立起來
巨大如船艦，禮車現身；
沉重車輪咿啞作響，穿越城門
一千名婆羅門拖著這龐然大物前行……

大車前行，壓碎一切。
輾過肉身與骨骼，車轍情況慘烈。
然呻吟卻無人聽聞：垂死的哭號，

死亡與痛楚
都被踐踏在瘋狂群眾的腳下，
眾人緊緊跟隨，推著致命的巨輪繼續前行。[40]

至《克哈瑪的詛咒》成書之際，騷塞眼中的拿破崙就像是蒙兀兒皇帝或婆羅門祭司那般，已完完全全成為專制獨裁的壞榜樣。[41]此時的英國已能聲稱自身曾與這三個大壞蛋對抗過。與此同時，英國的現代化人士與福音派中人，正在透過論理鞏固英國在印度地位的正當性。西元一八三五年，當時身為加爾各答最高法院成員的湯瑪斯．麥考萊（Thomas Babington Macaulay），主張有限的官方教育預算應當用於推行英文教育，而非梵文教育，他的論點是：「上好歐洲圖書館當中一個書櫃的價值，就勝過印度與阿拉伯當地的全部文獻。」[42]將印度文化予以學術性解析並介紹給西方讀者的任務，慢慢地從英國人手上交給日耳曼地區的東方學學者。在十九世紀期間，全英國的大學只有三個印度學教授職，日耳曼地區（德國）則有二十二個。[43]

比起騷塞，柯立芝在印度找到的靈感更加光明愉悅。柯立芝在一七九七年與威廉．華茲華斯（William Wordsworth）結識相知，兩人都將生命振興的可靠泉源，從政治換成了自然。他們在科茲窩（Cotswolds）與湖區（Lake District）漫步，體會康德所謂「崇高美」與其「無垠」且宏偉的意境。然而，在柯立芝兩個從軍的兄弟死於印度（約翰卒於一七八七年；法蘭克卒於一七九二年）之後，他肯定是對印度魂牽夢縈，於是也開始追尋亞洲的崇高美：

忽必烈汗在仙納度
下令建一座宏偉的歡樂宮：
阿爾芙（Alph）聖河，奔流
穿過人類無法度測的洞穴
注入一片沒有陽光照耀的海洋。[44]

「仙納度」（Xanadu）的靈感來自元上都（Shangdu），也就是忽必烈的夏都，那是柯立芝在珀切斯版本的馬可．波羅遊記中所讀到。[45]不過，「歡樂宮」（pleasure-dome）卻不是蒙古人，而是蒙兀兒人的玩意兒，取自對阿格拉城圓頂建築的記述。[46]柯立芝也受喀什米爾自然奇觀傳說的吸引，據說蒙兀兒皇帝賈漢吉爾曾將此地描述為「人間天堂」。柯立芝將這些傳說，結合上他自己在薩默塞特郡鄉間——大約是他在一七九〇年代中期創作《忽必烈汗》（*Kubla Khan*）的居住地——看到的景象：[47]

這裡有鮮豔的花園與曲折的小溪
眾多香樹盛開；
與山丘同壽的古老森林，
環繞著陽光明媚的綠地。[48]

在譜寫《忽必烈汗》時，柯立芝向友人約翰・塞爾沃（John Thelwall）坦承，自己渴求能「看見與體會到些『偉大』的事物、『唯一』而『不可分』的事物」。在這般珍貴的冥思狀態中，他發現「巖石、瀑布、山巒或洞穴，都令我感受到崇高與威嚴！」他續道，「所有事物」都昇華到「摹擬無限」的境界，讓他重溫童年偶爾會出現的一種「浩瀚」感受。[49]如此的心靈狀態倏忽即逝，誠如他在《忽必烈汗》提及「彈奏德西馬琴的處女」的幻境異象，如曇花一現，春夢了無痕：

我能否在心中喚起
她的旋律與歌曲，
為我帶來不盡深刻的喜悅，
我能用如此響亮而悠遠的音樂

造出那座空中穹頂。[50]

柯立芝發現，這種心靈的冥思狀態類似於創作《忽必烈汗》時形成的靈思幻夢，他遂使用印度神話的著名形象來表達這樣的心靈境界。他寫信給塞爾沃道：「我非常希望能像印度的毗濕奴神一般，在無垠的汪洋上漂浮，每一百萬年甦醒一次，每次只醒來幾分鐘，只是為了知曉我將再度沉睡百萬年。」[51]

柯立芝也許是從威廉・瓊斯〈納拉耶納頌〉或威爾金斯翻譯的《薄伽梵歌》當中，得知這樣的毗濕奴形象。[52]有一段時間，他甚至身體力行「梵頌」推崇的無聲靜禱。然而隨著柯立芝對鴉片的依賴日復一日增長，他參悟「浩瀚」的能力逐漸凋敗，而他的婚姻也走向窮途，終於在一八〇八年與妻子離婚，看來無論是印度哲學的「至高者」或基督教一位神論派的上帝，都無法讓柯立芝浸潤於神聖感之中。

柯立芝相信，欲鍛鍊人類理性，則人與自然的疏離是一種必須付出的代價，此過程已歷經千百年。人的心靈逐漸轉而內向，創造出自我與世界的分離狀態，而這是哲學必須加以克服的問題。[53]可是，斯賓諾莎和吠檀多不二論克服此問題的方式，似乎都只是透過宿命論的、消滅一切的與天復合之道，此法納入意志與理性的結合，卻不為「以熱切情感追求真理」留下餘地。[54]柯立芝於是斷定，印度的泛神論其實是「裝飾過的無神論」（painted Atheism），其中

「貌似汪洋的上帝、人類、動物、植物，只不過是深不可測的大海表面，翻起的漣漪和波紋而已」。[55]他對於冥想靈思的看法，最終呼應了十六世紀耶穌會士對禪宗的批評：這只是使人對激情變得麻木，卻從而剝奪他躬行高貴美德的可能。[56]

基督教一位神論似乎也沒高明到哪去。它的理性主義和樂觀精神非常適合光明的白晝，卻無法安撫柯立芝夜晚的恐懼與負疚感，尤其是在他愛上妻子以外的女人之後。[57]他的罪惡感如此強烈，而他對寬恕的強烈需求如此發自肺腑，柯立芝發現唯有有人格的上帝（personal God），才會去理解與垂愛罪人，才能讓人感到祂的無所不能且應當虔信。於是，柯立芝在一八一四年重拾了自己孩童時期相信的英國國教，顯然他在正統基督教與其道成肉身教義當中，才終於找到化解極端相異的生命問題之道——超越性與內在性、無限與有限、神聖與卑鄙。[58]

在柯立芝的批判者看來，此人重歸正統信仰與保守政治懷抱，實為一種反動的背叛之舉，此見與批評者對施勒格爾的意見相互呼應。然而隨著柯立芝個人對亞洲的興致日益蕭條，他卻充滿批判性地對「幻想」（fantasy）與真正的想像力或創意（creativity）加以區別，後代人追隨其腳步後發現，此一區別極為關鍵，不可或缺。誠如柯立芝所論，「幻想」是心靈將既有固定的觀念以某種新穎的方式組合起來。然真正的創意則有如一創作的詩人，企圖將人類對「無限的『我是』（I AM）」之想像呈現出來。這是一條出路，由此，不會自然從事冥想沉思的二十世紀西方人能夠在亞洲找到真正的希望：相較西方，亞洲的符號與神話擁有更高層級的力量，可以激發出人類想像的探索及接受能力。

騷塞陶醉於某種哥德式恐怖（Gothic horror）版本的印度印象中，柯立芝則是對印度「裝飾過的無神論」感到失望而捨棄之。反觀愛默生則是在人生歷程中，漸漸地累積對亞洲的愛慕。[59]與柯立芝類似，愛默生年輕時也是個一位神論者，他在就讀哈佛大學期間接觸到聖經批評、施萊爾馬赫和浪漫主義詩歌等領域。愛默生對印度的最初印象，受到可怕的傳教報告以及騷塞《克哈瑪的詛咒》影響，在一八二一年愛默生大學畢業當年，他為了替哈佛大學博覽會寫出一首詩作，曾仔細讀過騷塞那部作品。[60]該詩的主題〈印度迷信〉（Indian Superstition）就可以反映作者的態度。此詩的目的其實是要讚美愛默生那個正值青春的國家富裕又自由，而愛默生抱持與騷塞類似的態度，想像美國將會成為拯救印度脫離魔鬼、慘叫、「苦難深淵」的那顆明星。[61]

愛默生的瑪麗姑媽（Aunt Mary）對姪子在詩文與宗教想像力方面的影響巨大，正是瑪麗姑媽熱切地寫信告知愛默生，有拉姆・莫漢・羅伊這麼一位「學識淵博的印度教徒」。[62]當時年輕氣盛的愛默生回信頗為倨傲，表示自己對「你的那些印度神話」興趣缺缺，同時就避世心態的問題提出警告：「人人在他的地平線之外，都坐落著一片仙境。」[63]同一年，瑪麗姑媽又寄來威廉・瓊斯〈納拉耶納頌〉的詩句並讚揚其唯心主義的意境，愛默生曾將頌中字句抄寫到私人日記當中：「吾感知者唯上帝！吾崇敬者唯上帝！」[64]

瓊斯的詩作，加上報章雜誌對羅伊理念與活動的推崇，使得愛默生漸漸掃除先前對印度的貶抑。[65]然而，愛默生芳華二十的妻子愛倫（Ellen）於一八三一年過世之後，他迫切感到自己需要去探索新觀念和異國思想。兩年前才被任命為基督教一位神論教派牧師的愛默生，突然間感覺到其教義與聖禮的不足，且認為能使心靈於現世當下全面沉浸的宗教形式非常重要。於是愛默生在一八三二年終離開了自己的教區，前往歐洲旅行。他在歐洲與自己心目中的英雄們相會，有華茲華斯、當時健康欠佳的柯立芝以及湯瑪斯・卡萊爾（Thomas Carlyle），然而使他人生轉變的關鍵時刻，發生在著名的巴黎植物園（Jardin des Plantes）。愛默生日後回憶那個時刻，稱其為頓悟剎那：他在當時感受到人生無盡非凡的豐富盡顯無遺，不只是多彩多姿，而且是種自然的和諧統一，他自己亦是其中的一部分。[66]

自西元一八三六年以降，有一個名為「超驗社」（Transcendental Club）的社團，開始在愛默生位於康科德（Concord）鄉村的家中聚會，箇中成員包括亨利・梭羅（Henry David Thoreau）、瑪格麗特・富勒（Margaret Fuller）等人，他們企圖追尋超越既有宗教與傳統政治的境界，並探討唯心主義、理想主義、宇宙協和一統、直覺力、人類終極之善等課題。為探索這些大哉問，愛默生博覽群書，其中包含奧義書、《摩訶婆羅多》篇章、儒家孔教、《摩奴法典》、《薄伽梵歌》。令他訝異的是，唯心主義居然遠遠比德意志的哲學更古老，可以一路追溯到上古印度，於是愛默生在一八三八年向某群哈佛神學院研究生發表了一場非常具爭議性的演講，若讓施萊爾馬赫來批評，他會說這些講演內容就是將糟粕誤認為菁華、將爐渣視作岩漿，相當危險。[67]但是，愛默生卻是將耶穌是神與人格上帝的觀念，歸類為爐渣，如他所言，這些只是「歷史上基督教」之遺緒而已。真正的神聖是超越這些觀念的存在，而且那並不是任何人的文化財產：

道德感受的直覺……在虔誠而沉思的東方世界，總是深藏於人心的最深處；此情不是僅出現在巴勒斯坦而已——它只是於巴勒斯坦呈現其最純粹的型態——還有埃及、波斯、印度、中國。歐洲向來受到東方天才的啟發，歐洲對神聖之感動便根源於此。這些聖潔詩人說出的道理，凡有理智之人都會深受觸動，知其真實不妄。[68]

愛默生提醒聽眾們，不要將信仰和命題混淆，也不要只為人們提供某種王霸式的、奇蹟性的宗教，卻缺乏令人信服與安慰人心的力量。他宣告道：「我正在等待時機到來，屆時那令東方眾人靈魂陶醉的至高無上之美……也將現身於西方。」[69]愛默生就如柯立芝一般，認為凡能體會自身「蘊含……於自然之中」的人，便有能力能夠認識此等「至美」。[70]他們於是能在自然之中發現一偉大的「靈」，「充斥並且包含著我們」。[71]愛默生認為，直觀此大靈與其道德法則並循此道力行，才是「自立自足」的真諦，其境界已遠遠超越嚴格遵守「標章與名義……以及那些已經死掉的制度」。[72]

在那些年頭裡，美國相對孤立於歐洲式東方主義思潮之外，愛默生在一八四五年讀到威爾金斯翻譯的《薄伽梵歌》時，他錯將此書稱為「大名鼎鼎的佛教經典」，此事可以作為一項例證。[73]超驗社成員為了突破美國這種孤立狀態付出許多心力，比如在他們的期刊《錶盤》（*The Dial*）上刊登節錄自亞洲「民族典籍」的內容，有印度教、佛教經典，還有孔子的格言與教誨。[74]在那個西方人對中國評價已不甚高的時代裡，愛默生卻對儒家思想表現出特別熱切的欣賞態度，他說儒家實為道德個人主義（ethical individualism）＊，會充分為他人考量，而不是陷入自我中心的自大。仁者人也，毋固毋我。[75]

然而，愛默生覺得吠檀多不二論哲學比儒家思想還要深刻許多。日常表達用語如「我是」以及「這是我的」等等，其實都牴觸了吠檀多論揭露出的巨大幻覺：小小的孤單的自我，在

＊譯注：道德個人主義是主張道德屬於個人問題而非集體問題，也就是自我負責，並不是只關心自己而不在乎他人的品德。

一個充滿人事物的破碎世界中掙扎，無法體察到在那樣的世界之上還有一貫且唯一的真相存在。愛默生使用吠檀多術語「帕拉瑪特曼」（paramatman）*以及他自己發明的詞「超靈」（Over-Soul），來指稱這個唯一真相。他逐漸相信「印度典籍」的要義便在此「根本統一」，而其道乃是歐洲哲學素來不曾涉足者。愛默生企圖將此意境表達於詩作當中，他發揮得自於「迦陀奧義書」（Katha Upanishad）的靈感寫成〈梵天〉（Brahma），於一八五七年刊登在波士頓某新興雜誌《大西洋》（*The Atlantic*）的創刊號上：

假若那紅衣殺手認為他殺了人，
或那被殺之人以為自己被殺死，
是因為他們都不懂得奧義之法
便是我保有、經歷、迴轉之道。

遙遠或遺忘，我感受很貼近；
陰影和陽光，我看來皆相同；
消失的神明，我眼中又顯現；
恥辱及名譽，我視為同一物。

忽略我者乃認知失誤；
在他要展翅飛離我之際，我便是那羽翼；
我就是質疑者，還是質疑的本身，
我便是婆羅門頌唱的聖歌。

強大神祇渴求我的居處，
又渴望神聖之「七」而不可得；
而你，你這位謙卑的求道者呀！
找到我，然後就別管天堂了吧。76

西元一八五七年的美國，絕不是人人都能夠接受「帕拉瑪特曼」。愛默生的詩引起不少困惑與嘲諷，但也有人表達支持之意。此時，愛默生與同志梭羅等超驗主義者（Transcendentalist）已

＊譯注：「帕拉瑪」的意思是超越、至上，「阿特曼」是指（永恆的）自我或心靈。

開始將亞洲（尤其印度）思想作為沉思冥想、充滿生命、貼近自然的一股力量植入美國文化之中，刺激美國日常生活中那些僵化、商業化、死寂的部分。同樣的一股情緒，稍後將在一八九三年促成維韋卡南達在世界宗教大會上受到的熱烈歡迎。傳教士們、騷賽以及羅伊等改革人士對印度的看法不如愛默生光明樂觀，而他們領悟印度的方式各異且後繼有人。維韋卡南達之所以在芝加哥炙手可熱的原因之一，正是因為有好多美國人向來以為「文明的印度人」就是個含有內在矛盾的概念。

柯立芝領悟印度之法，受到當代變化劇烈的政治局勢以及深沉、乃至於絕望的個人需求所影響，採取的是試探性的、寄託希望的取徑。同樣地，柯立芝對印度的感受也傳到後代。愛默生所謂「對萬物化為一體的祈禱之極樂與虔信之狂喜」，在柯立芝的感受中卻是空、是無。作為浪漫主義之支柱，自然、寂靜與孤獨都很好，但除非能夠指引人朝向某種超越的、愛世的、有意志的存在，否則到最後，那又有什麼意義呢？

如果呼吸
不是生命的任務或庇護所，而是生命的本身，
假如連米爾頓那樣的靈魂都能了解死亡；
那麼人類呀！就只是沒目的的、無意義的容器罷了……[77]

第十三章　亞洲的光芒

而他也注意到，
蜥蜴吃螞蟻，虺蛇吃蜥蜴
鳶鷲則吃蜥與蛇……
直到所有地方
獵食者殺了另一隻獵食者，然後又被獵食，
生命靠死亡而活。原來一幅美景之下
掩蓋著巨大的、野蠻的、可怕的陰謀
從蟲子到人類都在相互廝殺的陰謀。[1]

西元一八八二年，達爾文（Charles Darwin）被安葬到西敏寺中，安息處與牛頓鄰近，由此，他不只是與這位前輩同眠，而且同樣享有一種稱不上光彩的名氣，那就是兩人姓氏都代表著希望的幻滅。「牛頓式」宇宙觀有如一座鐘錶，毫無浪漫與神祕，「達爾文式」則很快就被人用來形容鬥爭、殘酷以及盲目的行動。想要成為詩人的英國記者艾德溫．阿諾德（Edwin Arnold），企圖超越阿佛烈．丁尼生（Alfred Tennyson）詩集《紀念》（*In Memoriam*，一八五〇）中「血紅爪牙的自然」之詩句，在一八七九年寫出達爾主義式的細膩文字，將人類拖入泥沼之中：人類曾是上帝特殊的創造，祂慈愛地將人類置於伊甸園中；但如今人類卻是自然界中最有效率的殺戮機器，棲息於堆積如山的屍堆頂端。

就在阿諾德如此下筆的短短幾十年前，東方泛神論曾被列為對古老「創世」（Creation）觀念的最大威脅之一。此處大寫的「C」意謂神聖，這個世界乃上帝所造，而上帝是慈愛的、是可理解的。假如大自然最後被證明只是一張面紗，但這張面紗背後卻沒有臉孔，或者，大自然只是場高明的戲法（如印度的幻影「摩耶」觀念所示），那麼重中之重的關鍵便會失落。至一八七〇年代末期，上帝創世觀受到的威脅，已經漸漸逼近此信念的大本營。地質與化石方面的發現，成為支持耶穌會士得自於中國典籍之觀念的有力證據：這個世界確確實實比聖經說的還要古老許多，有許多物種在漫長的時間當中興衰起滅。當時新發現的熱力學法則，將宇宙描述為一個封閉的系統，其中的能量和物質既無法被創造，也不會被消滅，倘若這是真相，那麼上帝究竟是如何介入人類生命的呢？達爾文兩大鉅著《物種起源》（*On the Origin of Species*，一八五九）和《人類的由來》（*The Descent of Man*，一八七一）的讀者，若會得出上帝罕有介入人事，甚至對人類興趣缺缺的結論，我們實在也無須大驚小怪。

然而，這番情景並不能被稱為科學正在刺穿基督教的心臟。至少從西元三世紀的奧利堅開始，基督徒便是以文學和歷史兼有的態度看待〈創世紀〉。此種二者綜合的確切性質難以釐清，因此至少就理論而言，科學家帶來的釋經幫助應當要獲得接納才是。以詩意文學來看，〈創世紀〉的根本重點是上帝創世造人，後來從原始的完美狀態墮落，那麼，認知物種會滅絕應是很自然的事情。[2]根據定義，奇蹟指的是違反自然法則的事件，但我們也可以說奇蹟只是額外增加法則，原先的自然法則仍一如既往地存在。吾人甚至可以在演化論當中某種程度發現，上帝讓萬事萬物在這世界上達成任務的優雅與放任之道。

然而，假如人們認為「自然之書」應當要擺在聖經的一旁，以彰顯上帝對人類的啟示，那麼，這位允許「自然選擇／天擇」（natural selection）之下大量殘酷與揮霍生命之事存在的上帝，究竟是何方神聖呢？而對於作為人類的我們來說，如果人的道德和良心，不是從本質上與設下法則的慈愛上帝有所聯繫，而是一種演化的產物，那人類到底是什麼、我們到底是誰？[3]隨著上帝與人的關係愈來愈形同陌路，對於艾德溫．阿諾德這般有抱負的詩人來說，可以用來著墨的材料豐富非常。馬修．阿諾德（Matthew Arnold）——與艾德溫．阿諾德沒有親戚關係——在〈多佛海灘〉（Dover Beach，一八六七）詩中已經指出了這個方向：「信仰之海……／退卻到晚風的呼息之中。」

但事實上，艾德溫．阿諾德的創作卻是全然不同。他詩作當中的那位觀察者，覺察到周遭那「相互殘殺的恐怖陰謀」，決定坐到一棵樹下：

> 去沉思人生這場大病，
> 病根為何，解方何在。
> 充實他心中的是無上大悲、無邊大愛
> 垂憐蒼生，此等醫苦解難的熱情，
> 在此驅使之下，他高貴的精神
> 進入大喜大悟之境，從而解脫凡驅
> 那感官與自我的缺陷，這位少年達致
> 禪那（Dhyāna）之境，「道」的第一步。[4]

「這位少年」是因為痛苦而啟程，但他不是走向慘淡的、維多利亞時期中葉的悲觀主義，而是從黑暗走向光明。這不大可能是讀過達爾文著作的人，會做出的回應，故阿諾德詩中的「高貴精神」其實屬於一個全然不同的時代。少年指的就是喬達摩．悉達多（Siddhartha Gautama），也就是佛陀。阿諾德創作的史詩《亞洲之光》（*The Light of Asia*），是他人在火車上、月台邊、餐廳中抽空，收集寶貴零碎時間寫出來的——他草擬的詩句有時會潦草寫在襯衫袖口，也曾經寫在點菜單背面。這是將佛教介紹給英國以及廣大西方的一次嘗試。[5]

直到十九世紀前半葉，西方人對佛教的印象依舊很模糊，而且整體評價是負面的，叔本華哲學的悲觀氣息是造成此等情況的一項肇因。人們斷定佛教是一套無神信仰的思想，其信徒的目標似乎就是不想活了，希望生命歸於空無。然隨著來自亞洲各地的文獻顯示，竟然有這樣一位不可思議的人物，僅憑孤身一人，卻能發展出規模與地理範圍足以媲美基督教的宗教運動，上述這種貶抑佛教的觀點也開始出現改變。[6]

至此時，西方人已經知道佛教的北傳「大乘」（Mahayana）支派，流傳到西藏、蒙古、中國和日本等地，而其思想源泉乃是一系列的梵文經典。[7]南傳「小乘」（Theravada）佛教傳統是斯里蘭卡與大半東南亞地區的主流信仰，貌似較為接近原始的佛陀教誨。在斯里蘭卡從事教務的基督教傳教士羅伯·哈爾迪（Robert Spence Hardy），是最早研究小乘佛教巴利文（Pali）經文的西方人之一。這些經文大多書寫在棕櫚葉上，並且存放在木盒中。[8]哈爾迪撰成的《佛教簡介》（*Manual of Budhism*，一八五三），這是最早有西方人解說小乘佛教的著作，此書也是艾德溫·阿諾德寫詩的主要素材來源。[9]後來，賴斯·戴維茲夫婦（Thomas William & Caroline Rhys Davids）與他們的巴利經文學會（Pali Text Society），是從事相關搜集與翻譯事業的主力。

無論是哈爾迪抑或賴斯．戴維茲夫婦，皆無意使其讀者成為佛教徒。哈爾迪是個傳教士，他的研究乃是基於那套行之有年的「知彼知己百戰不殆」傳統。哈爾迪等傳教士主張應當消滅斯里蘭卡的佛教信仰，因為那是明顯的偶像崇拜，然若他們無法說服英國當局這麼做，那最佳的下一步就是去理解佛教的教義，由此促進基督教傳教工作的效果。[10]賴斯．戴維茲夫婦研究佛教的動力，是想要讓佛教在西方擺脫其悲觀消極的負面形象。由此，他們所呈現出的佛教模樣，是一種理性的、科學的、重視自我道德修養的思想，此思想的根基是佛陀的修行與見解，故佛教實為一門「心靈的科學」。[11]

賴斯．戴維茲夫婦這項宗旨，意在贏得十九世紀下半葉西方人的認同。維多利亞時代有一小群人，認為這個時代的科學成就正在塑造一套足以否定並替代基督教的世界觀。此世界觀的支持者，包括了由查爾斯．布拉德勞（Charles Bradlaugh）於一八六六年創立的「世俗學會」（Secular Society）。當時大多數人固然尊敬科學，認為這是獲得與驗證某些知識的方法，但人們並沒有將科學地位拉抬到那麼驚天動地的地步。牛津大學語言學家佛烈德利希．馬克斯．穆勒（Friedrich Max Müller），乃是當時願意稍稍取法科學來充實哲學與宗教世界的人物之一。他宣稱，如今西方人對世界各宗教傳統已有夠多的認識，足以建構起一套「宗教科學」（science of religion）。吾人可以將各宗教聖典進行科學比較研究，驗證是否有信仰發揮作用下的「心靈能力」徵兆存在，就馬克斯．穆勒的理解——且與施萊爾馬赫的觀點相呼應——這指的便是人類「理解無限之境」的能力。[12]

當時的人們其實未必要閱讀哈爾迪《佛教簡介》或聆聽馬克斯．穆勒的課程，才能得知關於佛教與宗教比較學的最新觀念，相關的課題已經在讀者群廣大的期刊如《愛丁堡評論》（*Edinburgh Review*）、《英國評論季刊》（*British Quarterly Review*）上頭出現。[13]這些課題也會是晚餐桌上人們聊天的內容，促成此情的一大原因是一八七〇和一八八〇年代出版了不少關於佛陀一生行誼與教誨的普及類讀物。[14]傳教士對印度民間宗教迷信的描述誇大嚇人，導致印度教黯然失色，正值此際，歷史上真實存在過的佛陀，恰恰成為亞洲版的馬丁．路德。佛陀所要對抗的，正是他當時的祭司階級與其相關儀式和種姓制度造成的劣跡。[15]佛陀發動了一場大改革運動，儼然就是亞洲版的新教主義（Protestantism）。[16]有些人甚至將佛陀與更偉大的人物視作匹儔。也許，佛陀之於古代婆羅門教，就有如耶穌之於西元一世紀的猶太教：兩人都是持激進立場的改革人物，兩人皆是以愛與慈悲為本並提出道德性極強的教誨。[17]

維多利亞時代的人們對佛教的興趣日益滋長，在此背景之下，阿諾德的《亞洲之光》大為成功，暢銷數十年，直到一九五〇年代初期，此書的總銷售量已達一百萬冊，與馬克．吐溫（Mark Twain）《哈克歷險記》（*Adventures of Huckleberry Finn*，一八八四）的成績不相上下。由此，《亞洲之光》一書的流行，也令憂心的基督教神職人員提出長篇大論的反駁。[18]雖然阿諾德渴望能繼丁尼生之後擔任「桂冠詩人」，但阿諾德的成功原因與其說是他作為詩人的才華，不如說是身為記者對時代氛圍及觀眾品味的敏銳直覺。從《亞洲之光》的成功去深究，眾人渴望的是英雄主義、異國冒險，他們想要看到一個如耶穌般的淑世者，渴求將愛與自然連結以抵銷大自然的科學氣息——由此讀者想要得到的安心感覺是：我們周圍的那個世界，畢竟仍是上天的「創造」。

佛教典籍所記載的佛陀生命故事，確實能夠讓阿諾德那些維多利亞時代的讀者觀眾們，得到他們想要得到的。而阿諾德辦成這件事的方法，是減少其中奇蹟法術的元素，同時刻意保留悉達多誕生與耶穌降生的驚人相似之處：

> 來自遠方的商賈，
> 收到聖誕的消息，帶來豐厚的禮物
> 放在黃金的托盤上；羊毛披肩、香膏和寶玉……
> 繡滿珍珠的腰巾和檀香木。[19]

阿諾德還汲取自己擔任倫敦《每日電訊報》（*Daily Telegraph*）專題作家的經驗，還有親身在印度生活與工作的經歷，杜撰出國王下令舉辦一場隆重盛大的誕生慶祝活動：[20]

街道掃得潔淨無比
路面上灑有玫瑰香料，樹上
掛著燈籠與旗幡，雀躍的群眾
目瞪口呆地觀賞耍劍者與表演家，
耍特技的、變戲法的、盪秋千的、走繩索的，
舞群女子的裙子金光閃爍，鈴鐺
掛在她們未曾稍停的腳踝上，丁鈴噹啷；[21]

這個著名故事的後續發展，就是國王為了保護悉達多，刻意不讓他看到宮殿外頭那世界的苦難。但誠如阿諾德向讀者呈現的，「王子的／高貴的精神」（princely spirit）正在於好奇、勇氣與慈悲。悉達多歷經數次未經許可的外出，看見人生實況：生老病死苦窮。最後，憐憫之心驅使悉達多踏出了那一步——也是阿諾德得精心處置的一步——亦即拋妻、棄子。[22]阿諾德先向讀者保證婚姻生活有其溫馨美好，再描繪出受世界各地旅遊文學薰陶過的讀者們，所期待的如畫風景：有喜馬拉雅山「潔白無暇的坡地」，有「雉鳴豹嚎」，有「野羊蹄踏岩石的踢躂」。[23]他還細細琢磨了悉達多內心交戰的離去過程，將此事描繪為天職勝過情感的抉擇。

至此悉達多換上實驗袍，開始嘗試各種哲學與修行法，夙夜匪懈，直到他最終於那棵著名

的菩提樹下大澈大悟。悉達多覺察到，自然中的萬事萬物都是彼此相關，且這種相關性可以從達爾文式的「相互殘殺」轉化為彼此救贖，此轉化之道乃是由人類引領。更棒的是，這並不是那種已不受信任的古老救贖之法，不必再對那些可疑的祭司乞求、討好、祈禱、奉獻。道法乃是個人為了自己而發覺並達成的境界，悉達多向他早期的傳道對象們保證，「萬物的靈魂是美好的」而「人受苦是受自己折磨」。悉達多提出了「四聖諦」，也就是苦諦、集諦、滅諦和道諦，分述如下：苦是現實的真相；苦的原因為人的慾念糾纏；消滅苦的方式是「克服我執與貪生」；神聖八正道是通往「清淨解脫」之途。[24]

阿諾德寫得十分明瞭，這個宇宙不是受到暴君般的神意擺布。佛陀發現，宇宙是「法」的運作結果。在維多利亞時代讀者們看來，「法」這個翻譯會讓他們想起現代西方文化的三大頂梁柱，也就是摩西律法、自然法與法治。[25]沒有任何凌駕於法之上的存在，故佛陀提出的是循法而行的八正道。堅持依循正道者的終極獎賞，既不是虛無飄渺的基督教式天堂，也不是詆毀佛教者聲稱的恐怖深淵。反之：

他永不再受慾望折磨，原罪
亦不玷汙他，人間的悲喜
無法干擾他永恆的清淨；死亡

與生命亦不再輪迴。他已進入
涅槃。他與生命合一，
卻不必再活著。他充滿法喜，而無須再入世。
嗡嘛呢唄咪吽！露珠滴入
光明的大海之中！[26]

《亞洲之光》被翻譯成歐洲多國語言，還有多種印度語文的翻譯本，後來尚被改編為歌劇、百老匯劇，甚至曾被翻拍成一部電影。這部電影是在印度實地拍攝，服裝、道具和大象全都是由齋浦爾（Jaipur）的土邦君主提供。[27]《亞洲之光》觸動並啟發了不少人，托爾斯泰（Leo Tolstoy）、聖雄甘地（Mahatma Gandhi）、葉慈（W. B. Yeats）、艾略特只是其中幾位。《亞洲之光》起初引發的迴響非常熱烈，乃至引起憂心的基督教評論家提出一系列反駁。對該詩作的一大反對意見是，阿諾德使用了充滿基督教意涵的概念（如「原罪」），去呈現非常不同的佛教思想。賴斯．戴維茲夫婦也會這麼做，他們在其著作中使用「教會」、「天使」乃至於

「十誡」等用語。[28]不過，賴斯・戴維茲夫婦是做研究的學者，他們是在探索新領域時盡量用最佳的方式表達。根據美國浸信會牧師兼文學教授威廉・克里佛・威爾金森（William Cleaver Wilkinson）所言，阿諾德是抱著「惡意」要讓信念薄弱的人們認為，耶穌與佛陀的層次旗鼓相當。[29]

這種意圖的罪孽在於暗示基督教與其他宗教的層次相當，在這種時代，連比較研究權威馬克斯・穆勒都會對此問題避之唯恐不及。佛教比基督教更加古老，說這兩種宗教的誕生具有相似性的判斷究竟從何說起？譴責阿諾德的基督教評論家弗蘭德斯（G. T. Flanders），批評他這是在鼓勵時人流傳耶穌曾受佛教影響、福音書作者乃取材自印度神話的可疑觀念。弗蘭德斯的主張與此恰好相反，圍繞佛陀生平的神話必然有些源自猶太教，其餘部分又必定是在耶穌時代之後才編成。[30]

令曾前往印度傳教的塞繆爾・凱洛格（Samuel Kellogg）等一干批評家煩惱的是，阿諾德對佛教的描述，跟亞洲宗教的實際整體表現、亞洲信徒的實際行為差異太大。阿諾德著力於佛陀的「崇高品格」，將佛陀的教誨褒揚為「對終極至善的信仰」以及「無限大愛的永恆不滅」。凱洛格表示，阿諾德的讀者假如發現南傳佛教其實是無神信仰，恐怕會感到很失望。[31]反對人類是從較低等動物進化而來的西方人，也不大可能接受人可能輪迴轉世成低等動物的信仰觀念。恰如另一位阿諾德的批評者阿奇博・史考特（Archibald Scott）表示，這種教義「真正的歸宿與滋生處」，「就像是霍亂那樣……只能是在低等墮落的東方人民之間流傳」。[32]

凱洛格也懷疑，接受傳統基督教靈魂觀的西方人，應該都不能接受佛教將「自我」比喻為一輛馬車。馬車是由各項零件所組成，但各零件沒有一個可稱為馬車，但是將各零件結合起來組成的那個東西，我們便可稱之為馬車。與此同理，向來我們想像中那個統一的「自我」，其實是好幾種不同力量的集合。這種說法既令人困擾，又使人困惑：假如「自我」根本不存在，那麼在輪迴轉世過程中，從上個肉體轉移到下個肉體的那個東西又是什麼呢？當時西方尚未出現解答這類問題的哲學性工具與類比論點，於是凱洛格的說法似乎是有效的批判。唯有在英文版的佛教論著出版之後，亞洲思想的細膩幽微之處方才變得更加清晰可見。能幫助理解的意象屆時也會開始流傳。「自我」可以被比作一根點燃的線香，在黑暗中進行圓形旋轉運動，造就出圓形的印象，但並沒有實際的圓形物存在。輪迴轉世則可以比喻為一支蠟燭的火點燃另一根燭芯。[33]

企圖讓西方人遠離佛教的西方評論家，特別強調佛教空無寂滅之道的恐怖。在他們看來，阿諾德對涅槃的描述是全然的誤導：「露水滴下／落入明亮的海洋！」威爾金森表示，阿諾德對涅槃的柔性描述，就像是「溫文有禮的東方人」在談論佛陀「臥姿入滅」（reposing）。[34]威爾金森的意思很清楚，若撇開詩歌不論，人們根本不應當將耶穌與佛陀相比。耶穌死後三天後復活昇天；佛陀死後三天，依然是個死人。

威爾金森將其反駁觀點集結成書，題為《作為騷人與異教徒的艾德溫・阿諾德》（*Edwin Arnold as Poetizer and as Paganizer*），用以揭發阿諾德文學性創作的矯揉造作。威爾金森認為《亞洲之光》根本就是「一場笑話」，對於該書的宗教價值，他的評論同樣不留情面。威爾金森表示，他在嘗試冥想的時候睡著了，並且斷定佛教思想的核心就是「想死」，漸漸入睡可以比作逐漸進入無意識或死亡狀態。威爾金森對於其他佛教踐行之法也加以否定，理由依然是基於親身試驗並察覺其錯誤，他說「這根本就是無窮無盡的自我愚弄⋯⋯你不會超脫自我。你只會更加陷入自我當中」。[35]

威爾金森提出了古今基督教捍衛者應該都會同意的觀點，宗教應該是有關真理的，無論時間、地點或文化的差異。對東方寶庫進行不辨輕重的挖掘，其危險在於西方人只會從中尋找符合自己偏見偏好，或者讓自己感受較佳的精神路線。威爾金森認為《亞洲之光》的少數優點之一，在於阿諾德將佛陀的形象呈現為支持一夫一妻制的基督教紳士。[36]阿諾德擁有作為記者的敏銳力，故選擇迎合這種會獲得眾人歡迎的價值觀。

凱洛格也提出了類似的宗教與文化論點。他將佛教稱為當代的「時尚熱情」，並將佛教的流行歸因於人們愈來愈以自己作為衡量萬事萬物的尺度。凱洛格判斷，「這個時代以人為榮的傾向」再加上「對於一切權威的藐視」，促成人們利用達爾文進化論去擺脫神意帶來的負擔感，並且自稱人類在宇宙之間沒有更高主宰。凱洛格認為，「我們這個時代自吹自擂自負自大的心態」，無助於上帝化身為人以拯救人類的基督教奧義。反之，人透過努力經歷啟蒙之後變成「類於上帝」的思想，倒是能闡揚這番義理。[37]

在維多利亞時代的佛教批評家看來，佛教不宜當作世界觀的一大證明，就是偉大的現代文明全都是基督教文明。他們質疑道：證明呀，證明哪個高尚的社會是由佛教孕育出來的！[38] 對此，阿諾德的回覆是，日本。阿諾德曾於一八八九年親身去到日本，從此著迷於斯土斯民：

> 來到橫濱的弁天通，投入那開朗活潑、喋喋不休、有禮有節、一團和氣的人群之中，彷佛置身於彩繪漆器的大茶盤中，茶盤上的圖像如人物、閃閃發亮的小屋、矮樹與特異的風景，突然間從平面跳將出來，變成活生生的立體，而且活動了起來。[39]

這樣的感受，逐漸變成西方遊記與雜誌文章的常見特徵，此外還有日本傳至歐美的繪畫、照片與藝術品，越發強化前述感受。英國旅行家伊莎貝拉．伯德（Isabella Bird）曾於一八七〇年代後期拜訪日本，深受東京金龍山淺草寺的巨大佛寺建築震撼：壯觀的朱紅色大門與石造的燈籠，瀰漫繚繞於參拜群眾間的香煙，行踏於庭院石板上的木屐噠噠作響，昏暗殿堂裡在視線中漸漸清晰的神祇與神魔形象。柏德論斷，日本的佛教「對於受過教育或啟蒙的人來說是道德觀與形上學，之於百姓大眾則是偶像崇拜的迷信」。柏德在淺草寺周圍親身目睹群眾的熱鬧：「這裡有各種娛樂場所，無害與有害者皆有……好比餐廳、茶館、小劇場、歌舞伎表演。」柏德向她的讀者大力推薦日本：「這是個新奇的地方，會讓你感覺好像來到另外一個星球。」[40]

相比於歐洲對印度和中國的侵略，日本這裡有一股清新的氣象，自從十七世紀初羽毛未豐的德川幕府驅逐耶穌會士以來，歐洲人與日本的關係就顯得相對安靜且疏遠。荷蘭人是在長崎灣的一座人工島「出島」上從事貿易，故成為日本訊息帶回歐洲的管道，但流通的情況也相對有限。除此之外，日本的邊境控制始終很嚴格，直到一八五〇年代中葉美國派遣海軍大將培里（Commodore Perry）率艦隊迫使日本開放門戶與西方進行貿易與外交為止。不久之後，英、法、俄等國紛紛相繼前來，強行實施日本人所謂且痛恨的「不平等條約」＊。

不平等條約之簽訂，將日本推向一八六八至八九年的內戰，一群中等階級的年輕武士脫穎而出獲得勝利，廢除幕府，讓年少的天皇成為名義上的至尊，並讓天皇離開京都的深宮生活，御座移駕到新命名的「東京」，同時開始發展工業、強兵富國，以祈避免遭遇鄰近滿清帝國的屈辱命運。中國皇帝在十九世紀中葉對毒品宣戰，希望禁絕每年數萬箱的鴉片進口。[41]中國因此與西方列強爆發武裝衝突，結果是香港割讓給英國，中國被迫接受條約通商口岸體系，通商口岸控制權也逐漸落入殖民列強手中。

日本政治菁英喜歡使用口號來向國民傳達訊息，他們肯定樂意用「亞洲之光」一說來描述對亞洲的計畫。千百年來，中國一直處在東亞文化的領銜地位。但日本政治菁英表示，日本才是第一個能整合西方現代性與亞洲價值的國家。

到十九世紀末年才開始了解日本的西方人，產生更多複雜的情緒。日本有太多值得讓人鍾愛的事物。優雅的藝術、浮世繪雕版印刷畫、戲劇與時尚，「日本熱」（Japonisme）潮流導致歌川廣重和葛飾北齋在西方某些地方變成家喻戶曉的名號，影響了梵谷（Vincert Van Gogh）與日後的莫內（Claude Monet）等藝術家。

日本鄉間蔥蘢蓊鬱、詩情畫意，還有那輪廓完美的富士山，阿諾德甚至曾於一八九〇年春季登臨富士山頂，寫下幾行詩句。[42]此外，據希臘愛爾蘭混血的拉夫卡迪奧．赫恩（Lafcadio Hearn，又名小泉八雲）描述，與「世界上最可愛的四千萬人」接觸是無比的喜悅，他們的生活舒適而親密、生活步調從容又自在。[43]

然而，在赫恩這些熱愛日本的西方人看來，日本的政治菁英卻似乎有意將他們鍾情的那些

＊ 譯注：中國與日本將列強侵略下被迫簽訂的條約稱為「不平等條約」，是因其傳統國際關係罕有受外人逼迫而無還手之力的處境，否則自古以來無論東西，勝敗雙方所簽條約從來就不平等。

日本特色消滅掉。西元一八九〇年，赫恩曾列席觀看日本新設西式國會的首屆會議，並且在寄給《電訊報》（*Telegraph*）的文章中大力褒讚「此為亞洲第一個議會的誕生」。[44]可是，赫恩又親眼目睹，放棄日本繪畫技巧而改為拙劣模仿西方藝術風格的風氣猖獗，還看見日本陶瓷製作為了迎合西方人品味而扭曲作工，地域贊助的古老型態被國際出口市場的需求所取代。西方科技與西方制度無疑能使日本人獲益良多，固然如此，在藝術、文學、工藝領域，日本人應該不缺什麼才對吧！

大量日本人對赫恩這番論點深表贊同。日本的報紙專欄嘲笑國家領導人物矯揉做作的西化只是裝樣子——不過是穿上燕尾服、跳起社交舞、點起香菸、啜飲雞尾酒——並哀嘆領導者設想西方人只會尊重有經濟與軍事實力者，實在太過幼稚。日本的宗教領袖也紛紛加入戰場。作為日本基督徒代表人物的內村鑑三，對於西方傳教士的傲慢態度義憤填膺，他表示咱們日本人跟美國佬學習牙醫和養牛很合理，但是在藝術與精神領域也要向對方效法，實在是情何以堪。[45]

有關日本對於西方的吸引力，最重要的一個結果就是日本佛教徒對於前述爭議的回應。神道教與基督教對手指責佛教是日本在最近幾百年間落伍的罪魁禍首，他們控訴佛教散播錯誤的宇宙觀、澆滅人的求知欲、私囤國家的財富。對此，許多年輕佛教徒遂於一八八〇年代決定開始重新整頓自身傳統。「新佛教」在某些方面很接近賴斯·戴維茲夫婦提及的理想佛教：理性自覺、契合科學、投入社會。「新佛教」成員為壓力過大的日本中產階級提供冥想訓練，並且撰寫書籍文章探討宗教問題，表示愈古老的未必就愈好：就佛教而言，日本人的智慧乃將這股源於印度的靈思，轉化為世界上最高層次的哲學與宗教。他們還宣告，躬行佛教所帶來的力量，可以使人的心靈更加堅韌不拔。這種新型態的佛教，本是開創者心懷新興亞洲強權而設計，但它隨即向西傳播，成為西方人的精神急救箱。[46]

短暫逗留日本期間，換穿日本服裝並且睡在地板上的阿諾德，撰成關於耶穌一生的詩作《世界之光》（*The Light of the World*，一八九一）。[47]丁尼生的桂冠詩人任期即將結束，阿諾德冀望將此作品獻給維多利亞女王，在競爭者中脫穎而出並擔當下一屆的桂冠詩人。可惜結果事與願違，阿諾德沒能奪魁，還發現自己得接受一項痛苦的文學任務：撰寫祝賀新科桂冠詩人阿爾弗雷德．奧斯丁（Alfred Austin）的電報文稿。[48]

阿諾德沒能獲得這個眾人覬覦的頭銜，不是因為人們對於他的宗教觀點有疑慮，而是因為他這部關於耶穌生平的詩作讓讀者覺得平平無奇。阿諾德在回到倫敦之前娶了日本妻子黑川玉並帶她返鄉，但阿諾德依然是位基督徒，只是自由主義傾向較強而已。[49]阿諾德不曾改信佛教，維多利亞時代也罕有西方人皈依佛教。西方世界既缺乏佛教導師，也沒有佛寺尼庵。而且佛教對於西方人來說依然太過陌生，公開承認信仰佛教者會遭到很強的反對與批評。

即便如此，這並不意味批判阿諾德的人們擔心的事情只是空穴來風。阿諾德這個人所代表的，是維多利亞時代宗教內部一種詩意的、不可知論的漂移取向，並隨著西方世界對於亞洲文化的認識與接納程度提高（比如伯德這類旅行作家提供了有關亞洲的宗教觀點、美感認知與地理意識）而愈演愈烈。正統基督徒會回首並且歸咎施萊爾馬赫等人，竟容許那些宗教的「高雅鄙夷者」設下基督教在現代世界能夠繼續存在的條件：信仰基督教只是私人的、經驗的事情，對真理的主張必須降到最低限度，甚至那些最低限度的真理觀點，都必須限縮在根據科學與物質主義觀點塑造的狹義理性標準之內。

雖然此時基督教尚能保持在西方社會中的核心地位，維多利亞時代晚期的一大特徵，便是社會邊緣地帶出現的新興真理實驗。在一個信奉各式觀點與目標的出版社、學會、社團俯拾皆是的世界，一個公共辯論激烈程度且辯論課題廣泛程度皆是前無古人的世界裡，西方人向亞洲追尋意義的事業進入了一段激辯論道與志同道合者同聚的時期，那也是一段大家選邊站的時代。

第十四章　真理的實驗

在現代西方人心中，佛陀與孔子的差異之一在於，孔子與其說是一位人物，不如說像是一套匯集的語錄，你可以崇敬孔子，以朦朧的、抽象的方式敬仰孔子，但你不大可能愛上孔子。反觀佛陀在艾德溫．阿諾德等人的描繪下，就不是規矩手冊，更像是生動的故事書，故事主人翁是個困心衡慮而熱情澎湃的魂靈。佛陀早年的故事，可以稱得上是場精神冒險之旅：故隨著世界觀的範圍不斷擴展，如此典範愈來愈能契合西方的人生觀。作家兼行動派人士安妮．貝贊特（Annie Besant，一八四七－一九三三），便是十九世紀後期一位投入此等精神冒險之旅而具有公開影響力的人物。她的信仰之旅經歷過基督教、無神論、世俗主義與社會主義，最後在「神智學」（Theosophy）找到自己的靈性歸宿。神智學乃是當時一股新興的宗教運動，融合了印度教、佛教、神祕學等元素。

神智學號稱其傳授者是深居喜馬拉雅山上的幾位亞洲「大師」（Master），然此說引發不少質疑。僅有極少數人有緣親炙大師，傳說大師擁有特異功能，包括無中生有變出書信對外通訊。有些懷疑主義的論調，其實是帝國鼎盛時期的產物。為了說服人們，在亞洲與非洲土地上插上優越歐洲文明國家的國旗，實是在引導不幸者走向正途，當時出現大量的吹牛厥詞與假科學。在這樣的基礎上，西方人其實很容易接受亞洲「黃金時代」的理論：印度與中國等國度的遠古黃金時代充滿純潔與天才，但日後卻逐漸腐敗墮落。於是，對於那個時代絕大部分的西方人來說，接受亞洲在精神靈性領域的引領地位反而是件很不自然的事情。

為了改變人們的思維，神智學邁步長征，對亞洲（尤其是印度）賦予極高的價值，這既是由於亞洲過往的宗教洞見，也是因為亞洲未來可能使全人類的命運得以再興。西元一八九三年於芝加哥召開的「世界宗教大會」，也在其中扮演了重要角色。拉姆．莫漢．羅伊在十九世紀初所開啟的那股變化潮流，由世界宗教大會加以發揚光大：西方人向亞洲追尋意義的方式，從獨重經典文獻的態度轉變成也重視有血有肉的導師。這個新世代的領導人物，有來自印度的維韋卡南達尊者，以及來自日本新佛教的釋宗演。

維韋卡南達和釋宗演提供的二分論述，與他們各自祖國興起的文化民族主義潮流息息相關，並成為二十世紀關鍵性二分論述的啟蒙版本：西方世界透過科學與科技駕馭外在世界，東方文化的專長則在於掌握人的內在生命。「東方」與「西方」對決的說法固然甚囂塵上，但東方與西方其實有共通的價值，那就是經由實驗辨別真理。從日常冥想乃至於神智學之奧祕，箇中假設是當年阿克巴對耶穌會士提出的挑戰——「證明給我看」——可以適用於宗教，恰如其可以適用於科學。

安妮．貝贊特婚前本名安妮．伍德（Annie Wood），她出生於倫敦，在英國國教信仰的氛圍中長大。但是安妮表示倫敦和英國國教都不適合她，她曾說：「我的血液有三分之二屬於愛爾蘭，我的心則百分之百屬於愛爾蘭。」安妮說自己年輕時的基督教信仰非常熱切、神祕且富有想像力，與凱爾特人的靈性追求以及天主教信仰的豐富感受比較契合，但與自己身邊「冷冰冰而粗糙的福音主義（Evangelicalism）」不搭。少女時期安妮的宗教激情使她進一步嘗試齋戒禁食、自我鞭笞以及「恍惚冥想」。然而在她意識到四大福音書記載的耶穌生平各有不同時，安妮的心中漸生疑竇。後來，安妮嫁給有些蠻橫的年輕神職人員法蘭克．貝贊特（Frank Besant），兩人生下兩個孩子。稍後，其中一個孩子瑪貝爾（Mabel）竟然身患惡疾，安妮心中的不確定感劇增，終於信心崩潰，成為無神論者。據安妮回憶，無論就社會抑或心理層面而言，這都是一段痛苦萬分的轉變過程。忽然之間，「空盪盪的天空毫無生靈，黑漆漆的夜晚毫無光芒」。1

安妮與丈夫於一八七三年分開之後，在查爾斯．布拉德勞的英國世俗協會找到慰藉與奮鬥的目標。布拉德勞表示，克里希納和耶穌的化身「神話」可以互相證明彼此為虛偽，安妮在聽到布拉德勞的演講之後大為震撼，從此開始自己的寫作與演講生涯，成為當年最具影響力的無神論辯護者之一，盛讚「科學實驗的穩健基礎」，並且宣揚這是一個物質宇宙，有意識生命的存在只是偶然現象，不是充滿生機的力量。針對那些號稱世俗主義會瓦解社會的人，安妮的反駁是，就道德領域而論，基督教與其說是動力，不如說是障礙。為了一個很久以前釘在十字架上的男人所受的傷，人們竟感動萬分，卻同時無視「今日英國境內男男女女的受苦受難」。認知人的稟賦與未來皆是上帝設定，似乎成為合理化人們冷漠不關心現實苦難源頭（如貧困、缺乏教育）的藉口。[2]

安妮伸張這些觀點的代價（尤其作為一位與丈夫分居的年輕女性）是遭到人們咒罵、毆打，甚至丟擲石頭。當時人們廣泛認為無神信仰者的病徵就是放蕩淫邪、傷風敗俗，安妮因此遭受外界無窮影射她與布拉德勞的友誼其實是見不得人的關係。後來，安妮和布拉德勞出版了一本美國醫師查理．諾爾頓（Charles Knowlton）探討生育控制的書籍，引起軒然大波，兩人因此受人指控違反淫穢出版物法案（Obscene Publications Act），被告上法庭接受審判，令她的敵人們大呼快哉。兩人在一八七七年被定罪，雖然此案事後成功扭轉，罪名撤銷，布拉德勞甚至選上國會議員，但是貝贊特先生卻利用這些醜聞贏得女兒瑪貝爾的監護權。[3]

此時的安妮．貝贊特固然已拋棄少女時期的基督教信仰，然而正義與是非對錯標準乃是超越人類存在，而不是人力設定的觀念，依然是她的信念或希望。[4]布拉德勞的世俗主義思想，欠缺安妮期望的道德力量與浪漫力量，所以她決定離開並邁出下一步，走向社會主義，後來又走向關於人類心靈的新觀念。安妮來到倫敦大學研讀科學，成為該校首批入學的女學生，她卻對於有關人類意識的物質主義學說之單薄不足採信的程度感到很訝異。[5]德國科學家卡爾·沃格特（Carl Vogt）聲稱「大腦分泌（secrete）思想」，然安妮表示「這句話講得很妙」，「但這句話到底是什麼意思呢？」貝贊特覺得這片領域最有趣的部分，其實在於針對預測未來、未卜先知、「無意識」、催眠所進行的實驗。[6]

這類實驗的根源，在於這個蘊含隱匿力量（包含磁力與電力）的世界，十八世紀後期的赫德便曾受到啟發，將上帝描述為「力量」。這些力量本身或許無形，但其效應相當驚人。當時的人們可以參加「電氣之夜」（electrical soirées）活動，觀賞漆黑房間裡伴隨爆裂聲與硫磺味出現的閃爍電光。假如你心臟特別大顆，或者好奇心難以抑制，你可以嘗試接受輕微的電擊，體會一下電的威力。賈法尼（Luigi Galvani）用電讓死掉青蛙的腿出現抽動；賈法尼的姪子阿迪尼（Giovanni Aldini）用電讓屍體赫然坐起，甚至睜開眼睛。[7]

法蘭茲·梅斯梅爾（Franz Anton Mesmer）提出一套統合這些隱匿力量的理論，稱之為「生物磁性」（animal magnetism）。這套觀念雖被批判為不合科學，但人們依然著迷於梅斯梅爾的實驗技術：運用磁鐵、肉體觸碰、「催眠手法」（mesmeric passes）*、催眠凝視等技

---

*譯注：催眠術（Mesmerism）的字源便是梅斯梅爾的名字。

法，造成類似迷幻恍惚的狀態。醫生開始探索催眠狀態的醫療潛力，並最終發展出精神療法。與此同時，「通靈人」（Spiritualist）注意到並善用某些人在催眠狀態中展現出的特異功能，包括預知景象與讀心能力。降神會（séance）的時代於焉開始。降神會上，來賓坐在昏暗的空間中，看著靈媒懸空飄起或與死者交談，家具憑空移動，桌子發出敲擊聲，樂器自行響起，石板上出現字跡刻痕，彷彿有無形之手在寫下訊息。[8]

靈媒很快就成為眾人嘲弄的對象。不過，真實的奇特力量豈不是常常吸引模仿者和騙子偽造嗎？為了辨別真偽，「靈異研究協會」（Society for Psychical Research）遂於一八八二年成立。該會最初的任務之一便是調查印度的奇異事件。擔任報紙編輯的在印英人阿爾弗雷·辛內特（Alfred Percy Sinnett）、退休公務員艾倫·修姆（Allan Octavian Hume）以及與身為俄國貴族後裔的作家海倫娜·布拉瓦茨基（Helena Petrovna Blavatsky），宣稱他們接收到兩位西藏大師——或稱「大聖者」（Mahatma）——的祕傳奧義。摩里亞（Morya）和庫特·胡米（Koot Hoomi）兩位大聖者傳達訊息的方式令人瞠目結舌。所謂「大聖者書信」是透過「祕器」（apport）收發：在一處化作非物質，然後在另一處具象化。會出現訊息文字的載體，是隨機的紙張。誠如庫特·胡米大師的解釋，西藏可沒有文具店呀。[9]

靈異研究協會調查員李察·哈奇森（Richard Hodgson）去到印度實地採訪，並對大聖者書信進行筆跡分析，斷定這整件事就是場騙局。該會的一八八五年報告書譴責布拉瓦茨基是個冒名的騙子。[10] 這份報告固然對布拉瓦茨基的名聲有所打擊，卻遠遠不是致命打擊。布拉瓦茨基自稱學識兼容並蓄、行跡遍及天下、思想深入堂奧，將自己塑造成唯靈論（Spiritualism）的哲學家女王。透過她的兩本著作《揭開愛希斯女神的面紗：古今科學與神學的萬能鎖鑰》（*Isis Unveiled: A Master Key to the Mysteries of Ancient and Modern Science and Theology*，一八七七）、《神祕奧義》（*The Secret Doctrine*，一八八八），布拉瓦茨基引用豐富的資料，建構起一套宇宙終極目的大觀，埃及宗教、希臘羅馬宗教、希臘化時代與文藝復興魔法、猶太卡巴拉神祕思想（kabbalah）、耶穌的聖靈之說、占星術、鍊金術、現代科學、印度教和佛教都是她取材的對象。

布拉瓦茨基復興古老的「神智論」一詞，用以描述她那套知識體系以及要推行的相關運動。這個宇宙是由非人格的絕對存有者以週期型態放射發散而成。宇宙中的萬事萬物，好比星球、動物、佛教神明等等，其實都彼此關聯，都有存在的目的，且都不是單由物質構成，而是七種原理共同組成。人類將死之際，會脫離「較低等」的三種原理，但會帶著剩下的四種原理，在業力的驅動之下輪迴轉世，進入新的一生。每個人的朝聖之旅都會經歷好幾世輪迴，直到他的「靈性進化」臻於極致，回歸絕對存有者。能在這段朝聖之旅中脫穎而出之人，便是所謂的「大師」，佛陀、畢達哥拉斯、柏拉圖和耶穌都是布拉瓦茨基列舉出的大師。[11]

布拉瓦茨基自居為摩里亞和庫特．胡米兩位西藏大師的嫡傳弟子兼宣教者，任務是將大師的訊息傳遞給廣大世界。[12]布拉瓦茨基於一八七五年時，和美國內戰老兵亨利．歐卡特上校（Henry Steel Olcott）一同在紐約創辦神智會（Theosophical Society），由歐卡特擔任會長職。兩人又一起旅行到馬德拉斯，在阿迪亞（Adyar）設立神智會國際總部，並將印度思想化作神智學的核心要義，尤其重視佛教、《薄伽梵歌》與商羯羅的吠檀多不二論。

安妮．貝贊特在一八八九年時閱讀了《神祕奧義》，並對此書感到印象深刻。當時布拉瓦茨基正住在倫敦荷蘭公園（Holland Park），安妮於是前往拜訪。人們也許會覺得布拉瓦茨基是個自我抬舉的麻煩人物，但安妮卻覺得她能貼近世俗且深具魅力：布拉瓦茨基一邊捲菸，一邊輕快地談起自己在異域的旅行，同時無意將話題帶到神祕學上。直到快要道別的時候，布拉瓦茨基才用「那閃閃發亮透視人心的眼神」望向安妮，並說道：「親愛的貝贊特夫人，希望妳能成為我們的一員！」安妮激動到不能自已：「我感受到難以克制的衝動，想要跪倒並且親吻她，屈服於那股懇切的聲音和那精氣逼人的雙眼。」[13]

西方世界與亞洲的相遇，加入了一股師徒關係的動能，而其最早的實踐者竟是位俄羅斯貴族。布拉瓦茨基對於安妮的崇道熱情非常有信心，她甚至要求安妮決定獻身神智學之前，先去閱讀靈異研究協會揭穿大師書信的報告書。[14]安妮漸漸相信，長期以來，自己的靈性提升之途其實是被驕傲所阻礙，而布拉瓦茨基教會她「放下一切」還收她為徒，從而幫助她從驕傲心態中解脫出來。[15]聽聞安妮改為信奉神智學之後，她的社會主義同志兼朋友蕭伯納（George

Bernard Shaw）找上安妮，表達自己「對神智學以及女人善變的全面批判」。雖然蕭伯納對安妮的選擇深感失望，但他確實發現兩人會面時，安妮「已不再受制於她的自尊傲氣」。[16]

安妮自稱在「神祕學學院初級班」裡頭親身體驗到非凡特異之事，並且批判「十九世紀的自足自滿」心態，導致人們將超出自身理解能力的事物斥為「騙局」或「吹牛」。[17]摩里亞大師的超自然靈體會在夜晚拜訪她，靈體周圍環繞著波動的氣場，同時出現檀香等東方的異香。[18]安妮「透過親身體驗發現靈魂的存在，而且發現我的靈魂，而不是肉體，才是真正的自我」。此外，安妮甚至能夠靈魂出竅，前往異地向明師求學問道。在安妮看來，這些新發現更加充實，而不是否定自己先前抱持的科學宇宙觀。西方科學只處於物質層面的問題，相當有效，但也相當受限。「東方學問」（Eastern science）能夠啟迪並且訓練心靈，使心靈有能力領悟更深刻的「精神與靈性層面」之活動。[19]

隨著布拉瓦茨基幫助安妮克服自己的驕傲問題，神智學也在其他地方大放異彩。安妮在家中庭園用鐵皮搭起一間「布拉瓦茨基小屋」，小屋的第一位訪客是位學習法律的年輕印度學生，這位印度年輕人在成長過程中受到傳教士批判的影響，所以對印度教頗為嫌棄。甘地（Mohandas K. Gandhi）在自傳《我的真理實驗故事》（*The Story of My Experiments with Truth*）中提到，當時的自己已經穿越「無神信仰的大沙漠」。直到倫敦的兩位神智學會友人推薦阿諾德英譯的《薄伽梵歌》之前——阿諾德將書名譯為《天之歌》（*The Song Celestial*）——甘地其實從來沒讀過這部經典。除了與布拉瓦茨基和安妮會面以外，甘地還邀請住在附近貝斯沃特（Bayswater）的阿諾德，來擔任他新創的素食俱樂部副主席。[20]甘地在倫敦的學業告一段落時，他已經將《亞洲之光》加入自己的文學發現書單當中，而且浸淫在當時的比較宗教思潮當中。甘地開始去發掘《薄伽梵歌》、佛教、伊斯蘭教、耶穌〈登山寶訓〉（Sermon on the Mount）之間的相似處，而這些發現在未來將會形成甘地從事政治的門道。

有些神智論者認為，這一切發展背後都是摩里亞與庫特．胡米大師的安排。艾倫．修姆有時能感應兩位大師要傳達的訊息，他相信昔日一八五七年印度兵變期間，是大師運用高超異能保住英國對印度的統治。如今，他覺得自己的任務就是要維繫印度的勢力均衡狀態。西元一八八五年，修姆率先提倡創建印度國民大會黨（Indian National Congress），日後國大黨將在甘地的領導下，成為印度成功獨立的推手。即便不是神智論者，人們都能感覺到，隨著西方與印度對於亞洲智慧的敬意日益增長，此事為印度帶來的潛在文化動能實不可限量。殖民當局對此頗為擔憂，乃至於布拉瓦茨基和貝贊特前往印度之際，殖民當局甚至派人監視他們的活動。[21]

西元一八九一年，安妮．貝贊特失去了她人生的兩大導師，布拉德勞和布拉瓦茨基夫人都在這年辭世。布拉瓦茨基的遺體在威金公墓（Woking Necropolis）火化，骨灰分成三份存於倫敦、紐約和阿迪亞。[22]布拉瓦茨基解脫肉體束縛週年紀念日活動，是以朗讀《薄伽梵歌》與阿諾德的《亞洲之光》以表緬懷。[23]布拉德勞的葬禮也是辦在威金公墓，但是對於同意布拉德勞世界觀的人們來說，這就是他生命的終點。從倫敦搭乘火車特殊班次前往威金公墓的悼祭者之中，有一位是甘地，而根據甘地日後回憶，「當時住在倫敦的所有印度人」都參加了這場葬禮。[24]布拉德勞在英國國會中對印度的支持與捍衛，使他獲得「挺印度議員」（the Member for India）的暱稱。他的印度人盟友包括傑出的政治領袖人物，好比尊重西方知識與政治原則，但批評殖民統治違背其知識與政治原則的達達拜．納奧羅吉（Dadabhai Naoroji）。納奧羅吉的著名評論是，英國在印度造成的政治與經濟不正義「違背英國精神」（un-British）。[25]

由此，一八九一年的威金公墓銘記了兩種對印度的願景。布拉德勞與其印度人盟友如納奧羅吉等人，追求的是自由主義世俗化路線之下的民族自決。布拉瓦茨基的神智會此時已擴展至六大洲兩百五十個分會，她則是將印度放到一場宇宙大戲的中心，當時或後代幾乎沒人譜寫過如此龐大的戲碼。[26]第一個世代的亞洲文化民族主義者開始現身，他們將宗教聯結上民族的未來，甚至是全人類的未來。時間來到一八九三年，幾位亞洲文化民族主義者收拾好行囊，前往芝加哥參加人類史上首次的全球宗教高峰會議：「世界宗教大會」。

西元一八九三年秋天，約四十五個宗教或教派的兩百位代表，來到世界哥倫布紀念博覽會嶄新的「白色城市」。驚嘆於白城的噴泉、廣場與長廊，熱情人士遂稱世界宗教大會堪可比擬數百年前阿克巴皇帝的宮廷。雖然規模不如後代的世界宗教大會，但當年阿克巴的宮廷也是各家信仰代表匯集論道之處。馬克斯．穆勒日後曾發出感慨，沒能前往芝加哥是他人生最大的遺憾之一。27

世界宗教大會也是有反對者存在。艾達．威爾斯和腓特烈．道格拉斯批評此會竟無為美國黑人保留一席之地。有些人則察覺，該大會背後的中心思想依然是西方基督教大獲全勝的心態。此外還有人擔心，大會的比較學態度，反而會貶低各方自身傳統的價值。坎特伯里大主教和鄂圖曼帝國蘇丹，都以此理由反對支持世界宗教大會，難得雙方居然意見一致。不過，伊斯蘭教和基督教都還是有代表與會，只是伊斯蘭教的代表僅有一人。有些基督教代表在會議期間遭遇奇恥大辱，就在他們準備要發言的時候，竟有數百位觀眾嘈雜地離席離場。由於世界宗教大會是在工作日舉行，與會觀眾大多是女性，她們對於異國信仰和新興宗教饒有興致，往往在亞洲宗教代表發言完畢之後就想去別處晃悠了。28

日本與印度代表在世界宗教大會上的言論富有共通處，諸如普世主義、宗教寬容、強調亞洲在精神領域的層次上超越西方。日本佛教代表團成員，主要是推動現代化與民族建國的新佛教人士。日本代表團共有四位僧侶、兩位在家居士，在家居士野口善四郎在開幕致詞中表示，日本能為西方提供的遠不只是絲綢、扇子和茶具而已，為同行者鋪下良好的基礎。另一位居士平井金三的開場白則是歌頌日本人心態的開放並且引用中古僧人一休和尚的禪語：「登山之路偌多，山頂月色相同。」[29]

在世界宗教大會主席眼中，平井金三的演講詞從這邊開始便急轉直下。主席事先有讀過演講稿，並且建議平井修改內容。當主席意識到平井金三心意已決要念出原稿時，他甚至企圖阻擋平井講下去，可惜沒用。[30]平井金三的話語迴盪在座無虛席的哥倫布廳中，他控訴西方人強加不合理的貿易條約，「踐踏非基督徒國家的權利」。同時，移民到舊金山等城市的日本人，則遭受極為惡劣的種族歧視。平井金三慷慨激昂地喊道：「假如這就是所謂的基督教倫理，那我們肯定會滿足於做異教徒。」他還呼應印度人對英國殖民統治的自由主義式批判，宣稱自己是噙著熱淚拜讀美國獨立宣言。假如美國人願意依循這份崇高精神對待日本人，平井金三宣稱自己一定會變成「最熱切的福音崇拜者」。[31]也許是最後這番話照顧到美國東道主的感受，平井金三回座時還是得到了同情的掌聲。[32]

論及魅力與外交手腕，無人能與世界宗教大會的真正明星相比。身為孟加拉祕士羅摩克里希納（Ramakrishna）的弟子，維韋卡南達之所以前來美國，部分原因是期望為家鄉的宗教與社會建設籌募資金。他受到的熱烈歡迎，有助於他達成這項目標。維韋卡南達之所以令美國人如此驚奇，某種程度是因為十九世紀前期人們認知的印度生活與文化水準極低，基督教傳教士貶低的報告也是促成此印象的因素之一。即便充滿那個時代的種族偏見刻板印象，報章雜誌對於維韋卡南達的評價依然極高。這位先生談話不需草稿且說理「造詣超凡」，「面相俊俏、聰慧而靈動」，再配上「潔白的牙齒」與「立體的嘴唇」，還有那「迷倒眾生的性格」。如同耶穌會士一般，維韋卡南達是個機智博學之士。有位記者寫道：「他演講內容中的小小諷刺，銳利有如刀鋒。但是他始終溫文有禮，永遠不會粗魯地將劍端直指我們的傳統。」甚至有位評論家，受到維韋卡南達矮小身材與強大氣勢二者映襯所震懾，竟將他和拿破崙相提並論。33

讓西方觀眾不禁感到刺耳的是，維韋卡南達申論印度教是世界上最古老的宗教，也是最寬容的宗教。他的論點是，除印度教「之外的每個宗教」都要立下教規教條，並要求信徒奉行不移，但印度教卻能認識「萬法歸一才是自然的計畫」。他說，西方人對印度宗教極端行為的老套說法，就是「狂熱印度教信徒」可能會「在火葬台上自焚」，這樣講確實沒錯，但是印度教徒絕對不可能「點燃宗教裁判的迫害之火」。34

維韋卡南達主要演講的收尾處，是讚揚美國在世界上的地位，同時用力為亞洲重新提出「東方」的概念：

阿克巴的〔跨宗教會議〕……僅是一場室內會談而已。上帝存在於所有宗教之中的訊息，得留待美國告知全世界。……這顆明星從東方升起，向西運行而在西方落下……直到它環繞地球一周，再次於東方地平線上冉冉升起，比以往耀眼千萬倍。[35]

維韋卡南達在世界宗教大會上所傳之道，歸宗於吠檀多不二論。與數十年前的拉姆·莫漢·羅伊遙相呼應，維韋卡南達表示，批評印度教的人士所謂偶像崇拜及多神信仰對象，如毗濕奴、濕婆、迦梨（Kali）等神明，實屬於「精神性童年階段」。精神性童年本身不是錯誤，但是當時機成熟時就應當超越之，進入心靈祈禱的層次，終極而言則是與上帝復合。他續論道，印度教對現實世界的觀點，與自然科學發現其實是一致的，比如能量守恆定律、人不只是日常的自我意識而已（實驗心理學領域的發現）、物質主義無法對事實真相提出一套周全的解釋（科學界愈來愈有此共識）。如今實驗室裡頭的西方科學家所體會的那些洞見，其實千百年前印度叢林中的苦行者已經有所領悟。[36]

有些古老的印度智慧，是高級的精神修練所悟出，而維韋卡南達非常樂意幫助西方人體驗之。在世界宗教大會結束後數個月的巡迴之旅中，他成為了美國第一位亞洲瑜珈導師。[37] 在緬因州皮斯卡塔夸河（Piscataqua River）河畔的某次活動中，纏著頭巾的維韋卡南達盤腿坐在一棵高大的松樹下，告訴一旁為數不多的參與者，「瑜珈」（yoga）的意思就是將自我「連上」（yoking）神聖界的方法，是天人相連的眾多門道之一。

以西元一世紀初哲學家兼神祕術士帕坦伽利（Patanjali）的《瑜珈經》（*Yoga Sutras*）為

教學基礎，維韋卡南達教導參與者「保持頭、肩膀與臀部於一直線，並讓脊柱維持在放鬆狀態；所有動作都必須保持這條直線進行，不可以歪斜」。[38]然後他要參與者先後專注在自己身體的不同部位，首先是腳趾，漸進往上直到頭部，過程中將每個部分視為完美，最終將整個身體視為完美：將它視為上帝賦予的體悟真理之器。維韋卡南達教授呼吸練習以及冥想，並且介紹帕坦伽利的瑜珈「八肢」，分別是德行持戒、精進守紀、瑜珈體位、呼吸控制、感官收攝、專注、冥想、身心靈合一。與帕坦伽利所授不同的是，維韋卡南達還會教導昆達里尼思想（Kundalini）：我們可以將宇宙能量想像成盤繞於脊椎基部的一條蛇，而宇宙能量之覺醒，便是「勝王瑜珈」（Raja Yoga）的一項目標。[39]

參加世界宗教大會的日本佛教代表團，對於維韋卡南達所談的「東方」天才多能附和。但是論及古老的真理頓悟課題時，日本佛教代表就無法苟同了。他們主張宗教進化論：佛陀的玄理得益於「大和精神」，在數百年間磨礱砥礪、精益求精。其成果既能充實西方哲學中的德國唯心論，又與科學路線完美契合。

日本臨濟宗的圓覺寺住持釋宗演，便是提出上述論點的其中一人。釋宗演曾經就讀義塾大學（日本第一間私立大學），他要將講稿翻譯成英文，則是仰仗讀到大學畢業的圓覺寺俗家弟子鈴木大拙。釋宗演及鈴木大拙成為將禪學傳至西方的重要推手，他們對於傳授對象的思想史與當代焦慮有很深的理解與同情，由此對要介紹推廣的禪學予以精心設計。

釋宗演在世界宗教大會上以批判阿奎納的方式解釋因果關係。釋宗演表示，歐洲中古的偉大神學家說上帝是「原動力」（prime mover），但佛教徒卻根本否認宇宙必有「開端」的想法。在這點上，釋宗演對阿奎納的理解似乎有誤，阿奎納的因果論是在探討存在的終極源頭，而不是在談依序倒下的骨牌列。即便如此，這依然是個二十世紀流行觀念的早期範例：西方思想與做法在哲學上已被證明有所不足，或者已經無法像過去那樣改變或安慰人心，反觀亞洲的思想與做法卻能彌補西方缺失的部分。[40]

正值西方基督教相當程度陷入危機之際，面對西方人對意義的追求，亞洲給出的回答是以宗教（尤其是靈性經驗）為核心，然其答案也與藝術文學緊密關聯。這套格局更大的關鍵性論述，是由藝術策展人兼藝評家岡倉天心於二十世紀初所提出：

> 亞洲是一體的。喜馬拉雅山雖然分隔了兩個高尚的文明，卻足以突顯二者之高尚，此即中國與其孔子的群體主義，以及印度與其吠陀的個人主義。但即便是雪山橫亙的障礙，亦無法須臾切斷所有亞洲民族普遍承繼的終極與大同之愛，此等對終極與大同之愛慕，使他們創造出世界上的偉大宗教，並且有別於地中海與巴爾幹半島的海洋民族，海洋民族鍾愛的是特殊，追求的是生活的方法，而不是生命的目的。[41]

曾經廣泛遊歷日本、中國與印度的岡倉天心，在其著作《東方的理想》（*The Ideals of the East*，一九〇三）提出強而有力的論述，訴說日本在這個世界上背負的使命。岡倉論道，亞洲精神源出於印度宗教與中國的學問道德，而最能夠體現與保存亞洲精神者便是藝術傳統。亞洲藝術傳統的重大發展成果，在千百年間穩定地輸入日本，且唯有在日本，「亞細亞文化的歷史寶藏」才能獲得最充分的鑑賞。日本人的「特殊天賦」讓他們在接受新事物的同時不流失舊傳統，進入這個新世紀，日本人的責任就是為「亞細亞文明」與「亞細亞精神」在世界上建立穩固的地位。[42]

岡倉天心是在旅居加爾各答期間完成他的著作，這豈不是熱情的大亞洲主義者（pan-Asianist）會有的表現嗎！當時，他正住在加爾各答市區最著名的泰戈爾家族莊園裡頭。自十七世紀晚期英國東印度公司建設加爾各答以來，泰戈爾家族便世代居住於此，該家族對加爾各答文化生活的貢獻良多，包括族人曾擔任拉姆·莫漢·羅伊的梵社領導者，以及後來羅賓德拉納特·泰戈爾（Rabindranath Tagore，一八六一－一九四一）的詩歌創作。泰戈爾不但是大學者、民族主義者，還在一九一三年成為第一位獲頒諾貝爾文學獎的非歐洲人。日後據泰戈爾回憶，他是在與岡倉天心見面之後，才開始對「亞細亞心靈」的概念有所體會。

遊歷印度期間，岡倉天心也見到了維韋卡南達，兩人曾經一道旅行，搭乘火車或馬車造訪重大佛教遺跡，佛陀悟道之地菩提伽耶（Bodh Gaya）以及佛陀悟道後首次講道之所鹿野苑

（Sarnath）。這兩處遺址都是在十九世紀挖掘發現。此時的維韋卡南達已近乎走到人生盡頭，數月之後便與世長辭。世界宗教大會落幕後他返回印度的行程，因為在美國與英國的巡迴演講而延後。在他拒絕哈佛大學與哥倫比亞大學主動提供的教職之後，他於一八九五年的紐約創辦吠檀多學會（後續又有波士頓與倫敦分會成立），作為自己在西方世界的遺緒，然後在一八九六年返回印度。[43]

促成二十世紀初期亞洲一體願景的重要人物，還有少數西方女性。約瑟芬·麥克勞德（Josephine MacLeod）在紐約聽到維韋卡南達講道之後，甚至前去印度親承教誨，此外，她還前往日本幫忙維韋卡南達新成立的「羅摩克里希納使命基金會」（Ramakrishna Mission）勸募資金。約瑟芬在日本與岡倉天心相識，因此使岡倉和維韋卡南達建立聯繫。北愛爾蘭女教師瑪格麗特·諾貝爾（Margaret Elizabeth Noble）在維韋卡南達返回印度時追隨而去，成為羅摩克里希納修道會的成員，改稱教名「尼韋蒂塔師姐」（Sister Nivedita）並開始從事教務，甚至引起殖民地警察的擔心。尼韋蒂塔協助岡倉天心編輯書稿，並且為其撰寫導言，將印度靈性追求啟發亞洲藝術一情，媲美義大利和天主教信仰啟發歐洲藝術美感的歷史。瑪格麗特展望這個新世紀，認為未來「（大英）帝國人民的命運將會反過來被帝國臣民的宗教觀念所征服」。[44]

安妮·貝贊特前不久才作為神智學代表出席世界宗教大會，此時她也正在印度生活。安妮先是住在瓦拉納西，後來又去到阿迪亞，她根據印度風格裝飾住處、穿著紗麗（sari）、一度遵循高級種姓的潔淨規矩、學習梵文並提倡兒童教育。可是，尼韋蒂塔對她以及誇大其辭的神智學，沒有多少好印象。尼韋蒂塔曾對一位朋友評論道，貝贊特夫人似乎願意相信任何事情，「只要是由她掌控就好」。尼韋蒂塔還觀察到，神出鬼沒的摩里亞和庫特．胡米大師，似乎偏愛對非印度人以及在印英人傳達訊息，這個現象已開始讓印度民族主義者的圈子感到不以為然，斥之為跟不上時代。尼韋蒂塔還私下跟朋友說，有個批評家暗諷這些大師肯定是「羅柏．克萊夫和華倫．黑斯廷斯的幽靈！」[45]

這些事情暗示著，對於亞洲智慧的推崇，實在難以轉化為眾人都欣然同意的政治方案。對於貝贊特和甘地而言，自由印度應當是什麼模樣，與西方世界如今陷入的精神死胡同為何，二者理當有密切的關係。甘地在《印度自治》（*Hind Swaraj*，一九〇九）一書中採取「自治」（swaraj or self-rule）一詞表達他對印度的理想：各人都要經歷道德與精神提升的轉化，由此真正的文明方能成形，與此相反的則是扭曲的英國式文明。甘地寫作的訴求對象是年輕的印度民族主義者，英國人於一九〇五年將強大的孟加拉統轄區（Bengal Presidency）一分為二，令他們義憤填膺，紛紛採取政治暴力手段作為奮鬥之方。

日本也存在類似的緊張問題。釋宗演在世界宗教大會發言完畢後，也有他個人的美國巡迴演講，向觀眾教導冥想之道。[46]吠檀多論和禪學自此開始在西方世界流傳，回應人們對於直觀直覺宗教智慧——如同施萊爾馬赫所論以及美國哲學家威廉．詹姆斯（William James）《宗教經驗之種種》（*The Varieties of Religious Experience*，一九〇二）所示——的渴求。然而，日本人固然歡迎禪宗在海外流行的消息，但是，若只是為了薰陶外國人的精神，而要讓祖國繼續保持在藝術博物館兼田園天堂的狀態，日本人對此事並不怎麼熱衷。

自世界宗教大會以降，日本的國運皆是蒸蒸日上，不平等條約得以修改，平井金三批判的那些問題喜獲矯正，一八九四至九五年的中日戰爭也是由日本取勝。此期間日本最大的成就，就是在一九〇四至〇五年的日俄戰爭中擊敗俄羅斯，這是近數百年來東方國家首次「戰勝」西方強權。日俄戰爭過後十年，泰戈爾於一九一六年訪問日本時，創作了一首俳句風格的紀念詩，不過他試圖將歌頌的對象描述為更廣大且較不好戰的「東方」，那是一個「教導人們找尋靈魂深處真正富足與力量的文化」。[47]日本的批評家很快就指出，我國近來在工業、貿易與現代武器方面，已成功找到真正的富裕與權力。泰戈爾警告道，小心別被歐洲式的民族主義誘惑，但這番警語不但效果不彰，還引起反彈，有位著名的日本哲學家甚至斥之為「出自衰敗國家的謳歌」。[48]

泰戈爾來訪日本期間的言論，尤其是他對於歐式民族主義表達的擔憂，很難被冠上過於天真的罪名。泰戈爾訪日正值一次世界大戰中間，這場大戰就是活生生的例證，在在證明他和安妮·貝贊特等人對現代歐洲的墮落之批判所言不虛。貝贊特推想，這場大戰也許是大師們企圖將人類帶往新階段的安排。[49]這固然是小眾的非主流觀點，但是基督教國家使用毀滅性武器互相攻擊的血淋淋事實，還是讓大量具備反省能力的人們——無論亞洲抑或西方——重新省思人類從野蠻進步到文明狀態這個古老的觀念。當中有一些人也開始思索，「東方」和「西方」是否能夠走到一起，共同革新全體人類的觀念呢？此外，他們能不能透過探索、篩選、試驗新觀念，以期對真相進行徹底的重新想像。精神冒險之旅的時代於焉展開。

第三部

一九一〇年代至二〇〇〇年

向內探求：臨界處的逗留者

第十五章　兩個世界

西元一九一五年一月六日出生的艾倫・華茲，從小便是在兩個不同的世界中長大。第一個世界，是英國肯特郡奇斯爾赫斯特村（Chislehurst）華茲家族樺樹小屋（Rowan Tree Cottage）那沒有暖爐的二樓。在二樓冷冰冰的浴室裡，他體會到這個宇宙是個受到嚴厲監督且令人困惑的地方。他的父母親會檢查他在馬桶中的排泄物，出身虔誠福音派家庭的母親艾蜜莉（Emily），會在幫他洗澡的時候教他祈禱：

請赦免我一切的罪；
請保佑我心愛的朋友
我死後，請帶我上天堂，
幸福地在天堂與祢同居。[1]

這樣的禱文內容，會讓獨自睡覺的華茲輾轉反側，他抗拒睡意，怕自己一眠不起。他深怕下地獄，卻覺得天堂的形象令他感到困惑，而不是安慰：

安息多麼甜蜜
永遠安息在救主的懷抱。
匍匐在祢的寶座前，
凝視祢，深深地凝視。[2]

樺樹小屋二樓的世界迅速和寄宿學校融合，因為華茲那對善良卻望子成龍的父母，決定將他們剩下唯一沒有夭折的孩子送到寄宿學校去。奇斯爾赫斯特村附近的聖休小學（Saint Hugh's）是七歲小艾倫的第一站，後來艾倫又於十三歲開始就讀坎特伯里的國王公學（King's School）。這兩間學校都有濃厚的英國基督教信仰氛圍。根據華茲日後回憶，兩間學校裡頭充斥「誇張」而「幼稚」的頌歌與自吹自擂的信仰教育，其中讓他最難忘的就是關於手淫會帶來疾病的教誨，從癲癇到「大西伯利亞搔癢症」（Great Siberian Itch）都是自慰的惡果。[3]

在華茲看來，這種基督教氣息其實與更廣泛的英國性格有緊密關係，這兩者都讓他既恐懼又厭惡。父親工作時穿的是人們在喪禮上穿的黑色西裝，住宅區街道上充滿「靜默到令人絕望的盒子狀紅磚屋」。磚牆裡面的景象也是同樣無望，家具擺設、飲食乃至於日常對話，都令人感到寒酸而小家子氣，這都是英格蘭特質的表現。「靜默絕望」是超驗主義者梭羅經常為人引用的修辭，上述華茲的敘述寫於中晚年遷居美國之後，他設想的讀者自然也是美國人，他認為，故鄉英國的氣候與飲食唯一激發出的事物就是帝國主義，因為氣候與飲食之不堪驅使英國人在全世界拚命尋找替代方案。4

華茲前半生的第二個世界，是家中溫暖的一樓。他母親是學校的教師，有學生的家長是在亞洲工作的傳教士。感謝師恩的家長們休假歸國，便向樺樹小屋送來禮物，好比曼荼羅造型的印度製咖啡桌、飾有文官武將圖案的中國刺繡與花瓶，繪有寧靜湖畔茶屋的日本掛毯。華茲總是坐在這片美麗的裝飾之間，聆聽父親朗讀《一千零一夜》（*Arabian Nights*）與魯德亞德·吉卜林（Rudyard Kipling）的作品。華茲的偶像是薩克斯·羅默（Sax Rohmer）筆下的「傅滿洲」（Fu Manchu），他崇拜傅滿洲的巧妙詭計，不喜歡當代英國作品中的「布丁英雄主義」（suet-pudding heroism）。5

這片豐富溫馨的環境向外延伸到家中的花園。那是一個充滿「魔法」的地方，草坪、玫瑰樹與「靈活跳躍的小知更鳥」，很容易被想像成小仙子的遊樂場與玩伴。在園藝綠手指力有未逮之處，亦有野生植物之美：蘑菇群、水池、肆意生長的蕨類與金雀花。在小艾倫眼中，與他視線齊高的番茄和覆盆子全都變成「閃閃發光的美味寶石」。在這片迷你天堂裡，小艾倫會追逐飛蛾，與父親勞倫斯（Laurence）一起玩弓箭。[6]

一邊是恐怖不對勁的生活，另一邊是親切美好的生活，這兩個世界該如何調和呢？解答這個問題的線索，最初是在華茲被帶去參加大彌撒（High Mass）時顯現端倪。大彌撒的儀式、唱詩與寧靜令他著迷，聖禮的不可思議超出人的認知，「伊莉莎白時代的英語簡直像是梵文一般」不可理解。在一九二八年柯斯莫·蘭恩（Cosmo Gordon Lang）任職坎特伯里大主教的典禮上，為了這次場合穿上及膝褲和絲襪的華茲，又感受到同樣的魔力——他是當時少數被選上為大主教拉長袍的執禮男童之一。[7]

兩個世界的調解之路經歷了法國時期。華茲在一九二九年應學校好友伊凡·克羅蕭（Ivan Croshaw）的邀請，加入對方家庭暑期度假之旅，去到法國的聖馬洛（Saint-Malo）和聖米歇爾山（Mont Saint-Michel）。伊凡的父親法蘭西斯（Francis），恰好展現出華茲難得讚許的那類英國人性格。家境富裕到根本不必工作的伊凡，常常穿著「老舊的摩爾風睡袍」到處閒晃，手持狗鞭（雖然他根本沒養狗），嘴裡叼著烏黑的緬甸雪茄。華茲對法國之旅的回憶總是充滿溫馨。那裡陽光燦爛、食物精緻，有賽馬、有鬥狗，而且他在那裡第一次品嘗烈酒。回到英國之後，華茲更加瞧不起學校，他於是準備好要進行下一次的探索，目標是希臘愛爾蘭混血的作家拉夫卡迪奧·赫恩（即小泉八雲）——還有日本。[8]

華茲在康登鎮（Camden Town）某間書店偶然看到赫恩的《窺見謎樣日本》（*Glimpses of Unfamiliar Japan*）。[9]透過該書與赫恩另一著作《佛田拾穗》（*Gleanings in Buddha-Fields*）的描述，一幅異國奇觀躍然紙上，用赫恩的話來說：「這裡的土地、生活、天空，與人們對世界其他地方認知的模樣都不相同……這裡肯定是英國民間古老傳說想像中精靈世界成真的樣子。」[10]受到赫恩鍾情於中國與日本藝術的啟發，華茲開始體會宗教、美感與自然為何有時會融合為一。東亞繪畫中的空間往往非常寬闊，為道家與大乘佛教核心思想「深層的空性」保留空間且肯定其存在。對華茲而言，將歐洲藝術與東亞藝術並置便可知，歐洲藝術將自然世界視為達成某種目的的手段，也就是作為提出社會或道德主張的背景，相對於此，東亞藝術則要從自然本身發現其中的無價事物。[11]赫恩對於佛教與涅槃的描述，也深深觸動華茲。對於一個所受宗教教育是以實際懲戒或處罰威脅來進行、心靈處於焦慮狀態的年輕人來說，佛陀為他帶來了天賜的解放感。[12]

克羅蕭開始將自己的佛學書籍借給華茲閱讀，華茲發現其中有本書的書頁夾著一本蓋有佛教學會（Buddhist Society）章印的黃色小冊子。當時甫成立數年的佛教學會，是由倫敦律師克里斯瑪斯．杭福瑞（Christmas Humphreys）所創辦。杭福瑞在其兄弟死於一次大戰之後深受衝擊，放棄基督教與童年深信的耶穌——他的原話是耶穌「就像是個超級童子軍隊長」——並改為擁護神智學。杭福瑞曾在倫敦聽到安妮．貝贊特講道並對她印象深刻，但最後神智會的內部鬩牆令他好感幻滅。杭福瑞的妻子愛琳（Aileen）是一次大戰的退伍軍人，全國曾獲頒軍事獎章的女性僅有十六位，愛琳便是其中之一。杭福瑞和愛琳一同創辦佛教學會，會址就是他們位於匹黎可區（Pimlico）的公寓。華茲發現竟然有這樣的社團存在，驚喜萬分之下立即致信，信中文字呈現來信者自信滿滿，杭福瑞夫婦一度認為這是國王公學哪位資深教師對東方產生興趣，結果卻在活動場合發現那是位年僅十七歲左右的男孩，著實為此大吃一驚。[13]

當華茲走進杭福瑞夫婦家中，他的驚訝程度也是不遑多讓。先前，華茲已經愈來愈享受與瀟灑不羈的克羅蕭一起，邊抽雪茄、品紅酒邊討論佛教。[14]但是，克里斯瑪斯和愛琳——暱稱「托比」（Toby）和「帕可」（Puck）——屬於另一種領域。他們的公寓簡直是片工藝仙境，有黃金佛像、波斯地毯、繚繞的檀香、豐富的藏書，壁爐架上還懸掛了一幅艾德溫・阿諾德的肖像。佛教學會甚至獲贈一把扶手椅，據說阿諾德正是坐在這張椅子上寫下《亞洲之光》。不過假如此說為真，阿諾德坐在這張椅子上寫的應當是最終稿，因為他的初稿是旅途間靈感乍現時的信手記錄，但求便利，碎紙片或是任何能寫字的表面皆可。[15]

日後華茲回憶，杭福瑞夫婦提供了「一種金錢不可能買到的教育」，而他將這種教導主要歸功於布拉瓦茨基夫人。布拉瓦茨基的思想雖幾乎無異於「神祕科幻小說」，但華茲肯定她將印度教與佛教帶到英國發揚光大，並在此過程中鼓勵志同道合者同聚同濟。作為一個喜歡美食與交際的新人，華茲認為最後這項功勞尤其意義重大：他很樂見自己的哲學清談，能夠擁有某種世界主義的高級感。托比和帕可兩人既聰明睿智又能入世交際，透過他們，華茲見到好些極有魅力的人物，有精神病學家、探險家、俄羅斯流亡人士，終於，他經此認識釋宗演的弟子鈴木大拙。[16]

至此，學校對於華茲來說，更像是一個傳播佛教與辯論的場所。華茲和喀爾文教派的舍監脣槍舌劍，又去辯論社團發表高見，將他的「東方」讀物到處流傳，弄得好像是在傳閱禁書似的。華茲又將他那信仰福音派的格特魯德阿姨（Aunt Gertrude），當作自己初出茅廬要面對的批評家。格特魯德阿姨批評佛教徒只是自了漢，佛教既不在乎女性，又缺乏將受難視為重大考驗的思想。對此，華茲卯足全力撰寫辯詞，並在寫作過程中發現，原來世界各地竟有那麼多人不受基督教上帝那「浮誇的無趣」（bombastic bore）所囿，那就是他想要追求的自由狀態呀。[17]

隨著華茲投入閱讀、對話與辯論，他也開始嘗試靈修的練習。他在康登鎮市場裡找到一本二手的維韋卡南達《勝王瑜珈》，便開始於宿舍房間內一邊望向窗外的坎特伯里大教堂、一邊練習瑜珈。華茲嘗試過各式各樣的佛教冥想，卻無法確定哪種做法才是殊勝之道。西元一九三二年秋季某日，各種觀點與戒律在華茲的腦海中龍爭虎鬥，突然他覺得自己已經不堪負荷。絕望之際他發出怒吼，要這些念頭全部消失，煞那間，那些念頭真的煙消雲散：「我的重擔無影無蹤，我一無所有。罣礙煩惱銷聲匿跡，我飄飄御風。」

此時此刻，這位對亞洲思想與美學情有獨鍾的年輕人，除了寫首俳句遣懷以外，還能怎麼辦呢？

忘卻一切，放下——
風吹葉散
落於田野之上。18

經歷寄宿學校宿舍中的超脫領悟之後，華茲卻在同一年經歷了挫敗時刻。出於某種不知名的理由，華茲竟然用尼采（Friedrich Nietzsche）的調調去回答牛津大學入學考試的問題。19結果，他的申請當然沒有通過，雙方對彼此的敵意從此開始，並貫穿華茲的一生：一邊是華茲這個無拘無束的業餘哲學家，另一邊是對亞洲研究保持嚴謹與學術態度的大學學術界。日後華茲對於專業學者總是心懷猜疑，學術界的批評讓他受傷，他認為學術界將專業客觀與無情冷漠混為一談，並為此忿忿不平。

至此，華茲自覺德不孤必有鄰，鈴木大拙和精神科醫師兼精神分析學家卡爾．榮格（Carl

Jung）都是他認定的同道中人。華茲於一九三五年懷著崇敬之情，熟讀精思鈴木的佛學著作《禪之精神》（*The Spirit of Zen*）。隔年與鈴木實際會面時，華茲發現其人體現了禪宗導師的理想風範，「智可及愚不可及，自在而自律，簡明而精奧」。鈴木大拙對於自己被說成日本禪宗叛徒的名聲怡然自得，他曾宣告日本寺院若全部燒掉反而是件好事，因為它們已經嚴重偏離禪之本義。[20]

此外，一九三六年也是華茲首次見到榮格的那年，當時榮格正好來到倫敦講學。和鈴木大拙的處境類似，榮格也是不缺反對者和敵人。根據華茲的判斷，榮格陷入的困窘處境在於，科學家指責他「將心理學變成神祕主義」，宗教人士又罵他將信仰簡化成「無意識心靈的幻想」。[21]榮格其實不怕與科學界同業針鋒相對，他譴責「科學家可悲的虛榮心（misérable vanité des savants），對任何活潑的同情心都感到害怕且拒絕接受」，並警告「科學方法只是在服務；當它篡位時便已鑄下大錯」。[22]

初生之犢不畏虎，華茲在聽完榮格倫敦演講的第二天，就直接寫信要跟對方商榷亞洲哲學的一些問題。然而，沒有證據顯示榮格曾經回信，但華茲便這麼開始透過書信和榮格對話：他閱讀自己能取得的一切文獻，將榮格視為自己企圖調和亞洲宗教、基督教與人類心理學的主要靈感來源。華茲期望能在這裡找到處理焦慮與不幸的方法——他個人的焦慮不幸、未來又延伸至他人的焦慮不幸。[23]

對於如榮格這樣思維兼容並蓄的人來說，精神分析學（psychoanalysis）作為新興且內涵尚嫌模糊的一門學科，充滿有待發掘的可能性。榮格早年與精神分析祖師爺佛洛伊德（Sigmund Freud）關係親密，日後兩人卻對於性和宗教在人類生命中的角色問題意見不一，因而分道揚鑣。榮格的宏大計畫，是將精神病學、心理學、唯靈論、世界各大宗教與他最愛的德國哲學流派融會貫通。[24]與佛洛伊德一樣，榮格也使用「自我」（ego）一詞描述人的自覺意識核心；與佛洛伊德相異，榮格不相信心理治療的目的，是要強化「自我」以抗拒社會標準以及個人內心隱藏欲求的各種要求。對榮格來說，「自我」之重要性是僅次於更廣泛且更基礎的「本我」（self），「本我」同時涵蓋了人的有意識與無意識領域。心理治療的目標，乃至於人生的目的，就是要平衡與整合「本我」內含的一切。用榮格的術語來講，這就是「個體化」（individuation）的歷程。

華茲在讀完榮格《找尋靈魂的現代人》（*Modern Man in Search of a Soul*，一九三三）之後，便首次嘗試將亞洲思想與西方心理學揉合。《亞洲遺產與西方人》（*The Legacy of Asia and Western Man*，一九三七）受到榮格的影響有多深，可以從華茲終於收到榮格本人手書表達肯定之意看出來。[25]榮格將宗教視為符號體系的觀念，是華茲申論的出發點。其觀念並不意味將宗教簡化成單純的心靈作用；榮格只是像康德那樣，相信人類絕對不可能對超越人類心靈的世界形成確定的知識。榮格認為，終極的「存在原理」（principle of existence）究竟是上帝、物質、能量或其他，人類永遠不得而知。[26]

榮格的想法是，人有能力做的只是探問個別宗教體系是否有助於人類的繁榮（即「個體化」）。據榮格宣稱，「本我」已經包含個體化歷程所需的一切。只消說服「自我」也參與此一歷程，或者不要從中作梗——因為「自我」有執著與自戀的負面傾向——此事便能成功。當宗教是在幫助個體化歷程的進行時，吾人就可以說這個宗教「是真的」：此時宗教與心靈最深處的型態一致，在此基礎上且就合理的可能性而言，宗教或許也會與超越性真相相符。

榮格和佛洛伊德的批評者，經常去質疑他們所提觀點所根據的實驗基礎。病例紀錄和大量的專業術語，似乎只是為了蓋上一層科學的尊嚴，但其所包覆的觀念根本無法超越軼事和推測的層次。泰戈爾與佛洛伊德曾經在一九二六年的維也納相會飲茶，這位大詩人的長髮美鬚與所著長袍，令佛洛伊德想起傳統的上帝形象，只不過泰戈爾看起來「卻比米開朗基羅（Michelangelo）在西斯汀教堂所繪的上帝還要老一萬歲」。[27]這次聚會之後，泰戈爾心中對精神分析學的芥蒂並沒有消除。他總覺得精神分析學是在提供「人們愛怎麼講就怎麼講的最佳機會……將人內心的苦楚講成一門科學，然後用毀謗人們的方式去宣揚這門科學」。[28]

榮格至少可以宣告，自己依憑的證據基礎遠較佛洛伊德豐厚，佛洛伊德的憑藉不過是他那為數不多的病患，再加上從同行好友那邊獲得的一致發現。尋找藉亞洲智慧治癒西方人靈魂的實際方法的人們（如華茲），之所以會深受榮格的吸引，箇中原因便在此。榮格為攻讀博士學位而深入研究神祕學，為了做研究，他還親身參加過降神會。這些經歷使得榮格能夠辨識出，不同時空的人類夢境、神話、神祕思想中，屢屢重複出現類似的符號與課題。榮格並非史上第一個留意這些現象的人，但是前人往往將相關現象歸因於人群的遷移與思想的傳播，阿諾德那個時代的基督徒關切耶穌與佛陀降生故事的明顯相似處，就是使用這類的解釋。但是榮格提出了不同的觀點，使用「集體無意識」（collective unconscious）一詞來描述他所謂人類心靈結構普遍共有的模式，世界各地會出現相似的神話與符號皆是源自於此。

這些神話的作用似乎是導引個體化之歷程。關鍵來了，在榮格與華茲看來，若要達成此目的，人們就不能只將神話當作有待傳述或分析的故事（像是在稍微保持距離觀賞一幅風景畫那般），而是必須找到可以進入這片風景、住在裡頭、將故事活成人生的方法。榮格對於現代西方生活的批判要義是，西方人和這個世界保持關係的方式，愈來愈習慣於與世界保持某種距離，由此，華茲的看法也是亦步亦趨。自然世界便是很好的例子，科學家使用拉丁文為大自然事物命名，廣大群眾也受到此風影響。其結果就是知道某種鳥類或灌木的學名，可能為當事者帶來滿足感，然而在華茲眼中，這就是缺乏真正的、參與性的知識之下的貧乏替代品，他喜歡舉的例子，就是讀萬卷地圖與行萬里大地二者的差異。人們如何自處一事也有類似的問題，在雄心壯志與追逐成就的文化氛圍鼓勵之下，人們傾向用外部觀察者的角度去設想自己，簡直把自己只當成客體或一場人生事業。[29]

這種針對宗教的心態轉變到現在已經有好幾百年，而其效果是毀滅性的。人們愈來愈覺得，既然其他知識都可以透過純粹知性推理驗證，宗教也必須通過相同的考驗才行。對榮格和華茲來說，這種想法便是問題癥結所在：知性排擠人格其他層面，此等文化將會導致人們理解世界的另一種途徑——感性、想像與親身接觸參與——愈加萎縮，人們也愈來愈不認為這是可信的知識來源。

榮格認為，某人人生中若出現此等不平衡狀態，加以矯正的要訣就是宗教神話與符號象徵。可是，西方世界的不平衡狀態已過於嚴重，就連人們與神話和符號建立連結的能力都慘遭破壞。西方人只能站在這幅畫的前方，無法更接近、無法深入畫景之中。用華茲譏嘲自己的說法來形容，西方人已遭到詛咒，只能繼續做「臨界處的逗留者」（dwellers on the threshold）＊。

用自己的童年加以印證之後，華茲發現榮格對西方生命觀的解析確實很有道理。樺樹小屋一樓的亞洲美學、父親讀給他聽的故事、他沉浸其中的大自然，這一切他感受的多彩多姿，就是神話發揮應有作用的成果。相比之下，童年冷冰冰的基督教信仰，就是神話作為一套有效符號的急速衰落之證據。始終沒有人教導華茲用字面意義以外的方式看待「永遠安息於天主懷抱」等話語，他的恐懼和迷惑便是由此釀成。

榮格警告道，剽竊亞洲思想的西方人可能淪為「可悲的模仿者」，他舉的例子正是令人感到困窘的神智學。留意此事的華茲在《亞洲遺產》書中結論道，唯一的提升之道就是一場亞洲智慧啟發的「基督教文藝復興」（Christian renaissance）。根據他的預期，亞洲智慧帶來的靈感，主要會是印度或日本等地將宗教視為「生活方式而非信仰之道」的態度。若能獲得此等協助且運氣不錯，西方人便能夠再度「活出基督教故事」，而不是維持剛愎自用的心態，或者僅限於既定節日才回憶基督教的重大事件。[30]

受到赫恩、佛教學會和鈴木大拙的影響，華茲心中的上上之選是禪學。但透過榮格，華茲也開始懂得欣賞道家思想。早期的在華耶穌會士通常對道教與其立教經典《道德經》（傳統稱作者為西元前六世紀的老子）評價甚低。包含黑格爾在內的後代歐洲人，對此評價依舊照單全收。待到二十世紀，道家思想才開始獲得西方人的認識與敬重。這番變化必須歸功於德國傳教士兼東方學者衛禮賢（Richard Wilhelm）、猶太哲學家馬丁．布伯（Martin Buber）、英國東方學者亞瑟．韋利（Arthur Waley）等人，其中韋利翻譯的中國詩詞和《道德經》，令艾茲拉．龐德（Ezra Pound）和葉慈深受啟發。[31]

影響華茲最深刻的，是榮格對於衛禮賢翻譯的道教經典《太乙金華宗旨》（*The Secret Flower*）寫下的長篇評論。榮格發現道家當中有一種對生命「核心心靈事實」的認知，反觀現代西方人對此早已認識不清。[32]古代的中國人也曾出現與自然疏離、與自我疏離的痛苦感受。

＊譯注：直譯是「住在門檻上的人」，意思是永遠徘徊在門邊，不進去，但也不真正離開。

故他們也需要被提醒，人是那變動不居的宇宙（「道」）的一部分。最佳的描述是，道的狀態便如同不捨晝夜的流水，人全然浸淫其中，這是純粹且不可思議的既存真相。人們只要領悟此理，便能自在地享受這個狀態。超越道德修養與無窮苦修境界的剎那頓悟，將會成為華茲未來數十年宗教追求的主旋律。

華茲也從維韋卡南達、鈴木大拙等重要人物的著作與學說當中，找到亞洲靈思的啟發。這些大家的一般做法，或是根據商羯羅吠檀多不二論，或根據佛教的「方便法門」（skilful means）概念，大約是因材施教，也就是因應受教者個人能力去調整教學的風格與內容。人們很容易將因材施教誤解為耍弄花招、行不由徑，有意迴避學說要義中的難題和大哉問。而且因材施教很容易淪為處處留一手的宗教菁英主義，好比華茲本人就常常這樣，他曾半開玩笑地告訴出版商，亞洲的導師們知曉「該怎樣將珍珠放在豬兒碰不到的地方」。[33]欣然採取榮格學說的華茲，認定維韋卡南達和鈴木就是在訴諸個人的無意識，而其方法經常是讓「有意識自我」感到羞辱或是產生打擊性的矛盾感。羞辱感或困惑其實往往是良性的徵兆。知性主宰的局面受到挑戰，此情為人格的其他部分早該出現的回歸之旅開闢出空間。[34]

華茲體會到，這種因材施教的風格，與受道家及禪宗影響的中國和日本畫家創作有精神相通之處。此等畫作不是繪製出一個客體，使觀者除了點頭稱道之外少有可為之處，反之，它們「是在觀者心中開啟一股有待延續的運動」。[35]因此，這類繪畫會以留白的空間作為輔助與暗示。「畫家給出許多激發人心的要素，而少有帶來滿足人心的元素」，由此引導觀者在想像之中給予回應。華茲大喜，這豈不是所有臨界處逗留者的希望所在！絕大多數臨界處逗留者所知道的宗教，其作用就像是一個藝術家想要「在他的畫布上捕捉到一隻鳥」，而此處的「捕捉」（capture）其實是馴化與限制的意思。未來別開蹊徑的出路——在亞洲大師的幫助下實踐宗教應有的模樣——就是讓那隻鳥最終能夠振翅飛翔。[36]

艾倫・華茲寫就《亞洲遺產與西方人》時年紀僅僅二十出頭，且大半時間都在和一位「令人非常滿意的美國女孩」艾莉諾・埃弗雷特（Eleanor Everett）交往。艾莉諾與母親露絲・富勒（Ruth Fuller Everett）在一九三六年夏季的某一天來到佛教學社（Buddhist Lodge）。艾莉諾和露絲數年前在紐約州尼亞克（Nyack）的克拉克斯敦鄉村俱樂部（Clarkstown Country Club）認識了佛教。該俱樂部的所有者是位才華洋溢的導師，人稱「全知嗡」（Oom the Omniscient）的皮爾・伯納德（Pierre Arnold Bernard），但此人在西方世界教導亞洲智慧以建立親密與信任的做法，頗有被人濫用的風險。

自從維韋卡南達於一八九三至九六年、一八九九至一九〇〇年兩度訪美以來，瑜珈在美國就變得愈來愈流行。除了勝王瑜珈之外，還有更著重鍛鍊身體的哈達瑜伽（Hatha Yoga），伯納德就是當時以導師，甚至古魯上師之姿自居，以開闢事業的眾多美國人之一。作為最早開始自稱通曉瑜珈與印度怛特羅密宗（Tantra）傳統的西方人之一，伯納德也是將它們連結上性愛與金錢，從而破壞印度瑜珈與宗教名聲的人之一。警察於一九一〇年突擊了柏納德在曼哈頓的住處，將身穿頭巾與長袍的他抓捕入獄。報紙很快充斥關於伯納德「印度教派」與「東方降神會」的驚悚報導，並稱他利用催眠、死亡威脅與嗎啡強行監禁兩位女性。[37]

到這個時代，「東方」的形象已經愈來愈具體。西元一八九三年世界哥倫布紀念博覽會的一大吸睛噱頭，就是有位藝名「小埃及」的舞者，在波斯愛慾宮（Persian Palace of Eros）館場表演「性感肚皮舞」（hootchy kootchy）。據說她利用自己的腹肌做出「極為不雅」的動作，導致報紙記者進行假惺惺的憤慨報導，並引起廣大男性群眾的好奇。[38]有不少男人願意付出更多錢，來欣賞這樣的表演。正當伯納德被紐約警察突擊之際，妨礙風化的「東方」舞蹈表演風氣卻方興未艾。在一陣薰香、亮片與露肚臍的渾沌當中，亞洲與近東就這樣糊里糊塗地被連到一塊兒。

包括艾達．克拉多克（Ida Craddock）在內，不少女權運動者企圖將瑜珈和「東方舞蹈」連結上女性的精神自主與性自主權。[39]但是這樣的做法，卻只是徒增人們對於美國女孩為追求獨立而愈走愈偏的擔憂。有位女性評論家警告道，那些「皮膚黑黝黝的遠東祭司和僧侶」作風專橫，他們對上帝的虔信遠不如對女生脫光衣服的興趣，很有可能讓純潔少女迷失、使良家婦女敗德。在將印度男人說成沉湎女色之徒的論調中，最具影響力的諷刺性作品是凱瑟琳・梅奧（Katherine Mayo）的《印度之母》（*Mother India*，一九二七），此書內容極具爭議性，引起泰戈爾和甘地等名人憤慨不已，紛紛撰文駁斥。

伯納德的醜聞導致人們將東方異國情調和性慾大解放聯想到一起，但這恐怕想得太「美」了，調查證明事實與人們的想像還是有一些距離。那兩位據說被伯納德誘拐的女性，其實都和他有男女關係，結果伯納德遭到的指控始終無法成立。[40]其中一位女性擔任證人的資格被否定，另一位則選擇撤銷指控並迅速搬移當地。[41]同時，伯納德與他的「怛特羅教團」又建立了「紐約梵院」（New York Sanskrit College），然而不少鄰居抱怨裡頭總傳來「狂野的東方音樂與女性的呼喊，但不是慘叫聲就是了」。[42]伯納德與前歌舞表演者布蘭奇・德弗里斯（Blanche DeVries）於一九一八年結婚，在妻子靈巧與管教的影響之下，伯納德又增設幾間新場館，裡頭的瑜珈做法比較不會引起警方或媒體的注意。布蘭奇取消瑜珈場館的紅酒、雪茄和曖昧的親密行為，以乾淨的場地、健康的食物和瑜珈墊取而代之。多虧有布蘭奇的付出，以及她向范德比爾特家族（Vanderbilt）找來的贊助，伯納德終於得以在尼亞克開設他的鄉村俱樂部。在此，他專門吸引在平淡無聊的基督教信仰中得不到著落的上流社會婦女，滿足其精神需求，由此大發利市。[43]

露絲・富勒・埃弗雷特便是其中一位婦女，她在尼亞克認識禪學之後，又到芝加哥大學學習印度哲學和梵文。西元一九三〇年的夏天，露絲和丈夫、女兒及陪同的家庭女教師一同到日本、朝鮮、中國和滿洲（中國東北）旅遊。如今亭亭玉立十七歲的少女艾莉諾已是鋼琴家、夏威夷呼拉舞（hula）舞者，旅遊的經歷比華茲豐富，衣著打扮更是遠較男伴精彩。這些年間，華茲的裝束經常是條紋褲、麂皮手套，頭戴紳士帽、手持沒開的長傘。艾莉諾為華茲的衣櫥增添不少色彩和不拘一格的變化，其中包括一頂帽箍插著彩色羽毛的毛氈帽。艾莉諾為華茲沉重的知性活動帶來平衡。作為一個身體力行派的佛教徒，艾莉諾反而比華茲更能夠放下思緒，敞開寬闊的內心空間，記下此事的華茲時常驚嘆連連且豔羨不已。44

艾莉諾和華茲成為情侶，他們一起在高級席位上觀賞歌劇和芭蕾舞、練習呼拉舞的扭腰擺臀，並在艾莉諾的倫敦公寓裡共度春宵。華茲的宗教生活理想之中，從未出現過禁慾獨身這一項。讓他稍感寬慰的是，他發現「佛陀雖然批評酗酒縱慾之不當……卻從來沒有稱之為『罪』」。華茲於一九三七年向艾莉諾求婚，當年十二月於奇斯爾赫斯特村華茲家族屋內辦完訂婚宴之後，兩人便搭船前往美國共度耶誕節。新年甫至，艾莉諾就懷孕了，兩人便於春天在倫敦某教堂完成婚禮。45

華茲的新丈母娘在倫敦為小倆口準備了一間舒適的住家，但此時情勢看來英國已肯定要捲入歐洲戰事。華茲日後回憶道：「留下來戰鬥看似英勇，其實徒勞無功。」他想，假如自己擁有必要的大學文憑和德語能力，應該可以體面地成為情報單位的軍官。由於自己這兩項條件都缺乏，再加上近期旅遊的繁榮美國印象，他決定和艾莉諾搬到紐約去住。華茲的結論是：「站在一間正在崩塌的摩天大樓上，你無力回天，假如有翅膀，你也只能快點飛吧！」[46]

於是，華茲夫婦在一九三八年秋天搭上遠洋郵輪瑪麗皇后號（Queen Mary），不久之後便在曼哈頓上西區一間公寓安頓下來。希特勒統治之下德國猶太人爆發逃難潮，華茲因此發現新住處附近出現猶太式燻鮭魚和魚丸，以及會將他姓氏拼成「Watz」的「橄欖色皮膚長腿女孩」及店鋪主人。華茲寄給父母的家書中還提到，曼哈頓這城市竟以某種名叫「熱狗」的食物自豪。[47]

接下來的幾個月都相當忙碌，夫妻倆的女兒瓊安（Joan）出世，露絲安排華茲與作家經紀人頻繁商議，華茲也好不容易取得哥倫比亞大學的圖書館證。[48]華茲開始和日本禪師佐佐木指月（即佐佐木曹溪庵）學習，佐佐木曾是日俄戰爭期間服役的日本皇軍，負責運輸炸藥至前線，後來移民到美國並於紐約建立美國佛教協會（Buddhist Society of America）。[49]要到這個時候，華茲這才意識到自己對於禪的理解是多麼膚淺，並極為佩服佐佐木的博學多聞和入境隨俗之法。有一次，華茲看到佐佐木正在給信眾講解《圓覺經》，他身穿金緞棕色袈裟，正襟危坐，兩旁有蠟燭與香爐陪襯。佐佐木指月神情肅穆，用那濃厚日本口音的英語緩緩說道：「佛教的根本是無目的性。若你放了個屁，你才不會說『我向九點鐘方向放了個屁』。放了就是放了。」欣喜的華茲抬頭一瞧，發現在場聽眾紛紛吃驚地咬住手帕。[50]

雖然在《禪之精神》裡，華茲將參悟禪宗「公案」（kōan）的必然挫折描寫得境界相當崇高，但他卻發現現實際情況極其不浪漫。結果他只跟佐佐木指月學習短短幾個月便宣告放棄，轉而將心力放在如何用自己那套融合亞洲哲學與榮格學說的雜燴思想，吸引會有興趣的小團體，這些人遂開始在華茲的公寓聚會，進行非正規的課程。[51] 參與者隨喜自願捐獻，當中有「教育程度頗高的老太太」、榮格派精神分析師、學校教師、商人，還有一位哈珀出版社（Harper）的編輯。華茲希望能與這位編輯合作，出版一本有關幸福的著作。[52]

對華茲來說，幸福的意義就是解脫他小時候害怕的那件事：與這個世界疏離的感受。在收件人數相當有限的早期會務通訊中，華茲寫道，我們所經驗的那個「自己」（selfhood），其實是本性「扮演各種不同的、分離的、自主的狀態」之綜合結果。若能在「內心最深處」體認到這個真相，這便是「東方哲學所謂的與道合一或與梵復合」。[53]

哈珀出版社在一九四〇年發行了這本《幸福的意義》（*The Meaning of Happiness*），並邀請華茲接下來撰寫一本有關世界宗教的童書。此外華茲也收到電台邀請，上節目用他那貴族氣的沙啞英語與談。至此，華茲卻感到若有所失。重複講述同樣的舊觀念，回答公寓聚會者同樣的老問題，似乎已讓他感到無聊乏味。此外，華茲也擔心自己的精神精進問題，這般享受著上流生活，還對於自己的嗓音愈來愈自戀，他發現自己的道德修養幾無提升。[54]這種若有所失的感受，會不會是自己成長過程缺憾的持續發酵呢？或者，這是在暗示有什麼人生更根本的東西，是他的宗教觀點尚未將之融會的呢？

華茲不能肯定。但是他感覺到，假如自己繼續執迷不悟過這種生活，未來的他很可能變成自稱為西藏神智學大師庫特．胡米轉世騙取老太太錢財的江湖術士。[55]華茲考慮過以大學教職為目標，但這樣一來，他不僅得寫博士論文，還得花時間在學術界打滾。他覺得，更有吸引力的同道，應該是那些已經「成熟」到足以接受一場文藝復興的基督教信眾。[56]於是，華茲開始向紐約一些朋友透露自己的新點子，朋友大多堅決反對，但他卻置之不理。西元一九四一年春，身在奇斯爾赫斯特村的老華茲夫妻收到郵差送來的一個意外訊息，他們的兒子即將開始接受神職人員的培訓。華茲向父母保證道：「這兒所有人都覺得這是個絕妙的點子。」[57]

第十六章　上帝？梵？涅槃？

我們無法看透窗戶，是因為我們在玻璃上彩繪。
——艾倫．華茲，《凝視靈魂》（*Behold the Spirit*，一九四七）

西元一九四一年九月，華茲一家收拾好行李，向西前往伊利諾州的埃文斯頓（Evanston），從紐約的小公寓換成一棟有五間臥室的大房子，走幾步路便能來到密西根湖湖畔。與美國聖公會（Episcopal Church）有關係的西伯里威斯特恩神學院（Seabury-Western Theological Seminary），就位於埃文斯頓。這個地方讓華茲想起自己從小長大的村莊。在他寫給父母的家書中，他說自己很高興終於能遠離城市的那些晚間聚會。有些參加聚會的訪客，把自己的「神經質糾結」也帶了過來。或有賓客待的時間超出自己受歡迎的程度，最後在「醉醺醺的恍惚」間結束那個夜晚。大多數訪客令華茲不耐煩的原因，其實施萊爾馬赫也很能體會：這些人對意義的追求，不過是想接觸一些新鮮的、稍微精緻點的宗教概念而已。面對奧義書中的最深奧義

「彼即汝！」（彼者即是你／你即是彼者），極少人能真的體會且揭櫫自己與絕對存有者的同一性。這些人老是躊躇不前、欲言又止，一個問題接著一個問題，卻永遠不化解問題。[1]

總之，華茲更喜歡自己郊外新家花園中蜂鳥與蝴蝶的陪伴。當地的神職人員非常親切，假如華茲未來兩、三年在西伯里威斯特恩神學院的學習順利，這些人就是他未來的同事。老華茲夫婦早已習慣兒子寫信的風格，趣話、省思、說教、有時避重就輕，而從華茲寄來的信中，他們知道兒子其實已經處於緊張狀態，接下來的日子恐怕不好過。據華茲女兒瓊安日後回憶，她曾在家附近聽過傳聞，說華茲選擇當神職人員是為了避免被徵調去當兵。[2]當初華茲選擇離開歐洲，就是為了躲避戰爭，到一九四一年夏季之際，美國也會捲入戰爭的消息是沸沸揚揚。

短短幾個月後，日本人襲擊了珍珠港。於是，日本人與日本文化都遭到嚴重的猜疑。此時佐佐木指月和華茲的丈母娘露絲已經結為一對伴侶，聯邦調查局曾經將兩人找來問話。後來，佐佐木被強制送到居留營，他的健康開始惡化。露絲請來律師，終於讓佐佐木獲得釋放，兩人遂於一九四四年結為夫妻，但他卻於隔年不幸過世。[3]

那些對亞洲有關懷的人們，面對戰爭、去殖民化運動與新國際組織的興起，傾向相信吾輩期待已久的東西合作時機終於來到。但是，華茲並非此道中人，因為在他看來，亞洲的光榮存在於歷史中，存在於奧義書和《道德經》的英文譯本書頁間、存在於日本禪師語錄的珠璣。華茲對於東西偉大交會時刻來臨的懷疑有一個例外，那就是他對於阿道斯・赫胥黎（Aldous

Huxley）提倡以神祕主義宗教作為人類集體復興的基礎，懷有濃厚興致。當時赫胥黎正住在比佛利山莊，企圖為好萊塢寫作劇本，同時又沉浸於當地吠檀多學社的活動中。赫胥黎《永恆哲學》（*The Perennial Philosophy*，一九四五）一書彙集了東西方的神祕主義著作節錄，統整後分類成「靜默」和「信仰」等主題，其目標是證明所有宗教傳統的核心皆蘊含的放諸四海皆準的真理真相。

這個想法在知識與政治方面的吸引力相當明顯。對於那些認定殖民主義的歷史使命已告一段落的人們而言，數百年來西方對東方的探索與剝削，最終應該止於發現東西方都站在共通的立場上，這既是他們期望的結果，也是很自然的結果。然而，批評者質疑，一時之間的政治情緒，真能作為通往永恆真理的可靠指引嗎？他們表示，基督教、印度教、佛教與道教對於這個世界的理解都極為特殊，若欲將其融會到一體，那必然是神祕主義式的爛糊，至此田地，宗教已幾乎無異於詩歌。

任何期待基督教文藝復興的人都必須面對的一項挑戰是：在這個出現量子物理學與猶太大屠殺（the Holocaust）的時代，以人類在宇宙間定位與價值為核心的西方觀念，不會顯得過於天真、無知且過時嗎？同時，在這種充斥佛洛伊德與榮格思想的文化氛圍中，他人非常容易將對人格神上帝（personal God）的感受理解為當事者的心理怪癖：將偉大的宇宙之父或宇宙之母，講成更加神祕兮兮，或更加平庸無奇的真相。對這個時代的另外一種解讀方式是，兩次大戰已經使人類感到疲憊不堪且希望幻滅，此時要人去認知這宇宙是慈愛的造物主所造之有意義、有目的的宇宙，他們（一時之間）實在缺乏這樣的力量與樂觀精神。

在華茲看來，此刻正是人類歷史大戲高潮迭起的一幕：究竟是什麼因素，可以讓任何時空中的人們，認知某種世界觀確實可信呢？他認為，沒有單一的求知之方——無論是宗教、美感、科學——可以達成此目的，因為選擇其中任何一條路線，都已經是在預設結論。到一九四〇年代末期，華茲對榮格心理學的信念導致他開始覺得，到最後，這一切很高程度取決於當事者的人格特質與需求，以及其人生經歷的事件。未來十年發展的經歷，將會大大強化他這個想法，然其代價卻是苦澀無比。

華茲為了推動他所謂的基督教文藝復興，將禪宗、道教、吠檀多論（吠陀經終極奧義）以及大量探討阿奎納與基督教神祕主義的新著作都納入自己的思想庫。[4]華茲先前在紐約的講道內容，便曾論及西元前六世紀初至五世紀末的偽戴奧尼修斯（Pseudo-Dionysius the Areopagite）以及中古的艾克哈特大師（Meister Eckhart，一二六〇－一三二八）。如今華茲想要將這些思想傳達給美國中西部的基督徒，以反制讓他感到俗不可耐且怒火中燒的「耶穌真是我的好朋友」論調。[5]華茲心忖，這是一個平衡的問題，他的觀察是：「人有肉體，也有靈魂。」倘若缺乏傳統（制度、儀式、符號）的支持，神祕主義恐怕會造成「精神脹氣」（spiritual flatulence）。這種精神脹氣狀態，便是赫胥黎觀點與永恆哲學不時會產生的問題。[6]

華茲開始覺得榮格與亞洲思想的結合有點太過抽象，無法為他的人生帶來圓滿感。在紐約時期出版的《幸福的意義》書中，華茲主張各人內心最深處的「真我」（Self），與絕對存有者或終極真相是同質的。幸福是寬慰與喜悅感的綜合，而幸福源自於這種自我與終極一致的真正體驗。然而，誠如華茲在寫給朋友的信中所言：

> 讀完這本書的人可能質疑：「所以呢？那又怎樣？」沒錯，我們是與現實結合，無法擺脫現實，但除非現實中蘊含著至善至美的真相，否則何必自尋煩惱去思考現實呢？[7]

於此，中國藝術開始啟發新的問題。非人格的絕對存有者（華茲有時將其想像成類電流的存在），如何能夠生成某種微妙的意識，其細膩令人欣賞讚嘆，讓人在畫布上捕捉「好比鳥兒振翅或微風拂過某一株草，那剎那細節的永恆意涵」。[8]此意識抑或是真相本身的徵象，抑或是存在於全人類的無自身意識之法則，隨著時間顯露出來。就後者而言，恰如華茲跟他父母所說的話：「我的思想與其他的機械性過程同樣沒有意義。」[9]

華茲逐漸得出兩個結論，並且希冀能在此基礎上建立他的教派。第一，真相——「上帝」——是有人格性的，意思是其「生機無可限量」（immeasurably alive）。[10]第二，西方基督教先是領悟這個道理，但之後又企圖將此無限生機壓縮為概念與形象，實在暴殄天物。華茲在《凝視靈魂》一書中表示，只要你走進某間新教的教堂，馬上就能發覺問題所在。「教堂內的擺設，如神職人員座位、長木椅、布道壇和講經台」，都在暗示，人們是被迫與這樣的上帝產生關係，「向祂懺悔……請求祂不要降罰，向祂訴說祂有多麼光榮偉大」。這種情況應稱為法學，而不是宗教，此外還會伴隨某種不健康的君主制思維，去強調主宰寶座、律法與打擊敵人。[11]

華茲斷定，西方基督教已演變出制度化的驕傲。「恩典」（grace）以及上帝無條件的愛與接納，是基督教原始天才的遺跡，此即領悟人接近神聖境界，乃至天人合一的靈思。禪宗、吠檀多不二論和道家也領悟了天人合一的真相，並能至今維持其生機活力，反觀基督教已經從「耶穌的宗教」（the religion *of* Jesus）變成「與耶穌有關的宗教」（the religion *about* Jesus）：信徒是在膜拜耶穌，而不是遵循耶穌的腳步。[12]其結果是，天人合一或與神復合變成需要去努力贏取的東西，而且能獲得者大多限於聖徒、神祕主義者，或要等待來生來世。對華茲來說，這番景象就是在將驕傲偽裝成謙遜。人們談到上帝的恩典，只是口頭表達崇敬之意，然內心實為抗拒。華茲覺得人們應該好好讀讀《道德經》，學習他摹傚老子創作的高論：

「大道若水，水之善下，故能守辱。」[13]

人們的問題除了驕傲之外，還有無可救藥的字面解經態度。拘泥字面意思最大的破壞性副作用，就是將上帝「創世」理解為上帝根據某種計畫或目的，在一段時間內完成的「工作」。華茲主張，這種思維造成基督徒陷入將意義等同於目的的困境中，如此一來，萬事萬物都必須與某事「有關」，或為了「某事」存在。接下來，現代科學誕生並揭露宇宙是個孤寂的所在，內容物只是耗費大量能源的「燃燒氣體與泥巴塊」，看不出什麼明顯的目的，「雜草、昆蟲、魚類、鳥類與微生物」在世界上「進行缺乏意義的大量繁衍」。[14]如此，無怪乎人們此時會決定改投降神會、西藏大師的懷抱，或改為追求艾德溫．阿諾德筆下佛陀那種自助式的靈修。[15]

然在華茲看來，上述的替代方案都不會有效果，因為它們並不能化解驕傲與目的的相關問題。吾人應當徹底重省何謂「意義」以及神的形象。基督教的上帝是安排一切並審判之，反觀濕婆則是跳舞而克里希納吹笛。對絕大部分西方人而言，孩童的嬉戲是好事，成人為了恢復精力工作而玩玩兒也是好事，或像巴哈（Bach）那樣邊遊戲邊寫音樂也是——畢竟沒有人欣賞前奏曲或賦格音樂的前提條件，是先思考該音樂與什麼有關，或迅速朝著什麼目的地前進。另一方面，上帝在遊戲的觀念實在過於荒唐，甚至有褻瀆的可能。對華茲來說，此情就是個顯著的徵兆，顯示大多數基督徒其實並不相信「生機無可限量」的上帝。若他們能夠相信這樣的上帝，基督教的敬拜方法肯定會大幅減少「牛欄」長木椅上的喃喃自語，並大量增加走廊間的翩翩起舞。[16]

華茲對於將基督教與他在亞洲宗教中發現的神祕與喜悅融合相當熱衷，但這股熱誠在他接受神職人員培訓期間逐漸消退。神學院的教職員「故步自封」，知識層次低落，「當國內海外的知識分子、大學與聰明人開始威脅到一切神聖的事物」，他們「卻依然在培訓那種前往偏遠地區將聖經敲進伐木工和山地人的腦袋裡的人員」。同時，華茲在教區裡面還遇到一股「膚淺熱誠」的風氣，這種「虛假喜悅」的傢伙，便是對會跳舞的上帝毫無體會的人。[17]

談喜悅一時間若是陳義過高，也許談神祕是個好的出發點吧。此後，華茲愈來愈熱衷於英國式天主教（或稱高教會）的儀式，寫給朋友與家人的信中滿是關於祭衣、教堂風琴、焚香、藝術品、祭壇設計的描述，有時他還會畫上插圖。不過，華茲懇請信仰新教的父母親不要擔心自己是「陷入迷信或崇拜教宗」。[18] 若欲達成榮格設下的那個任務——將基督教故事活出來——儀式便是實踐之方。

為達此目的，華茲認為牧師等神職人員都應該在祭壇上執行指定動作，有如在跳一場「神聖之舞」，要提醒人們「星辰與一切自然事物的偉大宇宙之舞，誠如但丁所說，是受愛所驅動」。[19] 同理，領受聖餐的那刻，當事者的腦海不該去論辯酒和麵包是否「真的」化為耶穌的血與肉，那刻應當是直探自我無意識的時機，那是回歸「原始與赤子」的召喚，敞開自我領略無限與有限交融的奧妙。畢竟，符號應當是探索性的，而不是解釋性的象徵。

據華茲日後回憶，在神學院修習期間，同儕始終懷疑他是個具備語義學（semantics）天賦的泛神論者。華茲很難反對這種看法，自他在學時期認識吠檀多論和禪學以來，與絕對存有者復合這個觀念帶來的安慰與生動感受，始終沒有其他思想可以取代。讓華茲甚感欣慰的是，他在丁尼生的詩詞中發現這類經驗的記載。丁尼生說，他曾反覆念出自己的名字，發現他的「個體意識……似乎逐漸消融為無盡的存有狀態，……於此幾乎不可能有死亡，談死亡近乎可笑」。[20] 華茲的解讀是，這位前任桂冠詩人是在身體力行「彼即汝」的奧義。

不過，華茲亦能體會猶太哲學家馬丁．布伯所謂「我－祢」（I-Thou）神聖感的吸引力所在。華茲有時也受生命的喜悅所觸動，想要說「謝謝你」來加以回應，好像他與神之間真的存在某種關係，而不僅是同質而已。基督教神祕主義者似乎也肯定此道，他們談的人與上帝「結合／復合」（union），暗示著二者合而為一。華茲思考著，要如何與上帝「有關係」，但「不要變成是自己跟自己接吻呢？」[21]

儘管此時華茲認為自己已脫離早期對榮格的痴迷——他稱之為「單純的心理主義」（pure psychologism）——但他發現將榮格心理學與亞洲思想結合的老路子，依舊是思考宗教實踐問題的最佳辦法。他說，任何願意嘗試短期靜坐的人，都會在思想與情緒的漩渦當中看見，「自我」只是宏偉內心戲劇當中的一個配角而已。這場大戲在更為廣闊的意識領域中演出，而人無法對此有恰當的描述，因為它「超越理性且啟迪理性」。[22] 但我們可以從直覺立即知道它的存在，因為我們是在它的光照之下思考、感受、體會周圍的世界。華茲認為，這就是對於榮格所謂「本我」，或奧義書所謂「阿特曼」（atman，即靈魂）的第一手經驗。阿特曼最基礎的層次，與梵（即絕對存有者）同質。華茲發現迦陀奧義書已清楚呈現此理：

阿特曼即真我，不生亦不滅。無因無由，永恆不變……肉體死亡時也不消滅。[23]

華茲指出，若有基督徒自稱「我是上帝」，別人要麼譴責他是異端，要麼認為他腦袋壞掉。但是，斷言我的「真我」就是上帝——上帝是我之所以為我的終極基礎——其實完美契合艾克哈特大師的說法：「上帝的本質與靈魂的本質惟一且同一。」[24]

西方人之所以恐懼泛神論，一部分源自其心理學向來有缺失，直到最近才開始將「自我」與「本我」區分。華茲認為，此事還與古希臘理性觀「非此即彼」（either/or）二元思維的扭曲效應有關，此種二元思維對於人的想像力造成諸多限制，長久以來卻是絕大多數人的常識。吠檀多不二論與某些佛教流派提供了不同的出路，那便是非二元式的「此彼皆是／此與彼」（both/and）思維。華茲主張，由此觀點出發，全能且「涵蓋一切」的上帝有容乃大，能包含最嚴重的分歧、囊括最不可思議的差異。因此，個人與上帝同質，以及個人與上帝「有關係」這兩種極大的差別，都可以被包含於上述的上帝概念當中。[25]

華茲覺得，要求一般教會信眾放下教區生活主要元素的「爭長論短、義賣市集與慈善牌局」，改而接受東方哲學的速成課程或「長期的靈性鍛鍊」，確實不切實際。[26]可是，誠如維韋卡南達與鈴木大拙等宗師所示，亞洲智慧之美正在於此：靈性的提升要義，在於「放下」（unlearning）。以基督教用語來描述的話，這指的是拋下自尊並接受上天的恩典。吠檀多論所講的則是清除障礙，也就是妨礙當事者看見「阿特曼與梵的終極同質性」此一既存真相的障礙。[27]

無論是佛教還是吠檀多的奧義，都不大重視「進步」（progress），因為進步這個概念只能讓人對真相產生有限的認識，受限於有先後順序的時間觀與侷限的空間觀。佛教對這個課題的表達最為透澈。阿諾德的《亞洲之光》將精神之道描述為在困頓中努力追求終極目標之路，並以詩意暗示此道是朝向輪迴之路，臻於涅槃（終極寂滅）為止。但在華茲看來，阿諾德所言是為庸人俗骨設計的版本。假使有朝一日豬彘真能獲得珍珠，從覺悟的角度看來，這顆珍珠就是有限與無限的交會，是涅槃與輪迴惟一且同一的境界。

華茲於一九四四年正式被任命為牧師後，他終於能以實際行動推動基督教文藝復興。

華茲對於自己能被派為美國聖公會駐西北大學的牧師，感到非常高興，因為他自許為懷疑論知識分子的傳教士。[28]艾倫和艾莉諾夫婦此時有兩個女兒，六歲的瓊安和兩歲的安妮（Anne），華茲一家四口因此搬進座落西北大學校園內的坎特伯里之家（Canterbury House），艾倫也重新整修建築物中的小禮拜堂。在西北大學，華茲新瓶裝舊酒，用基督教外表包裝他紐約時期的晚間聚會故技：同樣的古魯上師姿態，同樣講貴族式英語搭配從俗平易的措辭，同樣將神祕主義混雜活潑的淘氣。

華茲的聽眾主要是大學生，此外還有返鄉的戰爭服役人員。參與者一同享受談話、說笑、唱葛利果聖歌（Gregorian chant）、即興鋼琴演奏、吸菸、飲酒。華茲禁止大家吟唱「老掉牙的聖歌」，並將講道時間設定上限為十五分鐘。華茲的演講主題十分豐富，從精神分析到宗教藝術皆有，還提供私人宗教指導與諮詢。日後據女兒瓊安回憶，當時父親還有所謂的「狂歡時光」，具體事例包括他會在晚上開車載著朋友在市區四處馳騁，她記得不止一次，有乘客將身子伸出窗外，打破隧道裡的路燈。華茲偶爾也會帶上瓊安一起驅車兜風。[29]

艾莉諾也參加了其中一些聚會和音樂活動。但是隨著華茲陪伴家人的時間愈來愈少，與母親關係始終緊張的艾莉諾禁不住孤獨與壓力，愈來愈頻繁陷入憂鬱和低潮。雪上加霜的是，艾莉諾後來發現丈夫竟然與數學系研究生桃樂絲．德威（Dorothy DeWitt）有染。[30]隨著兩人的婚姻支離破碎，艾莉諾乾脆也開始找人胡來，對象是她的鋼琴課學生，西北大學音樂系學生卡爾頓．甘默（Carlton Gamer）。[31]當艾莉諾告訴艾倫自己也有婚外情時，艾倫的回應是，不如讓德威小姐與甘默先生都搬進來和我們一起住吧。那兩人還真的就搬進來了，結果一九四九年夏天時，艾莉諾居然為甘默生下了一個兒子麥可（Michael）。可是，這根本不是艾莉諾嚮往的生活。艾莉諾為此申請兩人婚姻無效而獲准。華茲在回憶錄中寫道，艾莉諾的婚姻無效申請之所以能通過，是因為艾莉諾稱自己是個「自由性愛」之徒。事實上，艾莉諾申請書中描述華茲的用詞是「性變態」。[32]

華茲意識到自己即將淪為醜聞主角，他的美國聖公會聖職到時候也不可能保住。於是，他在一九五〇年夏天辭去職位，並且寫下一系列解釋的信函，其中還附帶幾句對基督教文藝復興可能走偏的警告。他在信中寫道，吾人應當留意動機問題，在這個狂暴動盪的時代，人們很可能只是出於懷舊而擁抱基督教信仰。[33]由此，教會可能變成集體「依附」的對象，依附教會的紀律、信念、禱告與權威。他覺得，人若能去探索心中的不安全感，而不是選擇避開，才能夠漸入佳境。[34]談到「依附」與安全感，大約暗示了華茲未來的走向，那就是重新擁抱佛教，且更加投入於心理治療的世界。基督教更加深陷於驕傲、目的與陳舊不堪的符號之中，嚴重程度甚至高出華茲的設想。由此，他認為，欲將「放下一切，看輕自己」的亞洲宗教要義傳輸到西方，最佳管道應是心理治療。

有位基督徒友人讀了華茲宣告終結從事聖職實驗的公開信，他的回應是，華茲自我辯護的效力相當「薄弱」，讀起來就像「自我合理化」，令人「讀得很痛苦」。這位友人所指的，可能是華茲在文中批評婚姻制度與西方社會對性的壓抑態度。[35]當然，友人要批判的還包括，華茲對基督教上帝的認定始終有強烈的自我便利心態，上帝的「人格」令祂親切活潑又有趣，但祂又不會因此要求要與華茲建立確定關係，從而對他下令或檢討他的行為。

不過，華茲這些年確實認真在克服自己早先對榮格的盲目依賴，並努力將他所認知的亞洲思想菁華與基督教傳統揉合，雖然這些事情往往被他在美國西岸的醜聞掩蓋。華茲思考著，為什麼基督教徒總是偏重聖父和聖子，也就是三位一體的前兩個「位格／人格」（Person）呢？更為抽象且更接近於中國「道」概念的聖靈（Holy Spirit），為什麼往往受到忽視：聖靈經常被描繪為鴿子，形象固然美好，但並不足以令人折服，反觀聖經記載的其他象徵如水、氣息、火焰，卻不大被用作代表聖靈的符號。為什麼基督徒總是那麼重視信仰與崇拜的「是什麼」（What），好像自己的心靈真能隨時掌握它似的？「該如何」（How）信仰與崇拜的問題，其實同樣重要，諸如情感、精神生活、教會提供的引領與支持等。此外，華茲還試圖處理後人所謂「跨宗教對話」（inter-religious dialogue）領域最棘手的問題之一：個人如何與絕對存有者復合為一，同時又與祂保持關係。華茲的深入探討，有助於說服往後幾個世代的基督徒相信，他們的傳統其實擁有遠較批評者所言更為深厚的層次與潛力。華茲對後人影響力的明證，就是他的大名頻繁出現在二十世紀後期乃至二十一世紀的基督教改革派學者著作當中。

西元一九五〇年，華茲再次收拾行囊，前往紐約州的一間農舍。為他作此安排並幫他從博林根基金會（Bollingen Foundation）申請到些許補助的是華茲的友人，比較神學家兼榮格思想的重要普及者喬瑟夫．坎伯（Joseph Campbell）。隔年，華茲又帶著現任妻子桃樂絲、女兒安妮、貓咪「靴子」（Boots）和寵物倉鼠，搬到南加州去。華茲打算到舊金山新成立的美國亞洲研究學院（American Academy of Asian Studies）謀求教職。在他接下來的去處，那裡有垮掉派分子（the Beats）、反文化運動，還有不少傑出的熟人好友。

孤獨也是必然會有的。對此，那些與華茲最親近的人體會最深，關愛華茲總是件非常複雜的事情。儘管他讓人自然會想要親近，也是個聰明的良伴（尤其當他是談話主角時），華茲的精神始終有非常私人的那一面。自我、本我、真我、靈魂、阿特曼、梵之奧祕，都令華茲無比著迷，而其本質正是涉及個人與真相的關係。對華茲而言，更艱難的挑戰在於理解亞洲文化對於另一重大現代困境，會有什麼見解——該如何與他人相處、工作，如何在個人冒險與社群之間保持最佳平衡呢？

第十七章　十字架之丘

西元一九五八年春，印度喀拉拉邦一座遙遠的山巔，英國本篤會修士貝德．格里菲斯與同修正在適應雲海中的生活。他們的修道所名為庫里蘇瑪拉（Kurisumala ashram），意思是「十字架之丘」，其實就是一間用竹子與編織棕櫚葉構成的小屋，地板是牛糞鋪成，可以驅蟲。當時格里菲斯年紀五十出頭，正努力適應在茅草墊上坐臥，用手拿食物吃，以及多為咖哩、蔬菜、米飯、水果的樸素飲食。[1]這裡有水牛的牛奶可喝，但禁止食用魚、肉、蛋和起司。

一旦來到屋外，此處空氣涼爽，百靈鳥的歌唱讓他彷彿回到英國，這裡雲霧繚繞、煙雨濛濛，若幸得開朗，則是一片壯觀的環景，山巔成群，茶園滿丘陵。阿納姆迪山（Ana Mudi）聳立於庫里蘇瑪拉的北方，那是喜馬拉雅山脈以南的最高峰。望向極西，阿拉伯海是「沿著地平線上的一條暈彩」。[2]

千百年前，羅馬人的船隻從阿拉伯海的彼端前來尋找香料。乘船者當中包含了最早抵達印度的基督徒，福音傳到這片次大陸的時間，還遠遠早於基督教傳播至西歐。馬可．波羅曾經探索過喀拉拉，將胡椒樹和馬拉巴爾海盜的消息帶回歐洲。讓格里菲斯最感興趣的是葡萄牙人，以及葡人竟然能在這片炎熱而肥沃的亞洲角落建立事業，固然此份遺產也造成頗多不幸。在商人和傳教士的想法中，印度若有基督教信仰，不可能是天主教以外的教派：新教對印度人而言很陌生，對現代西方人而言也是愈來愈生疏。

格里菲斯從事這場山頂實驗的目標，是要從喀拉拉多馬派基督徒與廣大印度靈思傳統中學習，印度天主教是如何擺脫歐式聖歌和笨重的維多利亞式長木椅，並思索西方人如何重新與真相連結之道。與艾倫・華茲一樣，格里菲斯也熱愛亞洲的宗教文獻如奧義書與《道德經》等。但是，華茲覺得當代亞洲不大有讓他青睞之處，反觀格里菲斯卻希望能在此尋找神聖感，在印度依舊奔騰澎湃的神聖感。格里菲斯相信，在西方，這種將神聖視為活生生真相的感覺，自但丁、喬托（Giotto）與哥德式建築輝煌時代以降已經江河日下。[3]要恢復這種神聖感的途徑之一，也許是去親眼看看印度人民。自一九四七年擺脫英國統治的印度，成功達成了西方國家失敗的成就，那就是善用而不是逐步淘汰寶貴的精神資產，為國家進行現代化。

來到喀拉拉之前，格里菲斯住在科茲窩。當時，他的名字還是艾倫・格里菲斯（Alan

Griffiths），剛從牛津大學莫德林學院（Magdalen College）畢業不久，於一九三〇年來到科茲窩實驗他的首次禁慾修行生活。格里菲斯對於自己畢業時竟只有取得二級英國文學學位非常失望，謠傳他嫌惡地將學位證書拋入泰晤士河中，隨後便與兩位密友休．沃特曼（Hugh Waterman）、馬汀．史金納（Martyn Skinner）搬到伊斯特靈頓（Eastington）的一間鄉間小屋。[4]他們的目標是想探索不受現代世界汙染的生活會是什麼景象。

崇拜柯立芝的格里菲斯，可能是從前輩胎死腹中的「大同平等政治」計畫悟得靈感。一百多年前，騷塞夢想能與柯立芝一同伐木材獵野牛，論哲學寫詩歌。一百多年後，格里菲斯和同儕就坐在刷白的石頭上，在搖曳的燭光中閱讀書籍、同唱英國老調。他們睡在鋪了茅草作床墊的木床上，沒有自來水與排水系統，早晨六點起床，為共有的一頭菲士蘭乳牛擠奶，然後趕著四隻卡其坎貝爾鴨去附近的溪流溜搭。[5]

這裡的共同守則是不准帶報紙、唱機或收音機，此外還不准攜帶十八世紀以後的文學或著作。茶葉、咖啡、蔗糖和菸草全是違禁品，因為消費這些東西，就等於接受現代交通運輸。他們的交通方式只有步行，或騎上名喚「基特」（Kit）的馬，這三人幾無騎馬技巧可言，只能跳上馬背，祈禱平安。他們會在小屋裡暢談乃至辯論，與現代世界妥協的限度何在，比如說，假設哪天村莊中的鐵匠可以造出X光機，那他們究竟可不可以接受呢？[6]

伊斯特靈頓村實驗的緣起，是格里菲斯在基督公學（Christ's Hospital School）——柯立芝是該校最知名的校友——就學的最後一年，經歷了一次改變他人生的體驗。某日黃昏在學校運動場散步時，格里菲斯注意到暮色中傳來的群鳥大合唱，剎那間，他感覺自己好像是這輩子首次聽到這樣的聲音，並隨即發現盛開的山楂花叢之美麗與「甜蜜」將自己包圍且充盈：

一隻百靈鳥，突然從地上躍起，飛到我身旁一棵樹的枝頭，在我的上方開始歌唱，然後在鳴叫間飛往休憩處。隨著夕陽慢慢潛翳，夜幕罩上大地，萬物也陷入寂靜。我如今還記得那股頓時打在身上的威壓感，敬畏之中我簡直想要跪倒在地，彷彿有一位天使現身於我眼前。7

格里菲斯發現，唯有浪漫主義詩人有能力描述這樣的經驗。在他們的指引之下，格里菲斯開始在自己的和平主義與社會主義思想——這是一次大戰爆發時基督公學盛行的思潮——當中，融入現代世界已脫離真正生命泉源的感受。格里菲斯並不清楚那股泉源何在，大學教育也沒有幫助他發現答案。在牛津大學親眼看見那些閒散的紈褲學子，更使他肯定自己的社會主義信念，並深信西方文化即將重蹈史上其他文明的覆轍，走向分崩離析的末路。艾略特的《荒原》（*The Waste Land*）、喬伊斯（James Joyce）的《尤利西斯》（*Ulysses*），還有牛津市鎮的都市化擴張，都在傾訴這樣的命運。從牛津東南邊的考利區（Cowley）出現大片的醜陋新住宅，到北牛津郊區的擴張，在在呈現人與自然關係的悲劇性斷絕，令人屏息之美與人類的關係慘遭剷除。[8]

用單純的生活實驗標準去看，伊斯特靈頓的生活是一場失敗，為期不滿一年，就在眾人爭吵之下破局。在多年後寫給史金納的信中，格里菲斯對這段經歷的評語是：「簡直是地獄的預演。」[9]不過，這段經歷終究是遠離已知世界的讀書與反省良機，以此而言它彌足珍貴。格里菲斯在牛津大學的一位導師，是當時還很年輕的C・S・路易斯（C. S. Lewis），路易斯對於格里菲斯著迷浪漫主義文學、排斥其他文學與一切哲學的態度頗感惋惜。格里菲斯完成學業後，路易斯設法說服他開始接觸宗教和哲學。此後，格里菲斯認真地研讀亞里斯多德、聖經、奧里略（Marcus Aurelius）、奧古斯丁、阿奎納和巴克利的思想。此外。經由母親的一位神智學家朋友介紹，他還閱讀了《薄伽梵歌》、《佛陀的美德之道》（*The Buddha's Way of Virtue*，內容為佛陀語錄翻譯）和《道德經》。

格里菲斯對宗教的評價頗低。他對於威廉・布雷克（William Blake）針對神職人員的評語心有戚戚焉：這些好管閒事又無知的教士「用荊棘綑綁我的喜悅和欲求」。但是，科茲窩時期的格里菲斯在閱讀聖經時，發現他的精神可以更加沉浸於當地的田園環境中。至此，猶太先知的形象變得栩栩如生，雷霆萬鈞地譴責冒犯上帝的行徑，反觀格里菲斯當代的批評家，似乎總是在理論與術語中打轉。至於耶穌的形象，則從古老圖像與近代聖經研究的長袍仁者，躍然化為一個樸素熱情的活人，常有出乎意料的奇言異行。雖然格里菲斯只拿到二等學位，但他對於自己的文學造詣還是信心十足，深信自己在發現「真正的聲音」時必能感知。而他終於發現了，這些聲音就在聖經之中。[10]

在校時期閱讀托爾斯泰著作的收穫，令格里菲斯懂得將〈登山寶訓〉尊為道德理想。於是他開始省思，〈登山寶訓〉是否就是能讓他重返學校運動場自然奇蹟感的關鍵。「虛心的人有福了，因為天國是他們的」，可以不要解讀成耶穌的命令，而是睿智的建言：人要克服驕傲，體察萬事萬物的真正次序。最終，格里菲斯在一九三一年末決定將此道理付諸實行，而實驗結果著實嚇到他了。

當時，格里菲斯住在貝斯納格林（Bethnal Green）貧民窟的英國國教傳教所，想看看自己有沒有從事聖職的天命召喚。某天晚上，他跪在床邊祈禱，決定持續這樣祈禱直到有感應出現為止。夜間，他忽然感覺到自己的理智在消退，而且有一部分的自己期望理性消失，這幾個月來辛苦習得的寶貴知識「發現」，瞬間變得毫無意義，他還對於自己為何對這些知識抱持高度肯定，突然間感到極為不解與震驚。他還有另一部分的自己，在抗拒這種陷入黑暗且不理性的感覺，據格里菲斯日後形容，那是「所有已知路標全部消失的深淵」。[11] 後續還有出現一些狀況，但格里菲斯完全說不明白。當他終於從跪姿站起，已是早晨時分，而倫敦的景象居然變得徹底不一樣了：

> 外部現實的硬殼似已碎裂，萬事萬物的內在揭露無遺。街道上的公車好像不是堅硬的固體，還開始發出光芒。[12]

他得到的結論是，上帝「讓我跪倒，讓我認識到自己的無足輕重……認知自己的渺小，反而令我獲得重生。我再也不是我人生的中心，由此我從萬事萬物中看見了上帝」。[13]

格里菲斯發現自己愈來愈受天主教所感召。當他在一九三二年耶誕夜被接納入教時，伊斯特靈頓的教訓越發歷歷在目。西方人生命的持續墮落，罪魁禍首其實不是工廠、科技或庸俗的住宅建物。西方之患的禍端是更深層的驕傲心態，以及與此心態密切相關的想像力耗弱，前述現象都是病徵而已。如今，創造力或創意（creativity）似乎已經劣化為柯立芝所謂的「幻想」（fantasy）：現在人們只是丟出詞彙湊到一起描述造作虛構的景象，而不是類似上帝創造萬物那般創作藝術。柯立芝深信，模仿上帝創造而創作是更高層次的創意，而這是人力可以臻及的境界。此等創作可以用語文或圖像造出符號，從而人們得以貼近乃至觸及真相真理。[14]在深受柯立芝影響的格里菲斯眼中，創造力與符號領悟力的萎靡，無疑是一場悲劇。

嗅到這個問題的人當然不只格里菲斯而已。格雷安・葛林（Graham Greene）認為，維吉尼亞・吳爾芙（Virginia Woolf）和E・M・佛斯特（E. M. Forster）筆下創造的人物，「像是厚紙板做的象徵角色……在和紙張一樣單薄的世界中遊蕩」。[15]出於同樣的道理，C・S・

路易斯對於蕭伯納和赫伯特・喬治・威爾斯（H. G. Wells）的評價亦是類似。[16]同時，吉爾伯特・卻斯特頓（G. K. Chesterton）、伊夫林・沃（Evelyn Waugh）和艾略特也有類似的批評。以上所說的這些人物，都在二十世紀前期皈依了基督教。

格里菲斯對亞洲的同情非比尋常。卻斯特頓對於「東方悲觀主義」及其以「空無」為目的相當不以為然。路易斯曾致信格里菲斯，表達他對於學生之間風靡印度教思想的憤怒，甚至有位學生曾經出借相關書籍給他，企圖招他入夥。[17]然而，格里菲斯這個世代的文學愛好者大致都肯定榮格的觀點，也就是人類的知性力量受到高估與過度使用。卻斯特頓便寫道：「理性企圖橫渡無盡之洋，反而將這片海洋侷限了。」卻斯特頓更傾心於單純之人的神祕主義：「病態的邏輯學家企圖將萬事萬物搞明白，其結果卻是把一切弄得神祕。神祕論者則是允許一事維持神祕，而使其餘萬事萬物變得清晰。」[18]

路易斯一直對於神祕主義保持懷疑態度，不過他說自己後來選擇皈依基督教的原因，一部分要歸功於朋友托爾金（J. R. R. Tolkien）——兩人都是墨跡文學社（the Inklings）文友——向他展示神話的力量。西元一九三一年九月某日兩人傍晚沿著查韋爾河（River Cherwell）散步，「托樂斯」（Tollers，路易斯對托爾金的暱稱）向路易斯表示，他嘗試將《新約聖經》當作神話，而不是哲學或歷史來研究。[19]他建議路易斯讓想像力自由馳騁，看看會發生什麼事。路易斯嘗試之後，發現自己竟被基督教「充滿想像力的包羅性」深深吸引。基督教擁有一整套強而有力的符號，能夠回應困擾路易斯多年的人生根本渴求，尤其渴望他始終難以獲得的喜樂。[20]

佛洛伊德學說有一個影響力深遠的觀點是，透過人類生物學（human biology），可以將這種渴求追溯至物質宇宙中簡單的物質性事物。這些事物具有的意義，與個人生活及人際關係中的事件和情感密切相關。這是心理治療與現代主義小說的領域，不是宗教的範疇。柯立芝、托爾金、榮格、路易斯、華茲和格里菲斯相信的東西都很不同，相信的方法也各自不同。人類的渴求表現在肉體層面與人際關係上，但這些渴望的根源深植於比時間、空間或物質更為根本的真相。

格里菲斯皈依天主教後，很快便加入本篤會，以修士身分在英格蘭過了二十多年，主要時間是待在格勞斯特郡（Gloucestershire）的普林克納許修道院（Prinknash Priory）。西元一九五五年春，格里菲斯離開英國前往印度，此行的公開名義是幫助印度天主教追求沉思與默禱的生活，理想做法為融合印度豐富的默觀與冥想傳統元素。但沒有公開的理由是，格里菲斯內心已愈來愈確信，在西方，真正的信仰（他給的定義是「徹底接納上帝」）愈來愈變成騷人墨客、神祕主義者與修行者才有的稀寶，然而在印度，真正的信仰可是遍地開花、觸目皆是。乘船來到孟買後，他看到，或他自認為看到了活生生的證據：

昨晚，我們登上馬拉巴爾丘（Malabar Hill）山頂，漫步於庭園間。這裡簡直擁有全世界，男孩女孩、少男少女……所有人都沉浸於輝煌之美的氣息中。這種氛圍會讓人油然充滿對一切生命之美的崇敬感，而這是我們〔西方人〕早已遠離的東西。這些可愛的人們隨處坐在地上，他們裸露的肉體與精緻的紗麗皆展現出不可思議的優雅，設想一下，要是我們逼迫他們端坐在維多利亞式長椅上，那會變成怎樣一幅景象呀！21

又經過幾個月，格里菲斯從邦加羅爾寫信給老朋友史金納。在此地學習並研擬計畫的格里菲斯，發現印度確實有希望在吸收西方現代性的同時，又不喪失與真理真相親密接觸的寶貴素質：

西方所能提供的一切，這裡一項都不缺，鐵路、工廠、電影院、銀行、公車、公寓大樓、最新車款，街頭隨處可聽見收音機播放。然與此並行的，卻是完全不受此打擾、與古代無異的東方生活，多彩多姿。人們……直接蹲坐在地上、躺臥在地上，用手取食，穿著最簡單的衣物。……耶穌在拿撒勒（Nazareth）的生活、蘇格拉底（Socrates）在雅典的生活，應該也與此並無二致。22

身穿紗麗的婦女在推土機旁勞動，人們赤腳在機場裡走動，蓬勃發展的電影事業拍攝端莊含蓄的舞蹈，大庭廣眾下接吻是不被允許的。格里菲斯並不是刻意無視印度新興領導人需要面對的廣大挑戰（如貧窮、飢餓、短壽、住宅簡陋），但是他對這個國家的第一印象活靈活現，令他認定這是現代生活與健全人生二者兩全——這項任務西方世界已幾乎失敗——的希望所在。23

那失敗的狀況會是什麼呢？格里菲斯覺得答案很簡單，看日本就知道了。往昔阿諾德與赫恩深愛的遠東伊甸園，如今已不復在。數十年來的經濟與工業競爭，將日本人逼出絕望而惡名昭彰的戰爭惡行，現在他們好不容易復原，卻再度選擇大同小異的路線。如今日本人的精神已經被壓縮到，只能從做上班族、當家庭主婦和相信國內生產毛額增長當中尋找意義。格里菲斯的意思，當然不是要日本人面對瘡痍滿目的城鎮廢墟，欣然跪坐背誦俳句。可是令他深感失望的是，日本人重建的心力，幾乎毫不措意於過往日本藝術親近自然與領悟美感的精粹。這架「現代工業社會的超級壓路機」，已經把日本人民都壓成扁平，「要用非常狹隘的定義」，才可能說現在的日本是個「藝術家的國度」。24

日本已為昨日黃花，中國則是途窮日暮，看來已迷失於共產主義的荒涼信條中。25亞洲各大文明之中，唯有印度碩果僅存，而其命運目前尚是未定之天。印度能脫離英國統治成功獨立，甘地有巨大的功勞，但獨立後的印度卻違背了甘地的願景。甘地倡導未來印度應當由眾多自治的村莊式共和國組成，如此方能更貼近自然與神聖，然獨立後的印度，卻是要打造一個中央集權的工業經濟體。印度第一任總理尼赫魯（Jawaharlal Nehru），不像毛澤東那樣反宗教且偏左派。尼赫魯構想的「社會主義式社會」（socialistic society）有私營產業生存的空間，也有印度宗教文化存在的餘地。但是，經歷數百年的西強東弱，無論是毛澤東還是尼赫魯，都不願浪費心思在田園式的浪漫情懷上。

在格里菲斯眼中，對印度有利的條件在於，尼赫魯的現代化願景需要相當時間才能達成，因此還存在嘗試其他方法的機會。甘地已於一九四八年遭刺身亡，格里菲斯這輩子最大的遺憾之一，就是一九三一年時曾經婉拒在倫敦與甘地見面的機會。然而，甘地的門徒維諾巴・哈韋（Vinoba Bhave）正在承繼與推廣甘地的事業。哈韋徒步跋涉南印度各處，努力說服富有的地主捐贈出數百萬英畝土地分給窮人。[26]據格里菲斯了解，哈韋企圖提高村莊自給與自治能力的理想必會遇到嚴重障礙，因為如今家庭紡織的土布必須獲得補貼，方有可能與工業紡織品競爭。[27]但哈韋顯然和格里菲斯同樣深信，未來的社群不僅必須建立在高尚的宗教原則之上，還必須以生活最基本的社會與經濟關係改革為基礎。資本主義已將個人主義和競爭原則推展得太過頭；共產主義也是太過頭了，只不過走的方向卻與前者完全相反。甘地和哈韋追尋的是一條中庸之道，欲以自願放棄私利以「追求大我之善」的胸懷作為此道底蘊。[28]

二次大戰期間，格里菲斯大半待在修道院中思索此中庸之道為何。他覺得，納粹主義

（Nazism）固然「傾洩出罪惡的洪流」，但希特勒在《我的奮鬥》（*Mein Kampf*，一九二五）書中對家庭、社群與自然的強調，確實有可觀之處。在格里菲斯看來，反抗「基督教世界次序」的日耳曼異教靈魂在此現身。[29]若換作其他時空條件，希特勒其實可能成為「德意志的盧梭」（German Rousseau）。[30]但既然事已至此，格里菲斯也只能盼望這場戰爭，可以掃除日益墮落的基督教結構，讓「新生命」得以萌芽。他推測羅馬城會被摧毀，先前「深受傳統枷鎖綑綁的」教廷，屆時可以遷往英國或美國重建革新。[31]

多方求索的格里菲斯，在佛經、奧義書和《道德經》中找到了重生革新的實踐原則。[32]此原則一言以蔽之就是「依賴」（dependence），英文中的「依賴」含有當事者因為不幸或軟弱而受他人支配的意思。但在亞洲思想中，「依賴」卻毫無這樣的意涵，而是用來描述個體自主性的日常意識之上還存在更深刻的真相，那就是個體自主性與真理的關聯性。[33]

甘地路線的社會工作便展示出「依賴」所具有的解放性潛力：根據格里菲斯的主張，真正的自由就是「擺脫私利誘惑的自由」。[34]他心忖，這種自由的感受要怎樣才能傳達給西方人知道呢？上一次西方世界經歷文藝復興的重生，那可是受到了修道院在學問、創意和社群組織方面的助益。滿懷希望能讓歷史重演的格里菲斯於是開啟新冒險，從邦加羅爾繼續南下，建立印度版伊斯特靈頓的時機到了！

西元一九五八年春天，格里菲斯和比利時神父法蘭西斯．馬修（Francis Mahieu）跋山涉水，來到他們的山居新家。馬修神父先前曾三次申請印度簽證失敗，最終才得到尼赫魯總理本人親允。馬修的願望是促成基督教與印度教的對話，而尼赫魯對此大為讚賞。他們的修道所庫里蘇瑪拉，是借用對面一座山的名字來取名，那座山比他們所在處稍高，是熱門的朝聖地點，景色令格里菲斯想起英國湖區的赫爾維林峰（Helvellyn）。[35]

馬修神父才是庫里蘇瑪拉修道所的主事者，格里菲斯擔任他的副手。他們住進竹子造的小屋，並換上印度聖者穿的藏紅色袈裟（kavi），搭配當地土教馬爾．阿塔納修斯（Mar Athanasios）贈送的土棉布長袍和披肩。終於能夠亦步亦趨，追隨自己心目中大英雄諾比利的腳步，格里菲斯萬般歡欣鼓舞。[36]

副熱帶氣候的日照、強風、暴雨和濕氣，把格里菲斯逼得時不時要移動珍籍藏書以免受潮發霉，在這些氣候折磨之下，小屋原先帶來的浪漫感迅速消失。[37]馬修隨即安排運送當地的藍色、綠色、紅色大理石上山打造更持久的建築物，再配合防潮工程與波浪鐵皮屋頂。[38]很快地，庫里蘇瑪拉修道所就有小禮拜堂、公共區、圖書館與兩間小客房。多虧周圍地皮種出的鳳梨長得和「高麗菜一樣大」，再加上幾頭乳牛產的牛奶，庫里蘇瑪拉得以維繫與擴建。當地村民開始在傍晚前來參加「薩桑會」（satsang），梵文的意思是「善人聚會」，是從事集體敬拜的印度習俗。有些村民則是來領用修道所分發的藥物、小麥和奶粉。[39]

根據格里菲斯的理想，修道院應當是其所在地社群的核心。在維諾巴．哈韋「薩爾烏達耶」（sarvodaya，意為「為人民服務」）事業的啟發下，他企圖將此理想付諸實行，於馬杜賴附近建立一座小修道所與家禽農場的複合設施。格里菲斯甚至與哈韋見過面，探討相關的可行性。[40]不過，格里菲斯開始懂得欣賞喀拉拉邦的農村鄰居們，是經歷相當時間後的事。他心中原先懷抱的設想是，這些人過著簡樸且親近上帝的生活。但現實上，這些人似乎完全沒有「創造性動力」，並深陷於迷信當中。有些村民會前來修道所索取聖水，為自己的牛隻驅趕惡靈。農村的孩童倒是比較能讓人期盼，他們「聰明伶俐又善體人意」，每日為了上學得走上好幾英里路。可是，這些孩子長大後卻大半離開鄉下，搬進城鎮裡頭。[41]

經歷一段時間後格里菲斯發現，愛心、同理心以及與對印度歷史及文化更深入的認識，提高了他對周遭人們的評價。多馬派基督徒生活與崇拜所使用的圖像、音樂與儀式，尤其觸動他的心弦。多馬派基督徒的聖禮完全沒受到希臘哲學與拉丁傳統影響，而是系出於古代敘利亞語，一種類似耶穌所操亞蘭語（Aramaic）的詩意語文。其聖禮內容有大量內容被翻譯為馬來亞拉姆語（Malayalam），而這些聖禮點綴著庫里蘇瑪拉漫長的修道日（monastic day）*，從

---

* 譯注：修道日是指除禮拜日以外的修道院生活日程。

凌晨三點準時開始。馬修神父寫道，這些聖禮「每三小時帶領我們回到天堂」。[42]

這也許正是艾倫．華茲會讚許的基督教樣貌，它與當時西方日常生活及言談差異極大，因此可能有機會重新施展失落已久的符號魔力。格里菲斯對這番道理仔細玩味，同時不斷有新弟兄加入修道所，短短一年半便有十六位新成員。[43]格里菲斯和華茲一樣，認為西方文化變得如此以人為中心，以狹隘的理性主義態度理解世界，希臘哲學必須承擔部分罪責。喬治．歐威爾（George Orwell）對天堂的描述是「珠寶店中的唱詩班練習」，此語可謂一針見血：如今西方人思考真相的方式，難以擺脫逐步進展的時間觀，導致他們想像中的死後世界變得無窮無盡。如此，無怪乎華茲所謂「臨界處逗留者」在西方的人數愈來愈多。

格里菲斯認為，任何思想的最佳試驗方式，就是讓自己完全沉浸於其中。在印度的生活、在庫里蘇瑪拉的生活，能夠幫助他達成此一狀態。此時的格里菲斯已經有能力閱讀梵文的《薄伽梵歌》，雖然進度相當緩慢。[44]閱讀經典文獻之外，他還親訪印度的紀念性建築。建於八至九世紀的孟買灣象島（Elephanta Island）石窟神廟，簡直就是神蹟啟示，格里菲斯寫道，「這片列柱構成的叢林……創造出深邃浩瀚的神祕氣氛」，三頭的濕婆神像在冥冥之間顯現，呈現上帝的「仁慈、威嚴與大智」。[45]從前，在諾比利眼裡，濕婆是異民族的神明，是出於思想與信仰扭曲虛構的假神。然在格里菲斯眸中，那就是上帝的昭顯，一股神異性的壓迫力量令他動魄驚心。

柯立芝、榮格、路易斯等人經由不同方式提出了相同的論點：符號與象徵蘊含啟示的力量。在親歷類似經驗之後，格里菲斯已不需要更多理論來說服自己。即使如此，他依然熱愛閱讀，若庫里蘇瑪拉的修道生活允許，他就會開卷拜讀自己最崇拜的作品，斯里蘭卡哲學家兼藝術史家庫馬拉斯瓦米（Ananda Coomaraswamy）的著作。庫馬拉斯瓦米帶給他的啟發是，真正的藝術必須扎根於淵遠流長的個別文化傳統，其古老的源頭更早於論辯思想的萌芽，那是一個以符號作為主要手段向人心昭示神聖存在的世界。

對於上述觀點，格里菲斯從哲學家歐文．巴菲德（Owen Barfield）、雅克．馬里頓（Jacques Maritain）、天主教神學家卡爾．拉納（Karl Rahner），當然還有榮格那邊，獲得廣泛的佐證。格里菲斯有位長期通信的對象，是一位榮格派的英國分析師，名叫瑪麗．艾倫（Mary Allen），他是她的精神導師，而她捐助他在印度的工作，他會與她分享自己對印度及無意識的思考，而她會遏止他某些過於狂放的想法。[46]

亞洲思想中仍有許多觀念是格里菲斯無法接受的。此時他已幾乎接受，吠檀多不二論所描述的絕對存有者等同於基督教的上帝，還有，克里希納和羅摩的故事是呈現最高奧祕的神話。[47]即使如此，他依然認為基督教才是「完美之道」，基督教正是路易斯所謂的「真神話」（true myth）：所以稱之為「神話」，是因為它在回應人類的強烈渴望，稱其為「真」，是因為整體證據顯示福音書中記載的是真實的歷史事件。不過這樣的信念，並沒有導致格里菲斯從此與印度教道不同不相為謀。他尊重印度文化，在庫里蘇瑪拉的數年時光，唯有使這股敬意日就月將，並使他相信業力等等概念固然屬於寓言性質，但其中必有優入玄奧之處。反過來，此想又令他愈加深信，所有的宗教概念都在指向「超越〔所有宗教概念〕的唯一終極真相」。[48]

格里菲斯夢想在印度待個幾年之後回到英國，對教會儀式進行全面整頓，讓人們可以體驗那最初且最純粹的彌撒：那將是「耶穌基督的人生、死亡與復活」的重現，使人們能「在玄妙中感同身受」。[49]對比華茲到一九五〇年代初期已近乎放棄基督教信仰，格里菲斯在庫里蘇瑪拉體驗的古敘利亞語和馬來亞拉姆語聖禮，使他有信心能讓西方人以最耳目一新的方式體驗古老的崇拜，並確信此事大有可為。尤其令他讚賞的是，古敘利亞式聖禮的設計似乎是在激發「懺悔（涕零）……並由此攻破障礙」，將阻止神恩進入生命、使人躑躅於臨界處的妨礙掃除。[50]其效果與現代心理治療的相似性，令格里菲斯深感不可思議：此即引發，或說是釋放出「創造性的羞辱」（creative humiliation），而這便是通向「大澈悟」（metanoia）的第一步。格里菲斯思忖，也許有朝一日，宗教與醫療能夠密切合作、相輔相成呢！

與華茲類似，格里菲斯喜歡以寫作的方式（比如私人書信或為雜誌報紙撰文）來琢磨思想。在一九六〇年代初期，這些作品、尤其是他的自傳《黃金線》（*The Golden String*，一九五四）為他帶來某種國際知名度。當伊莉莎白女王和愛丁堡公爵在一九六一年訪問印度時，格里菲斯曾受邀去面見女王，他婉拒了，認為這種場合太過盛大，不適合自己。但是他曾於一九六三年到美國領取一份肯定其傳教工作的獎項，並且上美國國家廣播公司（NBC）錄過幾次談話。[51]

與此同時，格里菲斯善於扮演他人心靈導師的才華，使他深受庫里蘇瑪拉年輕修士的愛戴，而馬修神父卻因為這樣覺得自己的權威受到挑戰。到一九六七年時，修道所的氣氛變得相當緊張，馬修宣布自己要公務休假一年，並同時表示，屆時不是格里菲斯離開，就是自己離開。[52]此時，格里菲斯本有意返回英國，回到普林克納許修道院，但此時新消息傳來，就在東方兩百英里外的泰米爾那都邦（Tamil Nadu），另一間名為「香提瓦南」（Shantivanam，意思是「和平森林」）的基督教修道所正缺領導者。在未來大約二十五年的時間裡，香提瓦南都是格里菲斯的家園。香提瓦南經常會出現怪異新品種的「嬉皮」（hippie），那是一群逃離西方世界的「難民」，而格里菲斯自己當初就是在足以當這些嬉皮爸媽的年紀逃離西方世界，先避於修道院，後來到印度。此後，格里菲斯的國際聲望只有愈加響亮，而他「綰合東方與西方」的行動將會奏效，「新時代」亦將於焉誕生。

第十八章　光明宮殿

西元一九五六年四月，瑞士精神科醫師厄娜．霍荷飛抵孟買，比貝德．格里菲斯到達印度的時間幾乎剛好晚一年。格里菲斯採取的是古老的旅行方式，搭船；霍荷對印度的第一印象，則是來自空中：下方看似「黃色濃湯」的海洋，逐漸變成「烤焦黃褐色」的大地。[1]除了採取新穎的交通方式之外，霍荷的職業也被視為未來趨勢。像格里菲斯這樣的人物，也許能夠引來人們對修行者的敬意，他身穿紅褐色袈裟在山頂祈福的形象，無疑對某些人來說深具魅力。但是，隨著二次大戰之後精神病學、心理學、心理治療等心智科學逐漸成為主流，人們愈來愈樂觀期待目前仍有待探索的內心世界遲早能一覽無遺。

首先承認心智科學起步需要相當時間的人，是醫療執業人士。欲搜集必要的實驗資訊，有兩種做法。第一種是關注人體，將人體視為物或機制，可以對其執行心理測驗，在疾病過程中加以記錄與比較，在科技容許的範圍內研究大腦和神經系統的解剖學。第二種方法是與患者合作，企圖透過病患內心理解心理健康與疾病。瘋人院的醫師們長期以來都在從事後者這項工作，有位醫師表示，要進行這項任務，醫學學位的重要性，恐怕還不如對莎士比亞作品的認識以及知性辨別能力呢。近來，佛洛伊德和榮格等人開始繪製出人類心理或心靈世界的地圖，並在此基礎上發展出各種理論與療法。

在霍荷開始精神科醫師與心理治療師的職業生涯之際，從前被視為不可能治療的腦部疾病（如失智和「功能性」障礙），愈能清楚細分，並且（至少在理論上）有治療的可能。不過，面對嚴重的精神疾病，誠如二十世紀初某位德國的瘋人院醫師所言：「我們知道的很多，能做的很少。」[2]儘管最初創建的宗旨出自善意，但瘋人院早已聲名狼藉，在西方大眾心目中，那是個長期監禁瘋子、罪犯、殘障、受人嫌棄者的陰暗場所。

西元一九五〇年代希望的曙光終於出現，史上第一種真正有效的抗精神病藥物氯丙嗪問世，還有當時正在實驗的新藥ＬＳＤ（麥角二乙胺，一種強烈的迷幻藥）。[3]那時醫學界尚不能確定ＬＳＤ對於精神健康的益處，但霍荷在行李箱裡藏了兩百粒又五十瓶。她在印度的同事坎努．拉詹醫師（Kannu Rajan），希望此藥能夠讓他更了解自己的精神分裂症患者。拉詹工作的地方位於北印度勒克瑙，正是霍荷此行要擔任臨床主任的努爾曼佐診所（Nur Manzil）——這個名字的意思是「光明宮殿」。

印度和日本等國家，正在成為心智科學熱門的研究地點。在大戰期間或戰後接觸士兵和難民的經驗，使精神科醫生相信，他們不應該只將注意力放在個人的思維模式與人生經歷（此為佛洛伊德和榮格派療法的重點），還必須注意更廣大的環境與背景。相較過往，人們愈來愈注意社會習慣與社會壓力的作用，精神健康與疾病問題的樣貌也隨之更加清晰。大戰之後英美等國家的陰鬱氣氛，自然而然促使人們去追問棘手的社會問題。與此同時，航空旅遊商業化的時代來臨，讓胸懷大志的精神科醫師與心理治療師得以前往亞洲，探索不同的人群是怎樣受不同的社會塑造：人們如何成長、學校對人們的要求為何、工作場所對人們的塑造作用為何，還有以上諸事根本意義及價值的前提假設為何。

厄娜·霍荷是精神醫療新領域的先鋒人物之一。就專業而言，她是最早從事「文化精神病學」的先驅，比較不同文化當中的心理問題與疾病。就個人而言，她搬去印度的動機，是想要在那裡找尋可以幫助自己克服對世界感到疏離以及孤獨感的東西。雖然霍荷與格里菲斯的志業非常不同，但兩人擁有一種同樣的感受：光是閱讀印度經典（如詩歌、經文、哲學）是不夠的。霍荷渴望親眼看看從印度土壤中萌芽的生命，會是什麼模樣。

西元一九一九年，厄娜·霍荷出生於蘇黎世附近的布拉赫鎮（Bülach），由於霍荷家族已有三代人曾服務於印度門格洛爾（Mangalore）的巴塞爾宣教會（Basel Mission），所以從她誕生開始，印度就是她生命的一部分。霍荷家中點綴有裝腰果的點心碗、色彩斑爛的玻璃手鐲、檀木雕刻的牛隻等玩意兒。這隻木雕牛對小厄娜造成某種「奇異的吸引力」，代表著「禁忌、危險和敬畏」。在一張珍貴的家族照片裡頭，她的父親佛里茲（Fritz）當時還是小男孩，和兄弟姊妹與一位穿著紗麗的印度「阿姨」（ayah）合照。4

生動的故事讓這些事物變得活靈活現。這些休假或退休的傳教士——霍荷覺得他們「謙虛」而「有德行」，卻少有「歡樂感」——講述各種見聞傳說，好比嚴酷氣候下的可怕疾病、野生動物橫行的叢林、抗拒基督教信仰的冥頑不靈之人。布拉赫鎮不時會安排兒童戲劇表演，正經八百地演出受苦受難、披荊斬棘的殉道故事。霍荷本人曾經參與演出，她扮演的是印度孤兒小女孩的一位朋友，最終來到基督面前哀唱乞憐之歌。5

厄娜的童年非常快樂，乃至於升上高中給她的感覺是「被扔出天堂」。高中生活裡，她遇上如地獄烈火般折磨的講課，還有同學悄悄談論性愛的渾話。厄娜的父親是小鎮上的新教牧師，父親營造出的健康世界，如今在厄娜眼中愈來愈顯得太過天真，她周遭的一些大人也被揭發為偽善，上教堂的樣子與其實際生活南轅北轍。基督教對她來說愈來愈不合理。愛與永恆的懲罰怎麼可能同在？父親說死亡是回到上帝身邊，但為什麼又對於他人過世如此哀戚肅穆呢？為什麼自己那麼幸運可以生長在基督教國家中，世界其他地區的人卻得往教堂奉獻箱投錢才有機會得救呢？她曾看過一個奉獻箱，是座小山的造型，山頂跪著一個正在祈禱的「小黑人」，凡有人投幣入箱時，小黑人便會點點頭。6

來到一九三〇年代，成為少女的厄娜仍然相信生命有其「靈性領域」，也就是人類注定要歸於原鄉的「永恆源頭」。華茲將回到原鄉理解為無須苦苦追求的過程，格里菲斯關心的則是整體社會如何返璞歸真。厄娜讓父母驚訝的是，女兒自律自主的程度，達到某種鐵石心腸的氣質，在她看來，回歸原鄉是「屬於個人的旅程」。霍荷決定要變得「強壯、堅毅且獨立」，才能讓自己做好準備開始這段孤獨的精神追求之旅。比如她在學校更加積極運動鍛鍊，說服父母讓她參加女童軍。此外，她還開始自行獨立練習「複雜的編織」，也許那是她對於自己出現存在危機感的一種柔性對應，但表現看起來這是女兒針對母親發出的獨立宣言，這番宣告確實奏效了。[7]

在那些年裡，霍荷的讀物帶著她遨遊全世界。她對於印度經典的豐富性及其與基督教的相似性（尤其是克里希納降生和耶穌誕生的故事），感到非常震撼。她曾讀過基督教神祕主義的著作，但據她日後回憶，這些東西對一個青春少女來說沒什麼意思。斯多葛主義者的作品最讓她心有戚戚焉，這些人固然是「異教徒」，但他們極為重視勇氣與良知。霍荷在父親佛里茲的書櫃裡發現艾比克泰德（Epictetus）的著作，以及一本被翻舊的奧里略《沉思錄》（*Meditations*）：這件事實為某種暗示，暗示她的父親也許能體會她的感受，而這項暗示代替了一場對話。[8]

至此，霍荷的人生愈來愈與榮格神似：都是瑞士鄉村牧師的孩子，都對父親的教導逐漸產生質疑，然後都進入巴塞爾大學（University of Basel）就讀——霍荷是在一九四〇年註冊入學

——都專攻精神病學。霍荷承認自己其實不擅長處理病床周圍的事情，並且將自己能夠培養出「對他人缺陷的耐心容忍」歸功於斯多葛哲學，此說顯示她是持續地痛苦忍受他人的愚蠢。即便如此，病人的幻覺與怪異心情卻令她相當著迷，此外，二次大戰剛爆發的幾個月間，她曾參加紅十字會在軍事醫院和難民營中服務，這番經歷也對她帶來啟發。同時，霍荷依然在追尋意義，她會利用大學的課餘時間，坐在校園中的池塘畔閱讀《薄伽梵歌》和佛學經典。[9]

在學期間，霍荷還在父親從事教牧關懷（pastoral care）的一間精神病護理所打工。霍荷發現，她選擇的這門專業擁有的治療方法其實相當有限：胰島素、鴉片、電擊，還有同理心，還有上帝。[10]在那個時代，訴諸神明這種事根本毋庸大驚小怪，但是作為宗教懷疑論者且剛剛成為印度熱愛者的霍荷卻為此深受觸動。宗教與精神疾病之間是怎麼產生關聯的呢？宗教如何能導致或治療精神疾病呢？

霍荷認為自己確實有看到證據，宗教信仰的僵化與某些精神疾病之間存在關聯性。此外，她還發現，談論人類之上的力量，有時竟能產生治療作用。就私人而言，她發現照顧別人能為自己帶來不可思議的精神益處。霍荷有個打工是擔任私人護士，一段時間之後她發現自己放下了「自私的念頭」，全神貫注於關愛照顧病人的任務，有「不屬於自己的力量」灌注到身上，她變得「對內心的光啟更加坦誠」。[11]最後，她從病患的角度出發，終於在一九四六年時領悟到宗教社群具備的治療潛力。此時，霍荷患上肺結核，病情逐漸惡化，於是來到萊森（Leysin）阿爾卑斯山上的療養院休養。養病期間，霍荷很害怕面對無法推辭的神職人員探視：她的描述是，有人要來「跪在我的靈魂上頭」。結果與她的預期竟然相反，她在受邀之下參加的普世基督教活動帶來驚人的治療力量，期間在「共同歸屬」意識的統合之下，新教徒、天主教徒、東正教徒統統同聚祈禱。[12]

和同時期的格里菲斯一樣，霍荷開始感受到自己閱讀的東西，如羅摩克里希納和維韋卡南達的作品、赫胥黎的永恆哲學、吠檀多論等，都在呼喚她往東方前進。霍荷對於到東方尋找工作機會感到很悲觀。剛獨立不久的印度，目前容納的歐洲人似乎已經夠多了，且這個致力於開發的新國家，恐怕不會將精神病學視為急務才是。豈想在一九五五年，霍荷便偶然在瑞士《醫學公報》（*Medical Bulletin*）上看到一則廣告。勒克瑙有間精神科診所，是數年前由美國循道宗（Methodist）傳教師史丹利．瓊斯醫生（E. Stanley-Jones）設立，這間診所的現任臨床主任職已經缺席多年，他們正在尋找一位新的臨床主任。[13]即便該診所提供的薪水「少得可憐」，但對於不是要去旅遊，而是有追求目標並找尋落腳地的霍荷而言，這總是一個能到印度去的機會呀！霍荷於是打掃目前住的公寓，收拾好行李，往機場出發。

霍荷開心地發現，原先從空中往下俯瞰時印度次大陸的沉悶顏色，很快就被降落地面後的活潑色彩所取代，那是她從孟買機場搭機前往德里過程中，人們身上穿戴的五顏六色。到達德里之後，霍荷又改搭過夜火車前往勒克瑙，最終抵達努爾曼佐，一間規模不大的伊斯蘭風格建築物，上頭還有個圓頂。屋內，霍荷很重視的隱私獲得保障，與她共用房間和浴室的只有會抓蚊子的壁虎，半夜偶爾從天花板上掉下來把她嚇醒。[14]

外頭的庭園中有鳥鳴，有令她想起迪士尼影片的條紋松鼠，還有在鐵皮屋頂上嚎叫並製造噪音的猴子，她花了一段時間才好不容易適應。[15]勒克瑙這座城市曾經是北印度的文化首都，城中有豪華的宮殿、花園、街頭音樂與各類市集可供遊玩，只要你能夠忍受喧鬧、混亂和高溫。令霍荷印象特別深刻的是某次遇到的結婚隊伍，穿著華麗絲袍的新郎官騎在白馬上穿越街道，在他頭頂上有一頂旁人撐起的白花華蓋，身穿紅金制服的樂師們則在前方開路。[16]

於一九五〇年開業的努爾曼佐診所，招牌由來是阿拉（Allah）九十九種名字或屬性之一的「努爾」（Al-Nur），也就是「光明」的意思。診所設立的宗旨是要為現代精神病醫療注入基督教觀念。此診所對所有人開放，霍荷很高興它沒有要將醫藥當作傳教手段的意圖。反之，她身負一項幸福且啟發他人思想的任務，那就是說服診所的基督徒人員，以及主要是印度教徒與穆斯林的病患，相信現代心智科學的效用。現在她周圍的那些人，大都自小便相信精神病是鬼魅、邪魔、法術或小人作祟的結果。而基督徒往往將憂鬱或焦慮等症狀，歸咎於當事者對於慈愛的上帝缺乏充分信仰。[17]

霍荷在努爾曼佐遇到的挑戰，是當地宗教人士對於世俗性的心理治療保持潛在敵意，這種情況與一九五〇年代的西方世界形成了強烈的對比。在西方，某些心理治療師接受佛洛伊德的物質主義觀點，某些則發現病患的問題根源在於其成長過程經歷的宗教背景。霍荷在努爾曼佐的同事拉詹醫師，當初在美國接受精神分析學訓練時，便親身體驗到這種對宗教的敵意。培訓拉詹的精神科醫師兼精神分析學家費莉妲·馮姆萊希曼（Frieda Fromm-Reichmann）告訴他，他數年前之所以皈依基督教，就是精神官能症的結果。拉詹回應，那是上帝利用他的精神官能症，作為與他接觸的方法。馮姆萊希曼否決這番解釋，認為這是拉詹「東方」背景的殘跡，但拉詹引用《新約聖經》來為自己辯護：「在我們仍為罪人時，基督便為不虔誠的人們而死。」[18]

馮姆萊希曼對拉詹的那種態度，其實是歷史的殘跡，是達爾文主義和殖民意識型態結合的影響所致，當時人們將「文化」想像為單數型（culture），那是一條人類文明的軌跡，所有社會的演化都沿著這條路線前進。人類文明軌跡的最前端，是學會重視價值與承擔人生責任的現代歐洲人。可是，這種觀念若是被過度強調，則會給人帶來焦慮與沮喪，讓人反而變得脆弱。但是，西方人在非洲與亞洲發現的（盧梭所謂的）「高貴野蠻人」（noble savage），就不會有這類精神脆弱的問題。他們生活在人類文明軌跡的後端，反而比較不會出現精神病。精神病學家約翰·卡羅瑟斯（J. C. Carothers）在一九五〇年代中葉，便曾將非洲人描述為「切除腦葉的歐洲人」。[19]這種將單一尺寸套用於所有人的文化觀，具有濃厚的種族主義氣息，這也導致稱讚「原始」（primitive）社會不受現代西方生活腐化的榮格，遇到諸多反對和阻撓。當榮格在一九三八年拜訪印度演講時，對於受過教育的印度聽眾來說，「原始」聽起來好像跟「野蠻」差不多。

卡倫・荷妮（Karen Horney）是將西方思維導向文化多元觀的推手之一，霍荷和華茲都有受到她的影響。荷妮最初在柏林執業，後來在一九三〇年轉往芝加哥和紐約開業，她批評佛洛伊德關於女性的論點幾無建樹：「陰莖羨妒」（penis envy）一說便能反映，佛洛伊德對於女性生活在男性主導的世界中如何回應所面臨之挑戰一事，有多麼無知。更廣泛去說，荷妮認為，佛洛伊德強調要強化「自我」以抗拒肉體慾望與社會規範要求之說法，是非常嚴重的謬誤。就她的經驗去看，西方有許多病患的痛苦來源，就是當事者企圖施加「過多」的控制。他們在競爭激烈的文化中成長，追求「理想的」或「足以自豪的」自我，甚至做到打腫臉充胖子、投機取巧的程度，時時刻刻在進行自我批判。

荷妮得到的結論是，為了讓心理治療能夠捕捉住這個虛假且理想化的自我，並且使自由、成熟、充實的「真實自我」（real self）可以取而代之，精神病學界應該要好好注意病患當下的心靈狀態。荷妮在過世前的最後幾年，幾乎每天晚上都在研讀赫胥黎的《永恆哲學》。對《永恆哲學》和鈴木大拙禪學著作的鑽研，令荷妮相信亞洲文化在這方面擁有比西方文化更深刻的見解。[20]荷妮曾於一九五二年短暫訪問日本，發現那裡的人們似乎有辦法忘我地全神貫注於周圍正在發生的事情，比如她曾親眼看到一個侍者，僅憑一己之力為兩百位客人服務而完全沒出差錯。她回憶道：「他全心投入於工作中，整個人簡直只剩下明眼與快手。」這才不是批評佛教與日本文化者喜歡說的冷漠抽離，而是對於當下發生之事的徹底面對與處理，在荷妮看來，這便是「禪之奧義」：這是心理治療師應當效法之道，也是生活的至道。[21]

與荷妮一樣，埃里希・佛洛姆（Erich Fromm）也是在禪宗的助力之下，得以擺脫佛洛伊德繼續前進。在佛洛姆的經驗中，有很多人尋求心理治療，其實是去抱怨自己的憂鬱、失眠和婚姻問題，但這些人的痛苦源頭在於更加根本的「世紀之病」（maladie du siècle）：此即人與自然的疏離、與個人感受的疏離，過度重視「擁有」（having）——製造東西、擁有財產——而看輕「存在」（being）的本身。[22]佛洛姆認為，這是人類在面臨極大困境時產生的扭曲反應，由此造就出一種自身存在既屬於自然界，但又必須超越自然界的意識。[23]

隨著猶太－基督教傳統越來越無法彌補人們處於此等困境的需求，佛洛姆看出兩種替代的方案。第一種方法，是回溯至人類與自然疏離之意識尚未萌芽前的狀態。佛洛姆是一九三〇年代初期逃離德國納粹的猶太人，他非常憂慮這種對「史前的人與自然合一」之追尋，會帶來可怕的後果。君不見這種追求在希特勒、希姆萊（Himmler）和戈培爾（Goebbels）身上的作用，竟是否定人類層次更高的能力如理性與愛，從而釀成放縱的暴力與「儀式性殺人」（ritual murder）。[24]另外一種選擇，則是將人類的能力發展到極致，達到能夠孕育而非阻礙「對真相的瞬間直覺領悟」。[25]心智科學可以在知性與治療層面予以幫助，而禪道則能帶來更直接與親身體驗的自我認識。鈴木大拙保證當事者只要開始坐禪，短短幾天便能有受惠之感，作為「坐禪」（zazen，即靜坐冥想）的親身實踐者，佛洛姆安心地發現這絕非妄語。雖然禪宗界對於「開悟」（satori）作為終極目標的探討多矣，鈴木大拙卻指出，假如將初學者比作一片漆黑的房間，那麼只要一根蠟燭都會帶來頗大的變化。[26]

可惜荷妮不夠長壽，她那些關於禪學與心理治療的理念沒有獲得充分的發展，至於佛洛姆則太過擔心二者潛在的不相容性，不敢將二者的關聯講得太深。相比之下，霍荷在努爾曼佐診所的工作，是探索基督教、亞洲宗教和心智科學三者如何聚合，此事既屬專業領域，又有她的個人關懷。霍荷的見解主要來自她的患者，密集上課學習印度斯坦語（Hindustani）的霍荷很快有能力開始認識這些病人：這裡大約有十六位住院病人，還有老少皆有的各種門診病患。[27]待在努爾曼佐的這段時期，霍荷陸陸續續整理出一千六百份案例研究，她宣稱這當中存在兩種非常不健康的極端案例。一種極端案例是，病患的痛苦來自深植於家庭或種姓社群的自我認知，故無法發展出有意義且能負責的自我意識。另一種極端是，在英國帝國主義與基督教傳教二者交侵之下，當事者出現膚淺的競爭心態，存在感因此遭到破壞：「一場胸懷大志的競賽，卻在競逐無法達成的終點，病徵為嫉妒與焦慮，最終常常惡化為徹底的失望、挫敗甚至崩潰。」[28]

霍荷預期，隨著印度愈來愈熟悉西方生產的個人主義，將會有愈來愈多印度人被吸引到後者的這種極端狀態：首先那會變成中產階級的渴求，後來則會變成普遍的文化常態。霍荷在印度也遇到許多擔憂此一發展的人。她和朋友們去餐廳用餐，來到結帳時刻，印度朋友驚恐地發現歐洲人居然在平分帳單，而印度人的光榮習慣是搶著替所有人買單。震驚的印度評論家，批判歐洲人「冷漠、自私算計沒有愛」。歐洲人對於印度大家族同住習俗的鄙夷，也成為印度評論家批評的目標。29

霍荷首先是透過會議與論文提出她的觀點，其觀眾或讀者大多為基督教背景。霍荷主張，耶穌體現與教導的生活方式，提供了合乎心理健康的中庸之道。耶穌是智慧建言的典範，他清楚將失敗歸咎他人具有很強的誘惑力，他深知坦誠自我批判才是真誠之愛的基礎，他知曉人類需要感覺到被高於自我的權威力量完全接納，才願意放棄錯誤的野心，過上比較誠實的人生。霍荷表示，「愛你的鄰居」實為此中庸之道的終極表述：此等境界唯有當事者擁有強大、堅定、務實的自我意識方可達致，使他能夠自在地選擇要採取什麼造福他人的作為。30

面對心智科學界的同仁，霍荷將她在努爾曼佐的成績歸功於自己的瑞士人老師梅達爾·博斯（Medard Boss）。博斯對印度文化興趣濃厚，曾在一九五〇年代後期兩度拜訪努爾曼佐。博斯曾經親身擔任佛洛伊德本人的分析對象，他根據此經驗斷定佛洛伊德的理論有誤，但佛洛伊德的實際治療方法（與他本人的人格典範）卻能遙指真相所在之處。

博斯對佛洛伊德觀點提出的批判，有當代最知名的哲學家馬丁・海德格（Martin Heidegger）作靠山。海德格擔心，精神分析學只是將某種面對世界的根本錯誤態度延伸到人類內心生命的產物而已，而這樣錯誤的世界觀是在千百年間漸漸根深蒂固。拿出哲學家最愛用的舉例道具「桌子」吧，西方人尋找「真相」的方式是測量桌子的尺寸與在房間中的位置，並找出桌子的原料為何。人們也許會承認桌子的重要性或意義，好比這是我吃飯用的桌子、這張桌子太高或太矮，或這張桌子太靠近窗戶等，但這些在西方人眼中都是次要的事情──然海德格認為上述態度誠屬謬誤。假如可測量的物體便是所有事物存在的終極基礎，那我們就應該去從淚珠當中尋找「悲傷分子」（sorrow molecule）或「告別分子」（farewell molecule）才是。[31]

對於海德格來說，佛洛伊德的大罪過就在於使人類簡化為抱持這種「物」（object）的世界觀。人們以「物」的方式去解釋重要性或意義，可能是真實的物，也可能是想像的物，好比大腦、神經系統、「自我」、「本我」（id）與「超我」（superego）。另一方面，海德格還談到人類作為「此在」（Dasein）的課題，人類的存在不只是個「存有」（being），而是「存在於此」（being-there）。作為人的意思，就是隨時會涉及周圍世界與他人的重要性與意義之關係。無論真理真相究竟是什麼──曾經短暫加入耶穌會的海德格後來刻意避免論及上帝──那都是充滿意義的統一整體；人與人之間的關係還有人與環境的關係，某種程度上比個人和事物本身還要更加真實。海德格確信，人們心底還是清楚這個道理，並將其當作「活著」是什麼感覺的體會。然而，隨著佛洛伊德的思想漸進滲透西方文化，人們的看法恐怕會因此開始背道而馳。[32]

依據海德格的觀點，博斯指出現代心理學完全欠缺對自由或「我們為何生在世上」的認識。[33]就博斯看來，佛洛伊德瑕不掩瑜之處在於，他雖然認定人類講到底是機械論的「物」，但是其人的善意與溫情使他實際上將人當作「此在」（將關係與意義視為至高的人）來對待。博斯為精神分析學指點的替代方案是「此在分析」（Daseinsanalysis），而博斯在訪問努爾曼佐期間，將此道傳授給了霍荷。根據此在分析學的說法，「有病」的意思是指當事者與周圍世界的關係受到拘囿。佛洛伊德要求心理治療師保持淡漠超然的態度，然博斯卻鼓勵心理治療師以真誠與愛心投入與患者接觸，從而幫助他們以新途徑建立和世界的關係。[34]

博斯之所以親身到印度旅行遊歷，正是因為他不信任自己讀到的印度經典譯本。梵文原文將真相描述為「薩提他南達」（satcitananda），詞意是「存在」（sat）、「意識」（cit）和「法喜」（ananda），博斯由此感覺自己的主張得到進一步的確認。他認為梵文的「意識」概念，非常接近於海德格對於「存在」感受的理解。轉到努爾曼佐這邊，霍荷發現人之存在的某些素質既吸引她，又能呼應她所讀到的印度哲學。霍荷向來的性格是討厭被干擾，而她驚訝地發現努爾曼佐的園丁，竟能夠隨時放下手邊的工作，轉為處理任何當務之急的任務。霍荷讀過許多專誠於「現下」（present moment）的論調，也就是要求全神貫注於任何人生為你帶來的境遇，如今她則親眼目睹這位園丁的簡明實例。同時，有位宣稱神明和人類都是在「摹仿」絕對存有者的印度教徒患者，竟使霍荷豁然領悟主張「關係」（relationship）較「個體」（individual）更為真實的此在分析觀念。誠如霍荷本人所言，「大寫『生命』（LIFE）的延續性」，比個別的生或死更加重要。[35]

厄娜．霍荷是到一九六一年被迫去職之後，才清楚認識自己在努爾曼佐學到的是什麼。從到任開始，霍荷就和史丹利．瓊斯醫師關係不睦。瓊斯懷疑她在診所時參與基督教團契不力，並且放任其他員工傳播謠言或設計陷害她，甚至有人指控霍荷拒絕接納基督徒患者。[36] 經歷諸多針鋒相對之後，霍荷選擇辭職，並於一九六二年一月離開勒克瑙，搭上一輛「漫長且頗有危險疑慮的巴士旅程」，往北來到鄰近印度與尼泊爾的交界處，喜馬拉雅山山脈的阿爾莫拉小鎮（Almora）。[37]

來到阿爾莫拉的霍荷在他人引領下徒步跋涉一小時，到達新的租屋處：一間座落於蔥鬱山脊上的小屋。這間小屋既無自來水也沒有電力，霍荷走到小屋時已經入夜，她感覺很冷，到處都是灰塵與蜘蛛網。霍荷躺在克難簡陋的床榻上，聽著強風呼嘯與豺狼淒嚎，打著哆嗦試圖入睡，直到第二天才能查看在天花板上發出窸窣腳步聲的是何方神聖。

隨著晨曦升起，一切都變得不一樣了。霍荷首先望穿松樹與雪松林間，瞥見廣闊的蔚藍天空，與庫馬翁山群（Kumaon）白雪皚皚的群峰。自此一連數月，當她在日出時分圍著披肩站在花園凝視時，常常就是這麼一幅令她屏息忘我的風景。霍荷認定，撰寫奧義書的賢者們，肯定也是受到這種孤獨與慰藉啟發靈感。38

霍荷很快發現，來到印度極北偏遠之地追求孤獨，實在有一些諷刺，因為有此同好者似乎為數不少。她的小屋附近還有許多苦行僧（sadhus）居住的屋舍，有些是真苦行僧，有些只是心嚮往之；有些是印度人，有些是外國人。這片區域也因此獲得「怪人嶺」（cranks' ridge）的綽號。即使如此，怪人嶺的大家還是很認真地獨居，很少會打攪彼此。霍荷開始認清，直到此刻為止，自己有多麼依賴他人（包括家庭、學校、工作）去塑造自己的日常思維。她的所有思想，幾乎不可能不涉及設想別人會怎麼反應、這會對她的生涯帶來什麼影響。霍荷向來將「真實性」（authenticity）想像為沒有墮落觀念與影響的狀態，隻身來到這裡孤獨過生活之後，她發現自己終於可以真實地活著了。39

此在分析學之所以能吸引霍荷認定它就是心智科學的正道，自有箇中理由。奧義書所謂「最終與終極的唯一性」是關於真實的真理，能使人得到徹底的安心，對此，霍荷在喜馬拉雅山間花園中也出現偶然的體驗。這是種沉思的、詩意的真相，人難以時時刻刻保持此種體察。

然而，霍荷童年時期基督教曾經為她帶來的滋味，卻是她如今有所欠缺的。霍荷斷定，基督教對她而言愈來愈缺乏意義的理由，是因為基督教的關鍵似乎就是相信一套關於第三人（拿撒勒的耶穌）會改變自己生命的論述。但基督教沒能改變她的生命，榮格將基督教視為強大符號系統的方法也幫不上忙：倘若榮格的觀點屬實，不同的神話不是也都差不多好嗎？[40]

昔日基督教能提供，但無上智慧的奧義書卻似乎缺少的，是「關懷」他人在宇宙中的重要意義，這是海德格與博斯非常重視的概念，但霍荷的運用更加簡單且更明白表現出同情心。恰如耶穌基督的教誨，合乎道德的良善生活並不只是有教養的歐洲人「應該有」或「有的話真不錯」的東西。關懷與哲學二者互相彌補、相輔相成，同時實踐兩者便會發現它們彼此交融，穩健地揭櫫新層次的知性與感性意義。

霍荷確信真理在此，並且企圖從印度經典中找出能與基督教福音相容的慈悲理想。霍荷於是來到阿爾莫拉的宗教中心羅摩克里希納之屋（Ramakrishna Kutir），該機構是由維韋卡南達師尊羅摩克里希納之弟子所創建。這裡的圖書館藏有英梵對照版的印度聖典，而且梵文書寫使用的是霍荷有能力閱讀的天城體（Devanagari）。霍荷自信，「所受訓練是觀察與解釋人類行為」的精神病學家更能在這些經典中找尋到，措心於文法與哲學之人所會遺漏的東西。霍荷選擇到《薄伽梵歌》裡頭找尋，由此撒下了未來她會與印度同道一同在印度追求的事業種子。她研讀《薄伽梵歌》的著名段落，也就是克里希納與阿周那在大戰前夕的對話，並將這些文字既當作靈性對話錄，又視為一位充滿同情心的心理治療師在和他鬱鬱寡歡的病患面談。41

若不是有阿爾莫拉附近居民的幫助，霍荷對於關懷和哲學的思考應該無法得出結論。當地居民聽聞有醫生搬進本地之後，幾乎隨時都可能有人會來找她，有時霍荷索性躲到森林裡去讀書，居民們就去森林裡找人。當地居民給霍荷的印象是「笨拙木訥」，他們對於醫生做的所有測驗都很不習慣，他們的期望是來個高明大夫，一眼就能斷病。有些居民曾為霍荷送來花朵，結果那居然是他們在霍荷家花園裡頭摘的。42

霍荷得到的結論是，真正的禮物就是你在早晨「有值得為了他起床」的對象。誠如華茲擔憂基督教已墮落為制度化的驕傲，格里菲斯在霍荷南邊三千公里以外的庫里蘇瑪拉發現忍恥含垢與懺悔的創造性力量，霍荷的發現則是擁有「在他面前感覺自己可恥」的對象，具有深刻的意義與價值。霍荷對於自身資歷與能力的驕傲，是將她推往這個結論的一大原因。當她發現自己站在重症病患面前居然一籌莫展，無能為力之下，她只能「做一個與對方平等的夥伴陪伴在旁……有時甚至以全然的謙卑為他們服務」，前述那股驕傲更加強化她深受衝擊的力道。43

到一九六〇年代中葉，霍荷似乎找出一套將思維、沉思與行動三者相容的創意結合。更廣泛去談，她已經開始理解佛洛姆所謂西方人需求「更高層次的反璞歸真」意義何在。霍荷認為心智科學的任務便在於，將較高層次的純粹與唯一性，和可能誘惑靈性之道追求者的贗品區分開來。連結性尚未成熟的人可能會像兒童一般，只專注於從周圍的世界接收東西。成熟型態的連結性，則會表現為當事者有自然而然為這個世界付出的渴望，這是一種無私且無我的慈悲，基督與佛陀體現的便是此等境界。[44] 霍荷覺得，許多西方人以及愈來愈多的印度患者，都被困在這段發展過程的中間階段。他們已經超越幼稚不成熟的唯一性認知，卻困陷在自我意識以及與世界的分離感之中。他們重視力量、決心與堅毅等素質，但在「印度賢者的眼中，這是一種尷尬的限制和分離」。[45]

這些初期的定論，是基於霍荷在瑞士與印度治療心理問題的經驗，這些病患所在的社會沒能為人們提供成熟連結性的可信典範。未來數年，霍荷等人將在此基礎上精益求精，為跨文化精神病學、心理治療、古魯上師等宗教領袖，開闢出一片共通的領域。對於西方的某些人，尤其是年輕新世代來說，這種變化真是太棒了，可惜的是發展速度太慢，而且目標遠遠不夠宏大。教牧關懷——無論其性質屬於治療、宗教或二者皆有——的問題在於，儘管其宣稱關注社會壓力，它主要還是在與個人打交道。所以，無論教牧關懷有多麼含蓄，它總是在要求個人承擔起失敗社會帶來的重負。西元一九五六年，也就是霍荷到印度的那年，一首在美國發表的詩作，便保證（或說警告）未來必會出現截然不同的道路：

我看見我這個世代最優秀的心靈，被瘋狂所摧毀，他們急切渴求

歇斯底里般的一絲不掛，
在黎明時分將自己拖行過黑人街區尋找發洩憤怒的對象，
蓄著天使髮型的反主流青年（hipster）在夜晚的機械運轉中
火熱渴望那古老的天人感應，與星空穹靈出現神聖的連結……[46]

艾倫・金斯堡（Allen Ginsberg）《嚎叫》（*Howl*）是針對主流美國生活行屍走肉的憤怒譴責，這種槁木死灰的環境逼得有才華、有遠見、敏感和被逼到絕境的人們，採取各種逃避現實的行為，從天堂墜落到絕望的深淵。從一九五〇年代晚期進入一九六〇年代，金斯堡這個「垮掉的一代」（Beat Generation）開始追求，從前格里菲斯期望二次大戰可以激發出的那股力量：對於西方社會走向抱持含有革命力量的極端痛恨，以及決心試試別條路的意志。然而，其結果卻是徒勞枉然。

垮掉派分子缺乏格里菲斯那種安靜的修養，而他們喜歡使用麻醉藥物或毒品的程度，遠遠超過了格里菲斯和霍荷許可的程度——霍荷在印度發現ＬＳＤ無助於治療，於是就把東西都送給別人了。不過，傑克・凱魯亞克（Jack Kerouac）、蓋瑞・斯奈德（Gary Snyder）之輩，與格里菲斯和霍荷的共通處在於，他們都好奇亞洲能為處於危機時刻的西方提供些什麼。從哈佛大學心理學家轉變為迷幻藥積極提倡者，從而被哈佛大學列入黑名單的提摩西・李瑞

（Timothy Leary），也抱持同樣的想法。

在這風起雲湧的時代，最後的吉星卻不是落在這些人物頭上，而是那位來自英國肯特郡奇斯爾赫斯特村的男子，他遙遠的西進之旅最終結束於舊金山，在這座城市成為反主流文化運動重鎮的前夕定居了下來。他誓言要驅散樺樹小屋寒冷頂樓的黑暗陰影，決意要讓自己的心靈成為真正的家園、真正的光明宮殿。這，將會是艾倫．華茲的最後一舞。

第十九章　超脫解放

西元一九五一年，艾倫．華茲帶著家人來到美國西岸，並在新成立的美國亞洲研究學院找到一席之地。亞洲研究學院的目標是以躬行實學之道，教導亞洲的語文、歷史、文化、瑜珈、冥思與哲學，能授予完成學業者碩士與博士學位。該校在一九五四年時已有學生約五十人。除了請來演講的外賓如鈴木大拙，還有華茲的前岳母、如今的露絲．富勒．佐佐木等人以外，學院憑藉舊金山華人與日本人移民眾多的地利之便，聘來東亞佛教的專家學者。亞洲研究學院院址在舊金山的太平洋高地（Pacific Heights）上，可以俯瞰港口，駕車很快就能來到當時已有一百年歷史的舊金山唐人街。唐人街的開基祖是美國的第一批佛教信徒，也就是在一八四〇年代晚期淘金潮移民到加利福尼亞的華工。[1]

這正是華茲夢寐以求的工作呀，豈知後來的情況對華茲的家人來說，卻是距離美好愈來愈遙遠。華茲工作的時段再加上與朋友和情人廝混的時間，讓他幾乎不顧家人，女兒安妮甚至會故意到戶外淋雨，想要得到感冒以乞得父親一點注意和關愛。艾倫的父母親勞倫斯和艾蜜莉來訪時，非常擔心安妮的情況，於是同意將安妮帶回樺樹小屋同住，送她到當地學校上學。安妮的姊姊瓊安，則被送往奧哈伊山谷（Ojai Valley）一間以前衛創新著稱的快樂谷寄宿學校（Happy Valley），這間學校是安妮．貝贊特在二十多年前創設，號稱這裡是孕育「新文明」成員的希望之地。[2]

來到一九五七年，學院教學之外還得接行政工作的負擔，讓華茲覺得壓力太大，於是辭職了。現任妻子桃樂絲對他不滿已久，桃樂絲嚮往的正統郊區生活則讓華茲覺得很不是滋味，比如「修剪草坪，與孩子打棒球」這些令華茲不屑的回憶。[3]此時，華茲開始和在紐約講道時期認識的學生瑪麗珍．葉茨（Mary Jane Yeats）搞外遇。有段時期，兩人維持著遠距離關係，竟使得一位寫起信來枯燥、耍聰明、以知識分子自居的文人，搖身變成傳情大師。華茲宣稱自己與摯愛都存在於他的「星體」（astral body）*之中，某封信結尾處是這樣子寫的：「我對你愛愛愛愛愛愛不完！」[4]

夾在兩種生活之間，加上身兼自由作家、廣播人和大學講師的蓬勃事業，華茲開始依賴伏特加度日，他有次向女兒瓊安坦白，喝到酩酊大醉是他唯一真正喜歡自己的時候。[5]到一九六〇年時，當時桃樂絲正懷著他們的第五個孩子，華茲卻終於拋棄了家庭，搬去一艘有百年歷史

* 譯注：神祕主義者或神智學家等人所謂的「星體」，大約是種半肉體半精神的「靈體」。

的老渡輪瓦耶禾號（*Vallejo*）上和瑪麗珍同住。瓦耶禾號的停泊處在索薩利托（Sausalito），船的外觀看來飽經風霜，但內部的柚木地板煥然如新，有一面大窗戶可以觀賞整片海灣。漲潮時瓦耶禾號便會漂浮不定，周圍船帆在風中獵獵作響，此時若大霧從山丘上滾落，華茲便可想像自己是在海上航行。[6]

華茲當然不是個模範丈夫和父親，但他至少可以認為，對於《組織人》（*The Organization Man*，一九五六）作者威廉・懷特（William H. Whyte）和《女性的奧祕》（*The Feminine Mystique*，一九六三）作者貝蒂・傅瑞丹（Betty Friedan）等評論家所談到的美國現狀，自己有第一手的深刻體會。此時美國已從二次大戰的英雄時代，走進消費型資本主義塑造出的那個繁榮卻不再浪漫的日常生活世界。男人在公司工作、看電視偷閒與偶爾的假期間交替過活，女人被迫擔綱幸福家庭主婦與快樂母親的角色，有需要時便服用安定劑來幫助自己演出。電視是上述黯淡景象的一大推手，電視的發明讓美國人對冷戰升溫的恐懼大為增加，還將美國（尤其南方）黑人的慘況帶進所有人的家中。艾倫・金斯堡首次朗讀《嚎叫》的著名演出，聯合抵制蒙哥馬利巴士運動（Montgomery bus boycott），以及艾維斯・普里斯萊（Elvis Presley，即「貓王」）在佛羅里達和聖地牙哥演唱會之前被當局警告不要做招牌搖臀動作，否則可能以妨害風化罪逮捕他，上述這些事情全都發生在一九五五這一年。有關白人音樂會被美國黑人文化汙染的擔憂情緒，風靡一時。[7]

對此困頓十年時光深感不滿的人們、決心不要重蹈父母那種人生的下一代，將舊金山當作他們的朝聖之地，華茲就坐在這齣戲碼的第一排觀眾席，看得清清楚楚。作為先鋒人物的垮掉的一代，深受紐約「咆勃爵士樂」（bebop）的聲音、旋律、貝雷帽與山羊鬍所影響，還有受超現實主義流派（Surrealist）的詩歌與繪畫啟示。[8]不過，垮掉的一代所汲取的靈感來源，也和華茲有許多共通處，如愛默生、梭羅、惠特曼（Walt Whitman）等美國超驗主義者，還有佛教禪宗，都是重要的取經對象。其中，蓋瑞．斯奈德尤其認真學習東亞文化，他有段時期在亞洲研究學院從學於華茲，還曾經在金斯堡首次朗讀《嚎叫》的舊金山六藝廊活動（Six Gallery event）中朗讀一首詩作，斯奈德自一九五六年開始往返於加州和日本之間，並有一段時期與露絲．富勒．佐佐木共事。華茲對斯奈德的印象是「高高的顴骨、發亮的眼神、細細的鬍子，這是一位精瘦的智者……調養其性格的良方需要混合奧勒岡州伐木工、水手、印地安薩滿、東方學者、舊金山嬉皮、雲遊僧的特質」。[9]

促使斯奈德學習東亞語文並接受正規禪宗訓練的那種動機，卻激發傑克．凱魯亞克選擇將禪修當作另類的生活風格。[10]凱魯亞克《達摩流浪者》（*The Dharma Bums*，一九五八）的故事環繞一群「禪狂人」（Zen lunatic）展開，以斯奈德為原型的主角傑菲．萊德（Japhy Ryder），因為對亞洲頗有了解以及生活簡樸而受到周圍朋友的尊敬。華茲則發現《達摩流浪者》書中以自己為原型的亞瑟．輝恩（Arthur Whane），為人固然友善但頗為嚴謹呆版，不甚討人喜歡。即便如此，華茲長期以來還是贊同凱魯亞克對高等教育的評價：

這些不過是培訓無個性中產階級的學校，中產階級之無個性完美體現於校園外圍那一排排的氣派住宅，裡頭有草坪，每家客廳都有電視，大家都在看同樣的節目，想著同樣的事情……[11]

背包遊俠與自然神祕客「隨著舞蹈的韻律」行動，為所到之處帶來快樂與歡笑，華茲在這種另類理想的浪漫與自發性當中，也看到了一些自己的影子。得知禪學開始吸引廣泛的關注，華茲當然是很高興。《時代》（*Time*）雜誌曾於一九五七年刊登介紹禪宗的文章，《芝加哥評論》（*Chicago Review*）在一九五八年對禪宗有專題報導，此外，《時尚》（*Vogue*）、《生活》（*Life*）等雜誌也開始會以尊敬態度提及華茲、鈴木大拙等人物。[12]

不過，華茲對於人心有此熱衷的動機頗為謹慎。華茲為《芝加哥評論》的專欄撰寫了廣為人們閱讀的〈垮掉禪、正統禪與禪道〉（Beat Zen, Square Zen, and Zen），他在文中主張，正統禪和垮掉禪的信奉者其實有同樣的問題，他們都急於擁抱異國新宗教，卻不先去理解從小成長環境中的猶太－基督教文化對他們的影響，尤其是此文化對於自我證道（self-justification）的強調。華茲認為，這種缺乏反省的問題反映在正統禪修行者身上，會表現為對於「正確」

禪修與「正確」開悟標準的執著（華茲從來沒有真正接納禪宗公案派和他修習傳統禪道的岳母）。此外，挎掉禪背後有種「狂放不羈的做作」，而其「乘興而來興盡則還」的生活與藝術風格，則流露出強烈的自我證道成分，最佳例證便是凱魯亞克的名言：「我不知道。我不在乎。我知不知道在不在乎，都沒有任何影響。」華茲持論，真正的禪毋庸自我證道，禪是在為這類執著提供全面的超脫解放。[13]

這確實是華茲自我定位的絕妙好招，他自居為西方帶來純正禪道精粹的使者，摒棄學者的吹毛求疵、日本禪宗的守舊傳統、遊手好閒者的自我開脫。不過，華茲並不將斯奈德與金斯堡歸類為遊手好閒，他認為這兩人確實是認真在思考如何徹底重省西方生活。華茲多年累積的學識與他那副英國腔，讓美國聽眾覺得他們聽到的東西肯定是真的、是權威。凱魯亞克的文筆很快就讓人感覺過時，相較於此，華茲的遣詞用字更有折服人心的力量。[14]撇開策略不論，華茲將禪描述為超脫解放的說法，其實相當契合他本人的氣質。作為一個曾辛苦忍受禪宗公案戒律、嚴格神職生活、家庭責任，但最後又忍受不了的人，以下想法深深吸引著華茲：西方的自我中心主義（ego-centrism）不是需要懺悔或宗教苦行的「道德性錯誤」，反之，它是一種「概念性幻覺」，可能一瞬間便得到治癒。[15]相較於儒家與孔子的行為典範，華茲更青睞道家的「無為」之說。[16]

華茲在《不安的智慧》（*The Wisdom of Insecurity*，一九五四）——厄娜・霍荷亦為此書讀者——和《東方與西方的心理治療》（*Psychotherapy East and West*，一九六一）兩本著作裡，試圖將量子力學也納入其論述之中。他宣稱，現在已經揭曉，宇宙不是由「物」構成的。眾人的語文與常識雖然還沒跟上這個發現，但真相最準確的描述或想像是一片場域，或變化中的「關係模式」。[17]只要夠接近一個「物」，人就會發現三件事：第一，物主要是由運動，而不是固體構成；第二，人不可能說明既有物到哪裡結束、物周圍的空間從哪裡開始；第三，觀察某物就必然參與其中。[18]華茲覺得此理的最佳的視覺比喻，是經典的佛教意象：

> 由珠寶結成的巨大網絡，就像是留有露珠的多維度蜘蛛網。靠近細看每一顆寶石，都可以發現它反映出其他所有的寶石。[19]

華茲主張，欲體會這個真理，就是要與真相保持深刻的相互連結感，這是一種不做「行動者」、不做「行為的執行者」的感覺，禪宗稱之為「無心」境界，《薄伽梵歌》稱之為「我全然無為」之感。華茲宣稱，一般人常識上認為人類是「有皮膚包覆的自我」（skin-encapsulated ego），那其實是基督教所謂靈魂寄居於「肉身容器」的古老觀念之殘跡。亞洲民族千百年來都知道，這種生命觀不但錯誤，而且還有害。相信「我」或「自我」是固定且為獨立個體，這種信仰其實一直牴觸流動與相互連結的真相世界，其結果就是釀成痛苦：當事者總是想要抓住什麼，對人執著、對擁有的事物執著、對過去執著，要追求安全感卻徒勞無功。

佛教教導此理的方式，是讓人發現自我的虛無（「無我」）以及慈悲的重要；吠檀多不二論強調的，則是這片場域的統一性，亦即「我」（阿特曼）與梵的統一性。[20]

此時的華茲不再認為佛洛伊德，甚至是榮格學說有化解現代困境的希望。佛洛伊德對於有強烈需求的狹隘宗教思維所進行的諷刺性描述，只是導致西方人對宗教更反感，有礙於他們思考亞洲的宗教。同時，榮格堅稱人類無法超越自身的精神世界並提出形上學主張，華茲認為這種觀點實在是無聊的循環論證：斷定人類無法提出形上學觀念的說法本身，就是一種形上學主張。至於榮格將神話視為生命指引與治療泉源的觀點，華茲得到的結論是，神話只有在當事者相信神話內含字面真相（literal truth）之實質意義的時候，才有可能「奏效」。[21]

然而，以上說法並不意味華茲選擇唾棄心智科學。他的期盼是，人類根深蒂固的錯誤自我認知問題（將自己誤想為與世界分別的「我」），可以由受亞洲思想啟發的新一代心理治療師矯正，卡倫．荷妮和霍荷的老師梅達爾．博斯便是其中成員。華茲的預期是，有些尋求解脫精神疾病的人，自然而然會被他們的痛苦的終極形上源頭所吸引。比如說，對於自己的憂鬱情緒表現出友善的好奇心，「邀請它進來喝杯茶」，而這麼做除了能夠避免抗拒或掌控憂鬱情緒帶來的痛苦之外，當事者還可能發現巨大的哲學性助益。[22]此情立即且關係密切地呈現出，情緒或心境有其自身之「道」，心靈比乍看之下更加複雜且神祕，這件事最後也許會成為哲學探索之旅的第一步。

華茲認為，另一種切實的選項，就是去尋找人們通常感受深刻且堅信不移其存在的「我」。華茲的建議是，去閱讀某本書上的一句話，然後觀察自己是否能同時意識到有一個「我」正在從事閱讀行為。若然，這樣不就顯示，心靈是在閱讀的經驗與「我正在閱讀」這個念頭的經驗之間如迅雷般來回穿梭嗎？這種電光火石般的轉換速度，創造出一個閱讀者「我」的幻覺，但實際上存在的只是經驗而已，純粹且無我的經驗。

為說明這個現象，華茲運用了佛教意象作為比喻：有根火棍在空中旋轉，造就出實心火圈的印象，但這只是印象而已。[23] 華茲也喜歡講述中國禪宗傳統中的一個故事。有個尋求心靈平靜的人，請求師父平靜他的心。師父說：「把你的心（你的「我」）拿出來，我來讓它平靜。」那人回答道：「我已找尋我的心好多年了，但我始終沒找著。」師父斷案道：「那麼，你的心早就平靜了。」[24]

華茲覺得西方語文往往讓事情複雜化。在英語等語文中，絕大多數句子都需要有個主詞：一個做動作或接收動作的主體。反觀日語，用正在發生什麼事情來描述生活是正常不過的句法：日本人不會直接說「我感到焦慮」，而會用「有焦慮存在」來表達這個意思。同樣地，道家思想充分認識語言的分歧性與欺騙性：「名可名，非常名」，可以被賦予的名稱，就不是絕對的名。[25] 據華茲的認知，真正的解脫應該不是剝奪，不是去證明人們珍惜的「我」其實是虛幻，而是將任何時刻視為「全然獨特且新穎」來看待，對此，華茲的建議是去欣賞受禪道啟發的東亞繪畫，體會其中表現出的喜悅與活力。[26]

這番說法與心智科學頗有相通處，在這樣的世界觀中，有受苦受難的真實性存在之空間。它建議人們不要試圖反抗，而是進入這樣的空間裡頭。「擁有」（having）痛苦，也就是受到與有別於自己的想像實體所占據或折磨，是件恐怖的事情。相對於此，「處於」（being）痛苦其實比較貼近真相，而且會讓人比較可以忍受痛苦。對華茲而言，這就是他最推崇的奧義書真言「彼即汝」帶來的治癒效果。痛苦、空間、大海、天空，你不是擁有對這些事物的感官知覺，反之，你就是它。[27]

西元一九六〇年代初，有愈來愈多美國青年的聊天課題，是從「昨晚艾倫・華茲說了什麼？」開始的。校園中、廣播裡、電視上都有華茲的身影，美國國家教育電視台（National Educational Television）還製作了二十六集的「東方智慧：為現代生活獻策」（Eastern Wisdom for Modern Life）節目。[28]至遲從一九四〇年代以來令華茲傾心的那些問題，如今竟成為美國中產階級家庭年輕人興致濃厚的課題。華茲以他清晰的思維與幽默，配上無可挑剔的貴族式口音，向美國年輕人揭示，他們其實一直受到家庭、學校與廣大社會的蒙蔽。「自我」的幻覺具備這麼巨大的力量，主要源自於自我其實是種「社會虛構」（social fiction），維繫者即為社會，而社會的利益所在便是培養有目標、服從、自律的公民。29

因此，根據華茲的意見，真正能帶來幫助的治療師，必然要身兼社會批評家。有太多西方人設想吠檀多不二論和佛教的目的，是讓個人從一種真實轉換到另一種真實：從人物、死生、輪迴的日常世界，轉化到與前者分離的、更高層次的真相世界，在那裡，一切都是一體（all is one）。然而華茲卻聲稱，他從未實際遇過受過吠檀多不二論或佛教教誨，或真正相信生死輪迴的修行者，抱持上述的思維。真實或真相從來都只有一個，超脫解放的意義就是在唯一的真實中活著，同時完全沒有尋常人的那些扭曲認知。30

有些人發現，與精神疾病對抗的經歷更有助於他們發現這項真理。對其他人來說，親眼目睹父母親在預造組合屋的家園裡頭浪費生命，或處在人生會逐漸萎靡枯槁的恐懼當中，令他們大失所望。從一九五〇年代末到六〇年代初，有種新興的刺激物開始大行其道，那便是迷幻藥。阿道斯．赫胥黎就是開始使用迷幻藥的先驅，還將自己服用仙人掌毒鹼的經驗記錄在《知覺之門》（*The Doors of Perception*，一九五四）書中。探索東西方神祕主義的經歷使赫胥黎相信，仙人掌毒鹼（即麥司卡林）的效用是暫停人對這個世界的經驗過濾能力，人類所以進化出這項過濾能力，是在幫助心靈專注於必要的日常事務。在仙人掌毒鹼的作用之下，「真實」的全面樣貌與精彩得以顯露無遺。

柏拉圖、艾克哈特與所有禪師始終在提示的就是這件事。這正是所謂的「飽覽終極」（Beatific Vision）*；這便是「薩提他南達」（存在－意識－法喜），也就是霍荷之師博斯認定海德格哲學指引的境界。法蘭茲．梅斯梅爾啟發人們從事催眠實驗，尋找治療方法與新發現。哲學家威廉．詹姆斯曾經使用笑氣（一氧化二氮），想讓自己更深入理解何謂神祕經驗。不過，來到赫胥黎的這個世代，人們得到了有史以來最能擴充意識的強大工具：仙人掌毒鹼、ＬＳＤ和迷幻蘑菇素（某些菇類具有的裸蓋菇素）。

迷幻藥使赫胥黎和傑拉德．賀德（Gerald Heard）感到「更加自在平易」的消息打動華茲，他於是在一九五八和五九年兩度使用ＬＳＤ。[31]大約在第二次使用的時候，華茲覺得自己找到了「自我」虛幻不實的證明，生動而且清晰。「我不再是擁有知覺的超然觀察者——那個住在我腦袋裡的小小人，」華茲回憶道：「我便是知覺。」[32]華茲進行實驗時，他待的那間房子裡頭所有東西都活了過來：「桌子在做桌子（tables are tabling），茶壺在做茶壺，牆壁在做牆壁。」就像是當時物理學家宣告的那樣，這世界不是一個「物」（thing）的世界，而是「事」（event）的世界。此外，誠如印度哲學家自古以來的教導，這個宇宙其實是「遊戲」（lila）

＊譯注：基督教所談的「飽覽終極」大約就是指見到上帝與天國的極致境界，基督徒或譯之為「榮福直觀」。

之所，一場神聖的「捉迷藏」遊戲正在進行當中，宇宙在這場遊戲裡扮演著各式各樣的角色和人物。[33]

華茲終於親身體驗到，自己屬於這場神聖遊戲的一部分，這番經驗完全契合他期待已久的超脫解放。那隻在樺樹小屋二樓床榻上深信自己必會遭遇厄運的孤獨生物，消失得無影無蹤。於焉新生者，「是從宇宙其餘部分生長出來，如同頭頂的一根毛髮、身體的一肢」：

> 我現在開始認知的這個「我自己」，我先前看似忘記了，但其實我對它認識之深，遠勝我對其餘所有事物的認識，可以追溯到童年，追溯到大人讓我感到很困惑的時期，卻又不止於此……回溯到我還是母親子宮中的胚胎，那是一個再熟悉不過的陌生對象，即非我的一切（everything not me），我帶著無限的喜悅，比見到分離千百年的戀人更加熱切，認出那就是我最原初的自我。就是這個老混帳，把我扯進了這場遊戲之中。[34]

從前（在亞洲）透過宗教、哲學和藝術處置的問題，其實科學能夠找出這些問題的解決之道，華茲認為這種觀點完全符合現代西方文化。不過，他並不認為迷幻藥就是能讓人一路直達覺悟或開悟的萬能鑰匙。迷幻藥只是一種初期的輔助，還須有心理治療或冥想默禱等精神鍛鍊的配合，藉此法去平衡處於「太重視目的的文明」中的人生，並且定期「放任自我意識出現內容而不加干預」。此外，迷幻藥作用之下解放出來的無自我且有連結的感受，自然而然會擴充為唱歌跳舞。還有，在「正式友誼與性交之間」尚存在「愛的巨大光譜」有待探索。[35]

華茲主張，將迷幻藥（psychedelic）＊直接稱為「幻覺劑」（hallucinogen）是非常糟糕的描述，因為它們的作用是強化感官，而不是造成幻覺。這些藥物對於心智的影響，不可能比電視上面的「日常瞎扯淡」還要糟糕吧。[36]華茲明白，迷幻藥很快連結上垮掉派分子和反主流青年，於是對某些人造成壞印象，好比喝酒帶來的精神體驗。但是，華茲強調，人們使用這些物質的經驗若要產生意義，那就得將這些經驗融入日常生活中。華茲希望他以自身經驗寫成的《喜樂宇宙學》（The Joyous Cosmology，一九六二），可以幫助外人理解，人確實有需求在限定環境與監督之下使用迷幻藥。[37]

吾人一旦想到華茲的男女同胞們，便即知道華茲的言論不免顯得過於天真，有誰會像他一樣設定任務，吞下藥丸之後要求自己去深思彌撒、藝術品、道與愛的關係呢？[38]華茲後來將濫用迷幻藥的惡果（「造成無數年輕人陷入偏執、自大狂、精神分裂症狀」），歸咎於禁止LSD的立法與欠缺適當研究，不得不說這是有失誠懇的自我辯護。[39]不過可以肯定的是，華茲從來沒有高估迷幻藥的價值。華茲堅稱，《知覺之門》的吸引力主要來自赫胥黎的文學造

＊譯注：「psychedelic」原本造詞的字意大約是「靈魂現形劑」。

詣，其人洞燭入微與擒翰振藻的才華。華茲自己涉及使用迷幻藥的著作，其實也是熬煉自他研精鉤深亞洲哲學三十載的功力。使用ＬＳＤ只是為華茲原有的觀念帶來確認及新力量，他沒有因此發明任何嶄新的見解。

《喜樂宇宙學》一書的前言，是由哈佛大學的提摩西・李瑞和理查・阿爾珀特（Richard Alpert）撰寫。李瑞和阿爾珀特都在研究迷幻蘑菇素，而他們發現，相較於當時標準的心理學模型，亞洲哲學——是指赫胥黎、華茲等人著作中的亞洲哲學——提供了更能夠詮釋其研究成果的基礎。[40]哈佛大學校方於一九六三年決定不再續聘李瑞和阿爾珀特，兩人於是成為李瑞所謂「應用神祕主義」（applied mysticism）無拘無束的宣揚者。[41]兩人來到紐約州米爾布魯克（Millbrook）一座大宅院繼續他們的研究，並同時將這座宅院變成公社，裡頭布置了一間印度風格供人從事冥想的「印度室」。[42]曾對著記者將ＬＳＤ描述為「現代瑜珈」的李瑞，在一九六四年前去印度度蜜月，期間待在加爾各答和霍荷的阿爾莫拉小窩。[43]李瑞因為積極擁護迷幻藥的使用，宣揚「開啟功能、調整頻率、脫離體制」（Turn on, tune in, and drop out），並將迷幻藥推薦給如金斯堡、威廉・布洛斯（William S. Burroughs）等諸多文人學者，他很快就變得聲名大噪，或說是惡名昭彰。

假如迷幻藥的影響只是豐富了少數文化邊緣人的創意，那麼美國的迷幻藥物研究應該會繼續進行下去才是。可是，事情的發展是大學生開始合成他們自個兒的ＬＳＤ，企業家開始到舊金山等城市開發日漸熱絡的市場。《飛越杜鵑窩》（*One Flew Over the Cuckoo's Nest*）的作者肯恩．克西（Ken Kesey）與他那些「快樂搗蛋鬼」（Merry Prankster）的狐群狗黨，把ＬＳＤ分給那些渴望「開啟功能」然後「自由發狂」的人。[44]地獄天使（Hell's Angels）摩托車幫成員，正是欣然接受克西分送ＬＳＤ的其中一群人。[45]舊金山有某些地區，比如位於華茲索薩利托港口船屋南邊八英里處的海特艾許伯里（Haight-Ashbury），便成為飄飄欲仙的大麻與ＬＳＤ吸食者基地，他們穿著五顏六色的奇裝異服，宣告自己厭惡戰爭（尤其痛恨美國捲入越南戰爭），熱愛東方宗教與神祕教派。待到加州於一九六六年正式立法禁止ＬＳＤ的時候，美國已經有大約四百萬人在使用ＬＳＤ了，當年時代氛圍的背景音樂是美國民謠，是巴布．狄倫（Bob Dylan）令人耳目一新的電音，是披頭四這「英國入侵」的樂團，是死之華（Grateful Dead）等等本土男孩樂隊。[46]

隨著華茲滋養反文化運動的活力，反文化運動同樣也為他灌注力量。這位原先在一九五〇年代沉悶短髮的英國佬，擁有與他正經八百個人風格衝突的叛逆思想。來到此時，華茲竟然搖身變成——用蓋瑞．斯奈德給的評語來描述——花枝招展的「花孩子」（flower child）＊，蓄起長髮與山羊鬍，衣櫥裡面裝的是和服與紗籠（sarong）等亞洲風服飾。華茲的崇拜者隨時都

＊譯注：「花孩子」是指嬉皮之中特別喜歡拿花宣揚愛與和平的人，又稱「花嬉皮」。

可能找上他的船屋，甚至曾經有個女人在餐廳裡來到華茲的跟前，俯身親吻他的腳。[47] 西元一九六六年，華茲出版了說明如何克服自我中心主義的《阻礙你認識自己是誰的那些禁忌》（*The Book: On the Taboo against Knowing Who You Are*），這是他最受歡迎的一本通俗著作。隔年一月，華茲去參加了舊金山金門公園舉辦的「世界史上首次人類大聚會」（World's First Human Be-In）。

在這場盛會的早晨，斯奈德、金斯堡與華茲執行了環繞會場的印度迴繞儀式。稍後，赤著腳丫子，戴著頭飾、毛皮、羽毛、串珠、鈴鐺等等裝飾的參與者陸陸續續前來，共約有兩萬五千人到場。斯奈德吹響白色海螺「召集部落」（gather the tribes），宣告活動開始，所謂部落成員包括參與稍早加州大學柏克萊分校言論自由運動的垮掉派、嬉皮和退役軍人。金斯堡吟唱印度真言法咒，行動劇社團「挖掘者」（the Diggers）分送免費三明治，地獄天使幫保護音響設備，傑佛森飛船（Jefferson Airplane）與死之華等樂團開始賣力演唱。舊金山禪修中心（SFZC）的鈴木俊隆在舞台上捻花打坐，重現佛陀的無言之教。*日暮時分，斯奈德再次吹響法螺，為整日活動畫下句點。[48]

從後見之明看來，人類大聚會與後續的「愛之夏」（summer of love）活動，是華茲的生涯高峰，他提供的超脫解放觀念也在此時達到高潮。不過，無論解釋者要歸咎於毒品、媒體或者只是時機已過，總之美國的反文化運動正在轉型當中。

如今已被人普遍暱稱為「海許伯里」（Hashbury）的海特艾許伯里，在一九六七年某日迎來一位非常特殊的訪客。此君去年在舊金山舉辦完當年最後一場現場演唱會之後，決定放棄巡迴演出，因為那場演唱會弄得他簡直是被囚禁在飯店中，受到警方車隊嚴密護送，他在表演台上幾乎聽不見音樂，因為被台下的尖叫聲淹沒。此君便是喬治·哈里森（George Harrison），哈里森請他的加長型禮車司機在海許伯里一個街區之外停車，這樣戴著愛心形眼鏡、穿著渦紋花呢褲和鹿皮鞋的他，就能低調地慢慢散步探索這片傳說的區域——假設他運氣夠好的話。

事情當然沒那麼順利，哈里森很快就被人認出來，嬉皮群眾紛紛湧向哈里森幾人和他的女友貝蒂·伯伊德（Pattie Boyd）。嬉皮們獻上大麻、迷幻仙人掌和STP（一種強力迷幻藥），但是當哈里森一行人拒絕接受之後，嬉皮群眾卻開始展現敵意。不久之前，有次哈里森和伯伊德回到英國伊舍（Esher）家中，卻發現有兩位闖空門的女歌迷躲在床底下。哈里森原先以為海許伯里是傳說中的愛之都，實際的景象卻讓他不大舒服，街道到處都是垃圾，神智恍

＊譯注：佛陀拈花示眾，迦葉尊者破顏微笑，是不立文字、教外別傳的禪宗第一公案。

惚的孩子們躺在長椅上，還有不少人在討錢。[49]

哈里森出發去參觀海許伯里之前吸了點ＬＳＤ，結果，傳說中的「愛世代」（love generation）在他眼中的模樣，頗類似波希（Hieronymus Bosch）畫作中的「有頭魚，臉長得像是商店門口冒出來的吸塵器」。這將是哈里森最後一次服用ＬＳＤ，而他也希望自己告別的那些人也盡快停止使用這種東西。他搭上加長型禮車，當車慢慢駛離之際，他從口袋中掏出一張黑色長髮披散於紅褐色袈裟上的瑜珈修行者照片，那是帕拉宏撒・尤迦南達（Paramahansa Yogananda）。哈里森將照片按在車窗玻璃上展示給群眾看，並對著車內的友人說道：「這，這才是真正的所在呀！」[50]

第二十章　古魯上師

對於所有盼望亞洲菁華能注入西方生活的人而言，西元一九六五年都是意義非凡的一年。這不可思議的一年，開始於一月某日早晨奇想樂團（the Kinks）的雷．戴維斯（Ray Davies）在孟買海灘上望見旭日東升之際，耳中聽見印度漁民在準備漁網時唱起漁歌。據戴維斯日後回憶，「出於言語無法形容的原因」，那些歌聲「立即對我個人造成深深的觸動」。[1]戴維斯利用十二弦吉他的溫和回授（feedback），模仿印度音樂的嗡鳴聲，並且將這種聲音結合上自己招牌的鼻音，寫出〈看看我的朋友〉（See My Friends），由此開創出一種小類的新型音樂：「拉格搖滾」（Raga rock）。[2]

來到二月，有部情節肯定會讓騷塞大為讚許的電影正式開拍了。騷塞當年是從賈格納特節（Jagannatha festival）的巨大碎骨神車獲得啟示，而這位電影編劇則是從英國流傳的印度圖基（Thuggee）傳說（也許根本是虛構）汲取靈感。傳說圖基信奉迦梨女神的印度惡徒邪教，燒殺擄掠無所不為。根據電影劇本，圖基邪教徒正打算殺死一位女子向迦梨女神獻祭，卻突然發覺她沒有穿戴至關重要的獻祭戒指。結果發現，這女子居然是披頭四的歌迷，她將這枚寶戒送給林哥・史達（Ringo Starr）了。

包括披頭四自己在內，幾乎沒有人能料想到，這部電影居然會成為影史上的經典。披頭四團員在拍攝《救命！》（*Help!*）期間，常常是處於飄飄然的恍惚狀態。即便如此，該片依然是讓西方世界注意到印度音樂的里程碑。電影中某一幕的場景，是在特威克納姆製片廠（Twickenham Studios）裡頭搭設的印度餐廳進行拍攝，在這兒，喬治・哈里森第一次有機會把玩西塔琴（sitar）。西塔琴的重量、平衡與音色令哈里森著迷，他於是去牛津街（Oxford Street）某家印度藝品行買了把「老舊破爛」的西塔琴。從拉維・香卡（Ravi Shankar）的錄音汲取靈感，或許也受到一九六五夏天發表的〈看看我的朋友〉啟發——奇想樂團的某位好友指控披頭四是竊取奇想樂團點子的「文化破壞者」（vandal）——哈里森為約翰・藍儂（John Lennon）創作的一首關於婚外情的歌曲，並用西塔琴添加了些許色彩。當年秋天，〈挪威森林〉（Norwegian Wood (This Bird Has Flown)）成為了第一首加入西塔琴音樂的西方流行歌曲。飛鳥樂團（the Byrds）和滾石樂團（the Rolling Stones）也於隔年從善如流，分別創作出〈八英里高空〉（Eight Miles High）和〈塗黑〉（Paint It Black）。[3]

在西元一九六五年初，聽過西塔琴的西方人肯定相對是少數，而且聽過的人很可能講到西塔琴就聯想到歌迷尚少但人氣逐漸高漲的拉維・香卡，或者是聯想到音樂廳或印度餐廳的環境。然而到一九七〇年初期，西方人一聽到西塔琴音符在空氣中迴盪，便會立即產生混雜夢境奇想、神祕景象、異國之旅、迷幻狀態的感受。西塔琴在西方流行觀念中的意象演變，最終徘徊於靈思與老掉牙之間，有些人對此發展頗感遺憾，拉維．香卡便是其中一位。然而，即便迷幻藥變成非法毒品，嬉皮的時代曇花一現，亞洲靈思與音樂（包含拉格搖滾與經文頌唱等）在這短暫時期間形成的連結，依然能在往後繼續維持活力。

這些年之間，西方世界對於亞洲宗教的欣賞出現轉變：從早期相對重視經籍、詩歌和哲學的知性關懷，變化為對冥想打坐與印度「巴克蒂」（bhakti）虔愛傳統的重視。披頭四（尤其是喬治．哈里森）的例子證明，在眾人對意義的追尋之旅中，沒有什麼比音樂更加契合民主時代的即時性（immediacy）。與此同時，披頭四也成為了靈性冒險之旅興衰起伏與古魯魅力的同義詞。

喬治．哈里森確實有資格聲稱自己在降生之前已經聽過西塔琴的聲音。他的母親路易絲（Louise）懷孕期間喜歡和肚子裡的寶寶一起收聽「印度之音」（Radio India）廣播節目，希望印度西塔琴與塔布拉鼓（tabla）的音樂可以安撫胎兒。[4] 雖然路易絲將孩子養育為天主教徒，但教會對哈里森的吸引力跟學校差不多低。哈里森觀賞了一九五六年盧尼．多尼根（Lonnie Donegan）在利物浦帝國劇院的演出，又在盧森堡廣播電台上聽見〈傷心旅館〉（Heartbreak Hotel）＊一曲，大為感動。當年，他成功游說母親給他三英鎊，從同學那邊買了把吉他。[5]哈里森又在校車車頂上說服保羅．麥卡尼（Paul McCartney）加入自己的行列，當時的麥卡尼正沉迷於抽著菸斗並想像自己是威爾斯詩人狄蘭．湯瑪斯（Dylan Thomas）。兩人最終加入了約翰．藍儂的「採石樂隊」（Quarrymen），於是在這座樂團如雨後春筍般滋生的城市裡，又誕生一支新秀。[6]

西元一九六二年，哈里森和朋友們與百代唱片（EMI）簽約並發行〈請愛我〉（Love Me Do）。歌迷的尖叫聲直上雲霄，誠如某評論家所謂「殺豬般的嚎叫」，標誌著「披頭四狂潮」（Beatlemania）的來臨，來到如日中天的一九六五年，他們的經紀人布萊恩．艾普斯坦（Brian Epstein）甚至接過販賣披頭四原味洗澡水的商業提議。哈里森幫助父親提早退休，他搬到倫敦，購買豪車，開始和年輕模特兒貝蒂．伯伊德約會。[7]但是，他其實從來不享受披頭四受到的那種熱愛，尤其是一九六六年的世界巡迴演唱。披頭四在東京站和馬尼拉站的鬱悶經歷，是在水泥牆、飯店房間與武裝警察護送之下度過，經歷一九六六年八月最後的舊金山演出之後，哈里森宣告自己受夠巡迴演出的悶氣了。[8]他想要回到初夏指引他心靈的那位古魯身邊，那人便是拉維．香卡。

香卡聽過哈里森在〈挪威森林〉中彈奏的西塔琴後，同意收他為弟子。香卡聽完那首曲子的錄音之後，其實是這麼跟家人說的：「想像你叫印度村民拉小提琴，你就會知道那首歌聽起來是什麼感覺了。」[9]哈里森很快就領悟到香卡古魯對他的期許，在伊舍家中向香卡求教，某次他為了接電話而一腳跨過神聖的西塔琴，腿上因此挨了香卡一板子。[10]除卻訓練弟子以外，香卡還將印度音樂的基礎知識傳授給哈里森。[11]印度音樂以單音符為主，不崇尚和弦，其演唱或演奏的規矩可以創造出感性或靈性的「色彩」，也就是梵文中的「蘭珈」（ranga），即「拉格」一詞的由來。

音樂與宗教的關係源遠流長，可追溯到數千年前吠陀經的吟唱。「拉格」音樂大約自西元十世紀開始發展，漸漸演化出北部印度斯坦（Hindustani）風格與南部卡納蒂克（Carnatic）風格兩大類。[12]拉格的旋律調式成千上萬，各自配合不同的季節、時間、心情連結。香卡告訴哈里森：「我的目標向來是要帶領聽眾隨著我的引領深入內心，就像是在冥想那般，感受用心接觸至高存有者帶來的甜蜜痛苦。」據哈里森日後回憶，那一剎那，他瞬間感覺自己已做好拋下伊舍的準備，然後「買一張前往加爾各答的單程機票」，一去不復返。[13]

於是，一九六六年八月披頭四當年最後一場演唱會結束之後，哈里森便和伯伊德飛往孟

＊ 譯注：〈傷心旅館〉是貓王一九五六年的冠軍單曲。

買，目的是接受香卡的額外培訓。哈里森雖然蓄起新的鬍子造型想要隱匿身分，卻還是在孟買的王冠大飯店（Taj Hotel）被印度歌迷認了出來，他只好將落腳點改到喀什米爾的一間船屋，在印度極北之地接受為期五週的訓練。修練期間，哈里森因為長時間盤腿坐在地上支撐西塔琴而腿疼。[14]香卡希望哈里森能夠去體會印度音樂蘊含的宗教文化，現在機會來了。香卡給哈里森找來一位瑜珈老師，並叫他閱讀維韋卡南達尊者寫的《勝王瑜珈》和帕拉宏撒．尤迦南達的暢銷書《一個瑜珈行者的自傳》（*Autobiography of a Yogi*，一九四六）。[15]

尤迦南達生於一八九三年，也就是維韋卡南達在世界宗教大會登場的那年。尤迦南達飄逸的長髮，魅力十足的教學，永遠一身紅褐色袈裟的打扮，再加上他對於東方靈修在美國市場前景大好的敏感觀察，幫助他打造出一場獲利豐厚的瑜珈運動。尤迦南達在報紙和看板上刊登自己的演講內容，並且設計出「為您的事業充電！」一類標題。此時尤迦南達雖已逝世，但哈里森仍然被《一個瑜珈行者的自傳》封面的那張照片深深吸引。哈里森多年後回憶道，尤迦南達的眼神「直接將我看透……直到今日，我依然沉浸在尤迦南達的咒語魔力中」。[16]哈里森閱讀書中內容，接觸到透過瑜珈和苦行獲得非凡力量的聖徒與修行者故事。這些敘述令他回想起服用ＬＳＤ所開啟的那個世界：能在「每一株草當中」感覺到上帝，「能在半天之內獲得千百年的經驗」。[17]

哈里森最終拋棄ＬＳＤ的原因與艾倫．華茲雷同，華茲的說法是「當你接受到訊息，就可以掛掉電話了」。[18]哈里森開始認真看待印度靈修，研讀冥想與輪迴的問題，他和貝蒂旅行到瓦拉納西見證誦讀《羅摩衍那》的盛大節慶，體驗帳篷與篝火、吟唱和香煙，還見到騎在大象上的瓦拉納西拉賈（Raja）。等到他們返回英國家中，哈里森已儼然成為印度的新任宣傳大使。[19]

哈里森的音樂開始出現變化。香卡的指導、維韋卡南達和尤迦南達的著作，再加上「亞洲音樂圈」（Asian Music Circle）伴奏樂師，讓哈里森譜寫的〈你裡你外〉（Within You Without You）一曲，在音樂和歌詞上都帶來冥想之感，與僅僅兩年前〈挪威森林〉中活潑輕快的西塔琴大相逕庭。[20]〈你裡你外〉和尤迦南達最後都進到了披頭四《比伯軍曹寂寞芳心俱樂部》（*Sgt. Pepper's Lonely Hearts Club Band*，一九六七）這張專輯裡頭，尤迦南達的尊容出現在專輯封面那張知名大合照的右上角。再加上兩年前美國移民法規放寬的助益，古魯上師時代的大門於焉敞開。

帕布帕德尊者（Swami Prabhupada）是最早開啟這段旅程的印度古魯之一，他於一九六六年在紐約創辦了國際克里希納意識協會（ISKCON）。帕布帕德歸屬的巴克蒂虔愛傳統起源於孟加拉，而帕布帕德的美國追隨者紛紛穿起中古時代毗濕奴派（相信毗濕奴為至上神）風格的服裝，在街頭上高聲頌唱「哈瑞克里希納」（Hare Krishna），這些做法成為了他們的標誌。[21]帕布帕德教導人們，呼喚克里希納之名時，克里希納便會顯靈同在，因此唱誦其名等同與上帝交流。[22]帕布帕德灌錄過信徒吟誦吠陀真言的唱片，喬治・哈里森因緣際會取得了一張。在一九六七年夏天的希臘群島度假遊輪旅程中，哈里森說服樂團成員在他的烏克麗麗伴奏下吟唱。披頭四就這麼在愛琴海上吟誦著「哈瑞克里希納」，一連唱了六個小時，直至深夜。[23]

幾個星期之後，哈里森、麥卡尼、藍儂來到威爾斯，和米克・傑格（Mick Jagger）一同坐在「瑪哈禮希」（Maharishi，意思是悟道賢者）瑪赫西・優濟大師（Mahesh Yogi）的跟前。瑪赫西大師的「超覺靜坐」（Transcendental Meditation）要求每日兩次、每次二十分鐘的真言吟唱冥想。[24]哈里森和藍儂對瑪赫西及超覺靜坐相當拜服，尤其感佩他們還在威爾斯期間得知布萊恩・艾普斯坦猝死消息時，瑪赫西展現出的大慈悲心。哈里森和藍儂開始規律練習冥想，到一九六八年二月時，兩人遂帶領一群明星探險隊，成員包括林哥・史達、米亞和普魯登斯・法蘿姊妹花（Mia & Prudence Farrow），以及海灘男孩樂團（the Beach Boys）的麥克・勒夫（Mike Love），前往瑪赫西大師在印度瑞詩凱詩（Rishikesh）的房舍，房子所在園地占地十四英畝，可以直接俯瞰恆河。[25]這一行人脫下他們的一九六〇年代時尚衣著，換上丘里達綿長褲（churidars）和庫塔長袖白上衣（kurtas），他們在孔雀鳴叫聲與戶外早點中開始一日的修行，練習冥想與聆聽瑪赫西大師的教誨。[26]

整整三個月的修行計畫，不是每個人都能泰然處之。史達和妻子莫琳（Maureen）兩週之後就離開了。麥卡尼待了一整個月之後，帶著女友珍・愛舍（Jane Asher）和好幾首修行空檔新譜的歌曲回家去。藍儂待得更久，十年前母親早逝造成的痛苦，還有伴隨披頭四熱潮而來的幻滅感，導致他最近幾乎陷入某種精神危機。藍儂讀了聖經、《薄伽梵歌》、《西藏生死書》（*The Tibetan Book of the Dead*），以及艾倫・華茲和提摩西・李瑞的著作，他甚至會跪倒祈求上天指引。[27]藍儂在瑞詩凱詩期間，曾思考披頭四是否會成為將印度靈思帶給普羅大眾的推手，但是後來他卻聽聞到瑪赫西大師對某位女弟子不規矩的謠言（雖然未曾證實）。藍儂決定返家，甚至寫出一首歌譴責這位昔日的古魯上師，歌名甚至直接定為「瑪哈禮希」，哈里森費了好一番唇舌，才說服藍儂將歌名改為〈性感賽迪〉（Sexy Sadie）。

藍儂顯然受到冥想經歷的啟發，其影響反映在他寫的歌〈橫渡宇宙〉（Across the Universe）之中。可是一旦涉及宗教，藍儂的態度就像是華茲自述的那樣：「不是個融入者（joiner）。」反觀和藍儂一起離開印度的哈里森，就非常是個「融入者」：隨著披頭四解散，哈里森愈來愈常和國際克里希納意識協會的成員相處，流連於倫敦柯芬園（Covent Garden）的臨時修行所倉庫。眾人會圍繞在燭火與掛著花環的黃銅神像周圍，在哈里森演奏的簧風琴下誦經唱詩。哈里森與克里希納意識協會成員在一九六九年夏天共同錄製了〈哈瑞克里希納真言〉（Hare Krishna Mantra）並發行為單曲，且竟然進入英美金曲排行榜的前二十強。結果在英國的《流行樂排行榜》（*Top of the Pops*）電視節目上，居然出現國際克里希納意識協會信徒在乾冰煙霧中頌唱的場景，對著全國觀眾放送。[28]

西元一九六九年，遠離《流行樂排行榜》的那個世界，千里之外的貝德・格里菲斯正在適應香提瓦南修道所的新居。已屆花甲之年的格里菲斯，從雲霧繚繞的山巔搬到泰米爾那都邦的熱帶地區，並盼望能在這裡度過餘生。格里菲斯每一天日出與日落時分，都會在他那間小茅屋的陽台上冥想默禱一小時，陽光在芒果樹、椰子樹、棕櫚樹和香蕉樹間輝耀。[29]此地白天高溫有時能達到攝氏四十度，松鼠、鸚鵡、知更鳥、啄木鳥在林間忙碌喧鬧。熱鬧的白晝結束，入夜後的主角變成涼爽的清風和靜謐的黑暗，明月、星辰還有格里菲斯認定的金星，閃爍著神異的光芒。[30]

香提瓦南修道所本是法國修士儒勒・蒙沙寧（Jules Monchanin）和亨利・拉索（Henri le Saux）兩位神父在一九五〇年代初所建。拉索日後更為人所知的稱號是阿彼什克塔南達尊者（Swami Abhishiktananda），「阿彼什克塔南達」的意思是「基督福祐」。香提瓦南起初只是幾間小茅屋，還有一座以印度廟風格建造的小教堂。格里菲斯有位印度朋友史蒂芬（Stephen），是薩爾烏達耶服務人民運動人士，史蒂芬陪著他從庫里蘇瑪拉旅行到香提瓦南，並協助他在此開闢空地，興建要當作圖書館兼冥想場地的八角形建築，安裝自來水與電力設施。誠如格里菲斯對老友史金納所言，此番水電工程是不得不與「巴比倫」（Babylon）*

進行務實的妥協。[31]然根據史蒂芬的觀察，即便格里菲斯已經待在印度超過十年，比起奧義書中讚美的神聖森林，他似乎還是比較喜愛英式庭園。[32]

格里菲斯逐漸愛上香提瓦南，將它視為多年前伊斯特靈頓實驗的圓滿版本。可是，外界的情況卻是全然不同的天地。為了參加某場會議，格里菲斯在一九六八年十二月前往曼谷，結果映入眼簾的竟是一座充斥電視機、「巨大公路」以及「毫無意義的活動與噪音」的城市。[33]格里菲斯雖然已經放棄自己那個世代的人，但下一個世代卻來向他叩門。成千上萬的西方年輕人經由科里亞特熟悉的陸路路線，途經土耳其、伊朗與阿富汗前往印度。[34]

傑克．凱魯亞克的《在路上》（*On the Road*），與尤迦南達自傳、華茲《禪之道》（*Way of Zen*）、赫曼．赫塞（Herman Hesse）的《流浪者之歌》（*Siddhartha*），成為新世代「行腳家」的靈感泉源。赫塞的《流浪者之歌》是講述佛陀人生的浪漫之作，也可以說是艾德溫．阿諾德《亞洲之光》的後繼之作。與科里亞特那時的情況類似，阿格拉等地的宗教遺址之間有條條大路相通，使旅人可以輕易到達，也自然成為他們的逗留地點，因此，有些旅客在印度的靈性發現幾乎是場意外。另外有些人則是積極在找尋——擁有如吉米．罕醉克斯（Jimi Hendrix）般招牌髮型的——賽巴巴（Sai Baba）這類的古魯導師，或者在尋找可以從事冥想或

＊譯注：基督教中的「巴比倫」形象為世俗立場和物質欲望。

瑜珈訓練的修行所。

格里菲斯心知肚明，有些西方年輕人來到香提瓦南以後在嗑藥吸毒。但誠如他在寫給馬汀．史金納的信中所言，有「各式各樣的動機」可能導致人們「發掘深處的生命泉源」，對此，他樂見其成。來自切爾特南（Cheltenham）的英國年輕人愛瑞克（Eirc），來到這裡過修行僧的生活，並將自己的名字改成納拉衍那（Narayana）。他和有同樣追求的西方人一樣，發現印度的氣候和人民都十分熱情，讓他有辦法過上獨身化緣的生活。[35]格里菲斯愈來愈同情尋求智慧的西方年輕人與其嚮往的印度哲學（尤其是吠檀多不二論），他告訴史金納道：「東方智慧能給人通向基督教的鎖鑰。若無吠檀多奧義，如今的我已無法對基督產生感應。」[36]

格里菲斯擁有為他人提供精神支持的天賦，從一九四〇年代晚期至五〇年代，他在法恩堡（Farnborough）的聖米迦勒修道院先後擔任迎賓師與院長期間，便有這樣的才華。當時，有位同修曾經貶低格里菲斯的付出，稱他為「會客廳的使徒」。豈知這樣的條件，根本是新時代的完美資質。格里菲斯對於處於基督教信仰邊緣的感受——亦即成為臨界處的逗留者——體察入微，他將這樣的體會，結合上自己做知心聆聽者的稟賦，傾聽那些追尋古魯指引的人們的心聲，並且鼓勵他們冥想深思。

自一九四〇年代以來，格里菲斯便會默禱〈耶穌禱文〉（Jesus Prayer），重複默念「主耶穌基督，上帝之子，開恩垂憐我這個罪人」。來到香提瓦南之後，他漸漸修改日常規律，讓修行者與訪客有更多時間安靜獨處。印度教生活與印度神話都極為崇尚冥想，長久以來讓格里菲斯產生深刻印象。傳說濕婆神一次冥想便是數千年，而印度教擁有豐富的冥想實踐之法。比如因為喬治・哈里森而在西方盛行的修行流派，也就是帕坦伽利的勝王瑜珈，其要義是以最低程度的自我執著過活。另外還有創新的法門，好比格里菲斯非常推崇的「超覺靜坐」。

格里菲斯擔憂基督教愈來愈無法吻合西方人日漸強烈的精神性渴望，他寫道：「基督徒感受上帝的經驗固然深度無可限量，但是，它卻被緊鎖於在許多人看來已喪失意義的文字與形式之中。」[37]格里菲斯自我安慰道，目前已經有改變此情況的嘗試正在進行中。天主教神學家卡爾・拉納（Karl Rahner）提出警告：「未來，虔誠基督徒要麼是體驗到『有什麼』的『神祕主義者』，要麼他會變成什麼都不是。」[38]與此同時，美國的天主教嚴格戒律派特拉比斯會修士（Trappist）多默・基廷（Thomas Keating）和英國本篤會修士約翰・梅恩（John Main）等人，正在努力將修道院的冥想做法加以調整，讓一般信徒或俗人比較容易接受。基廷等人發展出一套稱為「歸心祈禱」（Centring Prayer）的方法，而梅恩則從印度修行僧薩特南達・撒拉斯瓦蒂尊者（Swami Satyananda Saraswati）的技巧得到啟示，開始教導基督教真言冥想之法。

欲登上位於山巔的庫里蘇瑪拉，可謂艱難險阻路蹊蹺，但如今此地卻會迎接為數不少的西方訪客。美國天主教特拉比斯會修士多瑪斯・牟敦（Thomas Merton）的自傳《七重山》（The Seven Storey Mountain）已成為現代的靈修經典，在牟敦的啟發之下，加上亞洲冥想修練在西方的流行，許多訪者是因為庫里蘇瑪拉崇尚沉思的生活方式慕名而來。[39]有位二十多歲出頭、來自佛羅里達州的年輕人，在一九七一年來到印度尋找古魯拜師，曾經到蒂魯瓦納馬萊（Tiruvannamalai）某間由拉瑪納・馬哈希（Ramana Maharshi）——二十世紀最為人敬仰的印度導師之一——創建的修行所寄宿一段時間。馬修神父以化名「羅伯居」（Robert G）稱呼這位年輕人，羅伯居的信念是，自己雖然對「美國現有的基督教與大主教」少有共鳴，但「耶穌可以成為我的古魯」。[40]

佛羅里達州人要是聽聞這種念頭，泰半會斥之為怪異，甚至是褻瀆。然而，「古魯」概念的本質就是，一個人可能在生命中的恰當時機遇到化為肉身人形的古魯，或者透過誠心信奉某個「敬愛的神靈」，從神明處接收類似古魯的指引。帕坦伽利的《瑜珈經》、拉姆・莫漢・羅伊的著作、拉瑪納・馬哈希的教導，還有最近哈佛大學心理學家兼李瑞昔日同事理查・阿爾珀特所寫的《活在當下》（*Be Here Now*，一九七七），都表達了上述的觀念。阿爾珀特於一九六七年探訪印度，並在那裡尋得自己的古魯尼姆・卡羅里・巴巴（Neem Karoli Baba），這番經驗使他整個人有如破繭重生：「我哭了又哭，哭了又哭。……我感覺旅途結束了，我終於回家了。」一返回美國之際，阿爾珀特已不再是阿爾珀特，他改而使用古魯大師賜給他的新名字「拉姆・達斯」（Ram Dass），並開始寫作與教學的事業。[41]

羅伯居逗留庫里蘇瑪拉期間，愛上了壯闊群山的環抱，還有他在「靜默、共同勞動與崇拜」當中體會到的「同志情誼」。羅伯居還表示，他在此發現如何治癒「對自身〔基督教〕文化的疏離感」的方法，還發現如何將他在美國時覺得相斥的兩種因素——也就是虔誠信仰的宗教以及「體會何謂生命而不需用上帝美好形象加以妝點的知性渴望」——融合起來的法門。[42]

格里菲斯同情這類向亞洲追尋解答的西方年輕人，由此，他在香提瓦南的前幾年，參與了新興的跨宗教對話運動。航空旅遊時代的來臨，加上人類發射衛星以及從太空看地球的「全世界」照片出現，開始導致排他性的「真理」觀念徹底過時。[43]西方基督教會如今清楚意識到，若對於宗教多元主義的挑戰加以回應，其風險是促成相對主義的文化繼續滋長。可是，誠如印度基督教神學家保羅．戴瓦南丹（Paul Devanandan）於一九六一年在世界基督教協進會（World Council of Churches）上所言，基督徒不應該無視「上帝對於其他信仰的人們的救贖工作」。[44]四年之後，梵諦岡發表了〈基督教與非基督宗教關係宣言〉（Declaration on the Relation of the Church with Non-Christian Religions），其中特別提及了印度教與佛教，表示「天主教會不否定這些宗教當中的真理與神聖之處」，並呼籲天主教徒參與相關的對話和合作。[45]

自信事情朝著正確方向發展的格里菲斯，始終積極尋求教會官方對於他在香提瓦南的舉措與革新予以認可。不過，所謂「對話」究竟應該是什麼情況，其實並不明瞭。在一九六〇年代初，阿彼什克塔南達尊者和時任瑞士駐印度大使兼關注亞洲靈修的哲學家雅克艾伯特．卡特博士（Jacques-Albert Cuttat）就曾經做過實驗，召集人們一起閱讀印度教和基督教經典，從事冥想和反省。[46]格里菲斯隨後也效法，前往亞洲各地參加跨宗教對話的會議，並且於一九七四年領著一團印度教徒與基督徒，在香提瓦南進行三天的交流活動，進行經典研讀、思想探討、吟唱印度拜讚歌（bhajan）和基督教聖歌。格里菲斯告訴史金納，這場活動的氣氛是「全然的開放與友好……大家如親兄弟般探尋唯一的真理」。[47]

多瑪斯・牟敦也成為了跨宗教對話的先驅人物之一，特別是基督教與佛教之間的對話。禪宗冥想技巧與其對身體動作的運用，令牟敦深受震撼，他於是開始深入研究禪道，並與鈴木大拙通信論學。牟敦斷定，禪宗與西元三世紀基督教靈修的諸位埃及沙漠苦行教父（Desert Fathers），以及中古的艾克哈特大師和十字架的約翰（St John of the Cross），有頗多互通之處。西元一九六八年，牟敦來到亞洲旅行遊歷，得悉上座部佛教（Theravada）和藏傳佛教的傳統。在印度時，牟敦遇見了兩位從中共控制的西藏出逃的著名流亡人士，丘揚創巴（Chögyam Trungpa）和第十四世達賴喇嘛。

牟敦並不指望（由希臘思想塑造的）基督教和佛教之間能有什麼哲學方面的相似性。他曾經說過，將基督教和禪宗二者拿來比較，簡直像是企圖「比較數學和網球」。[48]牟敦更大的興趣，在於不同宗教傳統帶來的靈性。就技巧而言，基督教肯定有很多可以受教於佛教（尤其是禪宗和藏傳佛教）之處。佛教甚至可能幫助基督教擺脫「個人身分本體是日常自我」的觀念，牟敦認為這種觀點始於笛卡兒，一旦能夠甩脫這個「膚淺的」自我，「真我」（true self）的浮現便指日可待，耶穌基督便是達成此境界的最佳示範。此等「真我」境地，大概便類似佛教徒所謂的「無我」（no-self）。[49]恰如聖保羅（St Paul）寫給加拉太人（Galatian）的書信所示：「它已不再是那個活著的我，而是活在我之中的基督。」或者，就像牟敦本人在閉關沉思期間的心得：「關於天堂，有件事是確定無疑的：那就是天堂不會存在太多的『你』（you）*！」[50]

牟敦的亞洲之行原本規劃要在印度與格里菲斯相見，假如此事成真，兩人肯定會有許多相見恨晚的共識。誰知事與願違，一九六八年十二月牟敦在曼谷會議上探討馬克思與清修運動的演講，格里菲斯或許有聽到，但總之沒過幾個小時，牟敦竟然在寄宿的小屋裡意外觸電身亡。[51]往後格里菲斯還會再活上二十年歲月，面對跨宗教對話的種種困難與挑戰，但本來應該成為戰友的那位美國人已經不在人間。

這些挑戰包含如何認清「向其他宗教傳統學習」與「趨向折衷混同」二者的界線，這件事情非常困難。格里菲斯認為至關重要的是，人們應當繼續處於特定傳統之中，不要變成在眾多選項中挑選自己喜愛的元素。東方與西方的宗教傳統也許擁有共通的神祕核心，格里菲斯本人也從未宣告放棄對永恆哲學的信念，但是，東西方宗教的差異十分深遠，深過於絕大多數人畢生可能出現的靈性體會。格里菲斯奉行這項原則，數度拒絕與瑪赫西大師會面的機會，因為他

* 譯注：此處「你」是指個性、個體。上天堂是指回歸天或神，所以個體或個性應當會消失。

擔心這麼做「會讓我脫離基督教信仰的根基，而那是我生命最深刻的力量所在」。[52]

三百年前諾比利竭力處理的那個問題，又因為現在的狀況再度冒了出來：文化能不能與宗教區別開來呢？若能，那要怎麼區別呢？從禮儀到冥想等各方面的印度文化，真的能夠幫助基督教自我淨化，讓感到幻滅的基督徒在不扭曲福音的前提下更親近上帝嗎？假如不成功，從事此工作的人可能會被指控是在發展一種「新印度教式的基督教」，格里菲斯便曾遭受這樣的指控。[53]第三個挑戰，就是不同宗教傳統之間存在各種可能令人困惑的潛在矛盾。基督教的時間觀是線性的，從上帝創世，經歷亞當與夏娃墮落，耶穌基督降世，最終來到聖保羅所謂的「新創造」（new creation）。相對與此，印度教與佛教的時間觀則是循環的。還有，受到奧義書與吠檀多不二論吸引的基督徒也必須面對，人格神上帝的概念（存在神與人的關係），如何能與吠檀多「非二元論」（non-dualism）萬物終極皆為「一」的思想調和呢？

對格里菲斯而言，還有對阿彼什克塔南達的年輕同仁兼印度學家貝蒂娜．白邁（Bettina Bäumer）來說，跨宗教對話應當以個人體驗為本，並且以充實此經驗的開放態度為基礎。格里菲斯認為基督徒可以向印度教徒學習的是，他們是如何平衡自己活在宏大故事之中的傳統意識，以及上帝是「永恆不變的真實」這兩者。[54]關於上帝為人格神與個人神的問題，格里菲斯的觀點與艾倫．華茲一樣，認為「非二元」的真相固然不可能清楚概念化，但必然可以既容納「唯一性」，又容納「多元性」與「關係」。誠如白邁指出，〈約翰福音〉當中可見「唯一性」觀念，而印度巴克蒂虔愛傳統則特重人與上帝的「關係」。55

在一九七〇年代初，阿美爾德斯（Amaldas）和克里斯圖達斯（Christudas）兩位修士，從庫里蘇瑪拉修道所前來協助格里菲斯進一步推動跨宗教對話，他們協力將印度元素（印度教元素為主）納入香提瓦南的聖禮儀式中。本來，香提瓦南裝飾華麗的大門中間就有一座三頭雕像，既代表基督教三位一體（聖父、聖子、聖靈），又代表印度教的三神一體（婆羅摩、毗濕奴、濕婆）。修道所中的另一處有個基督教十字架的裝飾，但這個十字架裡頭竟出現梵文符號「唵」（Om），外圍還有一個圓形圈住十字架，代表著印度教與佛教的法輪。這樣令人驚奇的跨宗教圖像，居然還有蓮花座為基座。格里菲斯設計出的禮拜方法，融合了他從吠陀經、奧義書、《薄伽梵歌》，以及梵語和泰米爾語拜讚歌當中取材的元素。祈禱用的圍巾、香膏、香粉、薰香、蠟燭和執禮動作，全都是取經自印度教傳統，格里菲斯將它們納入包含彌撒在內的天主教聖禮儀式當中。56

對於厄娜・霍荷來說，一九七〇年代還是探索與發現的時代。數度往返於阿爾莫拉和新德里的短期工作之後，霍荷在一九六九年搬到喀什米爾的斯里那加（Srinagar），擔任當地醫學院的精神病學教授並負責監督該城市的精神病院。這份工作頗具挑戰性，員工時不時翹班躲到閣樓打牌，生病的喀什米爾老人總期望霍荷施展「魔力」，尋求精神或吸毒亢奮的西方旅人把自己弄得「長髮糾結、蟲蝨滿身」，甚至有人在嗑藥與高海拔的影響下以為自己就是耶穌。即便如此，尼金湖（Nigeen Lake）著實是個拯救心靈的所在，五分鐘步行路程之外，便是幾年前哈里森、香卡、伯伊德曾經住過的達爾湖（Dal Lake），兩座湖之間有一條狹窄的水道相連。霍荷享受乘船覽勝，任輕舟滑過粉白相間的盛開蓮花，望著青綠色的翠鳥掠過水面尋找魚蹤，將身子傾靠在墊子上——「沉浸於這片天堂般的美景中。」[57]

天恩也透過一位喀什米爾古魯降臨於霍荷的人生。已經七十多歲的戈賓德・考爾尊者（Swami Gobind Kaul），是位「魁梧莊嚴的長者」。霍荷首次見到考爾尊者時，他正身穿白色長袍盤腿席地，霍荷敬稱他為「尊者」，向他坦白自己內心的掙扎與嗔忿。考爾尊者聽了卻只是笑笑，流露悲憫之情，並提醒她憤怒有時不是源於自私，而是義憤填膺。考爾為霍荷提供入門的瑜珈訓練，並領著她經歷成為「小徒弟」（chela）的入門儀式。至此，霍荷感受到一股「能量的移轉」，威力強大到足以使她產生信仰，三年之後考爾尊者辭世，霍荷仍在夢境與冥想中感覺到轉世後的尊者仍在為她指引方向。[58]

這位心理治療師終於遇上能折服自己的高人。考爾古魯總能在最恰當的時機，領會「小徒弟」當下的需求並給予協助，扮演「父親、母親、兄長、朋友」的角色，令霍荷深受撼動。[59]直到這些需求逐一消失，古魯才會提出修練法門和戒律。最後消除的那項需求，就是師徒關係本身，因為師徒關係也是要加以克服並超越的。[60]對霍荷而言，這種表現完美契合了「古魯」

流行的字源意義之一，「不二奧義書」（Advayataraka Upanishad）寫得尤其貼切：

「古」（gu）音節的意思是「黑暗之物」，「魯」（ru）音節的意思是「驅散」。正是由於這種驅散黑暗的力量，古魯才因此得名。[61]

不過，霍荷參加過薩桑會之後，對於考爾尊者的追隨者圈子印象普遍不佳，她發現這些人也擁有尋常的人類缺陷，於是她決心繼續堅持自童年以來堅守的信念：精神追求終極而言必是孤獨的旅程。

貝德．格里菲斯用心耕耘香提瓦南的集體修行生活，又協助打造涵蓋印度等地的跨宗教對話新時代，他肯定不能苟同霍荷對靈修社群的猜疑態度。艾倫．華茲對此問題的態度分歧，華茲固然自述「不是個融入者」，但面對從印度返回美國之後改穿白袍蓄長鬍的拉姆．達斯，華茲卻樂於與這類人來往。華茲發現此人「常掛笑靨，能量無窮」，而且達斯還能夠「與聰明有眼光的聽眾一起暢談思考」，教學相長，這點與華茲的表現類似。[62]華茲和達斯都成為某種引導人心的古魯，自居和讀者與聽眾們一樣，都是臨界處的逗留者。

扮演古魯角色的風險在於，眾人會對你抱持過高的期望。華茲很喜歡目前在伊沙蘭學院（Esalen Institute）的教學工作，此學院當初是由兩位傾心印度與中國哲學的史丹佛大學畢業生創辦，宗旨是提供以人類發展為中心的另類教育。華茲努力持續寫作演講，以支應日益增加的贍養費。但是熱情信徒來到海濱搜尋他蹤影的潛在壓力，讓他愈來愈難以負荷。[63]於是華茲和妻子雅諾（Jano）——他和父親保證「這絕對是艾倫．華茲最後一位且最重要的夫人」——搬出船屋，換到由友人羅傑．桑默斯（Roger Somers）興建的圓形建築德魯伊山莊（Druid Heights）居住。

華茲依舊將瓦耶禾號當作辦公室使用，用全副心力與朋友、崇拜者、出版商、製作人進行浩繁的通信。華茲的工作效率奇佳，觀眾群穩定擴大，甚至有《花花公子》（*Playboy*）的讀者都是他的崇拜者。華茲曾經致信《花花公子》的編輯群，信中寫道：「在性感窈窕的美女（這我認同）以及愚蠢兔子（這我不認同）的障眼法之下，貴編輯群已將《花花公子》化為美國最重要的哲學期刊……對比之下，《美國哲學學會期刊》（*Journal of the American Philosophical Society*）真是迂腐、掉書袋、無聊且無關宏旨。」[64]

至此，華茲的影響力之大當然毋庸置疑，但華茲作為普及亞洲智慧的宣揚者，只能說有些成功過頭了。他可以在豪飲伏特加之後，神智清明地在講台上侃侃而談，當他不小心在問答時間睡著時，觀眾都認為他是進入了高深莫測的瘖默狀態。[65]他氣力放盡的內情，只有密友、家人和失望的華茲自傳出版商才清楚。自傳《以吾之道》（*In My Own Way*）的珠璣和機智俯拾皆是，但華茲其實不願意，或說沒有能力進一步深掘。

當華茲終於意識到，自己既沒有足夠的儲蓄可以停止工作，也缺乏足夠的力量戒除酒精時，他選擇向自己從來最親近的道家尋求安慰。道德掙扎與罪惡感執著於焦慮的「小我」，在困陷過去與憂心未來之中耗費太多光陰，華茲斷定這些事情只會讓我們無法領悟真實生命帶來的安慰。[66]他思考死亡並寫作相關的課題：死亡難道就是滅絕，「像是我們從來沒有降生過？」抑或是輪迴轉世，「就像是一陣水波漣漪的消失？」[67]

披頭四在一九七〇年四月解散之前錄製的最後一首歌，是喬治．哈里森創作的〈我、我、我的〉（I, Me, Mine）。這首歌的獨特之處，是哈里森融合了藍儂、麥卡尼、維韋卡南達尊者這三個靈感來源。哈里森從藍儂和麥卡尼那兒，汲取活潑生動的自我中心主義，另外，他從維韋卡南達的《勝王瑜珈》書中，把握住人人都有潛在神性的主張。就哈里森的經驗來講，這麼做的挑戰就是要去屈服自己的「小我」——他稱之為「老長舌」（old blabbermouth）——如此才能體察到更宏偉的「大我」，也就是「完整全面的宇宙意識」。[68]哈里森不時會來到艾比路（Abbey Road）的工作室錄音間裡面冥想沉思，尋求慰藉。[69]哈里森在《薄伽梵歌》之中找到了安慰，他甚至在一九七〇年夏季母親路易絲臨終病榻前朗讀其中文字，由此可見他珍重此書程度之高。[70]

當年年末，哈里森將他為自己所作的音樂慰藉帶給西方世界，此時西方對亞洲智慧的興趣正值鼎盛，但選項卻過於龐雜：有禪宗、奧義書與《道德經》，有東亞的詩詞和繪畫，有說故事大師華茲的書籍與廣播，有瑜珈、禱告和誦經的課程。受到美國黑人基督教福音傳統的啟發，尤其是愛德溫．霍金斯（Edwin Hawkins）〈幸福之日〉（Oh Happy Day）錄音的觸動，哈里森由此獻上〈親愛的主〉（My Sweet Lord）一曲。驅使如羅伯居這類人苦苦追尋而前往印度的那股動力，在此得到最單純而真誠的抒發：「主呀，我真想見到祢，但怎麼還要那麼久，我的主呀。」這首曲子的最後一段副歌，傳遞著這個時代剛剛萌生的跨宗教理想，暗示羅伯居要追尋的東西可能遠在天涯，也可能近在咫尺：「哈瑞克里希納……哈瑞羅摩……哈雷路亞。」

華茲也是哈里森的歌迷，他曾在女兒瓊安吸食ＬＳＤ的時候，為她播放披頭四的歌曲和葛利果聖歌，幫助藥效產生效果。[71]西元一九七三年十一月星期五早晨，瓊安接到一通開頭不能更糟糕的電話：「妳現在坐著嗎？昨天晚上狂風暴雨，妳父親心臟衰竭過世了，享年五十八。」[72]據說當晚，華茲居所附近的一面大鑼，莫名響了起來，隔天早晨，住在附近的一群佛教徒不請自來，表示他們願意將華茲的遺體送去火化。這群佛教徒說他們知道華茲離開人間了，因為他昨晚曾來拜訪。華茲的妻子雅諾相信，華茲長期在修練呼吸之法，以追求「三摩地／三昧」

（samadhi），也就是心專一意沉思絕對存有的境界，他的魂魄因此成功脫離肉身，卻不曉得如何返回。雅諾最後認定，華茲只是「受夠了」，於是「離場了」。[73]

華茲的佛教式喪禮，是由鈴木俊隆的法嗣，也就是舊金山禪修中心現任住持理查．貝克（Richard Baker）主持。在華茲百日小祥的公開追悼會上，他的摯友兼昔日學生蓋瑞．斯奈德朗誦悼念詩作：

他先為眾人率先開闢出新道
又回頭將此道路清理一番。
他探索側峽和鹿徑，
查看懸崖與木叢。
許多嚮導總要我們一路前行，
像馱著輜重的騾子縱隊，永遠循著路跡行走。
艾倫教導我們要如微風般前進，沿途品嘗梅果
招呼藍鵲，學習並愛上這整片風景。[74]

第二十一章 新時代

克里斯多福．拉許（Christopher Lasch）實在受夠這些嬉皮了。這位美國最直言無諱的社會評論家在一九七九年寫道，有種「自戀的文化」逐漸在我國生根滋長。對政治感到幻滅的人們開始轉向內心世界：

> 人們放棄所有實際改善生活的重要做法，並開始相信最重要的自我心靈之昇華，好比體察自己的感覺、吃健康食品、去學芭蕾舞或肚皮舞、沉浸於東方智慧之海、慢跑、學習如何「聯繫」。[1]

拉許擔憂美國人的道德淪喪、士氣崩潰，同理，巴勒斯坦裔美國學者愛德華．薩依德（Edward Said）則察覺到西方對東方的偏差興趣，長期之下如何扭曲「東方」而造成傷害。薩依德在著作《東方主義》（*Orientalism*，一九七八）中譴責，綜觀歷史，西方人（尤其是帝國主義列強）長久以來有種習慣，就是為了自身的目的而去設想「東方」，此處的「東方」也包含亞洲，雖然薩依德主要是在談中東伊斯蘭世界。由於西方列強的政治與文化勢力之大，非西方地區那些負面且經常彼此矛盾的形象，已經傳遍全球且難以矯正：諸如專制獨裁、邪門歪道、招搖撞騙、荒淫無恥、窮奢極侈。[2]

這類批評在一九八〇年代來勢洶洶，現代東西交會之際的重要人物如榮格等人，如今卻淪為眾矢之的，被貼上幫助形塑西方對非西方世界的天真浪漫、種族主義式觀點的罵名。面對西方與亞洲關係的新轉變，假如艾倫．華茲還在世，他肯定提供元氣充沛的回應。華茲對知識潮流變化總有敏銳的感知，他很可能會同意此時大部分的批評，卻又同時捍衛他人生的基礎信念：禮失求諸野，西方人陷入了危機，故向遠方尋求不同的生命之道有其裨益。

遺憾的是，華茲人生的多重經歷——從早熟超群的學童到禪宗的初期捍衛者、聖公會牧師乃至於美國西岸的古魯——無法融合起來令他成為他本可以輕易成為的七旬賢者。塑造一九八〇年代與九〇年代的工作，落到了其他人的身上。隨著西方人企圖在其生活與社會中將亞洲智慧當作長遠的家園，這幾十年固然是爭議四起的年代，但也是創意無窮的時代。有些西方人的做法，是推動特定的亞洲思想（尤其是不同的佛教流派）在西方的土壤生根發芽。為「新時代」提供融會貫通之道的貢獻者，包含貝德．格里菲斯和厄娜．霍荷在內。他們將東西方的科學、哲學、宗教，融會為一套普世的世界觀，或者用格里菲斯的話描述：「一套對真相的新視野」。[3]

拉許對西方人痴迷東方的憂慮，帶有某種古羅馬時代的色彩。誠如塞內卡和西塞羅擔心香料和絲綢有令人思戀淫慾的誘惑，拉許憂愁瑜珈和那些偽哲學也會造成類似的腐化效果。無論是古羅馬抑或當代，亞洲物事的吸引力總會與社會陷入怠惰、自我滿足與喪失團體感連結在一起。

相較而言，薩依德的前輩比較屬於近代人物。拉維・香卡親眼目睹西塔琴與印度靈修的形象，被人刻板連結上毒品與反社會，木已成舟而難以轉圜：「瑜珈、密宗、法咒、昆達里尼、印度大麻（ganja）、哈希什（hashish，印度大麻的樹脂）、《印度慾經》（*Kama Sutra*），如今全都變成眾人喜愛的調酒原料了！」香卡不止一次在現場演出過程中突然抱起西塔琴離場，因為他彈琴時看到竟然有觀眾在台下飲酒、抽菸或閒聊。[4]幾年前，美國黑人爵士音樂家也有過類似的經歷，因為尋求危險與邊緣的垮掉一代，喜歡那樣的生活與音樂。亞裔美國人對這樣的事情，也是再熟悉不過了。勤奮工作尋求融入美國生活的日本和印度移民，經常很不愉快地發現他們的宗教傳統，竟然被美國人直接連結上反社會心態。

榮格可不是個「垮掉族」（Beatnik），但是人們依然指控他的研究利用且濫用了亞洲思想。心理治療師法爾哈德・達拉爾（Farhad Dalal）寫了一篇標題單刀直入的論文〈種族主義者榮格〉（Jung: A Racist，一九八八），文中指責榮格「劫奪」梵文和巴利文經典來服務自己的「神祕主義觀點」，同時又將現代印度人醜化為混亂、愛騙人、缺乏歷史意識的族群。[5]隨著時間推移，榮格主義的代表人物也逐漸接受上述批判。[6]榮格固然對於西方社會仰賴狹隘型態的理性提出寶貴的批評，但他相應表示非西方世界抱持神話式思維的說法，顯然出於十九世紀末與二十世紀初的種族主義式觀點。[7]尤其令人反感者在於，榮格竟然主張現代非洲人與原始人的心智等同。誠如阿席斯・南地（Ashis Nandy）指出，西方對非西方世界的看法，即便是在帝國主義撤退之後，依然長期處於想像的狀態中，打擊亞非人民的自我理解與自尊。[8]

自戀心態、新殖民主義（neo-colonialism），再加上某些人所謂的「文化挪用」（cultural appropriation），三者湊到了一起。當多數西方人漸漸將喇叭褲換成西裝，將露營車換成實用的車輛，那些堅守亞洲智慧的西方人發現自己正在面臨挑戰。不過，反過來說，這些人最強而有力的正當性主張也在此：他們是在堅守自己非常崇敬的傳統與做法。喬治・哈里森便是其中一位，他在披頭四解散之後的頭幾個月間，將泰晤士河畔亨利區（Henley-on-Thames）一間新哥德式的宅第頂樓，鋪上波斯地毯，裝修為冥想廳。此外，哈里森還將酒窖改裝為念經頌咒的回音室。若他日子過得不錯，他會在屋頂掛上一面繪有梵文「唵」符號的旗子。冥想有時反而讓他更低落或憤怒，〈親愛的主〉的版權訴訟也是。假如他那些天身心狀況不佳，路人可能會望見他屋頂上飄揚著一面骷髏頭旗幟。9

在熱愛印度智慧的西方人當中，很少有人會自稱為印度教徒，他們多半傾向信奉特定的哲學或宗教流派，好比吠檀多不二論或國際克里希納意識協會。這種情形其實頗符合印度宗教生活的實況，「印度教」（Hinduism）其實是殖民時代新造的詞彙，既是宗教認同，也是政治與文化認同。佛教的情況就不同了。從創教以來便積極傳教的佛教，有改變自身適應新文化的悠久歷史。除了在西方廣受歡迎的禪宗之外，後來又有西藏、緬甸、東南亞、日本（一九三〇年創辦的創價學會尤其突出）等佛教傳統傳入，此情勢發展愈來愈清楚呈現，多元主義、民主與心理學都會成為塑造西方式佛教面貌的要素。於此，吾人或許還可以加上「名人」的效應，好比李察·吉爾（Richard Gere）、野獸男孩（the Beastie Boys）的亞當·約赫（Adam Yauch）、越南僧人釋一行、達賴喇嘛等人在二十世紀後期掀起佛教熱潮，比起一百年前維多利亞時代的佛教風潮，此時名人的作用顯然高出太多了。

藏傳佛教是怛特羅密宗和西藏本土宗教結合的後裔。藏傳佛教的西方學習者喜愛引用一千年前的佛教預言，該預言提到現代西藏的困境與佛法之西傳：「當鐵鳥升空翱翔，馬用輪子奔跑，西藏人民如螞蟻般散落世界各地，屆時佛法將會傳到紅人之地。」10 與此預言同樣驚人的是二十世紀後期西方佛教的廣度。在叔本華的時代，西方人通常認為佛教是悲觀，甚至是虛無主義的。下一階段出現的是理性科學的佛教，接續而來的，則是垮掉禪的自由與即時性。來到反文化運動時代的尾聲，藏傳佛教開始受到歡迎，信奉者將它與神祕主義、法術、咒語、預言連結在一塊兒。在丘揚創巴的助力之下，藏傳佛教在蘇格蘭扎根，於是有桑耶林寺（Samye Ling）的創建，並且在美國扎根，於是有那洛巴學院（Naropa Institute，即後來的那洛巴大學）之建立。將宗教、政治、科學混合而獨樹一幟的達賴喇嘛，周遊西方列國。還有雪倫．薩爾茲堡（Sharon Salzberg）和傑克．康菲爾德（Jack Kornfield）等宗教導師，宣揚「毗婆舍那」（vipassanā）內觀冥想之法，取向特別講求實用與合乎心理學。薩爾茲堡尤其因為提倡「梅塔」（metta）慈愛冥想而聲名大噪，她建議人們首先要溫柔重複默念四句箴言，使自身培養出梅塔慈愛的素質：

願我遠離危險。
願我得著心福。
願我身享安康。
願我悠然自得。[11]

除了佛教本身的選項廣泛之外，西方人學佛的方式也是極其多樣。你可以成為真正的佛教徒，或者只是讀讀佛書、進行冥想、參加靜修。西方世界在一九九〇年代期間，不是正式佛教徒的學佛之人已有幾十萬人，遍及美國、加拿大、西歐、澳洲、紐西蘭乃至於一九八九年以下的東歐。[12]

在美國，亞裔移民經常企圖調整自身佛教信仰，以適應美國的主流新教信仰（包含基督教禮拜與主日學）。對應於此，皈依佛教的西方人社群必須面對平衡問題的挑戰，如何既對新信奉的宗教保持虔誠，同時予以必要調整以適應西方生活。[13]

在英國，首先處置上述問題的人有法雲慈友禪師肯尼特（Hōun Jiyu-Kennett）。法雲慈友本名佩姬・肯尼特（Peggy Kennett），生於一九二四年的英格蘭南部，她首先接觸的是克里斯瑪斯・杭福瑞的佛教學會，後來前往日本在曹洞宗的禪院中修行。之後，肯尼特來到加州設立夏斯塔禪寺（Shasta Abbey），又在諾森伯蘭（Northumberland）創建英國第一間曹洞宗的禪院，也就是斯盧所洞禪修所（Throssel Hole Priory）。法雲慈友為自己設下的任務是，幫助禪宗盡可能自然地在這些新文化當中「展開」。[14]

相對於杭福瑞喜歡東方異國新奇，接受傳統古典學教育且身為高超音樂家的法雲慈友覺得自己無暇玩物喪志，她將心力放在翻譯日文佛經禪書的事業，且立志將這些經文翻譯成可以搭配聖歌詠唱旋律的英語韻文。[15]這無疑是一項創舉，但這種改變會遇到的困難之一，就是文化總是處於變遷當中。法雲慈友頻繁使用英國國教《通用禱告書》（*Book of Common Prayer*）來進行佛學格義，務求讓成長於《通用禱告書》用語環境中的二十世紀中葉英國皈依者，能對禪宗感到熟悉且可理解。但是對後代的英國人來講，看到佛教儀式當中使用「祢的」（thine）和「萬福」（hail）等字眼實在古怪，不禁會令人覺得這必須有所更張。[16]

除卻語文與儀式以外，還有權威的問題存在。亞洲的寺院長老權威遠高於後輩，這樣的制度是否應該引進呢？鈴木俊隆主持舊金山禪修中心的時候，上述問題並不嚴重的原因有三，第一，鈴木是日本人；第二，反文化運動有崇拜大師與古魯的熱潮；第三，鈴木本人風範深受景仰。鈴木俊隆非常重視規矩，傳說清晨五點要去舊金山禪修中心參加晨間冥想的成員，會在空無一人的街角乖乖等待綠燈亮起才過馬路。[17]

相比之下，他的法嗣理查．貝克就比鈴木俊隆更富有企業家精神，也和艾倫．華茲一樣更能夠體諒美國禪宗崇尚自由與情感自發性的特質。此時的舊金山禪修中心有一個監督委員會負責管理，組織規則是從新教教會和猶太會堂借鑑得來，並且遵從美國法律的要求。[18]但是，關於美國人擔任住持者應當如何行事，這件事情始終嫌於曖昧不明，最終對貝克與其弟子的關係產生不良影響。禪宗的師徒「獨參」（dokusan）原本是師生的私下面談，後來「獨參」卻變成某種諮商型態。學生將人生最私密的問題向貝克透露，但其中有許多問題實已超出了貝克的能力或學識範圍。[19]

到一九八〇年代初，舊金山禪修中心一些成員對於貝克頻繁缺席與生活奢侈愈來愈看不慣，他們眼睜睜看著貝克積極與加州菁英階層交際，花費卻是禪修中心在支付，帳單內容包含高檔晚餐和貝克助理駕駛的白色寶馬。[20]然而在貝克看來，在他擔任住持期間，這些活動其實帶來了比活動支出更多的數百萬美元捐款。[21]可是，過著簡樸修行生活的禪修中心成員（無論他們是自願苦修還是發現環境如此）仍然感到不滿，因為這與他們對禪道的理想格格不入。壓倒駱駝的最後一根稻草，是貝克在一九八三年遭人揭露與多名女成員有染的系列醜聞，貝克因此黯然辭去住持職位並離開禪修社群。[22]

貝克弟子凱蒂・巴特勒（Katy Butler）原先希望透過學禪找尋，能「拋棄」日常生活強迫她遊玩的「遊戲」之方法，在她眼中，貝克本是「睿智而令人信任的師尊」。現在，這一切都毀了。回顧之下，凱蒂覺得將日本禪宗的規範原封不動搬進來，其實對禪修中心反而不利。對靜默的高度強調，甚至延伸到冥想活動以外的場合，此情況造成一種人人皆應沉思的氣氛，使人不至於太過關注自己。但靜默至上的氛圍，也導致學生無從表達自己的擔憂，而且在自己陷入掙扎時感到孤單無助。[23]火上澆油的因素，則是貝克住持享有至高的權威與自由。在日本，寺院住持至少會受到同道或廣大禪宗界的約束，而且日本保守的文化可以防止「老師」（rōshi）與學生出現逾矩的情況。[24]反觀美國的禪宗規模尚小，而且太過依賴瀟灑不拘的開山大師形象，上述的約束作用因此無從發揮。

對於佛教於西方的發展嘉惠良多且值得吾人讚賞的是，舊金山禪修中心對此危機的反應是提出新的權威與社群管理方法。他們引入心理學家，協助禪修成員更能自在地與彼此溝通。[25]另外訂下每四年改選住持的規定，並且建立倫理委員會。[26]敬重權威一事依然很重要，至少就理想而言，宗教導師見多識廣、明察秋毫，弟子未必能夠立刻領會或接納師父所說。誠如安妮・貝贊特在布拉瓦茨基夫人的啟示之下所發覺，師嚴道尊的智者可以將你從某種人生狀態（貝贊特認為自己原先的人生心態是驕傲）當中猛地拉出來，讓你得以解脫而走上另一條生命道路。但是道高德隆者未必得是一個男人，甚至也未必只能有一位。來到一九九〇年代，舊金山禪修中心的領導者曾經不止一位，而是布蘭契・哈特曼（Blanche Hartman）和諾曼・費雪（Norman Fischer）兩人。[27]

涉及儀式與規矩的問題，也有積極的道理可以論述。儀式和規矩絕不只是文化附帶品，至少在禪宗裡頭，它們是促進正確氣氛和態度的方法，能夠使人超越自己的日常心靈狀態。[28]弔詭的是，隨著美國等西方地區愈見開放且民主化——保守主義者會說是愈來愈欠缺尊重——禪宗卻以新型態表現出反文化運動的氣息，禪宗的叛逆性如今反而不是表現為反對嚴格標準，而是接納之。類似的趨勢亦可見於中華佛教（台灣佛教）的美國分支，加州的「萬佛聖城」（City of Ten Thousand Buddhas）修行團體便是其中一例。萬佛聖城的成員每日一食，還有坐姿入睡的修行要求。[29]

西元一九八〇和九〇年代的情況，除了與印度教和佛教相關的西方團體與書籍大量增長之外，還出現各種鬆散的宗教現象，這些宗教現象被歸為一類並稱為「新時代」。「新時代」這個術語與「寶瓶座時代」（Age of Aquarius）有關，後者來自音樂劇《毛髮》（*Hair*，一九六七）的台詞：「這便是寶瓶座時代的曙光。」兩年之後的胡士托音樂節（Woodstock festival），開始將「新時代」作為宣傳的用語。除了指涉人類更美好的未來，「寶瓶座時代」或「新時代」的涵義究竟是什麼，其實大有爭議。在批評者看來這些用語大而無當，它們可以應用的範圍極廣，以至於實際上近乎沒有意義：塔羅牌和水晶；替代療法和蘇格蘭芬霍恩（Findhorn）等社群；超心理學（parapsychology）和「身心靈」類書籍；點著薰香瀰漫，販賣彩色棉質連衣裙和襯衫、吊飾、亞洲木雕的小店鋪。

若是硬要為「新時代」下定義，那便是尋求比主流西方社會更能富有意義的生活方式或世界觀，此種追尋有時講究規矩繩墨、有時則是優游自在。與亞洲關係頗深的早期靈性追尋者，提供了不少新時代的靈感，諸如愛默生與超驗主義者、布拉瓦茨基和榮格等人，對於降神會、通靈、夢境與神話的心理學總是興致勃勃。人們在追求意義的同時，也懷抱融會貫通的期望，希冀將不同形式的知識，如科學、醫學、宗教、哲學、社會學的智識一以貫之，整合成一套全面且具有治癒能力的見識。[30]

晚年的貝德·格里菲斯，開始被人們視作領袖人物，有些人甚至直接視他為「新時代之父」。《東西之會》（*The Marriage of East and West*）和《歸返衷心》（*Return to the Centre*）等著作，加上愈來愈廣為人知的聖潔形象，使得格里菲斯成為了國際知名人物，他也因此遍歷斯里蘭卡、新加坡、巴基斯坦、以色列、埃及、美國、加拿大、澳洲與歐洲各地。整個一九八〇年代，人們也持續到印度去尋訪格里菲斯，香提瓦南修道所最多曾有一百人同時寄宿掛單的紀錄。早已古稀之年的格里菲斯，仍然會在修道所門口接納每一位初來乍到的訪客，並且每天寫信與外界保持聯繫。每個人都能從他那邊獲得靈性的指導，雖然格里菲斯比較傾向給予支持，而不是教訓。根據許多人的經驗描述，光是與格里菲斯共處，就能發現自己的生命已經有所不同。[31]

當然，不是人人都是格里菲斯的崇拜者。格里菲斯對於冥想默禱的重視，在某些基督徒看來頗有提供撒旦侵襲門路的危險，一九八九年拉辛格樞機主教（Joseph Ratzinger）呈上的梵諦岡文件就有這樣的評價，這是因為「東方法門」似乎一味強調技巧，或者只是在製造單純的「心理經驗」而已。[32]有些西方的基督徒擔心，格里菲斯這是在犧牲正統立場換取折衷主義，相對於此，印度的批評者（基督徒與印度教徒皆有）則指控格里菲斯撈過界，井水硬犯河水。泰米爾那都邦當地某位基督徒記者，在談到香提瓦南的建築與聖禮時，指責格里菲斯利用他的

「白皮膚與大量金錢」為所欲為，其結果根本「非愚則誣」，不過是「花招噱頭」。格里菲斯的上級主教曾經表示，格里菲斯其實不懂印度，他應該回到家鄉，在西方世界扮演古魯的角色。[33]

最猛烈的抨擊來自印度教民族主義者，使得格里菲斯不得不加以應對。印度教民族主義者認為，印度獨立後憲法所支持的宗教多元主義，是種文化兼政治性的威脅。在他們眼中，印度教與印度是同義詞，伊斯蘭教和基督教都是外來種，宗教與文化二者密不可分。印度學者西塔・拉姆・戈爾（Sita Ram Goel），稱諾比利是個「可恨的壞蛋」，他穿著藏紅色袈裟扮作修行僧的偽裝傳教手段，導致「沒有防備的受害者」竟然相信了自己藐視的葡萄牙人信仰。[34]戈爾責備道，格里菲斯也是個手法類似的騙徒。

另一位批評者德瓦南達・薩拉思瓦提尊者（Swami Devananda Saraswati），則對於格里菲斯呈現修行僧的形象，並在香提瓦南設置內含梵文符號「唵」的基督教十字架，深深感到被冒犯。[35]在格里菲斯本人看來，印度教的符號或修行僧拋棄塵俗等理想形象具有普世性，並且終極而言直指真相本身。[36]身穿他人於一九五〇年代贈與的袈裟，格里菲斯認為這樣穿並不代表身分，而是表示誠意。然而在薩拉思瓦提眼中，這些事物是屬於特定宗教傳統的資產，而且要成為「修行僧」必須經歷適當且公認的程序才行。[37]單純的自我宣告，完全沒有意義。薩拉思瓦提的結論是：「我肯定是個印度教沙文主義者沒錯。但你呢，你是個最惡劣的精神殖民主義者。」[38]

面對外界或指責他搞折衷主義，或指控他濫行文化挪用，格里菲斯認為這是批評者誤解文化與真理的關係所致。格里菲斯相信，任何對終極真理的說明，都不得不受限於文化的條件。概念是受限的，而靜默可以潛到更深的領域。在這件事情上，人們不必聽從神祕主義者的話語，也不必依賴世界各大宗教的雷同處。閱讀過弗里喬夫・卡普拉（Fritjof Capra）《物理之道》（*The Tao of Physics*）和肯恩・威爾伯（Ken Wilber）《意識光譜》（*The Spectrum of Consciousness*）等作品之後，格里菲斯深信，將科學和心理學整合入自身理念的時機已經成熟。於是，格里菲斯於一九八〇年代將自己對這些問題的思索，在香提瓦南發表講談並最終出版成書，這也是他人生的最後一本著作：《真相新視野：西方科學、東方神祕主義與基督教信仰》（*A New Vision of Reality: Western Science, Eastern Mysticism and Christian Faith*，一九八九）。

格里菲斯指出，量子力學老早就放棄宇宙是由簡單固體的「東西」組成之觀念。量子力學是以能量場與深厚的相互關聯性去對物質進行描述。[39]同理，完美客觀性的可能性也被量子力學推翻，因為達到發現量子等級的粒子（如電子）時，測量行為本身都會影響到被測量的對象。這番發現所具有的哲學性意義為何，自從一九二〇年代以來便爭議不休。愛因斯坦（Albert Einstein）告誡物理學家不要將神祕主義納入物理學中。但是理論物理學家維爾納・海森堡（Werner Heisenberg）認為，「觀測者效應」（observer effect）就意味著科學「所描述的自然，是暴露於我們提問方法之下的自然……導致要將『我』與『世界』鮮明區分是件不可能的事」。量子物理學家沃夫岡・包立（Wolfgang Pauli）曾經是榮格的一位病患，包立斷定，物質與意識也許是同一真相的兩種不同層面。[40]

格里菲斯期望，這些觀念與辯論至少能夠動搖目前一般人對內心世界的假設，亦即將內心思考、感受與經驗的活動看作自然的機械式運作，也就是大腦、神經系統、賀爾蒙等等的作用。將迦陀奧義書的記載當作證據，格里菲斯更加相信，自古以來人類便傾向將物理世界視為全面的真相，因而「固執地處於無知狀態之中，自以為睿智博學，笨蛋們汲汲營營卻漫無目的，有如瞎子引路。……他們說『就只有這個世界而已，沒有別的世界了』。正是因為如此，他們只是從死亡走向死亡」。[41]

基於對東西方思想的研究，以及個人祈禱與冥想的經驗，格里菲斯認為真理真相具有三種實為一體的層面。[42]格里菲斯宣告，萬事萬物的本源是「超越性真相」，超越性真相便是中國思想中的「道」或「樸」，亦即「未雕割之大塊」（uncarved Block）。[43]超越性真相就是印度哲學中的「梵」，是基督教傳統中的「上帝本體」（Godhead）或「一切存在的基礎」（Ground of Being）。佛教論及超越性真相，則是使用「空」（sunyata）或「涅槃」的概念，又是空無，卻又是絕對的充實。[44]在格里菲斯看來，佛教觀念最為困難，卻也最有效果。

「空」可以提醒我們，以一般認知的「存在」去討論超越性真相是沒有用的。箇中線索藏在字源當中，「存在」（exist）的字源是「*ex-sistere*」，意思是「站出來」。事物要存在，就意味著它們要從超越性真相那裡「（站）出來」：在印度教思想中，這樣的歷程便涉及創造神梵天婆羅賀摩。

在格里菲斯的觀念中，誠如印度吠檀多不二論哲學的主張，從超越性真相那裡「（站）出來」的，首先是精神或「微妙」的真實。接著在真相的「外緣」出現的，是物理或「粗糙」的真實。精神或心靈真相的真實性，並不亞於物質世界，世界各大宗教傳統所敘述的那些力量如神明、女神、魔鬼、聖徒、祖先等，其實都歸本於精神真相。藏傳佛教對於這片奧域有特別詳細的描述，不過猶太－基督教傳統也不遑多讓。[45]摩西（Moses）曾遇到燃燒的荊棘叢，聖保羅曾警告人們小心留意「元素原則」與「力量」。阿奎納等神學家曾論及天使為維護宇宙次序的「純粹智能生命」，恰如格里菲斯的說法，萬事萬物皆有天使的作用，恆星內的氣體爆炸乃至於個人的心情變化皆涵蓋在內。[46]

曾觸及精神真相的人，有時候能夠獲得對於物質的新型態影響力，也就是從物質內部去控制物質真相。世界各地的薩滿、巫醫、先知、預言家、瑜珈行者，都是在運用這股力量。[47]耶穌基督曾在水上行走、平息風暴、醫治病人，用一點餅和魚餵飽幾千人。[48]格里菲斯於一九四○年代初期讀過C・S・路易斯的《魔鬼家書》（*The Screwtape Letters*），並讚嘆這是本「絕妙好書」，也許是思及書中的魔鬼斯孤帖（Screwtape）和沃恩武（Wormwood），他斷定魔鬼勢力效果奇佳的策略，就是讓人類相信精神真相只是令人難堪的迷信罷了。他還提到，學者和科學家，尤其容易受到這項魔鬼策略的說服。49

艾德溫．阿諾德在他詩意的佛陀生平敘述中，嘗試為人類的演化提供救贖，相映之下，近代學者如奧若賓都（Sri Aurobindo）、德日進（Teilhard de Chardin）、肯恩．威爾伯等哲學家，則是從宇宙歷史整體之中尋得意義。格里菲斯熱烈擁抱上述立場，並接納研究古代人類心智的認知考古學（cognitive archaeology），以及企圖將靈性神祕經驗納入現代心理學的超個人心理學（transpersonal psychology）。其成果所描繪的真相充滿運動與目的，人類意識之演化在其中扮演重要的角色；就全人類而言，人類意識之進化經歷久遠的歷史；就個人而言，個人意識之演進是其精神發展的關鍵。

早期或「原始」的人類擁有與真相合一的意識，如今，子宮中的胎兒或初生的嬰孩依然擁有如此意識。格里菲斯認為，能將這種「如大洋般」（oceanic）的經驗表達到淋漓盡致者，當屬華茲華斯之語：「吾人尚為赤子時，天堂便在周遭。」隨著人類大腦演化，個別的「我」之意識以及對過去與未來的意識變得愈來愈清晰。格里菲斯指出，兒童的成長過程也會經歷類似的變化。這是人類意識演化的第二階段，語言的出現也屬於這個階段，想像力與直覺乃是此階段的最大特徵。人對於精神真相的力量之意識愈加高漲，神明、女神、魔鬼與聖賢的故事於是源源不絕地湧現。[50]格里菲斯的人類發展觀點特別受到威爾伯的影響，其中關鍵在於，當人類達到新的意識階段時，會將前一階段包含或整合入內，而不是將其拋棄：具備流傳故事能力的人類，並沒有丟失從前「與真相為一」的大洋意識。

人類迄今為止達成的最高成就，出現在人類發展的第三階段，也就是德國哲學家卡爾·雅斯培（Karl Jaspers）所謂的「軸心時代」（Axial Age），大約介於西元前八〇〇至前二〇〇年間。那時人類已有邏輯與分析的思維能力，並且開始整合既有的大洋資質與直覺能力。世界上最偉大的哲學經典，止是出現在軸心時代的希臘、中東、印度和中國。[51]這些經典之所以偉大，正是因其整合了二種領悟真相的方式：直接經驗、直覺以及利用分析性概念的反省。

格里菲斯以為，最能彰顯這番成績者莫過於早期的奧義書，其內容是亞歷山大大帝與其軍隊在北印度森林中遇見的智者以口頭傳遞而成。古印度智者將超越性真相稱之為「梵」，後來的奧義書與《薄伽梵歌》則揭示超越性真相具有人格與愛世的面向。阿周那在大戰前夕憂慮地呼喊，而超越性真相透過黑天克里希納的聲音回應道：「你為我所愛。」[52]

鏡頭轉到遠北喀什米爾一座陽光明媚的山丘上，小屋裡的厄娜·霍荷正在從事與格里菲斯類似的事業，也就是將她二十五年的印度經歷彙整存菁。霍荷和斯里那加醫學院的合約在一九八〇年到期，此時她考慮回到瑞士從事精神科的教學或私人執業。不過，霍荷和格里菲斯一樣有追求全體主義（holism）的傾向，於是她還是認為自己必須廣泛跨越學科的藩籬，方能實現自己的最高追求，但歐洲對專業人士的要求導致此事不可能落實。至此，霍荷決意在印度多待幾年，從事反省與寫作，並為鄰居提供非正規的醫療幫助。她認為，對於有「急躁易怒」困境的人，這是非常有效的精神鍛鍊。[53]

相對於格里菲斯為提出真相論述而廣博涉獵，霍荷則繼續探索宗教與心智科學的可能關聯。霍荷得出的結論是，印度古代哲學家可以說是名副其實的最佳心理治療師，那就是「靈魂的照顧者」，能夠診斷並處置使人類受苦的「分離焦慮」（separation anxiety）問題。[54]霍荷這行的專業人士使用術語「分離焦慮」，大多是在描述兒童和父母分離後所受的痛苦。但是就霍荷個人看來，分離焦慮有其更深的根源，也就是人對於自身脫離真理真相的意識。欲處置脫離真相的分離焦慮，心智科學大有可為，它能夠治療尋求安全感卻被「不永恆」且「會毀壞」的安全條件打擊的人，還能夠理解人們的幼年生活如何塑造其宗教觀念。霍荷出生時就被斷定為身體虛弱，於是單獨在醫院的「玻璃箱」中待了兩、三個月。當年，人們尚不了解讓初生嬰孩立即感覺到母親身體的重要性。霍荷覺得，自己才剛出生就有幾個月獨自隔離的經歷，這有助於解釋她為何始終覺得自己是個孤獨的生命，還有，比起人與神的「我－祢」關係，她為何更受到強調真理真相不具人格的靈性觀念所吸引。[55]

對霍荷來說，亞洲宗教傳統的博大精深，在於它能夠回應不同處境的各種人。在《薄伽梵歌》中，克里希納向阿周那提示許多接近上帝的途徑，如冥想、奉獻與智識。[56]印度教的人生四階段論，也就是「四行期」（ashramas），其第一階段為「學生期」，第二階段是最入世處事的「家住期」。霍荷目前正在經歷的是漸漸避世的「林棲期」，為拋棄塵俗的最終階段「遯世期」做準備。

霍荷認為，心智科學也能夠因應各種人的需求，在精神的道路上予以協助，幫助人避開常見的障礙和陷阱。達賴喇嘛把宗教折衷主義比喻為「將牛頭裝在羊身上」，然對霍荷來說，無論是宗教折衷論還是皈依某宗教，都可能導致人們因此迴避內心呼喚的真正「大澈悟」。[57]心理治療可以幫助人梳理出其宗教信仰當中混雜的、有時甚至是無意識的動機。若人們想要克服自身與真相分離的自我中心態度，卻不願往前邁進，而是採取退化成嬰兒般的依賴態度，依賴於他人、酒精等等最終徒勞無功的因素，那麼，治療師應該要能幫助當事者找出癥結，霍荷相信，自己在努爾曼佐診所從事的正是這樣的工作。

在一九八〇年代開始為心智科學設定這類任務的人，不是只有霍荷而已。美國心理學家傑克・恩格勒（Jack Engler）提醒道：「你必須先成為一個人，然後才可能達成無我。」恩格勒的提醒，應該是基於他對佛學修行法門的反省，這番話的意思是人不能以佛教否認各別的「自我」屬於終極真相，就逕自拋開一切精神挑戰與成長的痛苦。傑克．康菲爾德在《有心之路》（*A Path with Heart*，一九九三）書中指出，覺悟或領受恩典的那些片刻，並不足以使人們的問題煙消雲散，即便人可能抱持這種期望。康菲爾德還強調，大多數的靈性導師其實沒有資格或能力，幫助學生處理冥想時湧現的那些心理原料，無論是童年受虐的記憶，抑或成癮的掙扎。[58]當你陷入非常糟糕的日子，心理治療師也許才是你的最佳選擇。

就上述層面而言，康菲爾德、恩格勒和霍荷都比艾倫．華茲更向前邁進一步。華茲固然對心理學和心理治療涉獵頗多，但他總認為這些東西講到最後都不如高級的哲學。也許這是因為華茲不想太深入探究自己的心理狀態，恩格勒提醒人們不要犯下的錯誤，正是華茲非常容易陷入的情況。

華茲、格里菲斯和霍荷因為長期浸淫於亞洲智慧之中，故一旦談及童年時期體驗的基督教文化，他們的評斷相當類似。他們三人的觀點，與當時新興的基督教靈恩運動（Charismatic movement）一致：在三位一體（聖父、聖子、聖靈）的上帝形象中，聖靈長久以來都受到忽視。在格里菲斯的認知中，聖靈貫穿一切現實與真相，並引導宇宙歷史和人類歷史的進程。他很好奇生物學家友人魯珀特．謝德瑞克（Rupert Sheldrake）的研究，是否能夠提供聖靈作用於物質世界的證據。據謝德瑞克推論，物質／能量是由「形成因」（formative cause）和「形態演發場」（morphogenetic field）形塑而成。雖然這些觀念皆有其爭議性，但格里菲斯認為這與亞里斯多德的「形式」（form）之說頗能互通，前景可期。

此外，華茲、格里菲斯和霍荷都很讚許〈約翰福音〉對於聖靈的描述，比如〈約翰福音〉有時將聖靈描述為「大撫慰者」（the Comforter）。耶穌對門徒的話語令霍荷感到震撼：「我離去對你們是有益處，因為我如果不去，撫慰者就不會到你們這裡來。」霍荷欣喜地發現，阿彼什克塔南達尊者居然曾經敬仰地談論「約翰奧義書」。[59]

霍荷從未恢復孩童時期那樣全面而徹底的信仰，然而，她作為精神科醫師與古魯門下弟子的經驗，讓她對於耶穌作為第一流的靈性導師出現全新的領略。霍荷強調，古魯上師的責任之一就是保護門徒免於「靈性力量過早爆發」的傷害，「庇護尚為稚嫩的他們，不要暴露在劇烈到會目眩眼盲的強光當中」。[60]同理，精神科醫師會避免以高難度技術性的分析方式，向尚未做好準備的病患說明其病症，以免他們承受太多負擔。輕重緩急之下的優先事項是處理病症，而不是說明之。某位門徒曾詢問耶穌為何總要使用寓言，耶穌的回答是：「那是因為他們雖然在看，卻又沒看到；他們在聽，其實沒聽到；總之他們並不了解。」霍荷思忖，耶穌真的很懂得要如何「啟示」與「隱蔽」兼施。[61]

霍荷終於在一九八八年收拾返回瑞士家鄉的行囊，過程中，她特別想到「迷失羔羊」與「浪子回頭」這兩個耶穌的寓言，並且堅信這兩個寓言的重要性都在於強調個體性的無窮價值。[62]假使霍荷有在看心理治療師的話，她的治療師應當會解釋，霍荷之所以那麼重視這兩個寓言，是因為它們都涉及了孤獨以及最終被找到的意義。

西元一九九〇年一月某日清晨，格里菲斯正在小屋陽台上冥想時，突然感覺腦中有個炸彈引爆了。心臟衰竭、肺水腫與輕微中風交侵之下，他幾乎要喪命，然而，格里菲斯卻覺得自己終於得到解放。他受到修道所眾人的悉心照料，覺得自己「像條老狗般被沖洗、沐浴和梳毛」，中風與眾人的關愛令他深深反省耶穌釘在十字架的受難，從而領悟一種比他以往認知更加深刻的愛。[63]周遭的人也注意到格里菲斯出現變化，某人觀察到，格里菲斯身為英國人的保守含蓄性好像被「炸開了」一般。現在的他比較不畏懼身體的接觸，也不再擔心自己因為悲憫他人痛苦而哭泣是否不當。[64]他的心靈似乎達到前所未有的清澈狀態。

此時的格里菲斯更加渴望去思考新穎觀點，並企圖將其納入自己自年輕以來建構起的豐富知識體系當中。他留意到，自己中風的感覺像是左邊的頭挨了一記惡拳，弄得他整個人扭向右方。現代神經科學有一派主張，認為人類的分析能力與左大腦的活動有關，直覺能力則與右大腦有關。格里菲斯納悶，自己是不是莫名其妙地反而被中風重擊成更好的左右腦平衡狀態。格里菲斯生長於父權社會中，又繼承榮格對於男性與女性的觀念，他遂將自己大大強化的直覺解釋為「進入女性狀態的突破」，是受到了「神聖之母」的擁抱。他回憶道：「死亡、神聖之母和虛空，其實全都是愛。」這便是「我經常提到的、超出言語所能形容且全然神祕的、無條件的愛」。[65]

後續數年，這種嶄新的生命體驗始終伴隨著周遊世界進行演講與訪談的格里菲斯，並成為他調和自己人生中兩股愛的力量——讚嘆宇宙崇高統一性的吠檀多不二論，以及強調上帝創世之愛與恩典的基督教——所不可或缺的要素。在一切累人的知性活動之外，格里菲斯發現他的直接生命體驗，能夠化解這兩種愛之間的明顯衝突性：「我從來不覺得自己與大地、與森林，或與人群分離；萬化皆為一，固然萬物的差異仍然存在。」他認為這便是〈約翰福音〉神祕之語的奧義所在：「我在天父之中，天父在我之中。」[66]

有位前去聆聽格里菲斯演講的加拿大主教，坦承自己此行的目的是要驗證格里菲斯觀點是否合乎正統。結果，這位加拿大主教完全找不出破綻，即便格里菲斯使用講道壇上幾乎不會出現的言詞，似乎是在冒險走鋼索，但他的信仰正統性從未出現差錯。[67]作為英語文學系畢業生及詩歌熱愛者，格里菲斯始終對於宗教當中語言問題的挑戰非常著迷。他意識到，對於那些會接收字面意義的人來說，直接解釋耶穌基督的出現是「上帝計畫」的一部分，可能會造就聽者形成某種上古神祇的印象，彷彿有位長袍長鬍子的神明在羊皮紙上振筆疾書。相反地，格里菲斯所談論的耶穌誕生，是真相化育一個擁有獨特先見之明的人類，此人先天知道自己與超越性真相有關，與「上帝本體」有一種愛的關係，如同兒子與「阿爸」（Abba）的關係。[68] 耶穌誕生人間是歷史中的一刻，並且透過親眼目睹耶穌以靈體或「玄妙」新形態（既有顯現亦有隱形的能力）復活的門徒們，向外界傳播這件事情。耶穌門徒在猶太教五旬節（Pentecost，後來基督教稱此節日為聖靈降臨節）時「被聖靈充滿」，他們遂從一群剛目睹朋友兼領袖遭受處決的普通人，變成勇氣非凡且信念比金堅的傳教士。[69]

印度人對於神聖的意識至今仍生生不息，而格里菲斯期望這種印度的神聖感，能夠幫助西方人理解上述事件具有全宇宙性的重要意義。格里菲斯並不指望這件事能夠輕易達成：他這輩子作為臨界處逗留者的歲月夠久了，久到他深知人心會如何叛逆、找藉口與刻意迴避。但自從他年輕時在校園運動場經歷那次黃昏大自然的經驗以後，格里菲斯便深信人類對於自我超越性的渴求——用他自己的話來講——絕不止於「攀登高山與登上月球」。人對自我超越性的渴望是種恩典，是慈愛聖靈的贈禮。信仰也是天恩，也就是對於聖靈的「徹底接納」。信仰的對立面不是質疑，而是罪性（sin），罪使人否認聖靈，閉鎖自己將最重要的事物拒之門外，固執於凡事要求證據的獨立自我之幻覺。最有能力將此等混帳我執揭露無遺者，非佛教莫屬。[70]

西元一九九二年十二月，格里菲斯二度中風，情況較上次嚴重得多。他被送往醫院，而且發現自己再無能力禱告：「他們所有人只關心我的身體、血液和大腦。我感覺上帝完全不見仙蹤，這是非常恐怖的一次經驗。」接下來的數週內，格里菲斯幾乎動彈不得，經常疼痛到忍不住吶喊。[71]

然而，在較為寧靜的時刻，愛又回來了。這幾年，有賴盧西爾與亞莎．保羅．德席爾瓦（Russill & Asha Paul D'Silva）夫婦，格里菲斯逐漸以新的方式領會愛。盧西爾是位志願修行者，他剛到香提瓦南不久，格里菲斯便告訴馬汀．史金納：「上帝賜給我一個兒子。」後來，盧西爾認識亞沙，兩人結為夫妻，格里菲斯與這對夫妻保持著柏拉圖式的友誼，但是，日後他卻在寫給對方的一封信中下了定論：「沒有愛欲（eros）的聖愛（agape），終究是行不通的，那只會使人性陷入飢困。……若不能結合我對你們的人性之愛，我便無法真正體驗聖愛。」[72]

香提瓦南有些人對於格里菲斯後來頻繁與德席爾瓦夫婦共處，感到很不滿。格里菲斯不時和這對夫婦一起閉關靜修，兩夫妻搬去美國之後，他還去拜訪過。然而，正是修道所與醫院眾人付出的愛與照料，尤其是照顧他走完人生最後一程的人，幫助格里菲斯體會到他在《真相新視野》所論述的終極真相：從冥想時淺嘗的超越性真相，乃至於迷失於痛苦與絕望之時的人類同胞撫慰，萬事萬物其實全都彼此關聯。

格里菲斯大半輩子都極為重視哲學、文學、科學、政治，他熱愛談話、寫作、辯論。但是，他最終結論道：「一個宗教的終極考驗，就是它是否能喚醒信徒心中的愛。」[73]格里菲斯在《薄伽梵歌》的虔愛奉獻、佛教的「大悲」（karuna）以及〈約翰福音〉當中，都發現這股喚醒愛的力量。根據友人回憶，一九九三年春天格里菲斯躺在小屋中逐漸垂危之際，這位好友為他朗讀了〈約翰福音〉：

當我讀到「這是我的命令，你們應當彼此相愛」，他屏住喘息，舉起手指表示強調之意，說道：「這便是一切福音的宗旨。」[74]

後記　向前探進

何謂真實？誰說了算？我們該怎麼活？將近兩千五百年來，西方世界的「東方」迷戀大多圍繞著這三個問題。亞洲固有其物質方面的吸引力，如寶石與貴重金屬、香料與絲綢，還有侵略者與殖民者剝削亞洲人民與產品的機會。不過，儘管印度富藏黃金的傳說令希羅多德興趣濃厚，但令他著迷的卻是黃金來源的故事：巨蟻將金沙挖掘至地表，再由疾如希臘良駒的駱駝運送出走。

西拉克斯和克特西亞斯著作裡頭的奇觀倍增，其中包括嚎叫的狗頭人、以巨大腳掌遮陽的獨腳人。無論這些奇異生物是否恰如他們所描述，真實世界顯然比西方人先前認知的更為廣大而奇特。羅馬皇帝奧古斯都在親眼看到印度老虎之際，或教皇良十世遇見印度白象向他鞠躬並用象鼻對他灑水時，應該都會對真實世界的廣袤特異有所體會。

出於人類本身的侷限，人不可能全然理解真實或真相，人只能勉強達成對某些領域的了解，或只是探討確定性的程度高低，或者對於何謂可信、何謂不可信產生模糊不定的感受。奧古斯都和良十世都是龐大體制的領導者，前者領導帝國、後者領導教會，無論是帝國抑或教會，此等體制的成功很高程度來自於調解眾人設想何謂真實、何為自然、什麼是真相的能力。在良十世的時代，絕大多數歐洲人相信天主教會的教誨絕不是眾多思想中的選項之一，教會的教導乃是人們呼吸的空氣、是人們觀看世界所仰賴的光線。

最初進入西方人想像世界的只是零散片段，這兒有個傳說、那兒有種奇特生物，哪兒還有令晚宴賓客著迷的香料。所以，起初亞洲只是增添些許色彩，不至於形成要威脅西方人重構其想像的勢力。說印度是戴奧尼修斯和海克力斯曾經踏足之地，在麥加斯提尼看來合情合理，印度的建築與慶典都是明顯的證據。在西塞羅和普羅佩提烏斯眼中，「娑提」這項印度寡婦自焚的習俗，證明夫唱婦隨是普世的德行，而羅馬婦女已有婦德有虧之危機。歐洲中古時代傳述亞歷山大大帝印度冒險與厄運的人們，把這些故事當作警告人類自大野心的教訓。他們借用一位樸素印度哲學家之口，提出那個犀利的大哉問：「當你擁有一切之後，你又能帶到哪裡去呢？」流傳故事者還將大象加入傳奇當中，成千上萬的戰象沿著河岸列隊，顯示即便是領導無敵大軍的強者，來到未知世界的邊緣處依舊束手無策，欲濟無舟楫，永遠不可能達到彼岸。

旅行作家是前述大趨勢的繼承者，他們向讀者呈現的是奇觀與震撼，而不是世界運作原理的新說。面對病榻上的馬可．波羅，友人要追問的不是基督教是否為正信，而是他訴說的亞洲奇遇究竟是事實還是虛構。同理，絕大多數現代早期的英國冒險家，是為了尋求商業貿易或勝過他國的戰略優勢而前往東方。湯瑪斯・科里亞特是個多彩多姿的例外人物，他所謂「最可恨的迷信邪說」等言論固然有趣，但是科里亞特對於西方人自我認知造成的衝擊，效果顯然不會高於他對蒙兀兒皇帝賈漢吉爾的演說。面對這位舌燦蓮花請求贊助的外國人，賈漢吉爾的回應只是從高窗上扔出幾枚硬幣，讓科里亞特走人。

來到西元一六一七年，科里亞特的遺體被安葬於印度的土壤之中，此時基督教信仰對歐洲人想像力的控制程度正在逐漸降低。「何謂真實？」這個大哉問所吸引的回應者範圍愈來愈廣：自然哲學家、出版社、彼此競爭的教會、神學家、爭權奪利者皆有。在這個海外征服與傳教使命的年代，歐洲對亞洲的探索和發現愈來愈多，也愈來愈深，不再僅止於現實範疇的新拓展，西方人開始直探何謂真實的問題核心，並且重新調整誰有資格、誰能合理或可信地回答此等大哉問的主張。

伏爾泰認為，中國文明的悠久與精妙足以質疑聖經的某些主張，包括聖經暗示的地球壽命與人類起源問題。伏爾泰認為中國人的成就足以與牛頓的天才比肩，人類對真理真相的認識，遠不如歐洲人認知的那樣，需要依賴基督教經典與神職人員的中介力量。叔本華放棄基督教信仰，並稱自己便是「至高梵天放射後的展現」，由此，他在亞洲同時找到了靈感與安慰。

歌德和柯立芝等級之人慧眼識英雄，認定詩人兼學者威廉・瓊斯在亞洲智慧方面的造詣鶴立雞群，就深度與可靠度而言皆遠超他人。至少在這個時代，東方令西方人迷戀的味道，可說是熟悉的氣息中又有奇異感調味。瓊斯在印度親身體驗到如此神奇的靈光，然後將其與柏拉圖思想、基督教、唯心論調和之後，與讀者分享他評價為臻於極致的印度哲學精粹。瓊斯論斷，宇宙的創造「與其說是造化之『工』，不如說是造化之『力』」，就像是神明在被創造者的心靈之中「創作完美的畫作或樂曲」。瓊斯詩作〈納拉耶納頌〉喚醒超越性真相沁入人內心深處的狂喜，誠為天衣無縫而浩瀚無垠的體驗：「我那被吸納的靈魂，惟知太一！」

不過，西方世界對亞洲的評價總是飄忽不定、毀譽參半。在瓊斯過世之後的短短幾年間，他對印度哲學與靈思的熱情，在英國愈來愈鮮有志同道合者。對於潔麥瑪．金德斯利和湯瑪斯．麥考萊等人來說，「誰說了算？」的重要性更高於「何謂真實？」當年，近代歐洲的科學、工業、商業成就與軍事力量，導致印度屈居弱勢，故在他們心中，印度思想自然也是相形見絀。不過，失色黯然的本身居然變成了吸引力的泉源，比如騷塞將印度描繪成哥德式的墮落大地。艾德溫．阿諾德的批評者便質疑道，假如他的佛陀讚歌描述屬實，何以這位偉大聖人的後代卻會活在亞洲的敗壞環境中。

無論是瓊斯創作〈納拉耶納頌〉，還是柯立芝內心交戰後將吠檀多不二論斥為「裝飾過的無神論」，抑或阿諾德將佛陀描繪為不得不抉擇的求道者，它們各有各的理路，卻都標誌著西方對亞洲的迷戀進入成熟期。安妮．貝贊特成為拓荒者，開啟個人一段非凡的奧德賽冒險返鄉之旅，為未來二十世紀艾倫·華茲、貝德·格里菲斯、厄娜·霍荷等人鋪下道路。古代以來西方遇見東方帶來的奇觀和雀躍，從此一去不復返。不過，與東西相遇攸關的那三個大哉問，卻始終常青不凋，如今更在科技新知與地理新發現的促進之下更加活躍。

什麼是真實呢？隨著虛擬實境與擴增實境變得愈來愈令人沉浸且難以自拔，人類欲說明位元組構成的世界為何比量子過程構成的世界更「不真實」，也變得愈來愈不容易。人將視聽嗅味觸此五感覺察的「摩耶」視為真實世界，宗教導師則常將此情比喻為夢幻泡影或魔術表演。將「摩耶」與「模擬」相較之下，一個大哉問於是浮現：我們是否現在正處於某種更高智慧創造出的模擬狀態中呢？假如更高智慧永不現身，我們是不是就永遠不得而知呢？

真相是什麼，又是誰說了算呢？人類由來已久習慣的那些限制，比如能力受限的大腦、老死不會復生的肉體、接受指令才運作的機器，皆隨著科技進展而漸漸消弭，如此，人們會發現自己不得不追問更為基本的問題：何謂人？人之所以為人又是為何？再者，誰提出的答案能要求大家接受？人工智能是否能在某種眾人共識下繼續發展，抑或只是由競爭贏家成為主導者呢？

我們該怎麼活？自一九九三年格里菲斯逝世以來，人類對於精神健康、靈性課題、存在意義之間的關聯性，以及社會如何建構、如何促使其成員活著與思考等領域之探索，速度大為提升。喬·卡巴金（Jon Kabat-Zinn）的「正念減壓計畫」（Mindfulness-Based Stress Reduction programme），促成二○○○與二○一○年代正念運動的廣大流行。迷幻藥的醫學研究如今又再度啟動，研究重點是相關藥物治療嚴重抑鬱的潛力，其探究者不只是藥物對於大腦化學作用的影響，也在摸索迷幻經驗（或神祕經驗）本身的醫療價值。「身心健康」（wellness）的理想如今吸引愈來愈多人重視，其目標已不止於消除病痛，而且要擁抱積極正面的幸福概念，並納入亞洲的思想與做法，諸如「靈氣」（Reiki）療法或阿育吠陀醫學。

這股趨勢會將人類帶往哪裡去，目前尚言之過早。往好的方向想，正念與身心健康觀點的出現，代表亞洲的實用智慧已滲入西方的保健、商業、教育與政策當中。往壞的方向想，這些東西其實都是受市場與政治的支配。批判者指出，正念運動不談冥想對私人的裨益，反而強調冥想對工作效率之提升，並降低政府照顧公民之責任負擔，這種取向非常容易將社會不義講成個人的問題，結果變成用獨處靜默或正念著色活動（mindful colouring-in）來應對社會的不義。又有批評者指出，身心健康觀包含許多假科學的元素，以及個人主義氾濫的道德觀，導致「我們該怎麼活」大哉問當中的「我們」幾乎消失無蹤。「何謂真實」的問題也可能遭受扭曲，將「真相為何」和「什麼會讓人們感覺比較好」二種問題混淆之後，人們得到的答案可能僅是健康、快樂或正直。

何謂真實？誰說了算？我們該怎麼活？只要這三個問題持續維持它們在人類心靈中的地位，冒險探索與著迷追尋的力量便能源源不絕。個人的生命探索與發現，不可能靠遺傳累積或繼承，此為本質性問題。但是下一代人總能利用先人傳下的資源，尤其是前人的親身教訓。在此認知之下，貝贊特、霍荷、華茲、格里菲斯的人生，是否有值得吾人借鏡或學習之處呢？或者借用科里亞特的話，有沒有什麼「絕對值得觀賞」的地方呢？

首先，他們皆對於既有的或已知的事物感到不滿，這便是其奧德賽歸鄉之旅的起點。所有人都清楚知道，自己的人生多多少少有點問題，而這件事肯定某種程度與自己生長的社會有關。現代西方在商業、征服、工業方面的成功，以及支持此等成就的人生觀，反而傷害了眾人的靈魂。人們的心靈淪落為無人照料的荒廢花園，植栽枯萎而雜莠叢生，原初的美好與光輝不復存在。基督教曾經是照顧這座花園的園丁，但如今基督教似乎已不可能再成為人們振衰復甦的動力泉源。

接下來要談的，是這場奧德賽之旅「如何」落實的課題。貝贊特和格里菲斯最初從事單純的知性追求，但後來遭遇的特殊經驗，使他們都被高於自己的力量由外而內所折服。貝贊特於倫敦荷蘭公園面晤布拉瓦茨基夫人，親身感受到「難以克制的衝動，想要跪倒並且親吻她，屈服於那股懇切的聲音和那精氣逼人的雙眼」。格里菲斯在貝斯納格林感受到上帝親臨：「祂使我跪倒，讓我認識到自己的無足輕重……我再也不是我人生的中心，由此我從萬事萬物中看見了上帝。」

回首過往，貝贊特和格里菲斯都覺得，單單依靠高度知性的思考固然在一段時期內相當有效，但這終究嫌於平庸乏味，固然安穩卻缺乏驚奇，此外生也有涯而知也無涯，人需要思量的觀念量過於龐大，恐怕會想個沒完。弄到最後，終究沒有真正的冒險或突破，格里菲斯尤其陷入一種高雅的耽誤處境，明明是停滯，卻出現處於運動狀態的幻覺。恰如友人蕭伯納談及對貝贊特的認知，驕傲與自尊確實發揮了某種作用。但是事情沒那麼簡單，誠如格里菲斯崇拜的求知楷模約翰．亨利．紐曼（John Henry Newman）所言，絕大多數人心中總有個他不願放棄的「角落」，害怕一旦放棄，他從此就不再是自己了。[1]由此，坐在家中椅子上來一段精神性的奧德賽尋鄉冒險，對人們深具吸引力，誠如紐曼所言：「人生短暫，不足以建立靠知性推理成立的宗教……假如我們決心沒有證據絕不開始，那我們恐怕永遠不會啟程。」

在貝贊特和格里菲斯的旅程中，證據有其重要的地位，然而他們及華茲、霍荷都細心地不要將「證據」這個概念定義得太狹隘。現代早期的自然哲學家認定，他們的實驗活動僅僅關注於可以測量或量化的事物。到二十世紀時，有些人選擇提出更進一步的哲學性主張，堅稱不可測量的事物都不是真實的。格里菲斯和華茲對於科學本身的潛力極感振奮，因為科學有可能動搖人們在此課題上的自負。量子力學表明，客觀測量一事就原則而論是不可能的。而且，在諸多西方人採取的宇宙觀之中，那構成宇宙的固體、無精神的「東西」，其實只是幻覺而已，造成此等幻覺的原因是因為日常生活這種尺度之下的東西（如食物、椅子、身體等固體），以及目前為止人類仍缺乏能窺見極其細微世界的方法。

需要加以重新省思的對象，尚有理性。華茲認為，單單依賴理性，會強化人們對於「我」是個別、單獨、深思之「我」的錯誤認知。儘管霍荷熱愛哲學思辨，她卻發現「關懷」——即便有時她是出於不得已而向病患表達關懷——是哲學思辨不可或缺的要素，兩者能夠相輔相成，穩健深掘出真相的新層次。格里菲斯則是漸漸懂得欣賞理性破除偶像崇拜或傳統窠臼的潛力，理性可以揭發冒牌或無益的觀點、揭櫫人的思維模式、揭露根深蒂固的文化偏見、揭開人的各種自欺。華茲喜歡向聽眾證明，錯誤的根本隱喻（root metaphor）*會如何拖累人們。人若從根本上相信真相有如一部機器，等同排除親身體驗真相「生機無可限量」的可能性。華茲宣稱，太多基督徒承受著上帝作為審判者，或上帝的嚴父形象（自己必須向祂報告人生成果）所壓迫。反觀印度教的情況，卻是濕婆起舞、克里希納吹笛。

靈性具備能破除窠臼與迷信的要素，亦即靈性能善用知性以推翻錯誤命題，或建構新觀點，格里菲斯在此助益之下，為自身心靈在辨明真相方面開闢出更寬闊的天地。誠如他寫給馬汀．史金納的信中所言，此事過程必然有許多試煉和犯錯。他進行的實驗是讓自己全心全意投入新觀念，再看看這個過程當中有哪些內心產生共鳴處，以此決定是要繼續深究還是拋棄之。對格里菲斯而言，這套做法之於整體真相，便如同自然科學之於物理世界。

* 譯注：「根本隱喻」大約是指一套觀點的「前提假設」或「基本信念」。

至於「我們該如何活」當中的「我們」，又該怎麼看待呢？華茲和霍荷在這個課題上都頗為掙扎。華茲童稚時，母親總會探問他的情緒問題，令他相當反感。[2]成年之後，華茲宣稱自己「不是個融入者」，而他的歷任妻子們不時感覺到，這也是華茲的婚姻哲學主張。霍荷對於自己始終將人生視為「個人的冒險」，歸因於自己剛出生就在玻璃箱裡孤獨地待了好些日子。

然而，華茲發現自己的思想逐漸受到友誼轉化，先是穿著睡袍、手拿狗鞭、嘴叼緬甸雪茄的伊凡．克羅蕭，之後則是以匹黎可區公寓為據點的克里斯瑪斯與愛琳．杭福瑞夫婦。面對參與薩桑會的古魯追隨者，霍荷對於如何去愛，甚至只是喜歡這些人，存在許多障礙。然而，她在印度經歷的最深刻境遇，卻是發現自己在患者——尤其是患有絕症或令她束手無策的病患——「面前感覺自己可恥」。

格里菲斯年輕時便選擇成為本篤會修士，也因此選擇了群體生活。不過，他也受到自己在印度的經歷轉化。多馬派基督徒的古敘利亞語和馬來亞拉姆語聖禮，用格里菲斯的形容來說，似乎是有意激發參與者涕泗橫流，以「攻破」阻礙恩典進入生命的「障礙」。[3]喬治．哈里森與帕布帕德尊者的信徒以及國際克里希納意識協會的成員心有靈犀，透過音樂與集體頌唱體驗到自在與解放。

前往香提瓦南修道所拜訪格里菲斯的一些嬉皮發現，此處群體除了修行之外，尚能提供豐富的裨益，這裡的友誼既能責善又能輔仁，與他人共同追求信仰更能加深信念，還有機會可以實踐特殊的社會與經濟理想生活（此為格里菲斯首先於伊斯特靈頓實驗的做法）。此外，群體同道還能提供結構感與方向感，無論這指的是精神奧德賽之旅的航線，還是整體的人生道路。格里菲斯那個時代對現代西方的流行批判意見，源自榮格等人的觀點，亦即現代西方無法像傳統社會那樣，為精神之旅或人生道路提供指引。傳統社會發展出各項儀式，來標誌童年、青年、成年等階段並呈現其意義，以及標明可以向他人傳道或獨自前行的最終境界。

最後仍有一個問題尚存，而且是個充滿困難與緊張的問題：日暮鄉關何處是，這場奧德賽之旅究竟通往什麼目的地呢？對於格里菲斯來說，回答這個問題的基礎在於他的信念，此信念可追溯至童年學校運動場上的神祕經歷，使他深信這一切之中存在著某種「東西」；那個「東西」屬於通達真相的層面，某種意義上這個層面屬於「個人」（或至少絕不會低於個人的層次），同時又能使人出現領略恩典的時機。格里菲斯認為，要開闢出個人與那個「東西」之間的交流管道，神話、儀式、戒律、倫理、藝術與群體都會在此過程中發揮作用。格里菲斯這類人在成長過程中感覺到，自己已經脫離祖先們的自然與宗教環境，無論是印度教，抑或受印度教啟發而重塑的基督教，傳統的力量便在於能將人們再度放回夙昔的自然或宗教環境裡，使人們置身於那樣的氛圍之中，親炙膚受。

批判格里菲斯的正統基督徒，認為他那條宗教門路屬於不可知論（agnosticism），若讓柯立芝來評論，他可能會稱之為「裝飾過的無神論」。對此，格里菲斯的回應頗受約翰・亨利・

紐曼的觀察心得啟發，紐曼稱基督教教義僅僅提供「暮光之中朦朧的國度景象」。[4]此外，肯定文化與性格對於人之宗教生活具有深厚影響力的佛教與印度哲學流派，也對他大有啟示。格里菲斯指出，人在思考某個觀念時，永遠不是從頭開始想，而是從「某個地方」開始。所以人的思考很高程度取決於「某個地方」是什麼，以及人給予注意或關注的類型為何。格里菲斯相當贊同將宗教性真理比喻為一個故事或一座哥德式大教堂：唯有當你身處其中時，你才會真正懂得欣賞。

有些人在採取上述宗教觀念的立場時，最後會像C．S．路易斯對基督教的判斷一樣，得出既有宗教傳統實為「真神話」的結論：此等結論不僅強而有力地開闢出人「遇見」超越性真相——人類最多只能「遇見」，永遠不能「理解」超越性真相——的途徑，還能使人領略較其他理論更為高級的歷史性真相。格里菲斯對印度教的敬意與溫情，加上他曉悟超越語言、文字、形象之上的靜默天人交會，讓他在走到人生盡頭之際，已將基督教、印度教、佛教同樣視為「真」：或者此三者都是全然的「真」，或至少是比絕大多數人一生所能達到的高度更「真」。

艾倫．華茲固然對這條宗教取向持懷疑態度，不過他卻肯定其中成果之一，那便是在剎那間，萬事萬物都具有宗教性了。此處萬事萬物的宗教性，不是指華茲擔任神職人員期間遇見的貧乏褊狹、教派立場、「表面上熱情洋溢」的宗教性。反之，那是以全新方式去看待華茲所謂日常生活的「聚光燈視覺」（spotlight vision），並且使用更加即時且開闊的「氾光燈」

（floodlight）視覺取而代之。[5] 若是邀天之幸，當事者便能夠開眼，看見華茲童年在樺樹小屋花園中所見，番茄和覆盆子都變成「閃閃發光的美味寶石」。此中差異，就像是人看見一顆水果的時候，心裡想的是它是什麼品種、要將它做成哪種冰沙，還是理解它作為一顆獨一無二的果實，是存在於你面前的真實生命。光是一顆水果，它不可思議的獨特性與純粹性可能令你忽然驚心動魄，而震撼你魂靈的關鍵不是「它是什麼」，而是「它便是它」。[6]

弗里德里希．施萊爾馬赫和華茲都認為，光是投入此等專注的本身，無法為個人奧德賽之旅找到最終目的地。他們兩位都提醒人們，不要將意義與資訊混淆了。因此人在追尋意義時，斷斷不能以固定或決斷性的文字為準。說到底，格里菲斯、霍荷和華茲也許都會認為，「目的地」這個概念是種沒有幫助的比喻。他們的期望並不是抵達某處之後再也不離開；相反地，他們追求的只是能在日常世界屢屢自我張揚之外，偶爾能夠瞥見真正的原鄉。

關於活在日常世界之中究竟意味著什麼，格里菲斯和華茲的意見終究不同。格里菲斯深曉西方人最初發現亞洲思想的迷人與解放感時，所感覺到的困惑與茫然。一個人怎樣能夠進行冥想修練，卻又不執著於成果呢？一個人要怎樣做到《薄伽梵歌》之中克里希納對阿周那的開導，不以成敗論英雄呢？格里菲斯的結論似乎是主張，人類生來具備「解脫」與「投入」的能力，「解脫」和「投入」之間的緊張關係，是種健康而有孕育力的緊張，不過人需要花費時間參悟，才能使其功用發揮至淋漓盡致。向亞洲傳統取經的格里菲斯，學會如何使自身投入一套基督教的符號體系，並最終尋得解脫與無邊之愛。

格里菲斯覺得，除非你真的親身啟程，否則以上這些話終究都是空話。這條路最好能與益友同行，在自由與對他人付出之間取得平衡，還要有敬愛的長者能由衷對自己提出人生各階段的忠告：人生本就是一段逐步開展的道路。除非你期望靠理性達成一切，貫通全世界（嗚呼！那樣的世界該會是多麼貧乏呀），否則，人就只能一步一腳印地前行：以嶄新的方式充實生活，在此立足點上觀察事物，並想想如何由此開始向前邁進。

華茲則認為，倘若人能在恰當時機出現覺悟的片刻，並將這種福至心靈灌注於生命其餘部分，使其充滿自由與喜悅之感，如此便再理想不過。華茲透過這些珍貴的瞬間——當他還是那個在樺樹小屋二樓躺著發抖的小男孩，感受尤為強烈——頓悟自己的孤獨源於一項簡單的錯誤自我認知。真正的艾倫．華茲其實歸屬於一個宏大輝煌、永恆不滅的整體，始終都是。

批評者指責，華茲號稱佛教、吠檀多不二論與道家都在追求上述理想，其實根本是在扭曲亞洲智慧。即便如此，華茲最大的成就確實不容抹滅，那就是「不要臉地」（此為讚美之意）向眾人發出終身的邀請。華茲曾說，僅用腦袋去思索宗教和哲學提出的大哉問，就像是在閱讀美食菜單卻拒絕點菜。無論那是從亞洲西傳的思想，還是西方本有而受亞洲啟示的觀念，你何不先放下菜單，自己親口品嘗一下呢？

致謝

本書寫作計畫之緣起，是我看到貝德・格里菲斯的自傳《黃金線》，不過我現在已經記不起來，自己當初是怎麼見到這本書的了。但我實實在在記得的，是我抱著極大的熱情在牛津大學開始進行檔案研究工作，與格里菲斯的傳記作者雪莉・杜布萊（Shirley Du Boulay）相處了一段時間。雪莉是個溫暖而有智慧的人，她相信我的寫作計畫非常有意義，為剛剛起步的我帶來巨大鼓舞。非常遺憾的是，雪莉已於二〇二三年過世，本書再也不可能送到她的手中。

雪莉幫助我和她的一些朋友聯繫上，他們都很慷慨地為我提供協助與支持。我要感謝海澤爾・艾爾斯（Hazel Eyles）與我分享格里菲斯與史金納通信的檔案；感謝亞德里安・蘭斯（Adrian Rance）供我使用他的格里菲斯信件收藏；感謝普世基督徒默禱團（World Community for Christian Meditation）的勞倫斯・弗利曼神父（Laurence Freeman）向我分享他對格里菲斯的記憶。

關於我對厄娜・霍荷的研究，我要感謝瑞士戈斯特利基金會（Gosteli Foundation）工作人員的支持，霍荷絕大多數的通信都保存在該基金會；感謝努爾曼佐診所的克勞迪斯・特瓦里（Claudius Tewari）與其同事，他們保管了努爾曼佐的檔案庫，而且是非常棒的東道主。曾在努爾曼佐工作的瑪喬麗・福伊爾（Marjory Foyle）以及耶穌會神學家麥可・阿馬洛多斯（Michael Amalodoss）和喬治・吉斯佩索奇（George Gispert-Sauch），願意接受我的採訪，感謝他們的大方。感謝瑪格麗特・萊斯（Margaret Ries）幫我將霍荷的德文信件翻譯成英文。我還要感謝雷尼什・亞伯拉罕（Renish Abraham），在我去到喀拉拉邦的時候給予協助與陪伴，尤其是陪我搭乘嚇死人的登山巴士前往庫里蘇瑪拉修道所，真是終生難忘。

我對艾倫・華茲的研究，大大得益於華茲子女的用心，他們搜集父親的信件與演講並整理發表，或者出版成書，或者製作成網路廣播節目，將乃父的美妙貴族口音與老菸槍豪爽笑聲，傳遞給新世代的人們。此外要致謝的，還有直接或間接對此計畫予以支持的人，他們分別是克里斯・貝利（Chris Bayly）、克利斯平・貝茨（Crispin Bates）、朱迪絲・布朗（Judith Brown）、赫弗茲巴・以色列爾（Hephzibah Israel）、舒蒂・卡皮拉（Shruti Kapila）、李察・金恩（Richard King）、伊恩・麥吉爾克里斯特（Iain McGilchrist）、尼爾・麥葛雷戈（Neil McGregor）、傑基・馬爾許（Jackie Marsh）、加文・米勒（Gavin Miller）、亞歷山大・穆尼（Alexander Mooney）、路克・馬爾霍爾（Luke Mulhall）、莉茲・歐菲爾德（Liz Oldfield）、馬克・弗儂（Mark Vernon）。

我要感謝愛丁堡大學「全球關係」（Global Connections）課程中的同仁與學生，本書企圖勾勒出的宏大面貌，是得益自教學相長的心得。我還要感謝修習我一整年專題研究課程的學生，謝謝你們容忍我在課堂上喋喋不休，更重要的是謝謝你們活潑投入這個課題，使我相信它確實有價值。

感謝 BBC Radio 3 的羅賓・里德（Robyn Read）與所有人，讓我能在廣播節目《自由思考》（*Free Thinking*）上分享自己的好點子，並以幽默對待我的爛點子（且使我得以避免這類錯誤），還容許我利用相關的設備與資源。感謝北岸才藝管理團隊（Northbank Talent Management）的黛安・班克斯（Diane Banks）、馬修・科爾（Matthew Cole）、馬丁・瑞德芬恩（Martin Redfern）給予的支持與明智建議。我的編輯賽門・溫德（Simon Winder）始終展現熱情、耐心，以及何時該出手施壓的睿智。感激艾倫萊恩出版社（Allen Lane）諸位為了我的著作所進行的工作，以及閱讀我寄去的書稿。感謝西莉亞・麥凱（Celia Mackay）幫我搞定圖像使用授權問題，也感謝路易莎・華生（Louisa Watson）幫忙編輯草稿時的用心，以及寫在頁緣的貼心評論。

我從未親眼見過貝德・格里菲斯和厄娜・霍荷，艾倫・華茲在我出生前便已辭世。我透過電子郵件與蓋瑞・斯奈德先生聯繫，感謝他允許我引用他在華茲葬禮上朗讀的詩作。斯奈德告訴我，他如今對華茲的記憶充滿歡喜與同情，而他與許多人一樣，對於華茲晚年的掙扎深感悲傷。

我要感謝贊助本書寫作經費的單位，有大英笹川基金會（Great Britain Sasakawa Foundation）、大和英日基金會（Daiwa Anglo-Japanese Foundation）、惠康基金會（Wellcome Foundation）、英國學術院（British Academy），以及愛丁堡大學歷史、古典與考古學院。

最後，這個撰寫冒險與探索喜悅的傢伙，卻同時放任孩子們坐在電視機前，好像有點諷刺。對我的妻子凱（Kae）與我們的孩子翔治、洋子和花，我要說的話簡直是政治人物選舉落敗時的台詞：「我知道，我在聽，我會做得更好。」不過，我是真心誠意這麼說的。謝謝爸、謝謝媽，謝謝伊莉莎白（Elizabeth）和特雷莎（Theresa），謝謝你們給我的愛。

2. Alan Watts, *In My Own Way: An Autobiography* (New World Library, 1972), p. 7–8.
3. Letter from Bede Griffiths to Mary Allen, 21 January 1962, in Rance, *Falling in Love with India*, pp. 382–5.
4. Ker, op. cit., p. 122.
5. David L. Smith, ‘The Authenticity of Alan Watts’, in Gary Storhoff and John Whalen-Bridge (eds.), *American Buddhism as a Way of Life* (SUNY Press), p. 25.
6. 「它是什麼」與「它便是它」之比較，參見David Bentley-Hart, *The Experience of God: Being, Consciousness, Bliss* (Yale University Press, 2013), p. 293–332。

of Religion and Society, 1983), p. 131.

54. Erna M. Hoch, 'Ancient Indian Philosophy and Western Psychotherapy', in Erna M. Hoch (ed.), *Sources and Resources: A Western Psychiatrist's Search for Meaning in the Ancient Indian Scriptures* (Book Faith India, 1993), p. 16.
55. Hoch, *Hypocrite or Heretic*, p. 147.
56. Ibid., p. 144.
57. Ibid., p. 140.「牛頭裝在羊身」語出His Holiness the Dalai Lama, *The Good Heart: A Buddhist Perspective on the Teachings of Jesus* (Wisdom Publication edn, 1998), p. xii。
58. Jack Kornfield, *A Path with Heart* (Random House, 1993), pp. 246–7.
59. Hoch, *Hypocrite or Heretic*, pp. 148–51.
60. Hoch, *Sources*, p. 22.
61. Hoch, *Hypocrite or Heretic*, pp. 153–4.
62. Ibid., pp. 158–60.
63. 「沐浴和梳毛」」等語，引用自Du Boulay, op. cit., p. 245。
64. 作者與勞倫斯・弗利曼神父（Laurence Freeman）訪談紀錄，2013。
65. 引用自Du Boulay, op. cit., pp. 248–9。
66. Griffiths, *A New Vision*, p. 169.
67. 作者與弗利曼神父訪談紀錄，2013。
68. Trapnell, op. cit., p. 151; Griffiths, *A New Vision*, p. 124.
69. Griffiths, *The Marriage of East and West*, pp. 180–85.
70. Griffiths, *A New Vision*, pp. 172 and 222.
71. Du Boulay, op. cit., p. 281.
72. 引用自ibid., p. 243。
73. Trapnell, op. cit., p. 191.
74. 引用自Alan Jones, *Common Prayer on Common Ground: A Vision of Anglican Orthodoxy* (Church Publishing Incorporated, 2006), p. 64。

後記

1. 引用自Ian Ker, *John Henry Newman* (Oxford University Press, 2009), p. 95。

1989, see https://www.vatican.va/roman_curia/congrega-tions/cfaith/documents/rc_con_cfaith_doc_19891015_meditazione-cristiana_en.html.

33. 引用自Du Boulay, op. cit., pp. 176–9。
34. Sita Ram Goel, *Catholic Ashrams: Sannyasins or Swindlers?* (Voice of India, 2009), pp. 16–17.
35. Ibid., p. 123.
36. Bede Griffiths, *Return to the Centre* (Collins, 1978), p. 10.
37. Klaus Klostermaier, 'Hindu-Christian Dialogue: Revisiting the Tannir-pali Trinity's Original Vision', *Journal of Hindu-Christian* Studies 16 (2003).
38. Goel, op. cit., p. 129.
39. Bede Griffiths, *A New Vision of Reality: Western Science, Eastern Mysticism and Christian Faith* (HarperCollins, 1989), pp. 17–18.
40. Bede Griffiths, *The Marriage of East and West* (Medio Media, 2003), pp. 24 and 49; Iain McGilchrist, *The Matter with Things: Our Brains, Our Delusions, and the Unmaking of the World* (Perspectiva Press, 2021), pp. 1050–52.
41. 轉錄於Griffiths, *Return to the Centre*, pp. 69–70。
42. Ibid, p. 94.
43. Ibid, p. 68; Judson B. Trapnell, *Bede Griffiths: A Life in Dialogue* (SUNY Press, 2001), p. 162.
44. Griffiths, *A New Vision*, p. 11; Griffiths, *Return to the Centre*, pp. 22–3.
45. Griffiths, *A New Vision*, pp. 264–8.
46. Ibid, pp. 51, 191, 199 and 271; Griffiths, *Return to the Centre*, p. 55.
47. Griffiths, *A New Vision*, pp. 191 and 265–6; Griffiths, *Return to the Centre*, p. 100.
48. Griffiths, *Return to the Centre*, pp. 54–5.
49. Ibid, p. 56.「絕妙好書」語見BG to MS, 24 May 1942。
50. Griffiths, *A New Vision*, pp. 33–5; Griffiths, *Return to the Centre*, p. 99.
51. Trapnell, op. cit., p. 143.
52. Griffiths, *A New Vision*, pp. 131–2 and 151; Griffiths, *The Marriage of East and West*, p. 60.
53. Erna M. Hoch, *Hypocrite or Heretic* (The Christian Institute for the Study

15. Reverend Helen Cummings, 'Adapting Western Chants and Hymn Tunes to Buddhist Texts', *The Hymn* 60/2 (2009). 法雲慈友對杭福瑞和異國新奇的評論，見於 Bluck, op. cit., p. 85。
16. Ibid., p. 70.
17. Rick Fields, *How the Swans Came to the Lake: A Narrative History of Buddhism in America* (Shambhala, 1999), p. 231.
18. G. Victor Sōgen Hori, 'Japanese Zen in America', in Prebish and Tanaka (eds.), op. cit., p. 65.
19. Helen Tworkov, *Zen in America: Five Teachers and the Search for an Ameri-can Buddhism* (North Point Press, 1990), p. 232.
20. Jason C. Bivins, '"Beautiful Women Dig Graves": Richard Baker-roshi, Imported Buddhism, and the Transmission of Ethics at the San Fran-cisco Zen Center', *Religion and American Culture: A Journal of Interpretation* 17/1 (2007), 78; Katy Butler, 'Events Are the Teacher: Working through the Crisis at San Francisco Zen Center', *Coevolution Quarterly* (Winter, 1983).
21. Tworkov, op. cit., p. 236.
22. Bivins, op. cit., 79.
23. Butler, op. cit.; Tworkov, op. cit., p. 233.
24. Hori, op. cit.
25. Butler, op. cit.; Tworkov, op. cit., p. 243.
26. Sandra Bell, 'Scandals in Emerging Western Buddhism', in Prebish and Baumann (eds.), op. cit., pp. 226 and 238.
27. David McMahan, *The Making of Buddhist Modernism* (Oxford University Press, 2008), p. 243.
28. Hori, op. cit., pp. 57–8.
29. McMahan, op. cit., p. 248.
30. 參見 Wouter J. Hanegraaf, *New Age Religion and Western Culture* (State University of New York Press, 1998), pp. 1–23。
31. Shirley Du Boulay, *Beyond the Darkness: A Biography of Bede Griffiths* (Rider and Co., Pocket edn, 1998), pp. 205–20 and 260.
32. Congregation for the Doctrine of the Faith, 'Letter to the Bishops of the Catholic Church on Some Aspects of Christian Meditation', 15 October

第二十一章

1. Christopher Lasch, *The Culture of Narcissism: American Life in an Age of Diminishing Expectations* (W. W. Norton & Company, 1979), p. 4.
2. Edward Said, *Orientalism* (Pantheon Books, 1978).
3. Bede Griffiths, *A New Vision of Reality: Western Science, Eastern Mysticism and Christian Faith* (HarperCollins, 1989).
4. Peter Lavezzoli, *The Dawn of Indian Music in the West* (Continuum, 2007), p. 181.
5. Farhad Dalal, 'Jung: A Racist', *British Journal of Psychotherapy* 4/3 (1988).
6. 例如可參見'Open Letter from a Group of Jungians on the Question of Jung's Writings on and Theories about "Africans"', *British Journal of Psychotherapy* 34/4 (2018)。
7. 關於造成此等影響的論述，參見Ronald Inden, 'Orientalist Constructions of India', *Modern Asian Studies* 20/3 (1986), 403。
8. Ashis Nandy, *The Intimate Enemy: Loss and Recovery of Self under Colonialism* (Oxford University Press, 1983), p. xi.
9. Gary Tillery, *Working-Class Mystic: A Spiritual Biography of George Harrison* (Quest Books, 2011), pp. 67–8 and 90–91.
10. 引用自C. S. Prebish, 'Introduction', in C. S. Prebish and Kenneth K. Tanaka (eds.), *Faces of Buddhism in America* (University of California Press, 1998), p. 6。
11. Sharon Salzberg, *Lovingkindness* (Shambhala, 1995), p. 40.
12. Thomas A. Tweed, 'Who is a Buddhist? Night-Stand Buddhists and Other Creatures', in Charles S. Prebish and Martin Baumann (eds.), *Westward Dharma: Buddhism beyond Asia* (University of California Press, 2002), p. 20; Martin Baumann, 'Buddhism in Europe: Past, Present, Prospects', in ibid., pp. 92–3; Richard Hughes Seager, 'American Buddhism in the Making,' in ibid., p. 109.
13. Gil Fronsd, 'Insight Meditation in the United States', in Prebish and Tanaka (eds.), op. cit., p. 169.
14. Robert Bluck, *British Buddhism: Teachings, Practice and Development* (Taylor & Francis, 2006), pp. 65–6.

of Religion and Society, 1983), pp. 117–24.

59. Erna M. Hoch, 'Ancient Indian Philosophy and Western Psychotherapy', in Erna M. Hoch (ed.), *Sources and Resources: A Western Psychiatrist's Search for Meaning in the Ancient Indian Scriptures* (Book Faith India, 1993), p. 22.
60. Ibid., p. 22.
61. 引用自 Patricia Walden, 'Take an Action', in Kofi Busia (ed.), *Iyengar: The Yoga Master* (Shambhala, 2007), p. 47。
62. Alan Watts, *In My Own Way: An Autobiography* (New World Library, 1972), p. 332–3.
63. Monica Furlong, *Zen Effects: The Life of Alan Watts* (Skylight Paths, 2001), p. 186.
64. Letter from Alan Watts to *Playboy* magazine [undated], in Alan Watts (Joan and Anne Watts (eds.), *The Collected Letters of Alan Watts* (New World Library, 2017)), pp. 506–7.
65. Furlong, op. cit., p. 200.
66. Alan W. Watts, *The Supreme Identity: An Essay on Oriental Metaphysic and the Christian Religion* (The Noonday Press, 1957), p. 178.
67. 「沒有降生過」等語，取自 Watts (eds.), *Collected Letters*, p. 556；言及輪迴轉世，見 Furlong, op. cit., p. 216；「水波漣漪」語，引自 ibid., p. 207。
68. Watts, *In My Own Way*, p. 158.
69. Tillery, op. cit., p. 10.
70. Ibid., p. 79.
71. 瓊安的記述見於 Watts (eds.), *Collected Letters*, p. 500。
72. 瓊安的記述見 ibid., pp. 553–4。
73. 「不曉得如何返回」之說引述自 Furlong, op. cit., p. 213。佛教徒的拜訪，以及華茲「受夠了」、「離場了」之語，取自瓊安的記述，見 Watts (eds.), *Collected Letters*, pp. 553–4。
74. 轉錄於 Watts (eds.), *Collected Letters*, p. 554。

40. 引用自 ibid。
41. Christopher Key Chapple, 'Raja Yoga and the Guru', in Thomas A. Forsthoefel and Cynthia Anne Humes (eds.), *Gurus in America* (SUNY Press, 2005), pp. 16–17.
42. 引用自 Kurisumala Scrapbook, 'Monastic Contact'。
43. Gregory Alles, 'The Study of Religions: The Last 50 Years', in John R. Hinnells, *Routledge Companion to the Study of Religion* (Routledge, 2009), p. 40.
44. 引用自 Douglas Pratt, 'Interreligious Dialogue: A Case Study Approach in Respect to the Vatican and the World Council of Churches', in Martha Frederiks and Dorottya Nagy, *World Christianity: Methodological Considerations* (Brill, 2020), p. 185。
45. 引用自 Du Boulay, p. 168。
46. Shirley Du Boulay, *The Cave of the Heart: The Life of Abhishiktananda*(Orbis Books, 2005), pp. 173–87.
47. BG to MS, 24 January 1974.
48. 引用自 Jaechan Anselmo Park, *Thomas Merton's Encounter with Buddhism and Beyond* (Liturgical Press, 2019)。
49. Ibid.
50. 引用自 Thomas Keating, *Spirituality, Contemplation and Transformation* (Lantern Books, 2009), p. 74。
51. Rembert G. Weakland, 'Thomas Merton's Bangkok Lecture of December 1968', *Buddhist-Christian Studies* 28 (2008), pp. 91–9.
52. Bede Griffiths, *Return to the Centre* (Collins, 1978), p. 106.
53. Judson B. Trapnell, *Bede Griffiths: A Life in Dialogue* (SUNY Press, 2001), p. 118.
54. 引用自 Du Boulay, *Beyond the Darkness*, p. 198。
55. 參見 Du Boulay, *Cave of the Heart*, p. 184。
56. Du Boulay, *Beyond the Darkness*, pp. 169–70.
57. Erna M. Hoch, *The Madhouse at the Lotus Lake* (self published, 2000), pp. 26, 42, 124 and 221–6.
58. Erna M. Hoch, *Hypocrite or Heretic* (The Christian Institute for the Study

20. 關於亞洲音樂圈的參與情況，參見Kathryn B. Cox, '"Swinging London", Psychedelia, and the Summer of Love', in Womack (ed.), op. cit., p. 276。
21. Jeffery D. Long, *Hinduism in America: A Convergence of Worlds* (Bloomsbury, 2020), pp. 223–4.
22. Tillery, op. cit., p. 58.
23. Greene, pp. 117–8.
24. Long, op. cit., p. 223; Tillery, op. cit., p. 58.
25. Lavezzoli, op. cit., p. 180; Hamelman, in Womack (ed.), op. cit., p. 284.
26. Tillery, op. cit., p. 63.
27. Ibid., p. 35.
28. Stefanie Syman, *The Subtle Body: The Story of Yoga in America* (Farrar, Straus and Giroux, 2010), p. 201; Tillery, op. cit., p. 71; Greene, op. cit., p. 177.
29. 雪莉・杜布萊與奧古斯丁神父（Father Augustine）的訪談紀錄，收於Shirley Du Boulay Archive。
30. Shirley Du Boulay, *Beyond the Darkness: A Biography of Bede Griffiths* (Rider and Co., Pocket edn, 1998), p. 158; Letters from Bede Griffiths to Martyn Skinner [hereafter 'BG to MS'], 25 December 1968 and 6 April 1969.
31. BG to MS, 18 December 1969 and 19 January 1971.
32. Du Boulay, op. cit., p. 160.
33. BG to MS, 25 December 1968.
34. Sharif Gemie and Brian Ireland, *The Hippie Trail: A History, 1957–78* (Manchester University Press, 2017).
35. BG to MS, 22 July 1970.
36. BG to MS, 19 January 1971 and 1 December 1973.
37. 引用自Du Boulay, op. cit., p. 183。
38. 引用自Harvey D. Egan, 'The Mystical Theology of Karl Rahner', *The Way* 52/2 (2013), 51。
39. Kurisumala Scrapbook, 'Monastic Contact with Hippies and Spiritual Seekers from the West', Kurisumala Ashram Archive.

第二十章

1. Ray Davies, *X-Ray: The Unauthorized Autobiography* (ABRAMS Press, 2007).
2. Jonathan Bellman, 'Indian Resonances in the British Invasion, 1965–1968', *The Journal of Musicology* 15/1 (1997), p. 120.
3. George Harrison, *I, Me, Mine* (W. H. Allen, 1982), p. 52; Peter Lavezzoli, *The Dawn of Indian Music in the West* (Continuum, 2007), p. 173; Steve Hamelman, 'Leaving the West Behind: the Beatles and India', in Kenneth Womack (ed.), *The Beatles in Context* (Cambridge University Press, 2020), p. 280.
4. Joshua M. Greene, *Here Comes the Sun: The Spiritual and Musical Journey of George Harrison* (Bantam Books, 2006), p. 16; Gary Tillery, *Working-Class Mystic: A Spiritual Biography of George Harrison* (Quest Books, 2011), p. 33.
5. Greene, op. cit., p. 26; Tillery, op. cit., p. 12; Lavezzoli, op. cit., p. 172.
6. Greene, op. cit., p. 26.
7. Greene, op. cit., pp. 68–9 and 80.
8. 關於披頭四的亞洲巡迴之旅，參見Harrison, op. cit., pp. 48–51。
9. 引用自Greene, op. cit., p. 92。
10. Lavezzoli, op. cit., p. 177; Harrison, op. cit., p. 55.
11. Greene, op. cit., p. 92.
12. Lavezzoli, op. cit., pp. 19–21.
13. 引用自Greene, op. cit., pp. 92–3。
14. Harrison, op. cit., p. 55.
15. Harry Oldmeadow, *Journeys East: 20th Century Western Encounters with Eastern Religious Traditions* (World Wisdom, 2004), p. 271; Lavezzoli, op. cit., p. 144.
16. 引用自Greene, op. cit., p. 103; Tillery, op. cit., p. 56。
17. 引用自Greene, op. cit., p. 83。
18. 「當你接受到訊息」等語引自Alan Watts, *In My Own Way. An Autobiography* (New World Library, 1972), p. 327。
19. 哈里森的瓦拉納西經驗，參見Greene, op. cit., pp. 107–8。

(New World Library, 1972), p. 323。

32. Furlong, op. cit., p. 166.
33. Alan W. Watts, *The Joyous Cosmology: Adventures in the Chemistry of Consciousness* (Pantheon Books, 1962), pp. 63–9.
34. Ibid., pp. 49–50 and 65.
35. Ibid., pp. 12 and 84–92.
36. Ibid., p. 20.
37. Watts, *In My Own Way*, p. 326.
38. Watts, *The Joyous Cosmology*, pp. 20–1.
39. Watts, *In My Own Way*, p. 326.
40. Ibid., pp. xii–xiii.
41. Stephen A. Kent, *From Slogans to Mantras: Social Protest and Religious Conversion in the Late Vietnam War Era* (Syracuse University Press, 2001), p. 14.
42. Damon R. Bach, *The American Counterculture: A History of Hippies and Cultural Dissidents* (University Press of Kansas, 2020), p. 54; Stefanie Syman, *The Subtle Body: The Story of Yoga in America* (Farrar, Straus and Giroux, 2010), p. 215.
43. Ibid., p. 215.
44. 引用自 Gair, op. cit., p. 134。
45. Bach, op. cit., p. 81.
46. Syman, op. cit., p. 217.
47. Furlong, op. cit., pp. 175–9.
48. 關於「世界史上首次人類大聚會」，參見ibid., pp. 181–2; Bach, op. cit., pp. 1 and 101。
49. Joshua M. Greene, *Here Comes the Sun: The Spiritual and Musical Journey of George Harrison* (Bantam Books, 2006), pp. 75 and 120–21; Gary Tillery, *Working-Class Mystic: A Spiritual Biography of George Harrison* (Quest Books, 2011), pp. 53–4.
50. Greene, op. cit., p. 121.

Review 77/3 (2008)。「禪狂人」之說引用自 p. 440 of ibid。

11. Jack Kerouac, *Dharma Bums* (Penguin Books, 1990), p. 39.
12. Jane Iwamura, *Virtual Orientalism: Asian Religions and American Popular Culture* (Oxford University Press, 2010), pp. 47–8.
13. Alan W. Watts, *Beat Zen, Square Zen, and Zen* (City Lights Books, 1959).
14. Iwamura, op. cit., pp. 47–50.
15. Furlong, op. cit., p. 136.
16. Alan W. Watts, *Psychotherapy East and West* (Penguin Books, 1973), pp. 69–70.
17. Ibid., p. 14.
18. Ibid., pp. 14–15 and 84.
19. Ibid., p. 65.
20. 「我全然無為」語見ibid., p. 42。「肉身容器」語見ibid., p. 20。關於人類尋求安全感而徒勞無功，參見Alan W. Watts, *The Wisdom of Insecurity* (Rider & Co., Pocket edn, 1983), p. 18。華茲談吠檀多參見Watts, *Psychotherapy East and West*, pp. 57 and 66。
21. Ibid., p. 22; Watts, *The Wisdom of Insecurity*, p. 18.
22. 「喝杯茶」之說引用自Alan W. Watts, *The Meaning of Happiness: The Quest for Freedom of the Spirit in Modern Psychology and the Wisdom of the East* (Harper & Row, 1940)。
23. Watts, *The Wisdom of Insecurity*, p. 78.
24. Ibid., p. 76.
25. 引用自 Watts, *Psychotherapy East and West*, p. 68。
26. Watts, *The Wisdom of Insecurity*, p. 86; Watts, *Psychotherapy East and West*, p. 26.
27. Watts, *The Wisdom*, p. 99.
28. Peter J. Columbus and Donadrian L. Rice (eds), *Alan Watts–Here and Now: Contributions to Psychology, Philosophy and Religion* (SUNY Press, 2012), p. 3.「華茲說了什麼？」見於Furlong, op. cit., p. 174。
29. 「社會虛構」之說見於Watts, *Psychotherapy East and West*, p. 75。
30. Ibid., pp. 17 and 91–2.
31. 「更加自在平易」語出Alan Watts, *In My Own Way: An Autobiography*

43. Ibid., pp. 86–93.
44. Ibid., pp. 100–101.
45. Ibid., p. 106.
46. 金斯堡《嚎叫》詩句引用自 David Stephen Calonne, *The Spiritual Imagination of the Beats* (Cambridge University Press, 2017), p. 93。

第十九章

1. Monica Furlong, *Zen Effects: The Life of Alan Watts* (Skylight Paths, 2001), pp. 132–40; Letter from Alan Watts to 'Jacquie', 22 July 1954, in Alan Watts (Joan and Anne Watts, eds.), *The Collected Letters of Alan Watts* (New World Library, 2017), pp. 311–12; Letter from Alan Watts to his mother and father [hereafter 'AW to M&F'], 4 November 1952, in ibid., p. 298–300; Joan Watts, commentary in ibid., p. 288; C. S. Prebish, 'Introduction', in C. S. Prebish and Kenneth K. Tanaka (eds.), *Faces of Buddhism in America* (University of California Press, 1998), p. 3.
2. Furlong, op. cit., pp. 134 and 140. 關於安妮・貝贊特創辦的學校，參見 Annie Besant, 'The Happy Valley Foundation': www.besanthill.org/annie-besant-1927-happy-valley-foundation-announcement/。
3. In Furlong, op. cit., p. 143.
4. Letters from Alan Watts to Mary Jane, 5 May 1959 and 14 May 1959, in Watts (eds.), *Collected Letters*, pp. 346–9.
5. Anne Watts, commentary in ibid., pp. 354–5.
6. Furlong, op. cit., pp. 149–51; Joan Watts, commentary in Watts (eds.), *Collected Letters*, pp. 394–5; Letter from Alan Watts to his father, late November 1961, in ibid., pp. 410–11.
7. Christopher Gair, *The American Counter-Culture, 1945–1975* (Edinburgh University Press, 2007), pp. 31–2.
8. Ibid., pp. 57–64.
9. 引用自 Furlong, op. cit., p. 136。
10. 參見 Michael Masatsugu, '"Beyond This World of Transiency and Impermanence": Japanese Americans, Dharma Bums, and the Making of American Buddhism during the Early Cold War Years', *Pacific Historical*

p. 83。

22. 「世紀之病」之論見於Erich Fromm, D. T. Suzuki and Richard De Martino, *Zen Buddhism and Psychoanalysis* (Harper & Row, 1960), p. 86。「擁有」與「存在」對比，見於ibid., pp. 78–9。
23. Ibid., pp. 86–7.
24. Ibid., p. 93.
25. Ibid., p. 94.
26. Ibid., p. 138. 佛洛姆的做法記錄於Alan Roland, 'Erich Fromm's Involvement with Zen Buddhism: Psychoanalysis and the Spiritual Quest in Subsequent Decades', *The Psychoanalytic Review* 104/4 (2017), 505–7。
27. Letters from Erna Hoch to her family: 12 April 1956 & 28 July 1956, in Erna Hoch Archive.
28. Hoch, *Hypocrite or Heretic*, p. 70.
29. Ibid., pp. 159–60.
30. Ibid., pp. 48–59; 159–60.
31. 引用自Richard Askay and Jensen Farquhar, *Of Philosophers and Madmen: A Disclosure of Martin Heidegger, Medard Boss, and Sigmund Freud* (Rodopi, 2011), p. 116。
32. Ibid., pp. 114–5.
33. Medard Boss, *A Psychiatrist Discovers India* (Oswald Wolff, 1965), p. 10.
34. Ibid., pp. 126–9.
35. Hoch, op. cit., pp. 45–52. 關於博斯去印度旅行的動機，以及他在印度時對「薩提他南達」的經歷，參見Boss, op cit., pp. 13–4 & pp. 126–9。
36. Kannu V. Rajan, 'Administrative Report, 1 July 1960–18 May 1961', in Erna Hoch Archive.
37. Letters from Erna Hoch to her family: 19 May 1956 and 1 July 1956; Hoch, *Hypocrite or Heretic*, p. 71.
38. Ibid., pp. 76–9.
39. Ibid., p. 79.
40. Ibid., p. 81.
41. Ibid., p. 83.
42. Ibid., pp. 84–5.

Hoch', Gosteli-Stiftung, Worblaufen, Switzerland [hereafter 'Erna Hoch Archive'].

2. 引用自 Roy Porter, *Madness: A Brief History* (Oxford University Press, 2002), p. 186。
3. Christopher Harding, 'The Emergence of "Christian Psychiatry" in Post-Independence India', CSAS Working Paper, November 2011.
4. Letter from Erna Hoch to Dr Norell, 26 November 1955, in Erna Hoch Archive; Erna M. Hoch, *Hypocrite or Heretic* (The Christian Institute for the Study of Religion and Society, 1983), pp. 9–10.
5. Ibid., pp. 10–11.
6. Ibid., pp. 5–10.
7. Ibid., pp. 8–18.
8. Ibid., pp. 16–20.
9. Ibid., pp. 19–27.
10. Ibid., p. 25.
11. Ibid., pp. 25–9.
12. Ibid., p. 31; Letter from Erna Hoch to Dr Norell, 26 November 1955.
13. Hoch, *Hypocrite or Heretic*, p. 71.
14. Letter from Erna Hoch to her family, 12 April 1956.
15. Ibid.; Letter from Erna Hoch to her family, 15 April 1956, in Erna Hoch Archive.
16. Letters from Erna Hoch to her family: 15 April 1956 and 15 July 1956, in Erna Hoch Archive.
17. Hoch, *Hypocrite or Heretic*, pp. 58–9.
18. 引用自 Harding, op. cit。
19. 引用自 Amima Mama, *Beyond the Masks: Race, Gender and Subjectivity* (Taylor & Francis, 2002), p. 31。
20. On Horney's reading of Huxley，參見 Susan Quinn, *A Mind of Her Own: The Life of Karen Horney* (Summit Books, 1987), p. 403。
21. 「他全心投入」和「禪之奧義」，引用自 Marcia Westkott, 'Karen Horney's Encounter with Zen', in Janet L. Jacobs (ed.), *Religion, Society and Psychoanalysis: Readings in Contemporary Theory* (Routledge, 1997),

3; Du Boulay, op. cit., p. 135; BG to MS, 26 March 1959。

37. BG to MS, 19 November 1961; BG to MA/MD, 6 July 1958, in Rance, *Falling in Love with India*, pp. 317–20.
38. BG to MA/MD, 1 June 1958, in Rance, *Falling in Love with India*, pp. 315–17; 'Kurisumala Ashram: Monastery of the Mountain of the Cross': short typescript history, in the Kurisumala Ashram Archive (Kurisumala Ashram, Kerala, India).
39. 關於此地的鳳梨，見於BG to MS, 20 July 1958; BG to MA/MD, 1 June 1958, in Rance, *Falling in Love with India*, pp. 315–17。關於求道所的擴大，參見Du Boulay, op. cit., pp. 134 and 142; Griffiths, *Christ in India*, p. 45。
40. Du Boulay, op. cit., p. 141.
41. BG to MS, 20 July 1958 and 19 November 1961.
42. BG to MS, 19 November 1961; Griffiths, *Christ in India*, pp. 43 and 52–3; Du Boulay, op. cit., pp. 136–7.
43. Du Boulay, op. cit., p. 139.
44. BG to MS, 24 August 1955.
45. Bede Griffiths, *The Marriage of East and West* (Medio Media, 2003), p. 6.
46. 通信與評論皆見於Rance, *Falling in Love with India*。
47. Letter from Bede Griffiths to Mary Allen, 13 May 1946, in the Adrian Rance Collection.
48. BG to MA/MD, 25 March 1957, in Rance, *Falling in Love with India*, pp. 255–8.
49. Griffiths, *The Golden String*, p. 159.
50. Letter from Bede Griffiths to Mary Allen, 21 January 1962, in Rance, *Falling in Love with India*, pp. 382–5.
51. 關於格里菲斯名聲漸隆之情，參見Du Boulay, op. cit., Chapter 13。
52. 雪莉・杜布萊（Shirley Du Boulay）的馬修神父訪談紀錄，收於Du Boulay Archive。

第十八章

1. Letter from Erna Hoch to her family, 12 April 1956. In 'Privatarchiv Erna

12. Ibid., p. 107.
13. Ibid., p. 108.
14. 參見Mary Rahme, 'Coleridge's Concept of Symbolism', *Studies in English Literature, 1500–1900* 9/4 (1969)。
15. 引用自 Alister McGrath, *C. S. Lewis: A Life* (Hodder & Stoughton, 2013)。
16. Ibid.
17. Letter from C. S. Lewis to Bede Griffiths (undated). Du Boulay Archive, 2/1.
18. G. K. Chesterton, *Orthodoxy* (Bodley Head, 1908), p. 20.
19. 關於「托樂斯」的綽號，參見McGrath, op. cit., p. 200。
20. Ibid., p. 157.
21. BG to MA/MD, 3 April and 17 April 1955, in the Adrian Rance Collection.
22. BG to MA/MD, 24 August 1955, in the Adrian Rance Collection.
23. Ibid.
24. BG to MS, 16 November 1961.
25. Bede Griffiths, *Christ in India: Essays Towards a Hindu-Christian Dialogue* (Charles Scribner's Sons, 1966), p. 13.
26. Ibid., p. 26.
27. BG to MS, 7 October 1966.
28. Griffiths, *Christ in India*, pp. 26–8.
29. BS to MS, 25 September 1940.
30. Ibid.
31. BG to MS, 13 April 1940.
32. Letter from Bede Griffiths to Mary Allen, 22 August 1946, in the Adrian Rance Collection; Griffiths, *The Golden String*, p. 173.
33. BG to MS, 16 January 1942.
34. Griffiths, *Christ in India*, p. 10.
35. Du Boulay, op. cit., p. 133; BG to MS, 20 July 1958; Griffiths, *Christ in India*, p. 42. 將庫里蘇瑪拉山和赫爾維林峰相比之事，見於BG to MS, 19 November 1961。
36. 關於初期數月的情況，見於BG to MA/MD, 23 March 1958 and 28 September 1958, in Rance, *Falling in Love with India*, pp. 307–8 and 332–

28. 關於華茲對於自己新腳色的認知，參見Watts, *In My Own Way*, p. 175。
29. 關於華茲舉辦的晚間聚會，參見Joan Watts' commentary in Watts (eds.), *Collected Letters*, pp. 175 and 199–200; Watts, *In My Own Way*, pp. 176–7; Furlong, op. cit., p. 98。
30. Watts, *In My Own Way*, p. 191.
31. 瓊安的記述見於Watts (eds.), *Collected Letters*, p. 219。
32. Furlong, op. cit., pp. 116–18.
33. Letter from Alan Watts to 'My Dear Friends', August 1950, 轉錄於Watts, *In My Own Way*, pp. 193–9.
34. Ibid.
35. Letter from Canon Bernard Iddings Bell to Alan Watts, 30 August 1950, 轉錄於ibid., pp. 199–200。

第十七章

1. Letter from Bede Griffiths to Mary Allen and Mary Dunbar [hereafter 'BG to MA/MD'], 10 February 1957, in Adrian B. Rance (ed.), *Falling in Love with India: From the Letters of Bede Griffiths* (Saccidananda Ashram, 2006), pp. 251–2.
2. Letter from Bede Griffiths to Martyn Skinner [hereafter 'BG to MS'], 20 July 1958. 百靈鳥令格里菲斯懷想英國一情，見於BG to MA/MD, 1 June 1958, in Rance, *Falling in Love with India*, pp. 315–17。
3. Bede Griffiths, *The Golden String: An Autobiography* (Fount Paperbacks, 1979), pp. 92–3.
4. Shirley Du Boulay, *Beyond the Darkness: A Biography of Bede Griffiths* (Rider and Co., Pocketedn, 1998), pp. 18–31.
5. Griffiths, op. cit., pp. 65–82; Du Boulay, op. cit., pp. 48–9.
6. Du Boulay, op. cit., pp. 45–59.
7. Griffiths, op. cit., p. 9.
8. Ibid., p. 37.
9. Letter from BG to MS, 30 May 1932.
10. 參見Griffiths, op. cit., pp. 48–64 and Du Boulay, op. cit., pp. 32–59。
11. Griffiths, op. cit., p. 104.

懺悔」等，引自 Watts, *In My Own Way*, p. 182。
12. Watts, *Behold the Spirit*, p. xvii. 斜體為原稿。
13. AW to M&F, 14 June 1939, in Watts (eds.), *Collected Letters*, pp. 36–8.
14. Watts, *Behold the Spirit*, p. 179.
15. Alan W. Watts, *The Meaning of Happiness: The Quest for Freedom of the Spirit in Modern Psychology and the Wisdom of the East* (Harper & Row, 1940), p. 51.
16. 引用濕婆與克里希納對比，引自 *Behold the Spirit*, p. 167。提及巴哈處為 p. 178, ibid。
17. 「故步自封」之評見於 W to M&F, 28 September 1941，轉錄於 Watts (eds.), *Collected Letters*, pp. 95–8。「伐木工和山地人」等，見於 AW to M&F, 14 January 1942，轉錄於 ibid., pp. 100–102。「膚淺熱誠」等語，見 *Behold the Spirit*, p. 182。
18. AW to M&F, 1 November 1942, in Watts (eds.), *Collected Letters*, pp. 114–18.
19. Ibid.
20. Alfred, Lord Tennyson，引用自 Alan W. Watts, *The Supreme Identity: An Essay on Oriental Metaphysic and the Christian Religion* (The Noonday Press, 1957), p. 79。
21. Letter from Alan Watts to Clare [Cameron Burke], 19 February 1944, in Watts (eds.), *Collected Letters*, pp. 164–7. For Watts on Martin Buber, 參見 Watts, *In My Own Way*, p. 170。
22. Watts, *The Supreme Identity*, pp. 75–9.
23. 轉錄於 ibid., p. 83。華茲原稿使用的拼音是「阿特瑪」(*atma*)，此處為了前後一致之故，改為「阿特曼」。
24. Ibid., pp. 83–4.
25. Letter from Alan Watts to Mrs Burch, 9 February 1944, in Watts (eds.), *Collected Letters*, pp. 162–4.
26. 「爭長論短」一句引自 Alan Watts to Adolph Teichert, 7 December 1944, in Watts (eds.), *Collected Letters*, pp. 192–5。「靈性鍛鍊」引自 Watts, *Behold the Spirit*, p. 149。
27. Watts, *The Supreme Identity*, p. 72.

見於 AW to M&F, 18 October 1938, in Watts (eds.), *Collected Letters*, p. 25。

51. 華茲和佐佐木學習短短數月之事，見於 Furlong, op. cit., p. 75。
52. AW to M&F, 26 November 1939, in Watts (eds.), *Collected Letters*, pp. 38–40.
53. Alan Watts, 'Newsletter #2', 轉錄於 ibid., pp. 40–42。
54. Watts, *In My Own Way*, pp. 139–42.
55. Ibid., p. 147.
56. AW to M&F, 15 April 1941, in Watts (eds.), *Collected Letters*, pp. 70–72.
57. AW to M&F, 21 March 1941, in ibid., pp. 68–70.

第十六章

1. Alan Watts, *In My Own Way: An Autobiography* (New World Library, 1972), pp. 140–41.
2. Letter from Alan Watts to his mother and father [hereafter 'AW to M&F'], 24 August, 28 September and 7 December 1941, in Alan Watts (Joan and Anne Watts, eds.), *The Collected Letters of Alan Watts* (New World Library, 2017), pp. 85–7, and 95–9. 亦可見瓊安的評論，ibid., p. 88。
3. Monica Furlong, *Zen Effects: The Life of Alan Watts* (Skylight Paths, 2001), p. 78.
4. 這段時期影響華茲的主要學者有艾蒂安·吉爾森（Etienne Gilson）、雅克·馬里頓（Jacques Maritain）和約翰·查普曼（Dom John Chapman）。
5. Letter from Alan Watts to Lillian Baker, 9 August 1943, in Watts (eds.), *Collected Letters*, pp. 139–40.
6. AW to M&F, 1 December 1942, in ibid., pp. 118–20.
7. Letter from Alan Watts to Mrs Leggett, 2 August 1943, in ibid., pp. 130–32.
8. Ibid., p. 131.
9. AW to M&F, 24 October 1943, in ibid., pp. 149–54.
10. AW to M&F, 1 November 1942, in ibid., pp. 114–8.
11. 「教堂內的擺設」等語，引用自 Alan Watts, *Behold the Spirit: A Study in the Necessity of Mystical Religion* (Pantheon Books, 1971), p. xxi.。「向祂

Zhuangzi Text', in *Journal of East-West Thought* 9 (2019), 34。

32. 「核心心靈事實」一語見於 Jung, 'Commentary', in Wilhelm, op. cit., p. 85。
33. 華茲這番評語引自 letter to his publisher on 30 April 1940。轉錄於 Watts (eds.), *Collected Letters*, pp. 51–3。
34. Watts, *The Legacy of Asia*, pp. 18–20.
35. Ibid., p. 80.
36. Ibid., pp. 80–81.
37. Joseph Laycock, 'Yoga for the New Woman and the New Man: The Role of Pierre Bernard and Blanche DeVries in the Creation of Modern Postural Yoga', *Religion and American Culture: A Journal of Interpretation* 23/1 (2013), p. 106.
38. Ibid., p. 114.
39. Ibid., pp. 118–9.
40. Ibid., pp. 105–6.
41. Syman, *The Subtle Body*, p. 94.
42. 引用自 ibid., p. 98。
43. Laycock, op. cit., p. 108; Syman, op. cit., pp. 80–99; Hugh B. Urban, 'The Omnipotent Oom: Tantra and its Impact on Modern Western Esotericism,' *Esoterica* 3 (2001).
44. Watts, *In My Own Way*, pp. 120–25; Isabel Stirling, *Zen Pioneer: The Life and Works of Ruth Fuller Sasaki* (Catapult, 2007), p. 11.
45. Watts, *In My Own Way*, p. 77; Watts (eds.), *Collected Letters*, p. 20; Furlong, op. cit., pp. 63–8.
46. Watts, *In My Own Way*, p. 128.
47. AW to M&F, 21 September 1938 and 29 May 1939, in Watts (eds.), *Collected Letters*, pp. 21 and 33–6; Watts, *In My Own Way*, p. 132.
48. AW to M&F, 21 September 1938 & 4 October 1938, in Watts (eds.), *Collected Letters*, pp. 21 and 22–4.
49. Tim Pallis, 'Review of Mary Farkas (ed.), *The Zen Eye: A Collection of Zen Talks by Sōkai-an*', *The Eastern Buddhist* 29/2 (1996), pp. 291–7.
50. Watts, *In My Own Way*, p. 136. 華茲意識到自己對禪道所知甚淺一事，

15. 關於阿諾德的扶手椅，參見Humphreys, op. cit., p. 64。
16. Watts, *In My Own Way*, pp. 73–80.
17. Ibid., p. 71; Furlong, op. cit., pp. 36–9. 華茲在信中提到自己努力閱讀寫作所需的資料，引自letter to his mother and father on 13 March 1932，轉錄於Watts (eds.), *Collected Letters*, pp. 10–11。
18. Watts, *In My Own Way*, p. 80.
19. Furlong, op. cit., p. 40.
20. Ibid., pp. 57–8.
21. 引用自Ellen F. Franklin and Peter J. Columbus, 'Jung Watts: Notes on C. G. Jung's Formative Influence on Alan Watts', in Peter J. Colum-bus (ed.), *The Relevance of Alan Watts in Contemporary Culture* (Routledge, 2021), p. 6。
22. C. G. Jung, 'Commentary', in Richard Wilhelm, *The Secret of the Golden Flower: A Chinese Book of Life* (Taylor & Francis, 2013), p. 82.
23. Watts wrote to Jung on 17 October 1936. 轉錄於Watts (eds.), *Collected Letters*, pp. 12–13。
24. J. J. Clarke, *Jung and Eastern Thought: A Dialogue with the Orient* (Routledge, 1994), pp. 6 and 59.
25. 引自letter from Alan Watts to his mother and father [here-after 'AW to M&F'], 3 January 1940。轉錄於Watts (eds.), *Collected Letters*, pp. 45–6。
26. 參見C. G. Jung, 'The Difference between Eastern and Western Thinking', in *Collected Works*, ed. and trans. Gerhard Adler and R. F. C. Hull (Princeton University Press, 1969), vol. XI, pp. 475–93。
27. Santanu Biswas, 'Rabindranath Tagore and Freudian Thought', *International Journal of Psychoanalysis* 84 (2003), 718.
28. Ibid., 722.
29. 關於榮格整體思想概論，參見J. J. Clarke, op. cit. and Joseph Campbell, 'Introduction', in C. G. Jung (ed. Joseph Campbell; trans. R. F. C. Hull), *The Portable Jung* (Penguin Books, 1971)。
30. Alan W. Watts, *The Legacy of Asia and Western Man: A Study of the Middle Way* (John Murray, 1937), pp. 20–21 and 157.
31. Clarke, op. cit., p. 98. 關於馬丁・布伯對道家思想的興趣，可見Elizabeth Harper, 'The Early Modern European (Non) Reception of the

46. John R. McRae, 'Oriental Verities at the American Frontier: The 1893 World's Parliament of Religions and the Thought of Masao Abe', *Buddhist-Christian Studies* vol. 11 (1991), pp. 26–7.
47. Rabindranath Tagore, 'The Message of India to Japan', lecture delivered at the University of Tokyo (University of Tokyo, 1916), pp. 6–10. 亦可參見 Hay, op. cit., pp. 42–3。
48. 引用自 ibid., p. 107。
49. Annie Wood Besant, *The Future of Indian Politics: A Contribution to the Understanding of Present-Day Problems* (Theosophical Publishing House, 1922), p. 47.

第十五章

1. 轉錄於 Alan Watts, *In My Own Way: An Autobiography* (New World Library, 1972), p. 35。關於華茲對樺樹小屋的記憶，參見 ibid., pp. 23–33。關於華茲家庭的情況，參見 Monica Furlong, *Zen Effects: The Life of Alan Watts* (Skylight Paths, 2001), pp. 1–4。
2. Watts, op. cit., p. 35.
3. Ibid., pp. 58 and 84; Alan Watts (Joan and Anne Watts, eds.), *The Collected Letters of Alan Watts* (New World Library, 2017), p. xiii.
4. Watts, *In My Own Way*, pp. 7–11, 26 and 37.
5. Ibid., p. 63.
6. Ibid., pp. 7–22.
7. Ibid., pp. 48–53; Furlong, op. cit., p. 27.
8. Watts, *In My Own Way*, pp. 67–9.
9. Furlong, op. cit., p. 35.
10. Lafcadio Hearn, *Glimpses of Unfamiliar Japan*, vol. 1 (H. O. Houghton and Company, 1894), p. 7.
11. Watts, *In My Own Way*, p. 69.
12. 關於華茲和涅槃，參見 Furlong, op. cit., p. 35。
13. Christmas Humphreys, *Both Sides of the Circle: The Autobiography of Christmas Humphreys* (George Allen & Unwin, 1978), pp. 31–66.
14. Watts, *In My Own Way*, p. 68.

Syman, op. cit., p. 44。

34. Swami Vivekānanda, 'Paper on Hinduism', 19 September 1893, in *The Complete Works of Swami Vivekānanda*, vol. 1 (Advaita Ashrama, 1957).
35. Ibid.
36. Ibid.
37. 關於維韋卡南達在美國短期教導瑜珈的事蹟，參見Syman, op. cit。
38. 引用自ibid., p. 54。
39. Ibid., pp. 55–6.
40. Shaku Sōen, 'The Law of Cause and Effect, As Taught by Buddha', in Barrows, op. cit., pp. 829–31. 亦可參見Larry Fader, 'Zen in the West: Historical and Philosophical Implications of the 1893 Chicago World's Parliament of Religions', *The Eastern Buddhist* 15/1 (1982), 125–6。
41. Okakura Kakuzō, *The Ideals of the East with Special Reference to the Art of Japan* (London, 1903), p. 5.
42. Ibid., p. 5. 亦可參見Stephen N. Hay, *Asian Ideas of East and West: Tagore and His Critics in Japan, China and India* (Harvard University Press, 1970), pp. 39–40; Partha Mitter, 'Rabindranath Tagore and Okakura Tenshin in Calcutta: The Creation of a Regional Asian Avant-garde Art', in Burcu Dogramaci *et al.* (eds.), *Arrival Cities* (Leuven University Press, 2020)。
43. 關於岡倉天心和泰戈爾的因緣，參見Hay, op. cit., pp. 38–9 and Mitter, op. cit。
44. Sister Nivedita, 'Introduction', in Okakura Kakuzō, *The Ideals of the East with Special Reference to the Art of Japan* (London, 1903). 關於岡倉天心和尼韋蒂塔的關係，參見John Rosenfield, 'Okakura Kakuzō and Margaret Noble (Sister Nivedita): A Brief Episode', *Review of Japanese Culture and Society* 24 (2012); Inaga Shigemi (trans. Kevin Singleton), 'Okakura Kakuzō and India: The Trajectory of Modern National Consciousness and Pan-Asian Ideology across Borders', *Review of Japanese Culture and Society* 24 (2012)。
45. Sister Nivedita, Letter 488, *Letters of Sister Nivedita* (ed. Sankari Prasad Basu), vol. 2 (Advaita Ashrama, 1982).

18. Nethercot, p. 305.
19. Besant, *Annie Besant: An Autobiography*, pp. 346–7.
20. M. K. Gandhi, *The Story of My Experiments with Truth* (Navajivan Press, 1927), pp. 144 and 164–6.
21. Martin Bevir, 'Theosophy and the Origins of the Indian National Congress', *International Journal of Hindus Studies* 7 (2003), pp. 106–10.
22. Nethercot, p. 360.
23. Dixon, op. cit., p. 50.
24. Gandhi, op. cit., p. 169.
25. Dadabhai Naoroji, *Poverty and Un-British Rule in India* (Swan Sonnenschein & Co, 1901).
26. W. J. Hanegraaff, 'Western Esotericism and the Orient in the First Theosophical Society', in H. M. Krämer and J. Strube (eds.), *Theosophy across Boundaries* (SUNY Press, 2020), p. 30.
27. Max Müller, 'The Parliament of Religions in Chicago, 1893', 1894, in Jon R. Stone, *The Essential Max Müller: On Language, Mythology and Religion* (Palgrave MacMillan, 2002), pp. 343–5.
28. Stefanie Syman, *The Subtle Body: The Story of Yoga in America* (Farrar, Straus and Giroux, 2010), p. 42.
29. 轉錄於John Henry Barrows (ed.), *The World's Parliament of Religions: An Illustrated and Popular Story of the World's First Parliament of Religions, Held in Chicago in Connection with the Columbian Exposition of 1893* (Chicago: The Parliament Publishing Company, 1893), p. 444。
30. 此為世界宗教大會另一位日本代表的記述，轉錄於Judith Snodgrass, *Presenting Buddhism to the West: Oriental-ism, Occidentalism, and the Columbian Exposition* (University of North Carolina Press, 2003), p. 191。
31. 見於Barrows, op. cit., pp. 448–50。
32. Snodgrass, p. 183.
33. 「他演講內容中的小小諷刺」等語，引自*Critic* (7 October 1893)；「潔白的牙齒」等語，引自*Boston Evening Transcript* (30 September 1893)。參見*The Complete Works of Swami Vivekānanda*, vol. 3 (Advaita Ashrama, 1946)。將維韋卡南達與拿破崙相提並論之事，記錄於

第十四章

1. Annie Wood Besant, *Annie Besant: An Autobiography* (T. Fisher Unwin, 1893), pp. 13, 24–5, 52–7 and 89.
2. Ibid., pp. 117, 136, 147, 159 and 167–8.
3. Ibid., pp. 199–207.
4. Ibid., p. 330.
5. 關於貝贊特入學的先驅地位，參見Janet Oppenheim, 'The Odyssey of Annie Besant', *History Today* (September, 1989), p. 14。
6. Annie Wood Besant, *Why I Became a Theosophist* (Freethought, 1889), pp. 8–11.
7. Paola Bertucci, 'Sparks in the Dark: The Attraction of Electricity in the Eighteenth Century', *Endeavour* 31/3 (2007), 88–93; Daniel Cohen, 'Jan 18, 1803: Giovanni Aldini Attempts to Reanimate the Dead', at Odd Salon.com, see https://oddsalon.com/jan-18-1803-giovanni-aldini-attempts-to-reanimate-the-dead/, accessed 13 June 2023.
8. Wouter J. Hanegraaff, *Western Esotericism: A Guide for the Perplexed* (Bloomsbury, 2013), pp. 175–87.
9. Ibid., p. 220; Joy Dixon, *Divine Feminine: Theosophy and Feminism in England* (Johns Hopkins University Press, 2001), p. 26.
10. Dixon, op. cit., p. 17.
11. On Blavatsky's writings, 參見Hanegraaff, op. cit., pp. 221–2; Dixon, op. cit., p. 47; Richard M. Eaton, *The Lotus and the Lion: Essays on India's Sanskritic and Persianate Worlds* (Primus Books, 2022), pp. 67–8。
12. Hanegraaff, op. cit., pp. 213–14.
13. Besant, *Annie Besant: An Autobiography*, p. 341. 亦可參見Arthur H. Nethercot, *The First Five Lives of Annie Besant* (University of Chicago Press, 1960), Chapter 4: 'Building the Kingdom'; Dixon, op. cit., pp. 21–5。
14. Nethercot, p. 286.
15. Besant, *Annie Besant: An Autobiography*, p. 346.
16. Nethercot, p. 283.
17. Besant, *Why I Became a Theosophist*, pp. 21 and 27; Besant, *Annie Besant: An Autobiography*, pp. 345–6.

25. C. Clausen, 'Sir Edwin Arnold's *Light of Asia* and Its Reception, *Literature East and West* 17 (1973), 56.
26. Arnold, op. cit., p. 153.
27. Ober, op. cit., 1–2; Wright, op. cit., p. 83.
28. Clausen, op. cit., 14.
29. William Cleaver Wilkinson, *Edwin Arnold as Poetizer and as Paganizer* (Funk & Wagnalls, 1884), p. 91.
30. Clausen, op. cit., 31–5; Franklin, op. cit.; Almond, op. cit. pp. 126–7.
31. Samuel Kellogg, *The Light of Asia and the Light of the World* (MacMilllan, 1885), pp. 176–87.
32. 引用自Almond, op. cit., pp. 84–5。
33. 參見ibid., pp. 88–90。
34. Wilkinson, op. cit., p. 93.
35. Ibid., p. 128.
36. Ibid., pp. 83–4.
37. Ibid., pp. 8–16.
38. Clausen, op. cit., 35.
39. Edwin Arnold, *Seas and Lands* (Longmans Green, 1891), p. 163.
40. Isabella Bird, *Unbeaten Tracks in Japan* (Dover Publications, 2005), pp. 22–5 and 45.
41. 估計數字請見Jonathan D. Spence, *The Search for Modern China* (W. W. Norton & Company, 1990), p. 149。
42. Wright, op. cit., p. 141.
43. Lafcadio Hearn, *Glimpses of Unfamiliar Japan*, vol. 1 (H. O. Houghton and Company, 1894), p. 9.
44. Edwin Arnold, *Seas and Lands* (Longmans Green, 1891), pp. 494–506.
45. Christopher Harding, *Japan Story: In Search of a Nation, 1850–the Present* (Allen Lane, Penguin Books, 2018), pp. 106–7.
46. Ibid., pp. 96–101.
47. 關於阿諾德在日本的生活，參見Wright, op. cit。
48. Clausen, op. cit., 43–4.
49. Ibid., 25.

6. Philip C. Almond, *The British Discovery of Buddhism* (Cambridge University Press, 1988), pp. 15–62.
7. Sebastian Lecourt, 'Idylls of the Buddh": Buddhist Modernism and Victorian Poetics in Colonial Ceylon', *PMLA* 131/3 (2016), p. 670; Almond, op. cit., pp. 9–12; J. J. Clarke, *Oriental Enlightenment: The Encounter between Asian and Western Thought* (Routledge, 1997), pp. 74–5.
8. Lecourt, op. cit., p. 670.
9. Ibid., p. 670; Judith Snodgrass, *Presenting Buddhism to the West: Orientalism, Occidentalism, and the Columbian Exposition* (University of North Carolina Press, 2003), pp. 94–9.
10. 關於佛教行「偶像崇拜」之事的討論，見於Patrick Grant, *Buddhism and Ethnic Conflict in Sri Lanka* (SUNY Press, 2009), pp. 54–5。
11. David McMahan, *The Making of Buddhist Modernism* (Oxford University Press, 2008), pp. 52–3.
12. Max Müller, *Lectures on the Science of Religion* (Scribner, Armstrong & Co, 1874), pp. 12–13.
13. Almond, op. cit., p. 35.
14. J. Jeffrey Franklin, 'The Life of the Buddha in Victorian England', ELH 72/4 (2005), 941; Douglas Ober, 'Translating the Buddha: Edwin Arnold's *Light of Asia* and Its Indian Publics', *Humanities* 10/1 (2021), 1–2.
15. Snodgrass, op. cit., p. 89; Almond, op. cit., p. 72.
16. 最早提出此論點且最具有影響力者，是一位神論牧師詹姆斯・克拉克（James Freeman Clarke）的作品*The Atlantic*: 'Buddhism; Or, the Protestantism of the East' (June 1869)。
17. Franklin, op. cit., 943.
18. 書籍銷售量及其與《哈克歷險記》之比較，見Wright, op. cit., p. 75。
19. Arnold, op. cit., p. 13.
20. 關於阿諾德的職業經歷，參見Wright, op. cit., p. 88; Ober, op. cit., 3。
21. Arnold, op. cit., pp. 12–13.
22. Franklin, op. cit., 964.
23. Arnold, op. cit., p. 36.
24. Arnold, op. cit., pp. 148–57.

Mudge (ed.), op. cit., pp. 60–69。
67. Versluis, op. cit., p. 54.
68. Ralph Waldo Emerson, 'Address', in *Emerson's Complete Works*, vol. 1 (Houghton, Mifflin and Company, 1888).
69. Emerson, 'Address', in ibid.
70. 出自 Ralph Waldo Emerson, 'Nature'，轉錄於 Jay Parini (ed.), *The Oxford Encyclopedia of American Literature* (Oxford University Press, 2004), p. 486。
71. Ralph Waldo Emerson, 'The Over-Soul', in *Emerson's Complete Works*, vol. 1 (Houghton, Mifflin and Company, 1888).
72. Ralph Waldo Emerson, 'Self-Reliance', in *Emerson's Complete Works*, vol. 2 (Houghton, Mifflin and Company, 1876).
73. 引用自 Hodder, 'Asia in Emerson and Emerson in Asia', p. 386。
74. Ibid., pp. 380–81; David M. Robinson, 'The "New Thinking": Nature, Self, and Society, 1836–1850', in Mudge (ed.), op. cit., p. 99.
75. Hodder, 'Asia in Emerson and Emerson in Asia', p. 382.
76. Ralph Waldo Emerson, 'Brahma', *Atlantic Monthly* vol. 1 (1857), p. 48.
77. Samuel Taylor Coleridge, 'Human Life: On the Denial of Immortality', in *Sibylline Leaves: A Collection of Poems* (Rest Fenner, 1817).

第十三章

1. Edwin Arnold, 'The Light of Asia', in *Poetical Works of Edwin Arnold* (John B. Alden, 1883), pp. 21–2.
2. Diarmaid MacCulloch, *A History of Christianity: The First Three Thousand Years* (Penguin, 2010), pp. 856–61.
3. Gary B. Ferngren, 'Christianity and Science', in James W. Haag *et al.* (eds.), *The Routledge Companion to Religion and Science* (Routledge, 2013), p. 64.
4. Arnold, ibid., p. 22.
5. 阿諾德將詩句潦草寫在袖口的事蹟，取自 Brooks Wright, *Interpreter of Buddhism to the West: Sir Edwin Arnold* (Bookman Associates, 1957), p. 71。

the Orient: Cultural Negotiations (Bloomsbury, 2014)。

47. Vassallo, op. cit., p. 80.
48. *The Poetical Works of Samuel T. Coleridge*, pp. 91–2.
49. 轉錄於Ernest Hartley Coleridge (ed.), *Letters of Samuel Taylor Coleridge* (Houghton, Mifflin and Company, 1895), p. 228。
50. *The Poetical Works of Samuel T. Coleridge*, pp. 91–2.
51. 轉錄於Coleridge (ed.), *Letters*, pp. 228–9。
52. John Drew, *India and the Romantic Imagination* (Oxford University Press, 1987), p. 193; Natalie Tal Harries, '"The One Life Within Us and Abroad": Coleridge and Hinduism', in David Vallins *et al.* (eds.), op cit, pp. 114–5.
53. 參見Andrew Warren, 'Coleridge, Orient, Philosophy', in ibid。
54. Ibid.; Drew, op. cit., pp. 186–7.
55. 引用自Coleman, op. cit, pp. 53–4。
56. 柯立芝的論述參見Rosemary Ashton, *The Life of Samuel Taylor Coleridge: A Critical Biography* (Wiley-Blackwell, 1995), p. 257。
57. 參見ibid., pp. 174, 206, 258。
58. Ibid., p. 257.
59. 關於印度成為「哥德式恐怖」一事，參見Rudd, op. cit。
60. Phyllis Cole, 'A Legacy of Revolt, 1803–1821', in Jean McClure Mudge (ed.), *Mr Emerson's Revolution* (Open Book, 2015), pp. 24–36.
61. Ralph Waldo Emerson (ed. Kenneth Walter Cameron), *Indian Superstition* (Cayuga Press, 1954).
62. Alan Hodder, 'Asia in Emerson and Emerson in Asia', in Mudge (ed.), op. cit., p. 378.
63. 引用自Arthur Versluis, *American Transcendentalism and Asian Religions* (Oxford University Press, 1994), p. 53。
64. 參見Alan D. Hodder, 'Emerson, Rammohan Roy, and the Unitarians', *Studies in the American Renaissance* (1988), 142; Versluis, op. cit., p. 53。
65. Hodder, 'Emerson, Rammohan Roy, and the Unitarians', 143–4; Hodder, 'Asia in Emerson and Emerson in Asia', p. 378; Zastoupil, *Rammohun Roy and the Making of Victorian Britain*, pp. 49–50.
66. 參見Wesley T. Mott, 'Becoming an American "Adam", 1822–1835', in

Intellectuals', in *The Cambridge History of English Romantic Literature* (Cambridge University Press, 2009), pp. 359–61.

36. 引用自Alison Hickey, '"Coleridge, Southey and Co.": Collaboration and Authority', *Studies in Romanticism* 37/3 (1998), 312。
37. Carol Bolton, 'Debating India: Southey and *The Curse of Kehama*', in Claire Lamont and Michael Rossington (eds.), *Romanticism's Debatable Lands* (Palgrave MacMillan, 2007), pp. 198 and 207.
38. Edward Meachen, 'History and Transcendence in Robert Southey's Epic Poems', *Studies in English Literature, 1500–1900* 19/4 (1979), 595; Nigel Leask, '*Kubla Khan* and Orientalism: The Road to Xanadu Revisited', *Romanticism* (Edinburgh) 4/1 (1998); Stuart Andrews, *Robert Southey: History, Politics, Religion* (Palgrave MacMillan, 2011), pp. 39–40.
39. 布坎南的敘述引用自Andrew Rudd, 'India as Gothic Horror: Maturin's *Melmoth the Wanderer* and Images of Juggernaut in Early Nineteenth Century Missionary Writing,' in Lawrence J. Trudeau (ed.), *Nineteenth Century Literature Criticism* 347 (2018)。
40. 轉錄於*The Complete Poetical Works of Robert Southey* (D. Apple-ton & Company, 1846)。
41. Bolton, *Writing the Empire*, p. 221.
42. 引用自Krishna Dutta, *Calcutta: A Cultural and Literary History* (Signal, 2003), p. 198。
43. Michael Dusche, 'Friedrich Schlegel's Writings on India', in James Hodkinson *et al.* (eds.), *Deploying Orientalism in Culture and History* (Cambridge University Press, 2013), p. 31.
44. 轉錄於*The Poetical Works of Samuel T. Coleridge* (Ward, Lock & Co, 1880), pp. 91–2。
45. Jeff Strabone, *Poetry and British Nationalisms in the Bardic Eighteenth Century: Imagined Antiquities* (Palgrave MacMillan, 2018), p. 249; Peter Vassallo, 'Voyaging into the "Vast"', *Romanticism* (Edinburgh) 24/1 (2018), 80.
46. 參見Deirdre Coleman, 'The "Dark Tide of Time": Coleridge and Wil-liam Hodges' India', in David Vallins *et al.* (eds.), *Coleridge, Romanticism and*

時，羅伊反而支持總督的行動。

19. Salmond, op. cit., p. 45.
20. David J. Neumann, 'The Father of Modern India and the Son of God: Rammohun Roy's Jesus Christ', *Journal of Religious History* 45/3 (2021), 372.
21. Salmond, op. cit., p. 47. 關於那個時代的政治激進主義者，參見C. A. Bayly, 'Rammohun Roy and the Advent of Constitutional Liberalism in India, 1800–30', *Modern Intellectual History* 4/1 (2007)。
22. Neumann, op. cit., 388.
23. Salmond, op. cit., p. 47.
24. 羅伊與歐文的會面狀況可見於Mary Carpenter, *The Last Days in England of Rajah Rammohun Roy* (R. C. Lepage, 1866), p. 111。
25. Zastoupil, *Rammohun Roy and the Making of Victorian Britain*, pp. 1–3.
26. Carpenter, op. cit., pp. 126–32.
27. Timothy Larsen, *A People of One Book: The Bible and the Victorians* (Oxford University Press, 2011), p. 166.
28. Carpenter, op. cit., pp. 140–2.
29. Carol Bolton, *Writing the Empire: Robert Southey and Romantic Colonialism* (Taylor & Francis, 2007), p. 18.
30. Samuel Taylor Coleridge, 'Consciones Ad Populum', in Samuel Taylor Coleridge (eds. Lewis Patton and Peter Mann), *The Collected Works of Samuel Taylor Coleridge*, vol. I (Princeton University Press, 1971), p. 58.
31. Samuel Taylor Coleridge, 'Lectures on Revealed Religion, Its Corruptions, and Political Views', in ibid., p. 226.
32. 引用自Bolton, op. cit., pp. 28–9。
33. 「忌妒、掠奪、政府與祭司」的評語出自Coleridge, 'Lectures on Revealed Religion', in *The Collected Works of Samuel Taylor Coleridge*, vol. I, p. 227。「獲得天啟的加利利善人」出自Coleridge, 'Lecture on the Slave-Trade', in ibid., p. 248。
34. Simon Schama, *A History of Britain*, vol. III: *The Fate of Empire, 1776–2000* (Bodley Head, 2009).
35. Anne Janowitz, 'Rebellion, Revolution, Reform: The Transit of the

2. 關於當時英國東印度公司的軍隊規模，參見William Dalrymple, *The Anarchy: The Relentless Rise of the East India Company* (Bloomsbury, 2019)。
3. Friedrich Schleiermacher (ed. Richard Crouter), *On Religion: Speeches to Its Cultured Despisers* (Cambridge University Press, 1996), pp. 23–5 and 99.
4. Ibid., p. 49.
5. 引用自Diarmaid MacCulloch, *A History of Christianity: The First Three Thousand Years* (Penguin, 2010), p. 832。
6. Schleiermacher, op. cit., p. 53.
7. MacCulloch, op. cit., p. 859.
8. Robert Williams, 'Schleiermacher and Feuerbach on the Intentionality of Religious Consciousness', *The Journal of Religion* 53/4 (1973).
9. Lynn Zastoupil, *Rammohun Roy and the Making of Victorian Britain* (Palgrave Macmillan, 2010), p. 25; Noel Salmond, *Hindu Iconoclasts: Rammohun Roy, Dayananda Saraswati, and Nineteenth-Century Polemics against Idolatry* (Wilfrid Laurier University Press, 2006), pp. 48–50.
10. Ibid., p. 48; Kenneth W. Jones, *Socio-Religious Reform Movements in British India* (Cambridge University Press, 1994), pp. 31–2.
11. Salmond, op. cit., p. 45.
12. Ram Mohan Roy, 'Introduction', *Translation of the Moonduk Opunishud of the Uthurvu-Ved* (Times Press, 1819); Salmond, op. cit., p. 59.
13. Roy, 'Introduction', op. cit.
14. Roy, op. cit., pp. 4–5.
15. Zastoupil, *Rammohun Roy and the Making of Victorian Britain*, p. 28.
16. Salmond, op. cit., pp. 51–61.
17. Ibid., p. 46; Lynn Zastoupil, 'Defining Christians, Making Britons: Rammohun Roy and the Unitarians', *Victorian Studies* 44/2 (2002), 226; Rammohan Roy, *The Precepts of Jesus* (The Unitarian Society, 1824), p. 328.
18. Zastoupil, *Rammohun Roy and the Making of Victorian Britain*, p. 73. 羅伊曾經建議殖民政府不要下令禁止娑提，但是當印度總督依然下達禁令

26. 關於黑格爾與印度，參見Halbfass, op. cit., pp. 85–105。
27. 叔本華是在評論小施勒格爾皈依天主教時提出這番評斷，引用自Cross, op. cit., p. 12。
28. Ibid., p. 15.
29. Bryan Magee, *The Philosophy of Schopenhauer* (Clarendon Press, 1997), p. 12.
30. Cross, op. cit., pp. 20–22.
31. Bart Vandenabeele, *A Companion to Schopenhauer* (Wiley, 2015), p. 267.
32. 參見Cross, op. cit., pp. 29–35。
33. 引用自Cross, op. cit., p. 115。亦可參見pp. 52–4。
34. 引用自Urs App, 'Schopenhauer and the Orient', in Robert L. Wicks (ed.), *The Oxford Handbook of Schopenhauer* (Oxford University Press, 2020), p. 93。
35. Cross, op. cit., p. 96.
36. 引用自Halbfass, op. cit., p. 87。亦可參見Cross, op. cit., pp. 112–13。
37. Magee, op. cit., pp. 20 and 24.
38. Halbfass, op. cit., p. 110.
39. 參見Magee, op. cit., pp. 199–200; Cross, op. cit., pp. 209–10。
40. Cross, op. cit., p. 38.
41. App, op. cit., p. 914.
42. 引用自ibid., p. 101。
43. 引用自ibid., pp. 94–5。
44. 引用自Cross, op. cit., p. 13。
45. 引用自Christopher Ryan, *Schopenhauer's Philosophy of Religion: The Death of God and the Oriental Renaissance* (Peeters, 2010), p. 142。

第十二章

1. 關於那場生日宴會與頌詞，參見Friedrich Schleiermacher (trans. Frederica Rowan), *The Life of Friedrich Schleiermacher: As Unfolded in His Autobiography and Letters*, vol. 1 (Smith, Elder & Co, 1860), p. 163; Steven R. Jungkeit, *Spaces of Modern Theology: Geography and Power in Schleiermacher's World* (Palgrave MacMillan, 2012), pp. 41–2。

9. 參見Michael J. Franklin, *Orientalist Jones: Sir William Jones, Poet, Lawyer and Linguist, 1746–1794* (Oxford University Press, 2011), pp. 252–60。
10. Stephen Cross, *Schopenhauer's Encounter with Indian Thought: Representation and Will and Their Indian Parallels* (University of Hawaii Press, 2013), p. 21.
11. 引用自Franklin, op. cit., p. 262。
12. Seyhan, op. cit., p. 13; Halbfass, op. cit., p. 81.
13. 引用自Seyhan, p. 17。
14. Ibid, p. 17; Michael Dusche, 'Friedrich Schlegel's Writings on India', in James Hodkinson *et al.* (eds.), *Deploying Orientalism in Culture and History* (Cambridge University Press, 2013), p. 37; Halbfass, op. cit., p. 81.
15. Dusche, op. cit., pp. 32–4.
16. Robert Cowan, *The Indo-German Identification* (Cambridge University Press, 2010), p. 113.
17. Dusche, op. cit., p. 38.
18. Dusche, op. cit., pp. 40–44.
19. Halbfass, op. cit., p. 75; Dusche, op. cit., p. 35; Cowan, op. cit., p. 107; Cross, op. cit., p. 12.
20. 吠檀多哲學只是「意見」的評語，引用自Cowan, op. cit., p. 120。亦可參見ibid., pp. 116–17; Halbfass, op. cit., pp. 76–7。
21. 法國學者莫里斯・布朗肖（Maurice Blanchot）於1993年的評論，引用自Paolo Diego Bubbio and Paul Redding (eds.), *Religion after Kant: God and Culture in the Idealist Era* (Cambridge Scholars Press, 2012), p. 27。
22. 引用自Halbfass, op. cit., p. 101。
23. 這是謝林本人提出的比喻，參見Andrew Bowie, *Aesthetics and Subjectivity: From Kant to Nietzsche* (Manchester University Press, 2003), p. 104。
24. 引用自Halbfass, op. cit., p. 102。
25. 參見Louis Dupre, 'The Role of Mythology in Schelling's Late Philosophy', *The Journal of Religion* 87/1 (2007)。

52. Marshall, op. cit., p. 5.
53. Warren Hastings, 'Letter to Nathaniel Smith', in ibid., pp. 188–9.
54. 引用自 Hastings, op. cit., p. 187。
55. Hastings, ibid.
56. Franklin, op. cit., p. 233; Simon Ferris, *New Illustrated Lives of Great Composers: Ludwig van Beethoven* (Omnibus Press, 2018).
57. Hastings, op. cit., p. 187.
58. 首先提出此論之人包括亞歷山大・道沃（Alexander Dow）在內，參見 Patterson, op. cit., 983–4。

第十一章

1. 引用自 Azade Seyhan, 'What is Romanticism and Where Did It Come from?', Nicholas Saul (ed.), *The Cambridge Companion to German Romanticism* (Cambridge University Press, 2009), p. 6。
2. 引用自 E. Backhouse and J. O. P. Bland, *Annals and Memoirs of the Court of Peking* (William Heinemann, 1914), pp. 322–31。
3. Sarah Schneewind, 'Clean Politics: Race and Class, Imperialism and Nationalism, Etiquette and Consumption in the Chinese and American Revolutions', *The Asia-Pacific Journal* 7/45 (2009); Colin Mackerass, *Western Images of China* (Oxford University Press, 1999), pp. 40–41; Jonathan D. Spence, *The Search for Modern China* (W. W. Norton & Company, 1990), p. 121.
4. 中國鴉片吸食者人數統計取自 Spence, op. cit., p. 129。
5. Alexander J. B. Hampton, 'An English Source of German Romanticism: Herder's Cudworth Inspired Revision of Spinoza', *Heythrop Journal* 58/3 (2017), 421; Elías Palti, 'The "Metaphor of Life": Herder's Philosophy of History and Uneven Developments in Late Eighteenth-Century Natural Sciences', *History & Theory* 38/3 (1999), 332.
6. Hamilton, op. cit., 426.
7. Johann Gottfried Herder, 引用自 Wilhelm Halbfass, *India and Europe: An Essay in Understanding* (State University of New York Press, 1988), p. 70。
8. Herder, 引用自 ibid, pp. 70–71。

33. Cannon, op. cit., p. 244.
34. Franklin, op. cit., pp. 38 and 224–8.
35. Cannon, op. cit., pp. 318–39.
36. P. J. Marshall (ed.), *The British Discovery of Hinduism in the Eighteenth Century* (Cambridge University Press, 1970), p. 36.
37. William Jones, 'On the Gods of Greece, Italy and India', reproduced in ibid., pp. 200–222.
38. Cannon, op. cit., pp. 246–7.
39. William Jones, 'On the Hindus', in Marshall (ed.), op. cit., p. 254.
40. 轉錄於Lord Teignmouth (ed.), *The Works of Sir William Jones*, vol. 13 (Cambridge University Press, 2013), pp. 301–9。
41. Franklin, op. cit., pp. 216–27.
42. Cannon, op. cit., p. 239.
43. 「印度的莎士比亞」評價，引用自Franklin, op. cit., p. 253。
44. Sanjay Subrahmanyam, *Europe's India: Words, People, Empires, 1500–1800* (Harvard University Press, 2017), p. 21.
45. Richard King, 'Orientalism and the Modern Myth of "Hinduism"', *Numen* 46/2 (1999), p. 162.
46. 關於印度教，參見ibid.; Robert Eric Frykenberg, 'The Emergence of Modern "Hinduism" as a Concept and as an Institution: A Reappraisal with Special Reference to South India', in Gunther Sontheimer and Hermann Kulke (eds.), *Hinduism Reconsidered* (Manohar, 1989); Arvind Sharma, 'On Hindu, Hindustan, Hinduism and Hindutva', *Numen* 49/1 (2002)。
47. Cannon, op. cit., pp. 268–9; Franklin, op. cit., pp. 212–13.
48. William Jones' introduction to *A Hymn to Náráyena*, in Lord Teignmouth (ed.), *The Works of Sir William Jones*, vol. 13 (Cambridge University Press, 2013), pp. 302–5. 對造化之「工」與「力」之強調，見於瓊斯的原稿。
49. Ibid., p. 309.
50. William Jones, 'On the Mystical Poetry of the Persians and Hindus', in Lord Teignmouth (ed.), *The Works of Sir William Jones*, vol. 4 (Cambridge University Press, 2013), p. 216.
51. Ibid., pp. 219–20.

12. Letter XLIII (Allahabad, August 1767), in Kindersley, op. cit.
13. Letters XXX (Allahabad, July 1767), XXXIII (Allahabad, July 1767) and XXXIV (Allahabad, July 1767), in ibid.
14. Letter XXXIV (Allahabad, July 1767), in ibid.
15. Letter XXXI (Allahabad, July 1767), in ibid.
16. Franklin, op. cit., pp. 206–16; Garland Cannon, *The Life and Mind of Oriental Jones: Sir William Jones, the Father of Modern Linguistics* (Cambridge University Press, 1991), pp. 200–208; Dalrymple, op. cit., p. 238.
17. Jessica Patterson, 'Enlightenment and Empire, Mughals and Marathas: The Religious History of India in the Work of East India Company Servant, Alexander Dow', *History of European Ideas* 45/7 (2019).
18. 參見Cannon, op. cit., pp. 5–48; Franklin, op. cit., pp. 1–2。
19. William Jones, 'Essay on the Poetry of Eastern Nations (1777)', in Lord Teignmouth (ed.), *The Works of Sir William Jones*, vol. 10 (Cambridge University Press, 2013), p. 359.
20. 引用自 Franklin, op. cit., pp. 3–4. 亦可參見Cannon, op. cit., p. 194。
21. Franklin, op. cit.
22. Ibid., pp. 22–8 and 206–40.
23. Ibid., pp. 206, 210, 240; Cannon, op. cit., pp. 205–6.
24. Jan Peter Schouten, *The European Encounter with Hinduism in India* (Brill, 2020), pp. 65–70.
25. Ibid., p. 82.
26. Wilhelm Halbfass, *India and Europe: An Essay in Understanding* (State University of New York Press, 1988), p. 48.
27. Ibid., p. 67.
28. Franklin, op. cit., p. 240.
29. Cannon, op. cit., pp. 285–97.
30. Franklin, op. cit., p. 35.
31. Ibid., pp. 36–7; Cannon, op. cit., p. 245.
32. Robert S. P. Beekes (revised and corrected by Michiel de Vaan), *Comparative Indo-European Linguistics: An Introduction* (John Benjamins, 2011), p. 12.

39. Lach, vol. III: *A Century of Advance*, pp. 1568–9 and 1621–49.
40. Dawson, op. cit., p. 44; Mackerass, op. cit., p. 29.
41. Harvey, pp. 60–64.
42. 引用自 in Rolf J. Goebel, 'China as an Embalmed Mummy: Herder's Orientalist Poetics', *South Atlantic Review* 60/1 (1995), 116。
43. 引用自 Kate March, *India in the French Imagination: Peripheral Voices, 1754–1815* (Routledge, 2016), p. 119。

第十章

1. 關於當時加爾各答的風貌，參見 William Dalrymple, *The Anarchy: The Relent-less Rise of the East India Company* (Bloomsbury, 2019); Michael J. Franklin, *Orientalist Jones: Sir William Jones, Poet, Lawyer and Linguist, 1746–1794* (Oxford University Press, 2011), pp. 9–10。
2. Letter LXV (Calcutta, June 1768), in Jemima Kindersley, *Letters from the Island of Teneriffe, Brazil, the Cape of Good Hope and the East Indies* (J. Nourse, 1777). 人口估計數字引用自 Dalrymple, op. cit., p. 70。
3. Letter LXV (Calcutta, June 1768) in Kindersley, op. cit.
4. Letters LXV (Calcutta, June 1768), XXI (Calcutta, April 1766) and LXVII (Calcutta, September 1768) in ibid.
5. Dalrymple, op. cit., p. 75.
6. 提到「皺褶熱」的書信是 Letter XXI (Calcutta, April 1766), in Kindersley, op. cit。三分之二的估計數字取自 Dalrymple, op. cit., p. 76。
7. Letter LXVII (Calcutta, September 1768), in Kindersley, op. cit.
8. 參見 Dalrymple, op. cit., pp. 50–52。
9. Farhat Hasan, 'Indigenous Co-operation and the Birth of a Colonial City–Calcutta, c. 1698–1750', *Modern Asian Studies* 26/1 (1992), 66–8; Dalrymple, op. cit., p. 25.
10. Letters XL (Allahabad, August 1767), XLI (Allahabad, August 1767), XLIII (Allahabad, August 1767) and XLV (Allahabad, August 1767), in Kindersley, op. cit.
11. Letters XLV (Allahabad, August 1767) and XLVIII (Allahabad, September 1767), in Kindersley, op. cit.; Dalrymple, op. cit., p. 25.

University of Texas at Austin (2001).

22. 關於批評者對馬勒伯朗士的意見，參見 ibid. and Reihman, 'Malebranche's Influence'。
23. 關於萊布尼茲和中國，參見 David E. Mungello, 'Leibniz's Interpretation of Neo-Confucianism', *Philosophy East & West* 21/1 (1971), 20; Perkins, op. cit。
24. Johnson Kent Wright, 'Voltaire and the *Lettres Philosophiques*', in Christopher Nadon (ed.), *Enlightenment and Secularism: Essays on the Mobilization of Reason* (Lexington Books/Fortress Academic, 2013).
25. 伏爾泰說洛克「否定天賦觀念」一段，引用自 John Bennett Shank, *The Newton Wars and the Beginning of the French Enlightenment* (University of Chicago Press, 2008), p. 313。牛頓「引領我們來到新世界」，引用自 Ian Davidson, *Voltaire: A Life* (Profile Books, 2012)。
26. 參見 Outram, op. cit., Chapter 9。
27. 引用自 Raymond Dawson, *The Chinese Chameleon* (Oxford University Press, 1967), p. 54。
28. 引用自 Colin Mackerass, *Western Images of China* (Oxford University Press, 1999), p. 30。
29. 引用自 David Allen Harvey, *The French Enlightenment and Its Others* (Palgrave MacMillan, 2012), p. 42。
30. 引用自 ibid., pp. 48–9。
31. Ibid., p. 57; Edwin J. Van Kley, 'Europe's "Discovery" of China and the Writing of World History', *American Historical* Review 76/2 (1971), 361–3.
32. 引用自 ibid., 374。
33. Dawson, op. cit., pp. 118–19.
34. Harvey, op. cit., p. 54.
35. Ibid., pp. 44–5.
36. 引用自 Dawson, op. cit., p. 112。
37. 轉錄於 Caroline Frank, *Objectifying China, Imagining America: Chinese Commodities in Early America* (University of Chicago Press, 2011), p. 73。
38. Harvey, op. cit., pp. 62–3.

case-study/.

10. Raymond Dawson, *The Chinese Chameleon* (Oxford University Press, 1967), pp. 110–11; Michael Keevak, *Becoming Yellow: A Short History of Racial Thinking* (Princeton University Press, 2011), p. 66.
11. 參見Richard J. Blackwell, *Galileo, Bellarmine and the Bible* (University of Notre Dame Press, 1991)。
12. 參見Steven Shapin and Simon Schaffer, *Leviathan and the Air-Pump: Hobbes, Boyle, and the Experimental Life* (Princeton University Press, 1989)。
13. 參見Chapter 2 in Dorinda Outram, *The Enlightenment* (Cambridge University Press, 2019)。羅伯特・索斯之語轉錄於Nicholas Spencer, *Magisteria: The Entangled Histories of Science and Religion* (Oneworld, 2023), p. 173。
14. 引用自François Rigolot, 'Curiosity, Contingency and Cultural Diversity: Montaigne's Readings at the Vatican Library', *Renaissance Quarterly* 64/3 (2011), 857。
15. 蒙田對食人族的評論引用自Franklin Perkins, *Leibniz and China: A Commerce of Light* (Cambridge University Press, 2004), p. 11。
16. Miranda Fricker, 'Styles of Moral Relativism: A Critical Family Tree', in Roger Crisp (ed.), *The Oxford Handbook of the History of Ethics* (Oxford University Press, 2013), p. 796.
17. Gregory M. Reihman, 'Malebranche and Chinese Philosophy: A Reconsideration', *British Journal for the History of Philosophy* 21/2 (2013), 266.
18. Alexander J. B. Hampton, 'An English Source of German Romanticism', *Heythrop Journal* 58/3 (2017), 420.
19. Perkins, op. cit., p. 21.
20. Gregory M. Reihman, 'Malebranche's Influence on Leibniz's Writings on China', *Philosophy East & West* 65/3 (2015), 847.
21. Reihman, 'Malebranche's Influence', 852–4; Gregory M. Reihman, 'Constructing Confucius: Western Philosophical Interpretations of Confucianism from Malebranche to Hegel': doctoral thesis submitted to the

Magisteria: The Entangled Histories of Science and Religion (Oneworld Publications, 2023); Chapter IV, 'Copernicus in China', in Nathan Sivin, *Science and Ancient China: Researches and Reflections* (Variorum, 1995); Han Qi, 'Between Science and Religion: Antoine Thomas (1644–1709, SJ) and the Transmission of the Copernican System During the Kangxi Reign', in Alexandre Chen Tsung-min (ed.), *Catholicism's Encounters With China: 17th to 20th century* (Ferdinand Verbiest Institute, 2018); Shi Yunli, 'Nikolaus Smogulecki and Xue Fengzuo's *True Principles of the Pacing of the Heavens*: Its Production, Publication, and Reception', *East Asian Science, Technology and Medicine* 27 (2007).

第九章

1. 利瑪竇之語引用自 Markman Ellis, Richard Coulton and Mathew Mauger, *Empire of Tea: The Asian Leaf That Conquered the World* (Reaktion Books, 2015), p. 21。
2. 范禮安的紀錄引用自 Morgan Pitelka, 'The Tokugawa Storehouse: Ieyasu's Encounter with Things', in Paula Findlen (ed.), *Early Modern Things: Objects and Their Histories (1500–1800)* (Routledge, 2021), p. 371。
3. Ellis *et al.*, op. cit., pp. 23 and 31. 關於荷蘭人對蒙兀兒藝術的興趣，可參見 Sanjay Subrahmanyam, *Europe's India: Words, People, Empires, 1500–1800* (Harvard University Press, 2017), pp. 34–6。
4. 關於早期的在華歐洲商人，參見 Jonathan D. Spence, *The Search for Modern China* (W.W. Norton & Company, 1990), pp.119–21。
5. Donald F. Lach, *Asia in the Making of Europe*, vol. III: *A Century of Advance* (University of Chicago Press, 1965), p. 1583.
6. Ibid., pp. 1588–1618 and 1709–10.
7. John Ovington, *An Essay Upon the Nature and Qualities of Tea* (R. Roberts, 1699).
8. Ellis et al., op. cit., pp. 76–88.
9. Helen Clifford, *Chinese Wallpaper: An Elusive Element in the British Country House* (2014): https://blogs.ucl.ac.uk/eicah/chinese-wallpaper-

22. Catherine Pagani, 'Clockwork and the Jesuit Mission to China', in John W. O'Malley *et al.* (eds.), *The Jesuits II: Cultures, Sciences, and the Arts 1540–1773* (University of Toronto Press, 2005), p. 660.
23. 參見ibid., pp. 660–61; Brockey, op. cit., p. 32; Standaert, op. cit., p. 173。
24. 關於利瑪竇製作的地圖，參見Qiong Zhang, *Making the New World Their Own: Chinese Encounters with Jesuit Science in the Age of Discovery* (Brill, 2015)。
25. Ibid, p. 38; Brockey, op. cit., p. 68.
26. Brockey, op. cit., pp. 71–98.
27. Ibid, pp. 76–115; Standaert, op. cit., pp. 175–8.
28. Mungello, op. cit.
29. Toby E. Huff, *The Rise of Early Modern Science* (Cambridge University Press), p. 204.
30. 參見Mungello, op. cit。
31. Standaert, op. cit., p. 173.
32. Brockey, op. cit., p. 106.
33. 引用自Brockey, op. cit., p. 107。
34. Standaert, op. cit., p. 173; Pagani, op. cit., p. 658; Friederike Biebl, 'The Magnificence of the Qing: European Art on the Jesuit Mission in China', in *MaRBLe Research Papers* (2014).
35. Pagani, op. cit., p. 663.
36. Standaert, op. cit., p. 170; Brockey, op. cit., p. 141.
37. Huff, op. cit., p. 209.
38. Brockey, op. cit., pp. 128–30; Mungello, op. cit.; Standaert, op. cit., p. 170; Zhang, op. cit., p. 158.
39. 關於這方面的天文學問題，參見Yunli Shi, 'Chinese astronomy in the time of the Jesuits: Studies following *Science and Civilisation in China*', in *Cultures of Science* 3/2 (2020)。
40. 關於日心說的爭議以及在中國引起的迴響，參見Richard J. Blackwell, *Galileo, Bellarmine and the Bible* (University of Notre Dame Press, 1991); John Patrick Donnelly SJ, Review of *Galileo, Bellarmine and the Bible*, in *The Journal of Modern History* 65/4 (1993); Nicholas Spencer,

Example and Legacy', *Ecclesiology* 3/3 (2007), 325; Will Sweetman, 'Reading Jesuit Readings of Hinduism', *Jesuit Historiography Online* (2019).

8. Figures from Schouten, op. cit., 188.
9. Francis X. Clooney SJ, *Western Jesuit Scholars in India* (Brill, 2020), pp. 24–32.
10. Schouten, op. cit., pp. 191–3; Clooney, *Western Jesuit Scholars in India*, pp. 40–42.
11. 參見Clooney, 'Roberto de Nobili's *Dialogue*'; De Nobili, op. cit.; Schouten, op. cit。
12. 關於諾比利與「神明降世」的論述，參見Clooney, *Western Jesuit Scholars in India*, p. 94。
13. Schouten, op. cit.
14. Schouten, op. cit.
15. 參見Michael Walsh, *The Jesuits: From Ignatius of Loyola to Pope Francis* (Hymns Ancient and Modern, 2022)。
16. Liam Matthew Brockey, *Journey to the East: The Jesuit Mission to China, 1579–1724* (Harvard University Press, 2008), p. 421; Nicholas Standaert, 'Jesuits in China', in Thomas Worcester (ed.), *The Cambridge Companion to the Jesuits* (Cambridge University Press, 2008), p. 178; Matteo Ricci (trans. Timothy Billings), *On Friendship: One Hundred Maxims for a Chinese Prince* (Columbia University Press, 2009).
17. 引用自Franklin Perkins, *Leibniz and China: A Commerce of Light* (Cambridge University Press, 2004), p. 20。
18. Donald F. Lach, *Asia in the Making of Europe*, vol. III: *A Century of Advance* (University of Chicago Press, 1965), p. 1652.
19. 引用自Colin Mackerass, *Western Images of China* (Oxford University Press, 1999), p. 28。亦可參見Perkins, op. cit., pp. 9–10。
20. 參見David Mungello, *The Great Encounter of China and the West, 1500–1800* (Rowman & Littlefield, 1999); Raymond Dawson, *The Chinese Chameleon* (Oxford University Press, 1967), pp. 46–7。
21. Brockey, op. cit., p. 34.

49. Sen, op. cit., pp. 206–8; Mickelson-Gaughan, op. cit., p. 20.

第八章

1. 西元1616年10月科里亞特寫給母親的信，引用自William Foster (ed.), *Early Travels in India, 1583–1619* (Humphrey Milford/Oxford University Press, 1921), pp. 261–70。
2. 參見Wayne Hudson, *The English Deists: Studies in Early Enlightenment* (Routledge, 2016), pp. 47–8; R. W. Serjeantson, 'Herbert of Cherbury Before Deism: The Early Reception of the De Veritate', *The Seventeenth Century* 16/1 (2001)。
3. Jan Peter Schouten, 'A Foreign Culture Baptised: Roberto de Nobili and the Jesuits', *Exchange* 47 (2018), 186–7; Richard Stoneman, *The Greek Experience of India: From Alexander to the Indo-Greeks* (Princeton University Press, 2019), p. 229.
4. Francis X. Clooney SJ, 'Roberto de Nobili's *Dialogue on Eternal Life* and An Early Jesuit Evaluation of Religion in South India', in John W. O'Malley *et al.* (eds.), *The Jesuits: Cultures, Sciences and the Arts, 1540–1773* (University of Toronto Press, 1999), p. 405; Wilhelm Halbfass, *India and Europe: An Essay in Understanding* (State University of New York Press, 1988), p. 42.
5. Schouten, op. cit., 187–91.
6. Gita Dharampal-Frick, 'Revisiting the Malabar Rites Controversy: A Paradigm of Ritual Dynamics in the Early Modern Catholic Missions of South India', in Ines G. Županov and Pierre Antoine Fabre (eds.), *The Rites Controversies in the Early Modern World* (Brill, 2018); and Roberto de Nobili (trans. and introduction: Anand Amaladass SJ and Francis X. Clooney SJ), *Preaching Wisdom to the Wise: Three Treatises by Roberto de Nobili SJ, Missionary and Scholar in 17th Century India* (Institute of Jesuit Studies, 2000), pp. 17–19; Clooney, 'Roberto de Nobili's *Dialogue*', pp. 404–5; Robert Eric Frykenberg, *Christianity in India: From Beginnings to the Present* (Oxford University Press, 2008), p. 139.
7. Paul Collins, 'The Praxis of Inculturation for Mission: Roberto de Nobili's

28. Aune, 'Thomas Coryate versus John Taylor', p. 90.
29. John Donne, 'Upon Mr Thomas Coryat's Crudities', in John Donne (Alexander Balloch Grosart (ed.), *The Complete Poems*, vol. 2 (Robson Books, 1873), p. 94.
30. Foster, op. cit., pp. 236–60.
31. Ibid., pp. 243–71.
32. Pritchard, op. cit., p. 228.
33. Foster, op. cit., p. 245.
34. Ibid., p. 246.
35. Ibid., p. 247.
36. Ibid., p. 262.
37. 該墓碑上銘刻的是梅登霍爾於1614年離世，但該墓碑是如何與何時樹立並不清楚。二十世紀初年出現了一面新造的英文墓碑覆蓋到舊碑之上。Foster, op. cit., p. 51。
38. 霍金斯自述引用自Foster, op. cit., p. 76; Melo, op. cit., p. 137。
39. 關於帕坦族戰士，可參見Katie Hickman, *She-Merchants, Buccaneers and Gentlewomen: British Women in India* (Virago, 2019), p. 32 and Foster, op. cit., p. 78。關於這個時代英國人對印度的描述，亦可參見Kate Teltscher, *India Inscribed: European and British Writing on India 1600–1800* (Oxford University Press, 1995)。
40. Foster, op. cit., pp. 67 and 116.
41. Joan Mickelson-Gaughan, *The 'Incumberances': British Women in India, 1615–1856* (Oxford University Press, 2014), p. 17.
42. 引用自Pritchard, op. cit., p. 237。
43. Foster, op. cit., pp. 244–6.
44. Pritchard, op. cit., pp. 261–3.
45. Amrita Sen, 'Traveling Companions: Women, Trade, and the Early East India Company', *Genre* 48/2 (2015), p. 193.
46. 關於陶爾森夫婦與哈德森夫人，參見Foster, op. cit., p. 71; Sen, op. cit., p. 195。Mickelson-Gaughan, op. cit., p. 19; Hickman, op. cit., p. 29。
47. Hickman, op. cit., p. 29; Mickelson-Gaughan, op. cit., p. 4.
48. Sen, op. cit., pp. 198 and 206.

Terrae Incognitae: The Journal of the Society for the History of Discoveries 52/1 (2020)。

10. Evans, op. cit., pp. 95–219.
11. Ibid., pp. 214 and 238; Sicking and van Rhee, op. cit., p. 388.
12. Evans, op. cit., pp. 194–216.
13. Ibid., pp. 62–3 and 253–4.
14. Donald F. Lach, *Asia in the Making of Europe*, vol. I (University of Chicago Press, 1965), p. 477; João Vicente Melo, *Jesuit and English Experiences at the Mughal Court, c. 1580–1615* (Palgrave Macmillan, 2022), pp. 109–10.
15. Foster, op. cit., pp. 1–8; Lach, vol. I: *The Century of Discovery*, p. 477–8; J. Courtenay Locke, *The First Englishmen in India: Letters and Narratives of Sundry Elizabethans Written by Themselves* (Taylor & Francis, 2004), p. 42.
16. Locke, op. cit., pp. 41–9; Foster, op. cit., pp. 3 and 16.
17. Pritchard, op. cit., p. 252.
18. Foster, op. cit., pp. 17–18; Courtenay Locke, op. cit., p. 54.
19. William Dalrymple, *The Anarchy: The Relentless Rise of the East India Company* (Bloomsbury, 2019), p. 14.
20. Courtenay Locke, op. cit., p. 54; Melo, op. cit., p. 113.
21. 引用自Courtenay Locke, op. cit., p. 58。
22. Ibid., pp. 70–72; Lach, vol. I: *The Century of Discovery*, p. 215.
23. Dalrymple, op. cit., pp. 9–12.
24. *Coryat's Crudities: Hastily Gobled up in Five Moneth's Travells* (William Stansby, 1611), section entitled 'The Epistle to the Reader'.
25. Foster, op. cit., pp. 234–5; Mark Aune, 'An Englishman on an Elephant: Thomas Coryate, Travel Writing and Literary Culture in Early Modern England': doctoral thesis submitted to the Graduate School of Wayne State University, Detroit, Michigan (2002), p. 16.
26. M. G. Aune, 'Thomas Coryate versus John Taylor: the Emergence of the Early Modern Celebrity', *Cahiers Élisabéthains: A Journal of English Renaissance* Studies 101/1 (2020), p. 87.
27. 「甜點菓子和科里亞特」一語引用自Aune, 'An Englishman on an Elephant', p. 9。「鍛鍊朝臣機智的鐵砧」引用自Foster, op. cit., p. 234。

51. Brown, op. cit., 889; Cooper, op. cit., p. 51.
52. Massarella, op. cit., 335; Cooper, op. cit., p. 92.
53. Brown, op. cit., 893 and Lach, vol. I: *The Century of Discovery*, p. 697.
54. Massarella, op. cit., 343.
55. 引用自 Lach, vol. I: *The Century of Discovery*, p. 702。
56. Massarella, op. cit., 348–50; Cooper, op. cit., p. 158.
57. Üçerler, op. cit., p. 161.
58. 統計數字取自 David W. Kling, *A History of Christian Conversion* (Oxford University Press, 2020), p. 444。當時日本基督徒人數與日本全國人口的精確數字無法肯定且有爭議。
59. 引用自 Frois, op. cit., pp. 79–127。
60. Doak, op. cit., p. 1. 茶道宗師千利休有一些徒弟是基督徒。

第七章

1. 轉錄於 William Foster (ed.), *Early Travels in India, 1583–1619* (Humphrey Milford/Oxford University Press, 1921), pp. 271–3。
2. Ibid., pp. 271–3.
3. 引用自 R. E. Pritchard, *Odd Tom Coryate* (The History Press, 2004), p. 19。
4. William H. Sherman, 'Stirrings and Searchings (1500–1720)', in Peter Hulme and Tim Youngs (eds.), *The Cambridge Companion to Travel Writing* (Cambridge University Press, 2002), p. 19.
5. Peter E. Pope, *The Many Landfalls of John Cabot* (University of Toronto Press, 1997), p. 14.
6. 關於鱈魚的情形，參見 James Evans, *Merchant Adventurers: The Voyage of Discovery That Transformed Tudor England* (Orion, 2013), p. 16。狩獵情況參見 Pope, op. cit., p. 28。
7. Pope, op. cit., pp. 32–42.
8. Louis Sicking and C. H. (Remco) van Rhee, 'The English Search for a Northeast Passage to Asia Reconsidered', *The Mariner's Mirror* 105/4 (2019), p. 392.
9. 參見 Lydia Towns, 'Merchants, Monarchs and Sixteenth-Century Atlantic Exploration: New Insight into Henry VIII's Planned Voyage of 1521',

Luis Frois, S. J. (trans. Richard K. Danford, Robin D. Gill and Daniel T. Reff), *The First European Description of Japan, 1585* (Routledge, 2014)。

37. Frois, op. cit., p. 15.
38. 關於在日本的耶穌會士人數，參見Joseph Moran, *Alessandro Valignano and the Early Jesuits in Japan* (Continuum, 1992), p. 2。關於「同宿」的探討，參見Haruko Nawata Ward, 'Jesuits, Too: Jesuits, Women Catechists, and Jezebels in Christian-Century Japan', in John W. O'Malley *et al.* (eds.), *The Jesuits II: Cultures, Sciences, and the Arts 1540–1773* (University of Toronto Press, 2005), p. 640。
39. Ibid., pp. 643–5.
40. 統計數字引用自Lach, vol. I: *The Century of Discovery*, p. 689。
41. 關於織田信長對佛洛伊斯的審問，參見Frois, op. cit., p. 35。關於武士盔甲防彈的情況，參見Stephen R. Turnbull, *The Book of the Samurai: The Warrior Class of Japan* (Gallery Books, 1982), p. 78。
42. Derek Massarella, 'Envoys and Illusions: The Japanese Embassy to Europe, 1582–90, *De Missione Legatorvm Iaponensium*, and the Portuguese Viceregal Embassy to Toyotomi Hideyoshi, 1591', *Journal of the Royal Asiatic Society* 15/3 (2005), 330.
43. 引用自Lach, vol. I: *The Century of Discovery*, pp. 690–91。
44. Massarella, op. cit., 346.
45. Judith C. Brown, 'Courtiers and Christians: The First Japanese Emissaries to Europe', *Renaissance Quarterly* 47/4 (1994), 875.
46. 關於使團男孩們的裝束與覲見菲利普二世的情形，參見Michael Cooper, *The Japanese Mission to Europe, 1582–1590* (Global Oriental, 2005), p. 60。關於使團贈送的禮物，以及使團接近羅馬時遇見的群眾規模，參見Lach, vol. I: *The Century of Discovery*, pp. 693–5。關於旅程與在羅馬受到的歡迎與接待，參見Brown, op. cit., 890–98 and Massarella, op. cit., 333。
47. Massarella, op. cit., 333–5; Cooper, op. cit., pp. 88–91.
48. Ibid., 336 and Lach, vol. I: *The Century of Discovery*, p. 698.
49. Brown, op. cit., 889.
50. Massarella, op. cit., 336 and Lach, vol. I: *The Century of Discovery*, p. 700.

22. Lach, vol. I: *The Century of Discovery*, p. 661.

23. D'Ortia *et al.*, op. cit., p. 72; Lach, vol. I: *The Century of Discovery*, p. 661.

24. 范禮安的紀錄，引用自 Jurgis Elisonas, 'Christianity and the Daimyō', in *The Cambridge History of Japan*, vol. 4: *Early Modern Japan* (Cambridge University Press, 1991), p. 309。

25. Ibid., p. 313.

26 Linda Zampol D'Ortia, 'The Dress of Evangelization: Jesuit Garments, Liturgical Textiles, and the Senses in Early Modern Japan', *Entangled Religions* 10 (2019).

27. Elisonas, op. cit.; Lach, vol. I: *The Century of Discovery*, p. 667.

28. Elisonas, op. cit., pp. 314–15; D'Ortia *et al.*, op. cit., pp. 73–4.

29. 參見Kevin Doak, *Xavier's Legacies: Catholicism in Modern Japanese Culture* (UBC Press, 2008), p. 1。有學者認為人數高達六千，見Sandvig, op. cit.,p. 26。

30. 關於這條貿易路線，可參見Cristina Castel-Branco and Guida Carvalho, *Luis Frois: First Western Accounts of Japan's Gardens, Cities and Landscapes* (Springer, 2020), pp. 23–40。利潤統計數字取自Kiichi Matsuda, *The Relations between Portugal and Japan* (Junta de Investigações do Ultramar, 1965), p. 12。

31. Alexandra Curvelo, 'The Disruptive Presence of the Nanban-jin in Early Modern Japan', *Journal of the Economic and Social History of the Orient* 55 (2012), 581–602.

32. 參見D'Ortia *et al.*, op. cit., pp. 74–6; Lach, vol. I: *The Century of Discovery*, pp. 707–17。

33. D'Ortia *et al.*, op. cit., pp. 75–85.

34. 參見Lach, vol. I: *The Century of Discovery*, pp. 680–2; D'Ortia *et al.*, op. cit。

35. M. Antoni J. Üçerler, 'The Jesuit Enterprise in Sixteenth-and Seventeenth-century Japan', in Worcester (ed.), op. cit., pp. 158–9.

36. 參見Andrew C. Ross, 'Alessandro Valignano: The Jesuits and Culture in the East', in John W. O'Malley *et al.* (eds.), *The Jesuits: Cultures, Sciences and the Arts, 1540–1773* (University of Toronto Press, 1999), pp. 344–7;

4. Ying Liu *et al.* (eds.), *Zheng He's Maritime Voyages (1405–1433) and China's Relations with the Indian Ocean World: A Multilingual Bibliography* (Brill, 2014), p. xxiii.
5. Spence, op. cit., p. 20.
6. Lach, vol. I: *The Century of Discovery*, pp. 733–7; Mungello, op. cit.
7. Lach, vol. I: *The Century of Discovery*, p. 737; Spence, op. cit., pp. 21–3.
8. Roderich Ptak, 'The Demography of Old Macao, 1555–1640', *Ming Studies* 1 (1982).
9. Lach, vol. I: *The Century of Discovery*, pp. 743–4.
10. 引用自 Lach, vol. I: *The Century of Discovery*, pp. 756–7。
11. Lach, vol. I: *The Century of Discovery*, pp. 738–81.
12. Lach, vol. I: *The Century of Discovery*, pp. 765–84; Spence, op. cit., p. 26.
13. Ricardo Padrón, *The Indies of the Setting Sun: How Early Modern Spain Mapped the Far East as the Transpacific West* (University of Chicago Press, 2022), p. 193.
14. Liam Matthew Brockey, *Journey to the East: The Jesuit Mission to China, 1579–1724* (Harvard University Press, 2008), p. 31.
15. Ibid., p. 32.
16. Franklin Perkins, *Leibniz and China: A Commerce of Light* (Cambridge University Press, 2008), pp. 16–19.
17. Brockey, op. cit., p. 421; Nicholas Standaert, 'Jesuits in China', in Thomas Worcester (ed.), *The Cambridge Companion to the Jesuits* (Cambridge University Press, 2008).
18. Lach, vol. I: *The Century of Discovery*, pp. 656–9.
19. Kirk Sandvig, *Hidden Christians in Japan: Breaking the Silence* (Lexington Books/Fortress Academic, 2019), p. 22–3.
20. Linda Zampol D'Ortia, Lucia Dolce and Ana Fernandes Pinto, 'Saints, Sects and (Holy) Sites: The Jesuit Mapping of Japanese Buddhism (Sixteenth Century)', in Alexandra Curvelo and Angelo Cattaneo (eds.), *Interactions between Rivals: The Christian Mission and Buddhist Sects in Japan (c. 1549–c. 1647)* (Peter Lang, 2021), p. 71.
21. Sandvig, op. cit., p. 26; D'Ortia *et al.*, op. cit., p. 72.

India', essay in Oxford Handbooks Online (2016); Donald F. Lach, vol. I: *The Century of Discovery*, pp. 236–48。

8. Lach, vol. I: *The Century of Discovery*, pp. 242–4.
9. Ibid., pp. 229–331; Ines G. Županov, '"One Civility but Multiple Religions": Jesuit Mission among St Thomas Christians in India (16th–17th Centuries)', in *Journal of Early Modern History* 9/3, pp. 284–325.
10. Županov, op. cit.; Lach, vol. I: *The Century of Discovery*.
11. Županov, op. cit.; Lach, vol. I: *The Century of Discovery*.
12. Županov, op. cit., pp. 319–22.
13. João Vicente Melo, *Jesuit and English Experiences at the Mughal Court, c. 1580–1615* (Palgrave Macmillan, 2022), pp. 10–16 and 23; Sugata Bose and Ayesha Jalal, *Modern South Asia: History, Culture, Political Economy* (Routledge, 2004), p. 31.
14. Melo, op. cit., pp. 67–8 and 23.
15. Ibid., pp. 27–9; Lach, vol. I: *The Century of Discovery*.
16. Gauvin Alexander Bailey, '*The Truth-Showing Mirror*: Jesuit Catechism and the Arts in Mughal India', in John W. O'Malley *et al.* (eds), *The Jesuits: Cultures, Sciences and the Arts, 1540–1773* (University of Toronto Press, 1999), pp. 381 and 392.
17. Melo, op. cit., p. 30; Lach, vol. I: *The Century of Discovery*, p. 278.
18. 參見Bailey, op. cit. and Gauvin Alexander Bailey, '"Le style jésuite n'existe pas": Jesuit Corporate Culture and the Visual Arts', in O'Malley *et al.* (eds.), op. cit., pp. 38–89。

第六章

1. Jonathan D. Spence, *The Chan's Great Continent: China in Western Minds* (W.W. Norton & Company, 1999), p. 1.
2. Donald F. Lach, *Asia in the Making of Europe*, vol. I: *The Century of Discovery* (University of Chicago Press, 1965), pp. 730–31.
3. 參見David Mungello, *The Great Encounter of China and the West, 1500–1800* (Rowman & Littlefield, 1999); Lach, vol. I: *The Century of Discovery*, p. 740。

24. Freedman, op. cit., pp. 179–81.
25. Valerie Flint, *The Imaginative Landscape of Christopher Columbus* (Princeton University Press, 1992), pp. 128 and 151–2. 亦可參見Markus Bockmuehl, 'Locating Paradise', in Markus Bockmuehl and Guy G. Stroumsa (eds.), *Paradise in Antiquity: Jewish and Christian Views* (Cambridge University Press, 2010)。
26. Flint, op. cit., p. 115.
27. Lach, vol. I: *The Century of Discovery*, p. 98.
28. Freedman, op. cit., p. 204; Lach, vol. I: *The Century of Discovery*, p. 143; Stanley Wolpert, *A New History of India* (Oxford University Press, 2000), p. 140.

第五章

1. 參見Robert J. Miller *et al.*, *Discovering Indigenous Lands: The Doctrine of Discovery in the English Colonies* (Oxford University Press, 2010)。
2. Francis Augustus MacNutt, *Bartholomew de Las Casas: His Life, Apostolate and Writings* (2020), p. 197.
3. 《神操》的概觀，可參見Philip Endean, 'The Spiritual Exercises', in Thomas Worcester (ed.), *The Cambridge Companion to the Jesuits* (Cambridge University Press, 2008)。關於羅耀拉此人，參見Lu Ann Homza, 'The Religious Milieu of the Young Ignatius', in ibid。
4. Donald F. Lach, *Asia in the Making of Europe*, vol. I: *The Century of Discovery* (University of Chicago Press, 1965), p. 345.
5. Alfonso de Albuquerque, *The Commentaries of the Great Alfonso de Albuquerque, Second Viceroy of India* ([trans. Walter De Gray Birch] Cambridge University Press, 2010), p. 171; Lach, vol. I: *The Century of Discovery*, p. 168.
6. 關於現代早期歐洲與印度有關的記載或著作，參見Donald F. Lach, *Asia in the Making of Europe*, vol. II: *A Century of Wonder*, Book 2: *The Literary Arts* (University of Chicago Press, 1977)。
7. 參見Robert Eric Frykenberg, *Christianity in India: From Beginnings to the Present* (Oxford University Press, 2008); Leonard Fernando SJ, 'Jesuits and

Imagination: Marco Polo, Fra Mauro and Giovanni Battista Ramusio', *History and Anthropology* 23/2 (2012), 215–34。

5. Polo, op. cit., p. xiii. 直到最近，學界尚認為歐洲中古大多數讀者都對馬可·波羅抱持懷疑，不過最新的觀點對此已有所修正。參見Kim M. Phillips, *Before Oriental-ism: Asian Peoples and Cultures in European Travel Writing, 1245–1510* (University of Pennsylvania Press), p. 37。
6. Donald F. Lach, *Asia in the Making of Europe*, vol. I: *The Century of Discovery* (University of Chicago Press, 1965), p. 38.
7. Polo, op. cit., pp. xiii–xiv; 關於「歐洲」作為一文化實體，參見Phillips, op. cit., p. 62。
8. Ibid., pp. xiii–xiv and 237.
9. Ibid., pp. 66–9 and 239.
10. Ibid., p. xxiv.
11. Ibid., pp. xxxii–xxxiii.
12. 關於學界的共識，可參見Hans Ulrich Vogel, *Marco Polo Was in China: New Evidence from Currencies, Salts and Revenues* (Brill, 2013); Na Chang, 'Kublai Khan in the Eyes of Marco Polo', *European Review* 25/3 (2017), 502–17。
13. Joan-Pau Rubiés, *Travel and Ethnology in the Renaissance: South India through European Eyes, 1250–1625* (Cambridge University Press, 2004), pp. 50–71.
14. Polo, op. cit., p. xxiv.
15. Ibid., pp. 93–4 and 270.
16. Ibid., pp. 247–8.
17. Ibid., p. 251.
18. Rubiés, op. cit., p. 68.
19. Polo, op. cit., pp. 252–79.
20. Ibid., pp. 227–8.
21. Ibid., pp. 228–32.
22. Ibid., pp. 228–31.
23. 參見Freedman, op. cit., pp. 173 and 190; Lach, vol. I: *The Century of Discovery*, p. 65。

11. 參見'Allegory', in John Anthony McGuckin (ed.), *The Westminster Handbook to Origen* (John Know Press, 2004)。
12. Freedman, op. cit., p. 91.
13. Ibid., pp. 89–94.
14. Donald F. Lach, *Asia in the Making of Europe*, vol. I: *The Century of Discovery* (University of Chicago Press, 1965), pp. 20–21.
15. Ibid, pp. 24–6.
16. 'Letter of Prester John', in Sir E. Denison Ross (trans.), 'Prester John and the Empire of Ethiopia', in Arthur Percival Newton (ed.), *Travel and Travellers of the Middle Ages* (Routledge and Kegan Paul, 1926), p. 175.
17. 關於祭司王約翰的愛、真理與魔法鏡，傳說故事版本眾多，參見Keagan Brewer (ed.), *Prester John: the Legend and Its Sources* (Taylor & Francis, 2019)。
18. 參見Romila Thapar, *The Penguin History of Early India* (Penguin Books India, 2003), p. 385; Sugata Bose and Ayesha Jalal, *Modern South Asia: History, Culture, Political Economy* (2004), p. 21。
19. 參見Robert Eric Frykenberg, *Christianity in India: From Beginnings to the Present* (Oxford University Press, 2008), p. 99。
20. 引用自M. Uebel, *Ecstatic Transformation: On the Uses of Alterity in the Middle Ages* (Palgrave Macmillan, 2005), p. 123。

第四章

1. Marco Polo, *The Travels* (trans. and introduction, Nigel Cliff) (Penguin, 2015), p. 3.
2. 關於義大利的海權共和國，參見John H. Pryor, 'The Maritime Republics', in David Abulafia (ed.), *The New Cambridge Medieval History* (Cambridge University Press, 1999), pp. 419–46。
3. Polo, op. cit., pp. xx–xxiii.
4. Ibid., pp. xx–xxxix. 亦可參見Jørgen Jensen, 'The World's Most Diligent Observer', *Asiatische Studien* LI (1997), 723–4; Paul Freedman, *Out of the East: Spices and the Medieval Imagination* (Yale University Press, 2009), p. 174; Surekha Davies, 'The Wondrous East in the Renaissance Geographical

in Kurt A. Raaflaub and Richard J. A. Talbert (eds.), *Geography and Ethnography: Perceptions of the World in Pre-Modern Societies* (Blackwell, 2009), p. 79.

33. Henry G. Bohn (trans.), *The Epigrams of Martial*, Bohn's Classical Library (George Bell and Sons, 1897), Book XI, XXVII: 'To Flaccus'.
34. Parker, op. cit., p. 90.
35. 轉錄於 ibid., pp. 90–91。
36. Ibid., pp. 107–8.
37. 引用自 ibid., p. 53。
38. 引用自 ibid, p. 216。

第三章

1. 引用自 Ken Curtis and Valerie Hansen, *Voyages in World History* (Wadsworth Publishing, 2016), p. 85。
2. 引用自 Victor H. Mair *et al.* (eds.), *Hawai'i Reader in Traditional Chinese Culture* (University of Hawaii Press, 2005), p. 170。
3. Valerie Hansen, *The Silk Road: A New History* (Oxford University Press, 2015), p. 5.
4. Ibid., pp. 14–17.
5. 關於甘英的海上旅程，可參見 Li Feng, *Early China: A Social and Cultural History* (Cambridge University Press, 2013), pp. 280–81 and Edwin G. Pulleyblank, 'The Roman Empire as Known to Han China', *Journal of the American Oriental Society* 119/1 (1999), p. 78。
6. 轉錄於 Han Xiaorong, 'The Role of Vietnam in China's Foreign Relations', in Clara Wing-chung Ho *et al.* (eds.), *Voyages, Migration and the Maritime World* (De Gruyter Oldenbourg, 2018), p. 123。
7. 參見 Paul Freedman, *Out of the East: Spices and the Medieval Imagination* (Yale University Press, 2009), pp. 2–31。
8. Ibid., pp. 2–31.
9. Ibid, pp. 78–80.
10. Origen, *On First Principles* [trans G. W. Butterworth] (Ave Maria Press, 2013), pp. 383–4.

Sinews of Empire: Networks in the Roman Near East and Beyond (Oxbow Books, 2017)。

18. Stoneman, *Greek Experience of India*, p. 417.
19. Shonaleeka Kaul, 'South Asia', in Craig Benjamin (ed.), *The Cambridge World History*, vol. 4: *A World with States, Empires, and Networks 1200 BCE–900 CE* (Cambridge University Press, 2015), pp. 485–98.
20. Christian Habicht, 'Eudoxus of Cyzicus and Ptolemaic Exploration of the Sea Route to India', in Kostas Buraselis, Mary Stefanou and Dorothy J. Thompson (eds.), *The Ptolemies, the Sea, and the Nile: Studies in Waterborne Power* (Cambridge University Press, 2013), p. 199.
21. Parker, op. cit., p. 55.
22. Steven E. Sidebotham, *Roman Economic Policy in the Erythra Thalassa: 30 BC–AD 217* (Brill, 1986), p. 129.
23. 參見Franz Ferdinand Schwarz, 'Pliny the Elder on Ceylon', *Journal of Asian History* 8/1 (1974)。
24. Warwick Ball, *Rome in the East: The Transformation of an Empire* (Routledge, 2000), p. 149.
25. Richard Saller, *Pliny's Roman Economy: Natural History, Innovation and Growth* (Princeton University Press, 2022), p. 95. 老普林尼提出的統計數字實在無從確認其來源，可見Parker, op. cit., p. 189。
26. Ball, op. cit., pp. 143–50; Pliny the Elder, *The Natural History*, 6:26 (trans. John Bostock, Taylor and Francis, 1855).
27. 關於羅馬與印度貿易的細節，參見Parker, op. cit., pp. 157–76; Ball, op. cit., pp. 144–8; Buraselis *et al.* (eds.), op. cit., p. 203; Lach, vol. I: *The Century of Discovery*, p. 15。
28. 轉錄於Parker, op. cit., p. 173。
29. Parker, op. cit., pp. 151–3.
30. Paul Freedman, *Out of the East: Spices and the Medieval Imagination* (Yale University Press, 2009), p. 26.
31. Kelly Olson, *Dress and the Roman Woman: Self-Presentation and Society* (Taylor & Francis, 2012), p. 14.
32. Michael Loewe, 'Knowledge of Other Cultures in China's Early Empires',

Alexander the Great: vol. 2, *Sources and Studies* (Cambridge University Press, 2003)。

6. Stoneman, *The Greek Alexander Romance*, p. 131. 關於亞歷山大遇見「裸身哲學家」的古代文獻記載，參見Olga Kubica, 'Meetings with the "Naked Philosophers" as a Case Study for the Greco-Indian Relations in the Time of Alexander', *Studia Hercynia* XXV/1 (2021), 72–81。
7. Stoneman, *The Greek Alexander Romance*, pp. 132–3.
8. Stoneman, *Greek Experience of India*, pp. 291–2. 關於這些裸身哲學家的真實身分為誰，以及對皮浪與佛教關係的推想，參見Stoneman, *Greek Experience of India*, pp. 346–56; Kubica, op. cit., 75–6。
9. 參見Stoneman, *Greek Experience of India*, pp. 100–137 and Parker, op. cit.,p. 42。有些學者（包括Stoneman在內）質疑，將麥加斯提尼的著作稱為民族誌是否恰當，相關探討參見*Greek Experience of India*, p. 137。
10. Stoneman, *Greek Experience of India*, pp. 319–29; Richard Stoneman, *Megasthenes' Indica: A New Translation of the Fragments* (Routledge, 2021), pp. 43–4.
11. Stoneman, *Megasthenes' Indica*, pp. 143, 189, 198.
12. Cornelia Isler-Kerényi (trans. Wilfred G. E. Watson), *Dionysos in Archaic Greece: An Understanding through Images* (Brill, 2007), pp. 1–3.
13. 這一點的簡要討論可參見Allan Dahlquist, *Megasthenes and Indian Religion: A Study in Motives and Types* (Motilal Banarsidass, 1977), pp. 9–11。
14. 關於麥加斯提尼對印度社會生活情況的描述，參見Parker, op. cit., p. 46; Stoneman, *Greek Experience of India*, pp. 211–17; Stoneman, *Megasthenes' Indica*, p. 63; Donald F. Lach, *Asia in the Making of Europe*, vol. I: *The Century of Discovery* (University of Chicago Press, 1965), pp. 9–10。
15. Stoneman, *Megasthenes' Indica*, pp. 274–86.
16. Parker, op. cit., pp. 48–9; Stoneman, *Greek Experience of India*, pp. 377–401.
17. Thapar, op. cit., p. 254. 亦可參見Eivind Seland and Hakon Teigon (eds.),

the Indo-Greeks (Princeton University Press, 2019), p. 100; Parker, op. cit., p. 17; E. R. Bevan, 'India in Early Greek and Latin Literature', in Edward James Rapson (ed.), *The Cambridge History of India*, vol. 1: *Ancient India* (Cambridge University Press, 1922), p. 394。

23. Jan P. Stronk, 'Ctesias of Cnidus, A Reappraisal', *Mnemosyne* vol. 60 (2007), p. 27; Parker, op. cit., pp. 28–33; Stoneman, *Greek Experience of India*, p. 100; J. M. Bigwood, 'Aristotle and the Elephant Again', *American Journal of Philology* 114/4 (1993), 541.
24. Bigwood, op. cit.; K. Karttunen, 'The Reliability of the *Indika* of Kte-sias', *Studia Orientalia Electronica* 50, 105–8. 關於此種防鏽合金，可參見 Raoul McLaughlin, *The Roman Empire and the Silk Routes* (Pen & Sword History, 2016), p. 5。
25. A. Brian Bosworth, 'Aristotle, India and the Alexander Historians', *Topoi* 3/2 (1993), 421.
26. Richard Stoneman (trans., author of introduction and notes), *The Greek Alexander Romance* (Penguin, 1991), p. 2.

第二章

1. Richard Stoneman (trans., author of introduction and notes), *The Greek Alexander Romance* (Penguin, 1991), p. 133.
2. Stanley Wolpert, *A New History of India* (Oxford University Press, 2000), p. 56; Grant Parker, *The Making of Roman India* (Cambridge University Press, 2008), p. 35.
3. Richard Stoneman, *The Greek Experience of India: From Alexander to the Indo-Greeks* (Princeton University Press, 2019), p. 68; Daniela Dueck, *Geography in Classical Antiquity* (Cambridge University Press, 2012), p. 14; A. Brian Bosworth, 'Aristotle, India and the Alexander Historians', *Topoi* 3/2 (1993), 423; Romila Thapar, *The Penguin History of Early India* (Penguin Books India, 2003), p. 157.
4. 引用自 Parker, op. cit., p. 36。
5. Plutarch, 'Alexander', in Bernadotte Perrin (trans.), *Plutarch's Lives* (Harvard University Press, 1919), Chapter 62. 亦可參見 W. W. Tarn,

Perceptions of the World in Pre-Modern Societies (Blackwell, 2009), pp. 197–214; Richard Talbert, *Ancient Perspectives: Maps and Their Place in Mesopotamia, Egypt, Greece and Rome* (University of Chicago Press, 2012), pp. 89–90.

9. Herodotus, *Histories*, Book 4, Chapter 45, in Holland (trans.), op. cit., p. 279.
10. 參見Herodotus, *Histories*, 4, in ibid., pp. 261–336。
11. 參見ibid。亦可參見James Romm, 'Continents, Climates and Cultures: Greek Theories of Global Structure', in Kurt A. Raaflaub and Richard J. A. Talbert (eds.), op. cit., p. 220 and Cole, op. cit., p. 209。
12. Romm, op. cit., pp. 220–3.
13. 關於西拉克斯的事蹟，參見Grant Parker, *The Making of Roman India* (Cambridge University Press, 2008), pp. 14–15; Wilhelm Halbfass, *India and Europe: An Essay in Understanding* (State University of New York Press, 1988), p. 11; Daniela Dueck, *Geography in Classical Antiquity* (Cambridge University Press, 2012), p. 10; Dmitri Panchenko, '"Scylax"': Circumnavigation of India and Its Interpretation in Early Greek Geography, Ethnography and Cosmography', *Hyperboreus*, vol. 4 (1998), p. 213。
14. Parker, op. cit., p. 56.
15. A. D. Godly (trans.), Herodotus, *Histories: The Persian Wars*, vol. II: *Books 3 to 4*, Loeb Classical Library edn (Harvard University Press, 1921), Book 3, Chapter 98.
16. Herodotus, *Histories*, Book 3, Chapter 99, in Holland (trans.), op. cit., p. 235.
17. Herodotus, *Histories*, Book 3, Chapter 101, in ibid., p. 236.
18. Herodotus, *Histories* 3:104, Loeb Classical Library edition (1921).
19. 參見Michel Peissel, *Ants' Gold: The Discovery of the Greek El Dorado in the Himalayas* (HarperCollins, 1984)。
20. Herodotus, *Histories* Book 3, Chapter 106, in Godly (trans.), op. cit.
21. Herodotus, *Histories*, Book 7, chapters 65 and 86, in Holland (trans.), op. cit., pp. 472 and 477; Parker, op. cit., p. 56.
22. 參見Richard Stoneman, *The Greek Experience of India: From Alexander to*

op. cit., pp. 12 and 34。

8. Frederick Douglass, 'The Reason Why', 轉錄於 Ida B. Wells-Barnett, *Selected Works of Ida B. Wells-Barnett* (Oxford University Press, 1991), pp. 51–2。
9. Ibid., pp. 52 and 58.
10. Ruth Harris, *Guru to the World: The Life and Legacy of Swami Vivekananda* (Harvard University Press, 2022), p. 118.
11. Swami Vivekānanda, 'Paper on Hinduism', 19 September 1893, in *The Complete Works of Swami Vivekananda*, vol. 1 (Advaita Ashrama, 1957), pp. 6–20.
12. Ibid., pp. 6–20.

第一章

1. Lucian, 'Herodotus and Aetion', translated in Dan Nässelqvist, *Public Reading in Early Christianity: Lectors, Manuscripts, and Sound in the Oral Delivery of John 1–4* (Brill, 2016).
2. 此估計時間是參考 Ian Cody Oliver 的博士論文 'The Audiences of Herodotus: The Influence of Performance on the *Histories*', submitted to the University of Colorado in 2017。
3. George Rawlinson, *History of Herodotus* (John Murray, 1862), pp. 14–15.
4. Tom Holland (trans.), *Herodotus: The Histories* (Penguin, 2014), p. xvii.
5. 關於希羅多德對於波斯人的描述，參見 Erich Gruen, *Rethinking the Other in Antiquity* (Princeton University Press, 2010), pp. 9–52。
6. Ibid., pp. 9–52. Ibid., pp. 9–52. 關於現代對希羅多德《歷史》的運用與誤用，亦可參見 David Kopf, 'A Macrohistoriographical Essay on the Idea of East and West from Herodotus to Edward Said', *Comparative Civilizations Review* 15/15 (1986)。
7. Diarmaid MacCulloch, *A History of Christianity: The First Three Thousand Years* (Penguin, 2010), p. 36.
8. Susan Guettel Cole, '"I Know the Number of the Sand and the Measure of the Sea": Geography and Difference in the Early Greek World', in Kurt A. Raaflaub and Richard J. A. Talbert (eds.), *Geography and Ethnography:*

注釋

導論

1. Letter from Swami Vivekānanda to Alasinga Perumal, 2 November 1893, in *The Complete Works of Swami Vivekananda*, vol. 5 (Advaita Ashrama, 1947), pp. 16–21; John Henry Barrows (ed.), *The World's Parliament of Religions: An Illustrated and Popular Story of the World's First Parliament of Religions, Held in Chicago in Connection with the Columbian Exposition of 1893* (The Parliament Publishing Company, 1893), p. 62.
2. Stanley K. Hunter, *Footsteps at the American World's Fairs: The International Exhibitions of Chicago, New York and Philadelphia, 1853–1965: Revisited in 1993* (Exhibition Study Group, 1996), p. 24; Richard Hughes Seager, *The World's Parliament of Religions: The East/West Encounter, Chicago, 1893* (Indiana University Press, 1995), pp. 10–12.
3. Seager, op. cit., pp. 10–12.
4. Ibid., p. 43; Barrows (ed.), op. cit., pp. 62 and 66.
5. 那位「虔誠的傳記作家」是沙蘭德拉・納達爾（Sailendra Nath Dhar），他的紀錄轉錄於John R. McRae, 'Oriental Verities at the American Frontier: The 1893 World's Parliament of Religions and the Thought of Masao Abe', *Buddhist-Christian Studies* vol. 11 (1991), p. 16。維韋卡南達本人的相關回憶，可見於他的信件letter to Alasinga Perumal of 2 November 1893，信中他描述自己像個「笨蛋」，首日抵達卻沒有準備好講稿。
6. Swami Vivekānanda, 'Response to Welcome', 11 September 1893, in *The Complete Works of Swami Vivekananda*, vol. 1 (Advaita Ashrama, 1957), pp. 3–4.
7. Sailendra Nath Dhar, *A Comprehensive Biography of Swami Vivekananda*, Part One (Vivekananda Prakashan Kendra, 1975), p. 462. 亦可參見McRae,

歷史與現場 372

東方迷戀史

從物產、文化到靈性，西方世界對亞洲的發現與探求

The Light of Asia: A History of Western Fascination with the East

作者	克里斯多福·哈定（Christopher Harding）
譯者	韓翔中
資深編輯	張擎
責任企劃	林欣梅
封面設計	吳郁嫻
內頁排版	張靜怡
人文線主編	王育涵
總編輯	胡金倫
董事長	趙政岷
出版者	時報文化出版企業股份有限公司 108019 臺北市和平西路三段 240 號 7 樓 發行專線｜ 02-2306-6842 讀者服務專線｜ 0800-231-705 ｜ 02-2304-7103 讀者服務傳真｜ 02-2302-7844 郵撥｜ 1934-4724 時報文化出版公司 信箱｜ 10899 臺北華江橋郵局第 99 信箱
時報悅讀網	www.readingtimes.com.tw
人文科學線臉書	http://www.facebook.com/humanities.science
法律顧問	理律法律事務所｜陳長文律師、李念祖律師
印刷	勁達印刷有限公司
初版一刷	2025 年 2 月 14 日
定價	新臺幣 680 元

ISBN 978-626-419-117-3 ｜ Printed in Taiwan

時報文化出版公司成立於一九七五年，並於一九九九年股票上櫃公開發行，於二〇〇八年脫離中時集團非屬旺中，以「尊重智慧與創意的文化事業」為信念。

東方迷戀史：從物產、文化到靈性，西方世界對亞洲的發現與探求／
克里斯多福·哈定（Christopher Harding）著；韓翔中譯.
-- 初版. -- 臺北市：時報文化出版企業股份有限公司，2025.02 ｜ 512 面；14.8×21 公分.
譯自：The Light of Asia: A History of Western Fascination with the East ｜ ISBN 978-626-419-117-3（平裝）
1. CST：文化史 2. CST：文化傳播 3. CST：亞洲｜ 730.3 ｜ 113019219